PRINCIPES

D'ÉCONOMIE POLITIQUE

a

PRINCIPES

D'ÉCONOMIE POLITIQUE

TRAITÉ

PAR

LE P. MATTEO LIBERATORE

DE LA COMPAGNIE DE JÉSUS

PUBLIÉ A ROME EN 1889 ET TRADUIT DE L'ITALIEN

PAR LE BARON SILVESTRE DE SACY

CONSEILLER MAÎTRE A LA COUR DES COMPTES

LIBRAIRIE RELIGIEUSE H. OUDIN

PARIS
10, RUE DE MÉZIÈRES, 10

POITIERS
4, RUE DE L'ÉPERON, 4

1894

A LA MÉMOIRE DE L'ÉCONOMISTE

H. BAUDRILLART

MEMBRE DE L'INSTITUT

PRÉFACE DU TRADUCTEUR

C'est bien de l'art du traducteur que l'on peut dire justement qu'il est au service de toutes les causes. Si cette réflexion me vient à l'esprit au moment où je m'apprête à livrer au public, après la traduction d'un abrégé des œuvres de Rosmini (1), celle d'un ouvrage du P. Liberatore, ce n'est pas que je sois appelé, comme j'aurais pu l'être, à mettre sous les yeux de ce souverain juge, le public, après les pièces de la défense, celles de l'attaque ; et que je vienne pour ainsi dire, dans le même procès, plaider successivement et en toute légitimité le pour et le contre. Cette réflexion m'est uniquement suggérée par la coïncidence qui associe presque, sous la plume du même traducteur, les noms de deux adversaires déterminés. Personne n'a combattu avec plus d'énergie les doctrines de

---

(1) *Examen des doctrines de Rosmini, contenant l'abrégé et l'analyse de ses principales œuvres, par le P. TRULLET, consulteur de la congrégation de l'Index, ouvrage traduit de l'italien, etc. —* Paris, 1893.

Rosmini que le P. Liberatore. La notice extraite
de la *Civiltà Cattolica*, sur sa vie, que nous publions
ci-après, est toute vibrante encore de cette lutte qu'il
soutint, soit dans la *Civiltà Cattolica* même, dont
il fut un des fondateurs, soit dans ses cours publics
de philosophie et de théologie, soit enfin dans un
grand nombre d'ouvrages, quelques-uns composés
sous forme de comédies. Mais ce n'est pas d'un de
ces ouvrages qu'il s'agit aujourd'hui, et nous nous
félicitons de ne pas avoir à ranimer ici les cendres
d'une polémique qui, entre deux hommes aussi
profondément attachés à la foi catholique et res-
pectueux du Saint-Siège, ne pouvait avoir en
définitive pour effet que d'aplanir la voie de la
vérité, en la débarrassant des pierres d'achoppe-
ment que pouvait y avoir semées l'équivoque. Il
s'agit d'un traité élémentaire d'économie politique
(*Principii di economia politica*) composé par le
savant jésuite, dans un âge déjà très avancé, à
l'usage des jeunes gens tant ecclésiastiques que
laïques. Le P. Liberatore, dans une courte préface,
a fait lui-même connaître les raisons qui l'ont inspiré. De plus, il a résumé, dans une sorte de récapitulation finale, les matières contenues dans son
petit traité (*trattatello*), et donné succinctement sous
cette forme le plan même de son ouvrage. La tâche
qui aurait pu nous incomber sous ce double rapport
se trouve donc suffisamment remplie. Si maintenant nous avions à porter un jugement sur l'œuvre
en elle-même et sur les doctrines économiques du

P. Liberatore, il nous semble que nous pourrions nous résumer à notre tour, en disant qu'on y reconnaît les caractères généraux de l'école à laquelle il devait nécessairement appartenir. Pour bien faire comprendre ma pensée et montrer dans quelle mesure je crois devoir passer du général au particulier, je suis nécessairement amené à m'expliquer sur la manière dont est généralement comprise aujourd'hui, si je ne me trompe, l'œuvre accomplie par l'illustre Compagnie dont le P. Liberatore fut un des membres les plus considérés. Les regards tournés en principe vers l'absolu, les Jésuites ont imprimé à leur doctrine un caractère de certitude et de supériorité qui en fait un guide sûr dans tous les cas, lors même que l'on pourrait la considérer comme trop exclusive. Se tenant à l'écart de toute spéculation hasardeuse, quelque ingénieuse et séduisante qu'elle soit, ils imposent leur autorité en matière de dogme ; et c'est pour cela que l'on a souvent ce spectacle bizarre de voir ceux-là même, parmi les fidèles, qui semblent porter leur joug avec le plus de peine, dans le doute et toutes les fois qu'il s'agit de trancher entre eux et leurs adversaires, se ranger résolument, oserai-je dire aveuglément, de leur côté. C'est ce qui est arrivé entre eux et Rosmini. Mais, en même temps le culte de l'absolu, qui est la marque distinctive de la Société de Jésus, qui est aussi, il ne faut pas s'y tromper, le solide fondement sur lequel repose la foi chrétienne, est, dans la pratique, mitigé

a²

par ce qui n'entre pas moins dans l'essence du christianisme, je veux dire la plus immense charité, la
plus immense compassion pour les faiblesses de
la nature humaine. Montrer aux hommes d'une
main la route à suivre, le but à atteindre, de l'autre,
les soutenir et les consoler; écarter doucement les
pierres du chemin, en voiler les rudesses, et, loin
de le rendre rebutant, le faire aimer, tout raboteux
qu'il est, y ramener sans violence et sans secousse
ceux que les sentiers fleuris de la vie mondaine en ont
détournés, ranimer chez eux les germes, momentanément étouffés, que l'éducation de ces grands édu-
cateurs avait jetés dans leurs âmes, et les conduire
finalement, et quand même, au sommet : telle est,
encore une fois, si je ne me trompe, le jour sous lequel
apparaît aujourd'hui l'œuvre assignée par le doigt
divin à cette corporation, dont l'esprit, qu'on le
veuille ou non, a en définitive pénétré le monde
entier, et ce siècle en particulier, derrière son indif-
férence apparente. Ces caractères que je viens de
retracer rapidement, je les retrouve, comme je l'ai
dit, dans le traité du P. Liberatore. Le P. Liberatore
n'est pas libéral, tant s'en faut, au sens moderne. Les
quelques lignes écrites en tête de son livre ne peuvent
laisser aucun doute à cet égard. On s'étonnera donc
médiocrement si, sur le terrain de la science économique pure, le P. Liberatore fait appel à des doctrines
absolues, à des théories autoritaires, sur lesquelles
j'aurais bien des réserves à faire (outre que, dans
beaucoup de cas, pour être juste, on doit leur

laisser sans doute le caractère d'opinions personnelles), s'ilm'était permis d'oublier que mon humble
rôle est celui de traducteur, et non de critique. Et
pourtant, sur certains points, je n'ai pu tout à fait
m'empêcher de communiquer au lecteur, et surtout
à ceux qui auront à commenter cet ouvrage devant
la jeunesse, mes réflexions et mes doutes, dans des
notes marquées d'un astérisque et dont je ne dé-
fends pas la valeur. Quelquefois aussi, j'ai mis en
regard des opinions du P. Liberatore (également en
note) les opinions d'autres auteurs, soit en sens inverse, soit au contraire dans le même sens et con-
firmant, avec une expression plus nette encore peut-
être, ses propres opinions. Un certain nombre de
passages ainsi donnés en note sont extraits du *Manuel d'économie politique*, que le P. Liberatore
paraît n'avoir pas connu, malgré le succès qu'il a
eu en France, et notamment dans les établissements
religieux, de l'éminent professeur H. Baudrillart.
J'ai en outre, toujours en note, complété certains
passages d'auteurs cités par le P. Liberatore, et
atténué ainsi des critiques qui m'avaient paru sé-
vères. Mais si, sur le terrain de la science pure, le
P. Liberatore, comme je l'ai dit, s'attache aux doctrines absolues, encore se garde-t-il bien de se maintenir exclusivement sur ce terrain. Selon lui, l'économie politique n'est pas une science pure, c'est
une science pratique, c'est un art. Aussi ne sera-t-on
pas davantage surpris, si l'on se rappelle ce que j'ai
dit de l'œuvre des Jésuites en général, que sur ce

nouveau terrain, celui de la pratique, le P. Liberatore paraisse quelquefois en désaccord avec ses
principes rigoureux. C'est le caractère que je signa-
lais tout à l'heure qui se révèle. Décidément, le P.
Liberatore est parfois plus libéral qu'il ne croit l'être.

Je l'accuserai même d'être *néo-thomiste,* suivant
l'expression moderne, tout comme Rosmini (que
l'on me permette cette petite vengeance). C'est
même ce qui fait l'opportunité, l'originalité, la
nouveauté de son œuvre. Faire apparaître sous une
lumière nouvelles les doctrines de saint Thomas,
en faire jaillir les principes de la véritable science
économique, montrer que ceux-ci concordent avec
les enseignements persévérants des Pères de l'Eglise,
avec les préceptes de la religion et de la charité
chrétienne, n'est-ce pas là une œuvre neuve en effet,
et d'autant plus opportune qu'elle est, sur la plupart
des points, le commentaire et le développement
scientifique des dernières Encycliques pontificales,
plus heureuses toutefois dans certaines solutions,
notamment dans celle de la question ouvrière, qui
ne suggère au P. Liberatore d'autre remède que le
salaire minimum, c'est-à-dire le droit à l'assistance,
et, si l'on est conséquent avec soi-même, le droit
au travail? Ce que j'ai déjà dit me dispense d'ajouter
que, dogmatiquement parlant, les principes émis
par le P. Liberatore sont irréprochables ; que son
livre, comme il le dit lui-même, sera, pour les jeunes
gens qui l'étudieront, la source d'idées saines qui
leur permettront de s'engager sûrement, s'ils le

veulent, dans une étude plus approfondie des problèmes économiques. Il appartiendra d'ailleurs aux maîtres chargés d'enseigner la jeunesse, qui se serviront de ce livre, d'en faire apercevoir les légers défauts et de relever les quelques exagérations qu'il peut réellement contenir.

Ma première intention était d'intercaler dans cette préface quelques mots sur la vie du P. Liberatore. Je crois préférable de donner à part, en l'abrégeant, une notice extraite de la *Civiltà Cattolica* et publiée séparément chez Befani, telle qu'elle a été traduite par une personne amie, que je remercie.

L'ouvrage du P. Liberatore contient, comme il le fait remarquer lui-même dans son avant-propos, de nombreuses citations des économistes français, anglais, italiens, les plus en renom. J'ai à peine besoin de dire que, pour les auteurs français, j'ai rétabli le texte original, traduit par le P. Liberatore. Pour les économistes étrangers, je me suis servi des meilleures traductions connues. Pour les italiens, dont le traité du P. Liberatore présente naturellement le texte original, je me suis quelquefois permis, comme c'était mon droit, de modifier et d'améliorer, je crois, les traductions dont je me suis servi. A défaut de traductions me présentant de suffisantes garanties, j'ai aussi, quelquefois, pour certains économistes italiens, donné la mienne.

La publication faite aujourd'hui ne pouvait l'être qu'avec l'autorisation expresse des Pères de la *Civiltà Cattolica*, aujourd'hui dépositaires de l'œuvre du P. Liberatore. Qu'il me soit permis de les remercier ici, ainsi que l'intermédiaire vénéré qui a bien voulu se charger de l'obtenir.

Qu'il me soit aussi et enfin permis d'adresser quelques mots d'appel à l'éminent économiste dont le nom figure en tête de ce livre et à la mémoire duquel il est dédié. Que penserait-il de cette incursion faite dans le domaine où il brillait au premier rang ? Ne me trouverait-il pas bien imprudent, bien présomptueux, quoiqu'il ne s'agisse que d'une traduction ? Lui qui me voyait, non sans appréhension, m'engager avec Rosmini sur le terrain de la philosophie, qui m'exhortait si fortement à me consacrer à la traduction d'un ouvrage administratif et financier (qui verra le jour, si Dieu le permet), comme rentrant plus pleinement dans mes aptitudes spéciales, serais-je assuré, s'il vivait, de son approbation ? Du moins, ne me refuserait-il pas son pardon, en songeant que de la philosophie, à laquelle elle tient si étroitement, l'économie politique est un acheminement vers les finances, auxquelles elle ne confine pas moins, surtout dans les questions concernant la circulation, la rente, l'impôt, qui certes, à ses propres yeux, n'eussent pas excédé ma compétence ? C'est fort de cette conviction, que j'ose placer mon bien humble livre comme sous l'égide et la protection de sa mémoire vénérée !

Nice, 29 septembre 1893.

A. SILVESTRE DE SACY.

NOTICE

SUR LA VIE

DU PÈRE MATTEO LIBERATORE

(Civiltà Cattolica n° 1017, octobre (1892)

L'illustre vétéran des luttes de la plume, le coura-
geux propagateur des doctrines de saint Thomas
d'Aquin et des droits souverains de l'Eglise ; un des
principaux soutiens de la *Civiltà Cattolica*, qu'il fonda,
développa et illustra, l'auteur enfin de tant d'œuvres
destinées à l'immortalité, le Père Matteo Liberatore, a
terminé par la mort du juste sa longue et laborieuse
carrière le 18 octobre 1892, vers cinq heures de l'après-
midi, à l'âge avancé de plus de quatre-vingt-deux ans.

Le Père Matteo Liberatore naquit à Salerne le 14 août
1810. Son père appartenait à la haute magistrature. Sa
mère, d'origine albanaise, était une femme d'une grande
piété et la véritable image de la mère chrétienne.

Il devint orphelin de père à dix ans ; il montra dès
lors une raison au-dessus de son âge, qui le rendait
capable de remplir le rôle de chef de famille.

A l'âge de quinze ans, ayant entendu dire que des
Pères de la Compagnie de Jésus allaient ouvrir des
écoles publiques à Naples, il supplia sa mère de lui
permettre de les fréquenter. Il se livra à ses études
avec tant d'ardeur que, grâce à sa persévérance, à la
subtilité de son esprit et à la grande mémoire dont il

était doué, il parcourut en une seule année tout le cours de grammaire, depuis les premiers éléments jusqu'aux humanités, et remporta le prix sur tous ses condisciples. Un progrès aussi rapide lui valut, à la fin de l'année, un prix spécial, accompagné d'un éloge public et, en outre, la faveur d'être enrôlé sous l'étendard de saint Ignace.

Admis au noviciat dès l'âge de seize ans, le 9 octobre 1826, il montra bientôt que chez lui la bonté d'âme et le culte de la vertu ne le cédaient pas à l'élévation de l'intelligence et à l'amour de la science. L'éducation religieuse développa et accrut les germes heureux que l'éducation de la famille avait déposés dans son cœur. Il fit dès lors présager qu'il serait une lumière pour la Compagnie de Jésus et pour l'Eglise. Quand il fut parvenu aux études littéraires, son âme fut saisie d'admiration et d'un amour passionné pour le Dante, qu'il se plaisait, jusque dans un âge avancé, à citer dans ses écrits ou dans sa conversation. Après qu'il eut suivi avec le plus grand succès le cours des belles-lettres, puis celui des sciences philosophiques et théologiques, ses Supérieurs lui confièrent la chaire de philosophie, qu'il occupa de 1837 à 1848, époque à laquelle la tempête révolutionnaire le força de quitter l'Italie. Il se retira d'abord à Malte, puis rentra dans sa patrie au risque de sa vie, son nom, comme nous le lui avons souvent entendu raconter, figurant sur la liste de ceux qui devaient être poignardés par ordre de la secte *philanthropique*. Il recommença à enseigner à Naples, mais dans la chaire de théologie, qui lui fut confiée au lieu de celle de philosophie.

Quand le Père Liberatore avait commencé à donner

publiquement des leçons de philosophie, cette science était viciée par ceux qui l'enseignaient, soit dans sa substance même, soit dans sa forme et sa méthode. Elle était, par suite, impuissante à fournir aux défenseurs du dogme et de la morale chrétienne, des armes assez puissantes pour confondre l'orgueil et l'audace des ennemis de la foi. Les œuvres philosophiques qui paraissaient alors, même lorsqu'elles sortaient de plumes catholiques, étaient souvent parsemées d'erreurs et fondées sur des systèmes qui, logiquement, conduisaient à l'idéalisme, à l'ontologisme et même au panthéisme (1).

Le Père Liberatore prit à cœur de relever la science philosophique et de remettre en lumière la philosophie de saint Thomas d'Aquin, depuis longtemps négligée et discréditée.

Les projets du Père Liberatore ne furent pas sans rencontrer de grandes difficultés d'exécution, tant à cause des préjugés qui régnaient contre la philosophie scolastique qu'à cause de l'aversion que les encyclopédistes et les philosophes de notre époque avaient su inspirer contre elle aux nouvelles générations.

Aussi à peine le Père Liberatore eut-il commencé son cours philosophique sur le droit public et ainsi révélé son plan, qu'il vit se déchaîner contre lui les plus vives attaques, non seulement de la part des disciples des théories modernes, mais du côté même des catholiques et des membres du clergé.

Au fur et à mesure, toutefois, que son cours philosophique était lu et examiné, la solidité de sa doctrine

(1) Ce que nous avons dit dans la préface de l'antagonisme du P. Liberatore et de Rosmini nous dispense de faire ici et plus loin des réserves, qui autrement eussent été nécessaires. (*Note du traducteur.*)

et la valeur de sa méthode apparaissaient peu à peu.

Les préjugés se dissipaient ; les dédains étaient vaincus ; les séminaires et les collèges lui ouvraient leurs
portes à deux battants, et il obtenait les encouragements
de prélats distingués et d'hommes du plus haut mérite.

A la fin de 1842, il comptait parmi ses prosélytes
beaucoup de maîtres et de docteurs catholiques, qui,
suivant ses traces lumineuses, remontaient jusqu'aux
sources les plus pures et les plus riches de la philosophie scolastique.

C'est ainsi que le P. Liberatore eut le mérite d'avoir
le premier fait refleurir les fortes études, non seulement dans le champ de la philosophie, mais aussi dans
celui de la théologie.

Mais l'apostolat de la chaire devait bientôt chez lui
céder la place à celui de la presse périodique, moyen
de propagande encore plus puissant. C'est dans le cours
de l'année 1850 que l'un de ses collègues (le P. Carlo
Maria Curci) eut l'heureuse idée de fonder un journal
périodique pour la défense de la cause de l'Eglise et de
la Papauté, et surtout en vue de propager la connaissance des doctrines de saint Thomas d'Aquin. Le
P. Liberatore accueillit cette idée avec ardeur ; et
la *Civiltà Cattolica* fut fondée. Après quelques mois, le
Père Curci voulut renoncer à cette publication ; mais ses
collègues et surtout le P. Liberatore s'y opposèrent,
et la *Civiltà Cattolica* fut maintenue. Ce n'est pas ici
le lieu de raconter les obstacles qu'il eut à surmonter,
les moyens subtils et l'adresse qu'il dut employer pour
donner la vie à ce journal, qui sans lui ne serait jamais
né ou plutôt serait mort en naissant.

Pendant quarante-deux ans, il y tint brillamment la

plume, réfutant et battant en brèche les faux systèmes
philosophiques, non moins nuisibles à la religion qu'à la
vraie science; il contribua à rehausser l'édifice inébran-
lable de la doctrine de saint Thomas : œuvre si heureusement menée à fin par le pontife actuel Léon XIII.

Dans cette seconde moitié du siècle, il n'apparut pas
de nouveaux germes d'erreurs dans le champ, soit de
la philosophie, soit de la théologie, soit du droit ecclésiastique, sans que le Père Liberatore ne cherchât à les
déraciner. Avec quelle vaillance infatigable il s'ac-
quitta de cette tâche, c'est ce que savent tous les auteurs
rationalistes, ontologiques, *rosminiens*, qui lui tom-
bèrent dans les mains et qu'il sut admirablement réfuter et réduire au silence (1).

Si l'on voulait recueillir en un seul ouvrage tout ce
qu'il produisit pendant sa longue vie, on en remplirait
plusieurs volumes. Pour ne pas fatiguer nos lecteurs,
nous nous bornerons à signaler, parmi les ouvrages
qu'il fit paraître comme professeur ou comme publi-
ciste, les *Institutions philosophiques*, divers *Abrégés de
logique et de métaphysique, de morale et de droit naturel*, son ouvrage classique sur l'*Organisation humaine*,
et celui qui est intitulé *De la connaissance intellectuelle*,
ouvrages considérés par tous comme étant d'une
grande valeur. Citons encore son livre intitulé : *L'Église
et l'État* ; un autre ouvrage sur le *Droit ecclésiastique
public* ; un troisième sur l'*Économie politique*, qui peut
servir de règle à tous les catholiques qui voudront
écrire sur ces matières (2) ; son beau *Traité universel*,

(1) Voir la note ci-dessus. (*Note du traducteur.*)
(2) C'est le traité même que nous publions en français aujourd'hui.
(*Note du traducteur.*)

b

écrit en réfutation du *Rosminianisme* (1) ; ouvrages auxquels il faut ajouter une infinité d'articles et d'opuscules dont plusieurs furent publiés à part, comme ceux qui ont pour titre : *Dialogues philosophiques* ; le *Mariage* ; le *Concours des catholiques aux élections politiques*; le *Centenaire de saint Pierre ; Rome et le monde*; le *Mariage et l'État*; les *Comédies philosophiques*, etc.

Dans ces œuvres et opuscules, on ne sait ce qu'il faut le plus admirer, de la pénétration de son esprit ou de l'étendue de son savoir ; de la force de son raisonnement, de la déduction de ses idées, ou de la forme élégante et pure dont il savait les revêtir.

En considérant tous ces travaux scientifiques, on serait facilement porté à croire que le Père Liberatore était un esprit tout spéculatif. Il n'en était pas ainsi, car il apportait autant d'habileté dans la pratique que dans la théorie; et la dextérité qu'il montrait dans l'observation des faits, l'étude des questions sociales, la connaissance du monde, n'était pas moindre dans le maniement des affaires dont il était chargé.

Indépendamment de la part qu'il prit dans la direction de la *Civiltà Cattolica*, il fit non moins preuve d'activité et de zèle dans la fondation de l'Académie de saint Thomas, dans le concours ferme et assidu qu'il prêta à la réforme des études ; dans la formation d'un groupe choisi de jeunes ecclésiastiques, lauréats de la philosophie et de la théologie du saint Docteur.

Il fut également incomparable dans son ardeur à défendre les droits de l'Eglise et de son Chef visible, le

_____

(1) Voir la note à la page XVII. (*Note du traducteur.*)

Vicaire de Jésus Christ. Le 28 juin 1867, il fit vœu à
genoux, au tombeau de saint Pierre, de soutenir l'infail-
libilité pontificale, personnelle et indépendante du
consentement de l'Eglise, peu d'années avant qu'elle ne
fût définie dans le concile du Vatican. Infatigable
champion du droit du Pape au pouvoir temporel, il ne
cessa durant quarante ans d'écrire sur ce sujet, avec
une ardeur qui s'animait par la lutte même qu'il sou-
tenait contre les ennemis du pouvoir temporel. C'est
ce sujet même qui fit l'objet du dernier article
donné par lui à la *Civiltà Cattolica*. Jamais son amour
pour l'Eglise et la Papauté ne brilla d'un plus vif éclat
que pendant le concile du Vatican. Il était alors théologien choisi par un des princes de l'Eglise le plus zélés,
l'archevêque Henri Manning, depuis cardinal. Il était
non seulement son conseiller intime, mais aussi celui
de beaucoup d'autres Pères éminents du Concile, qui
recouraient à lui en toute confiance pour avoir ses
conseils dans les affaires importantes de cette époque.

De ce qui précède il ne faudrait pas conclure que le
Père Liberatore fût ébloui par la richesse de ses facultés, ses talents scientifiques, sa réputation. On voyait
en lui les plus belles vertus religieuses s'allier à tant
de savoir ; la piété s'unir à l'étude, le recueillement à
l'activité, la simplicité de la colombe à la prudence du
serpent, l'éclat de la science à une profonde humilité,
qui lui faisait dédaigner les louanges, mépriser la gloire
et détester toute espèce d'honneurs particuliers. Il re-
poussait toute sorte d'hommages ; même dans sa plus
extrême vieillesse, il s'accommodait de la vie commune.

S'il se distinguait par quelque chose, c'était par
l'observance plus scrupuleuse de la pauvreté. Il prati-

quait l'obéissance parfaite à ses supérieurs ; il nous en a laissé des exemples éclatants, comme de s'abstenir d'exposer la doctrine de saint Thomas dans toute sa plénitude, pour se conformer à leurs avis ; comme aussi d'accepter avec docilité et promptitude toutes les charges qu'ils voulaient lui imposer, étant, à leur gré, professeur, écrivain, académicien, directeur d'âmes, etc.

De même il accepta de la main de Dieu les infirmités qui étaient les signes avant-coureurs de sa mort. Nous ne pouvons, sans émotion, nous rappeler la réponse qu'il fit lorsqu'on lui dit que beaucoup priaient pour sa guérison : « Non, non, répondit-il ; priez plutôt que la volonté de Dieu s'accomplisse en moi. »

Un jour qu'il paraissait aller mieux, il dit à ceux qui s'en réjouissaient : « Si je guéris, ce sera par vos prières ; « car pour moi, je n'ai jamais prié pour cela ; il me « déplait de retourner en arrière à présent que je « m'étais préparé au grand pas. »

Loin de laisser échapper aucune plainte, il ne faisait que répéter : *Fiat voluntas tua !* Il baisait tendrement le crucifix, et récitait de pieuses prières, surtout à la Sainte Vierge, qu'il ne cessait d'invoquer sous le vocable du *Temple de la Sagesse*, et dont il portait pieusement le scapulaire.

Il ne se montrait affligé de ses infirmités que pour une seule raison, c'est qu'il était une charge pour ses confrères. La nuit qui précéda sa mort, voyant à une heure tardive un Père près de son lit, il insista pour qu'il ne se dérangeât pas et ne perdit pas sa nuit à cause de lui.

Peu de temps avant sa mort, un de nous lui parlant

u Paradis, des portes duquel il approchait, le Père, ans son humilité, baissa la tête et s'écria : « Hélas ! avant d'y entrer, je devrai peut-être rester dans le Purgatoire jusqu'à la fin du monde. »

Pendant les angoisses de ses derniers jours, il ne emanda pas à Dieu d'alléger ses souffrances, mais de ui pardonner ses péchés, répétant au Seigneur avec un if sentiment de contrition : *Miserere! Miserere!* Il emanda souvent son confesseur pour se réconcilier vec Dieu et se préparer à la sainte Communion qu'on enait lui apporter tous les jours en viatique.

Après une courte agonie, il expira si doucement que 'est à peine si ceux qui l'entouraient s'en aperçurent. l ne paraissait pas mort, mais endormi, conservant sur e visage cette paix sereine qui paraissait le miroir l'une conscience pure et d'un cœur résigné en tout ux volontés de Dieu.

Il eut des obsèques modestes, mais entourées de randes marques d'affection.

AU LECTEUR

Je veux avant tout, ô bienveillant lecteur, t'ex-
iquer la pensée qui m'a conduit à composer cet
uscule. Je voyais, d'une part, combien les
nes gens, et je ne dis pas seulement les laï-
es, mais aussi les ecclésiastiques, ont besoin
être initiés à la science économique, tant elle
t liée à presque toutes les affaires de la vie
vile. D'autre part, je n'apercevais aucun cours,
cun traité qui pût leur servir de guide fidèle.
s premiers qui ont écrit sur l'économie politique
avaient pu préserver leur esprit des atteintes de
phi'osophie sensualiste de leur temps ; et quand
philosophie est malsaine, comme elle est la
cine des autres sciences, elle les corrompt toutes.
ux qui vinrent après, ou suivirent aveuglément
s premiers, ou, s'ils s'en écartèrent en partie,
rivirent néanmoins sous l'influence du Libéra-
me moderne. Or le Libéralisme moderne est
mblable à ces grosses mouches qui, partout où
les passent, laissent un germe de corruption et
infection.

Je me suis donc appliqué à former, de la réunion de principes absolument sains, une sorte d'abrégé, suffisant pour mettre les jeunes gens sur la droite voie et leur donner le moyen de la suivre ensuite hardiment par eux-mêmes. Telle es l'idée qui a inspiré mon petit traité. Pour le composer, je me suis servi, comme on le verra, de théories des maîtres les plus illustres, mais non sans en discuter les termes avec liberté, ni sans en réfuter les erreurs avec force.

Ce livre ne s'adresse pas aux savants. Il m'eût fallu, pour leur parler, un esprit plus subtil et des connaissances plus étendues. Il s'adresse uniquement aux aspirants et aux novices : *Virginibus puerisque canto* (1). J'aurais voulu en différer la publication pour avoir le loisir d'en améliorer l'ordre et la disposition. Mais mon grand âge, qui approche de quatre-vingts ans, ne me laissait pas l'espérance d'en avoir le temps (2).

Rome, 1er janvier 1889.

(1) *Odes d'Horace*. Livre III, ode I.

(2) Le P. Liberatore est mort le 18 octobre 1892, comme on l'a vu dans la notice précédente. Ce qu'il n'avait pu faire, le traducteur s'est efforcé de le faire, en rectifiant notamment un assez grand nombre de références inexactes. (*Note du traducteur*.)

PRINCIPES
D'ÉCONOMIE POLITIQUE

INTRODUCTION

I

ETYMOLOGIE ET ORIGINE.

Economie est un mot grec venant de οἶκος, *maison*, et de νομή, *distribution* ; et, selon cette étymolgie, on s'en est d'abord servi pour désigner l'administration domestique. *Æconomus*, dit saint Thomas, *vocatur procurator vel adminis-trator alicujus familiæ* (1). Cette signification subsiste encore aujourd'hui ; il est, en effet, d'usage dans les collèges et dans les séminaires d'appeler économe celui qui est chargé d'ad-ministrer les revenus et de pourvoir aux besoins de la vie commune.

De la famille le mot a été étendu à la cité (en grec πολίς) et appliqué aux biens de tout un peuple, désignés sous le nom de richesse sociale ou de fortune publique. Telle est l'ori-

(1) *In Primum Polilicorum*, leçon I.

gine de la dénomination d'économie politique donnée au corps
de doctrine qui traite de la nature, des causes, de la distribution et de l'usage de cette richesse (1).

II.

L'ÉCONOMIE POLITIQUE EST A LA FOIS UN ART ET UNE SCIENCE.

L'économie politique est-elle un art ou une science ? Telle
est la première question qui peut s'agiter quand on traite
d'économie politique. C'est en outre une de celles qui divisent
les économistes. Pour les uns, l'économie politique ne s'élève
pas au-dessus du niveau de l'art, car elle a pour objet exclusif de prescrire des règles à suivre ; pour les autres, c'est une
science pure, attendu que par elle-même elle ne commande
ni ne conseille, mais se renferme dans la spéculation et le
raisonnement. Les uns et les autres, selon nous, s'écartent de
la vérité. Le fait de prescrire des règles, celui de raisonner et
de spéculer, ne sont pas les vrais signes à l'aide desquels on

(1) L'Ecossais Adam Smith est le premier qui, dans un fameux
ouvrage paru en 1775 sous le titre de : *Recherches sur la nature
et les causes de la richesse des nations*, exposa cette science avec
ampleur et la raisonna dans ses diverses parties. Beaucoup avant lui
avaient écrit sur la richesse sociale. On retrouve des traces de la
question jusque dans Aristote, qui en parle dans les trois premiers de
ses huit livres sur la *Politique*. Mais tous ceux qui avaient écrit
sur ce sujet, ou n'en avaient développé que quelque point séparément,
comme le commerce, la monnaie, etc., ou n'avaient vu dans l'économie
politique qu'une branche particulière de la science du gouvernement,
comme l'école dite des Physiocrates, ayant pour chef Quesnay.
A Smith on doit d'avoir fait de l'économie politique une science
spéciale, distincte, avec ses principes, ses moyens d'investigation, sa
méthode et ses lois : c'est donc à juste titre qu'il en est regardé
comme le fondateur.

eut distinguer la science de l'art. Une science peut parfaitement donner des préceptes sans cesser d'être une science, comme la morale. A l'inverse, un art peut spéculer et raisonner sans sortir de la sphère de l'art : telle est la sculpture, qui, elle aussi, spécule et raisonne sans pour cela devenir une science. Comme la science, et non moins qu'elle, l'art est un procédé de l'intellect, et l'intellect ne procède que par voie de spéculation et de raisonnement. Pellegrino Rossi se trompe lorsque, pour établir que l'économie politique est une science et non un art, il en apporte pour preuve qu'elle est indépendante de son application, puisque, lors même que personne ne la mettrait en pratique, elle n'en subsisterait pas moins : « La science, dit-il, n'est pas chargée de faire quelque chose. Il n'y aurait en ce monde que misère, ignorance et malheur, qu'il y aurait encore une science de l'économie politique ; il serait toujours vrai qu'en appliquant les forces de l'intelligence et les forces organiques de l'homme à la matière de telle ou telle façon, on produirait les objets propres à satisfaire les besoins de l'homme, et que, si on laissait les choses à leur cours naturel, ces produits se distribueraient d'une certaine manière entre les producteurs. Que l'homme, informé des conclusions de la science, en tire parti pour la richesse, pour le bien-être, pour le progrès social, il fait ce qu'il doit faire, mais la science reste toujours la même (1). » N'est-ce donc pas également le propre de l'art, considéré en lui-même, que de n'avoir pas mission de faire quelque chose ? L'art enseigne à faire, mais ne fait pas. Ce sont les mains qui agissent sous la direction de l'art. Lors même, par exemple, que personne dans le monde ne peindrait plus, il y aurait néanmoins un art de la peinture ; il resterait toujours vrai qu'en disposant les couleurs sur la

(1) *Cours d'Economie politique*, tome premier, deuxième leçon.

toile de telle ou telle manière, on aurait l'image de telle ou telle chose. Ce n'est donc pas le simple fait de la spéculation, le simple fait du raisonnement, mais la nature de l'une et de l'autre qui nous fait discerner la science de l'art. L'art est un ensemble de règles rationnelles à l'aide desquelles l'homme parvient à faire quelque œuvre (un édifice, par exemple, une statue, une combinaison harmonieuse de sons) (*). Aussi saint Thomas, suivant les traces d'Aristote, l'a-t-il défini : *Recta ratio factibilium* ou : *Habitus cum ratione facti-vus* (1). L'art raisonne ses règles, mais d'une manière empirique, lestirant de l'expérience ou tout au plus des causes *prochaines*, sans s'inquiéter de remonter à ses principes *suprêmes*. S'il y remonte, sans cesser d'être art, il revêt la dignité de science; car la science n'est autre chose qu'un système de notions déduites des causes les plus hautes. *Cognitio rei per causas ultimas.*

Appliquons maintenant cette théorie au sujet qui nous occupe. Sans doute, on peut dire de l'économie politique qu'elle est un art, puisque véritablement elle donne à l'activité humaine des règles pour l'exécution d'une chose réalisable. Les éléments qui constituent la richesse ne rentrent-ils pas en effet dans cet ordre de choses ? Et l'économie politique ne nous fournit-elle pas les règles qui doivent en assurer l'ample production, la juste distribution et l'emploi profitable ?

Mais ces règles, comment l'économie politique nous les fournit-elle ? Elle nous les fournit en les raisonnant, non seulement d'après l'expérience, mais encore d'après l'étude des causes finales, finales dans leur genre, mais souvent aussi

(*) Destut de Tracy donne de l'art une définition analogue : *Collection de maximes ou préceptes pratiques dont l'observance conduit à faire avec succès une chose quelle qu'elle soit.* (*Note du traducteur.*)

(1) Voir *Ethicorum*, livre VI, leçon 3.

l'une manière absolue. Et vraiment il serait étrange qu'il eût une science des mouvements des corps célestes (l'astronomie), une autre science relative à la formation des couches terrestres (la géologie), et qu'il ne pût y avoir une science concernant la production, la répartition et l'usage d'une chose aussi étroitement liée à la vie individuelle et sociale de l'homme que la richesse ! Tout objet, quelque minime qu'il soit, peut faire la matière d'une science, pourvu qu'on en traite dans la forme scientifique, c'est-à-dire en vertu de principes certains et évidents et en remontant aux causes suprêmes.

Vainement opposerait-on que l'objet de la science doit être nécessaire et immuable, ce qui n'est pas vrai de la richesse, laquelle est variable et contingente au plus haut degré. Car si cette objection avait quelque force, la théologie seule mériterait le nom de science. Hors Dieu, tout est sujet à changement, tout est contingence. Mais, comme saint Thomas l'observe sagement, il n'est rien de si contingent qui ne renferme quelque chose de nécessaire. Que Socrate coure, par exemple, c'est une chose contingente ; mais qu'en courant il se meuve, c'est là une vérité nécessaire, la course, sans mouvement, étant impossible. *Nihil est adeo contingens, quin in se aliquid necessarium habeat ; sicut hoc ipsum, quod est Socratem currere, in se quidem contingens est ; sed habitudo cursus ad motum est necessaria ; necessarium enim est Socratem moveri si currit. Est autem unumquodque contingens ex parte materiæ, quia contingens est quod potest esse et non esse. Potentia autem pertinet ad materiam ; necessitas autem consequitur rationem formæ, quia ea, quæ consequuntur ad formam, ex necessitate insunt* (1).

Or la science, quand elle considère les choses contingentes,

(1) *Somme th.*, première partie, question LXXXVI, art. 3.

les considère toujours du côté où elles présentent le caractère
de nécessité.

Il en est ainsi de l'économie politique ; elle ne considère pas,
en effet, la richesse dans tel ou tel cas particulier ; elle la
considère dans sa nature, et par conséquent dans les effets
qui en dérivent nécessairement et dans les lois qui la ré-
gissent en général (1). C'est là un point de vue essentiellement scientifique. Donc l'économie politique est un art, qui
présente en même temps tous les caractères d'une science. Il
en est d'elle comme de la médecine, qui est à la fois un art et
une science, et dont on dit également, l'art médical, la science
médicale : art, parce qu'elle donne des règles pratiques pour la
guérison des malades ; science, parce qu'elle donne des règles
en les déduisant par voie de conséquence rationnelle de la
nature même des maladies et de la vertu des remèdes.

(1) L'illustre Périn écrit sur ce point ce qui suit : « Là où l'on ne
voyait d'abord que variété, divergence et confusion, on constate
l'universalité et la persistance de certains faits, qui répondent évidemment à des lois générales. De ces faits persistants, les uns
tiennent à la constitution même de la personne humaine, les autres
à la disposition des forces dans le monde extérieur. Le travail, agent
nécessaire de toute production ; les bornes assignées par la nature à
la puissance des agents physiques que le travail emploie ; la préoccu-
pation naturelle à chaque travailleur d'obtenir le plus grand résultat
possible avec le moindre effort ; l'accroissement de fécondité que le
travail reçoit dans la plupart de ses applications, lorsqu'il est convenablement divisé ; le haut prix des marchandises rares, le bas prix des
marchandises abondantes ; tous ces faits et bien d'autres non moins
persistants contribuent à donner une base fixe à l'ordre économique. »
Les doctrines économiques depuis un siècle, par M. Charles Périn,
ch. XII.

III

L'ÉCONOMIE POLITIQUE EST UNE SCIENCE PRATIQUE.

La division des sciences en sciences spéculatives et en ciences pratiques est renommée dans le monde savant. Il n'est pas jusqu'à la science suprême entre toutes, la philoso-phie, à laquelle on ne l'applique, et qui ne se divise en phi-osophie spéculative et en philosophie pratique, en raison pure t en raison pratique. Le vrai critérium, pour reconnaître si une science déterminée appartient à l'un ou à l'autre de ces eux ordres de sciences, est toujours l'objet qui la spécifie. Si et objet est la recherche de la vérité en elle-même, sans ucune impulsion vers l'action, la science est dite spécu-ative. Telle est, par exemple, la physique, qui contemple 'ordre de l'univers sensible, ses phénomènes, ses lois, toutes 'hoses qui sont du domaine de la connaissance et indépendantes le l'action. Au contraire, si la vérité que l'on contemple ncline, de sa nature, à l'action, la science qui y correspond s'appelle pratique. Telle est, à titre d'exemple, la science mo-rale, dans laquelle la contemplation de la vérité a un but pra-tique, la recherche des règles auxquelles la vie de l'homme doit être assujettie en vue de sa fin dernière.

Or il est indubitable que l'économie politique appartient à la seconde des deux classes dont nous venons de parler. Ce que nous avons établi dans le paragraphe précédent suffirait à le démontrer. Car un art, qui est en même temps une science, ne peut être qu'une science pratique. Pratique est l'objet de l'art ; et, lorsque celui-ci s'élève à la dignité de science, son objet, bien qu'ennobli dans la manière dont on doit le consi-dérer, ne change pas. Mais nous ne voulons pas faire dé-

pendre la démonstration de notre proposition de prémisses que
l'on pourrait, à tort ou à raison, nous contester. Nous affir-
mons donc que l'économie politique, lors même qu'à aucun
titre elle ne comporterait le nom d'art, et qu'elle serait uniquement une science, n'en devrait pas moins être rangée
parmi les sciences pratiques.

Quel est en effet l'objet qu'elle envisage ? La richesse ?
Mais sous quel aspect l'envisage-t-elle ? Elle l'envisage en
tant qu'elle est sujette à l'action de l'homme : « L'économie
politique, considérée comme une branche des connaissances
du législateur et de l'homme d'État, se propose deux objets
distincts : le premier, de procurer au peuple un revenu ou
une subsistance abondante, ou, pour mieux dire, de le mettre
en état de se les procurer lui-même ; le second, de fournir à
l'État ou à la communauté un revenu suffisant pour le service
public : elle se propose d'enrichir à la fois le peuple et le
souverain. » Ainsi parle Adam Smith, dans l'introduction du
quatrième livre de son œuvre, qui a jeté les fondements de
la science économique. De son côté, Jean-Baptiste Say intitule
son traité sur l'économie politique : *Traité d'économie politique, ou simple exposition de la manière dont se forment,
se distribuent et se consomment les richesses*. Or produire la
richesse, la distribuer, la consommer, ne sont-ce pas là des actions humaines, susceptibles d'être sagement dirigées ? Et la
direction à donner aux actions humaines pour atteindre un
but déterminé, n'est-ce pas là un objet vraiment pratique ?

C'est un point toutefois sur lequel les économistes qui ont
voulu s'en occuper sont tombés dans une grande confusion.
Prenons, par exemple, Pellegrino Rossi. Voulant classer l'économie politique parmi les sciences spéculatives, il écrit : « A
proprement parler, la science n'a pas de but extérieur. Dès
qu'on s'occupe de l'emploi qu'on peut en faire, du parti qu'on
peut en tirer, on sort de la science et on tombe dans l'art. La

science, quel qu'en soit l'objet, n'est que la possession de la vérité, la connaissance réfléchie des rapports qui découlent de la nature même des choses, connaissance qui nous permet de remonter aux principes et d'enchaîner entre elles les déductions qu'on en tire. La connaissance d'un certain ordre de vérités, tel est l'objet, le but particulier d'une science ; le moyen, c'est la recherche de ces vérités à l'aide de la méthode. La science n'est pas chargée de faire quelque chose. » Et plus bas : « D'où je conclus hardiment que la science de l'économie politique, envisagée ainsi dans ce qu'elle a de général et d'invariable, est plutôt une science de raisonnement qu'une science d'observation. Le contraire a été dit par ceux qui ont confondu l'économie politique rationnelle avec l'économie politique appliquée, la science avec l'art (1). »

Ce passage est un vrai galimatias. D'abord il est faux que le but de la science ne soit jamais extérieur. Est-ce que, par exemple, le but de la science médicale, qui est la conservation et le rétablissement de la santé, n'est pas un but extérieur ? Et néanmoins, bien qu'on lui donne parfois le nom d'art, la médecine, ainsi que nous l'avons remarqué plus haut, est une vraie science : vouloir, comme quelques-uns le prétendent, lui refuser cette prérogative, serait se mettre en contradiction avec le programme de toutes les universités, qui lui donnent place parmi les sciences. En second lieu, de ce que la science consiste dans la possession de la vérité, il ne s'ensuit pas qu'elle ne puisse être pratique, si la vérité qu'elle possède dispose à l'action. Certainement la jurisprudence est une science ; et toutefois son objet, la loi, est souverainement pratique ; elle est la règle des actions, et tient son nom même de ce qu'elle lie et oblige : *Lex dicitur a ligando, quia obligat*

(1) Même ouvrage ; même leçon.

1*

ad agendum (1). Rossi dit avec raison que la science ne fait pas, que sa mission est de connaitre, non de faire ; mais autre chose est de faire, autre chose est d'inciter à faire et de prescrire des règles pour faire. Ce n'est pas là sortir du cercle de la connaissance, qui, par cela même qu'elle est applicable, bien qu'en fait non appliquée, prend le nom de pratique. *Intellectus practicus*, dit S. Thomas, *est motivus, non quasi exsequens motum, sed quasi dirigens ad motum; quod convenit ei secundum modum suæ apprehensionis* (2). Mais le défaut commun à la plupart des économistes est de manquer d'idées philosophiques justes, et de vouloir néanmoins fréquemment raisonner philosophie (*).

IV

L'ÉCONOMIE POLITIQUE EST DE SA NATURE SUBORDONNÉE A LA SCIENCE POLITIQUE.

L'économie politique appartient au groupe des sciences sociales ; car elle a pour objet un bien social. Nous disons *un bien* social, et non *le bien* social, parce que le bien social comprend certainement la richesse, qui est nécessaire pour sub-

(1) S. Thomas, *Somme th.*, première partie de la seconde, question XC, art. 1er.

(2) *Somme th.*, 1re partie, quest. LXXIX, art. 11, 1.

(*) Dans le sens de l'opinion combattue par le P. Liberatore, on peut citer le passage suivant, qui en est comme le résumé : « Il importe, d'ailleurs, de distinguer, au point de vue de la méthode, l'économie politique en elle-même de son objet pratique... Il serait à craindre qu'en perdant de vue la distinction essentielle de la *science* et de l'*art*, on ne tombât dans les mille détails d'organisation qui ne sont point l'affaire de l'économiste, mais de l'administrateur. Il serait à craindre aussi que le jugement prévenu du public ne rendît l'économie poli

enir aux besoins des citoyens et de l'Etat, mais ne se limite
as à elle seule. Le bien social comprend en outre le respect
u droit, la sécurité intérieure et extérieure, la paix publique, la culture intellectuelle, l'honnêteté des mœurs et généralement tout ce qui est nécessaire au bien de la vie humaine.
a science qui a pour objet cet ensemble de biens généralement désigné sous le nom de prospérité publique, et l'organi-
ation sociale propre à la procurer, s'appelle science politique,
u droit public, ou encore science de l'homme d'Etat. Or toute
science qui a pour objet ce qui fait partie d'un tout est de sa
nature subordonnée à la science qui a ce tout pour objet. Les
parties d'un tout, quel qu'il soit, lui sont subordonnées, et les
sciences occupent entre elles le même rang que leurs objets
entre eux. L'économie *politique* ne mérite cette qualification
que si on la considère comme assujettie au but politique ;
de même que le nom d'organique ne saurait appartenir à la
partie d'un être qui ne répondrait pas au but de l'organisme
entier. D'où il résulte que le fameux : *Laissez faire, laissez
passer*, cet axiome fondamental, tant vanté, de la science économique, pris dans toute sa rigueur, n'est qu'une absurdité.

Les théories économiques doivent se conformer aux théories
politiques ; et, en cas de conflit, les premières doivent céder
aux secondes. Sans doute, il serait avantageux pour l'accroissement de la richesse, que tous les citoyens se livrassent au
travail manuel. Mais alors, au lieu d'une société civile, on
n'aurait plus qu'une vaste usine, un atelier. La société civile,

lique responsable de ses assertions en ce qu'elles peuvent avoir de
sévère relativement à la condition du genre humain... Le seul objet de
la science est de connaître, et le seul reproche qui puisse lui être fait,
est d'avoir mal observé... Ce n'est point à elle, c'est à l'art qu'il
appartient de passer de la théorie à la pratique. L'art est justiciable
de la prudence, la science ne l'est que de la vérité. » (*Manuel d'économie politique*, II, Baudrillart, chap. II.) (*Note du traducteur.*)

civitas, comme nous venons de le dire, a besoin de la richesse, parce que la cité, comme la famille, ne peut être bien gouvernée sans les commodités de la vie. Mais il lui faut d'autres biens que la richesse ; il lui faut, outre les producteurs de la richesse, des producteurs d'ordre, c'est-à-dire des hommes qui gouvernent ; des producteurs de défense, c'est-à-dire des soldats ; des producteurs de justice, c'est-à-dire des magistrats ; des producteurs de science, c'est-à-dire des maîtres ; des producteurs de religion, c'est-à-dire des prêtres ; et ainsi de suite.

Ne pas considérer l'économie politique comme une science subordonnée à la science politique, c'est créer une erreur pernicieuse, qui mène à la corruption sociale par le désir immodéré et sans limites de la richesse. La science qui n'est pas subordonnée à une autre science se propose et considère son objet comme fin. Au contraire, la science subordonnée considère son objet comme moyen. Or, si la fin est pour nous l'objet de désirs infinis, sans restriction, le moyen, lui, n'excite que des désirs limités et mesurés. La raison en est que la fin est désirable pour elle-même et d'une manière absolue, tandis que le moyen n'est désirable qu'en vue de la fin qu'il prépare, et dans la mesure où il permet de l'atteindre.

Il s'ensuit que plus ce qui s'offre à nous comme but prend de valeur à nos yeux, plus l'aiguillon du désir nous pénètre et nous pousse à nous le procurer. Il n'en est pas ainsi de ce qui s'offre à nous comme moyen ; nous en rejetons l'excès comme inutile et souvent comme nuisible. Par exemple, nous aimons la santé, la science, la vertu, comme la juste fin de nos désirs. Aussi, plus nous les imaginons précieuses, plus le désir que nous en avons s'accroît ; ce qui est conforme à la nature. Certes, il serait étrange d'entendre dire à quelqu'un : J'aime à être bien portant, vertueux ; mais jusqu'à un certain point : une santé, une vertu trop parfaite me déplairait. C'est

u contraire comme moyen que la médecine, le vêtement
'offrent à nos désirs, l'une comme moyen de recouvrer la
·anté, l'autre comme moyen de sauvegarder la décence et de
ıous garantir du froid ; c'est donc avec mesure que nous les
recherchons, et il semblerait ridicule de dire : Plus vous me
faites prendre de médecine et plus vous me mettez d'habits
sur le dos, plus vous comblez mes désirs.

V

L'ÉCONOMIE POLITIQUE EST SUBORDONNÉE A LA SCIENCE MORALE.

Cette nouvelle proposition, peut-on dire tout d'abord, est un
corollaire de la précédente. Si, en effet, l'économie politique
est de sa nature subordonnée à la science politique, il s'ensuit
qu'elle est subordonnée à la science morale, qui tient la
science politique dans une dépendance étroite et essentielle.
Mais, même abstraction faite de cet argument, la subordination de l'économie politique à la morale peut se démontrer
directement par cette seule raison qu'elle est une science pratique. De même que les sciences spéculatives ont proprement
pour objet le vrai, les sciences pratiques ont proprement
pour objet le bien. Non que le vrai, considéré par la science
spéculative, ne soit, lui aussi, sous un autre point de vue, un
certain bien, et que le bien de la science pratique ne soit
aussi, sous un autre point de vue, le vrai. Le bien et le vrai,
selon le langage de l'école, se remplacent mutuellement. Le
vrai, par cela même que la volonté se porte vers lui, comme
vers une perfection de l'intellect, est un bien ; et le bien, par
cela même qu'il tombe, en sa qualité d'être, sous la perception de l'intellect, est le vrai. Mais on dit que le vrai est proprement l'objet de l'intellect spéculatif, et le bien proprement

l'objet de l'intellect pratique, en ce sens que, bien que tous
deux soient intelligibles, l'intellect, en les contemplant, peut,
ou s'en tenir à la simple contemplation, ou appliquer la notion
qu'il en a au gouvernement des actions. Dieu est le souverain
maître, l'âme humaine est immortelle, ce sont là deux vérités
de la science purement contemplative. A Dieu, comme maître,
est due l'obéissance ; le bien de l'âme, qui est immortelle, doit
être préféré au bien du corps, qui est périssable ; ce sont là deux
vérités de la science pratique, parce qu'elles énoncent, non
pas, à proprement parler, ce qui est, mais ce que l'on doit faire.
Verum et bonum, enseigne S. Thomas, *se invicem includunt.*
Nam verum est quoddam bonum, alioquin non esset appetibile ;
et bonum est quoddam verum, alioquin non esset intelligibile.
Sicut igitur objectum appetitus potest esse verum, in quantum
habet rationem boni, sicut cum aliquis appetit veritatem co-
gnoscere ; ita objectum intellectus practici est bonum, ordina-
bile ad opus, sub ratione veri. Intellectus autem practicus veri-
tatem cognoscit, sicut speculativus, sed veritatem cognitam
ordinat ad opus (1).

Or la science pratique la plus générale, celle qui sert de
règle à toutes les actions humaines, est la science morale,
parce qu'elle considère le bien dans l'humanité tout entière ;
et, dans la hiérarchie des sciences, les sciences particulières
sont toujours subordonnées à la science la plus générale. De
même que l'ontologie, science de l'être, a dans sa sujétion
toutes les sciences qui regardent tel ou tel être en particulier,
de même la science morale, science du bien, a dans sa sujétion toutes les sciences qui regardent tel ou tel bien particulier.

Ce sujet de la subordination de l'économie politique à la
morale inspire à Minghetti de très justes considérations, dont

(1) *Somme th.*, 1re partie, quest. LXXIX, art 11, 2.

ous croyons devoir détacher quelques passages. Il démontre que vouloir traiter de la richesse, abstraction faite de la morale, en considérant l'économie politique comme une science indépendante et autonome, conduit aux plus pernicieuses conséquences. Il ne se contente pas, comme Pellerino Rossi, de faire appel à la morale lorsqu'il s'agit d'appliquer les préceptes économiques ; mais il prétend justement que ces préceptes mêmes soient, dans leur nature intrinsèque, formés de moralité et de justice. Il écrit : « La différence entre mon opinion et celle de Rossi consiste en ceci, qu'il assigne à la science pure et à l'art une existence séparée, qu'il les conçoit détachés de tous leurs rapports, comme les mathématiques et la mécanique ; et que c'est seulement lorsqu'il s'agit d'appliquer les conclusions qu'il appelle au conseil la morale et la politique. Moi, au contraire, je soutiens que les principes fondamentaux de la morale et du droit circonscrivent l'économie politique dans ses limites rationnelles, et, au besoin, lui fournissent certains axiomes, sans lesquels elle ne pourrait bien concevoir toutes ses lois ni résoudre tous ses problèmes. De la sorte on évitera pour jamais cette absurdité, qu'un principe reconnu vrai et utile dans la théorie soit écarté comme faux et injuste dans la pratique. En effet, les circonstances peuvent bien exiger que l'on use de certains tempéraments ou que l'on procède lentement, par degrés ; mais qu'on agisse à l'encontre des résultats de la science et qu'on les annihile, jamais. L'économie publique regarde l'activité humaine sous l'empire de la justice, et, par conséquent, est circonscrite par la morale, comme le droit est limité par le devoir, comme le devoir est déterminé par la loi (1). » Et plus loin : « L'économie est, comme science et comme art, subordonnée à l'éthique ; d'où il suit qu'elle reçoit d'elle ses

(1) *Des rapports de l'Économie publique*, etc., livre II.

principes suprêmes et sa circonscription ; et, par conséquent, toute chose quelconque qui puisse mettre la richesse en opposition avec la justice, est par cela seul, et d'avance, interdite (1). »

Parfaitement ; mais l'éminent écrivain ne s'est pas aperçu qu'il se met ainsi en contradiction avec lui-même, quand il vient ensuite, pour se conformer à l'usage général, faire de l'économie politique une science purement spéculative. C'est seulement à condition de la reconnaître comme science vraiment pratique, qu'il est permis de la placer, relativement à la science morale, dans cette dépendance étroite et dans cette subordination qu'il admet lui-même.

La science morale, par cela même qu'elle considère le bien dans l'humanité tout entière, considère la fin de l'homme au point de vue de l'homme en général. Or la fin de l'homme en général est contenue implicitement dans toutes les fins particulières de l'homme. De cette fin il ne peut faire abstraction, quelque bien qu'il se propose d'atteindre. Il lui faudrait, pour cela, faire abstraction de sa propre nature d'homme et agir en bête.

De là découle une conséquence des plus importantes : c'est que toute prescription économique qui n'est pas conforme à la morale n'appartient pas à la science économique, considérée comme science propre à l'homme, et ne mérite d'être mentionnée que pour être réprouvée.

L'économie politique n'est pas la science de multiplier la richesse par toute sorte de moyens. Autrement elle comprendrait, parmi ses moyens, la fraude, le vol, le pillage des peuples vaincus. Or, quel serait l'économiste assez audacieux pour soutenir une pareille thèse ? Et s'il s'en trouvait un pour l'oser, en soutenant que l'économie politique par elle-même

(1) Même ouvrage, livre III, p. 198.

ait abstraction de la morale, qui accepterait une semblable aison?

De telles conséquences ne sont-elles pas la démonstration même de l'impossibilité de cette prétendue abstraction, et la preuve de la dépendance absolue dans laquelle l'une des eux sciences se trouve réellement par rapport à l'autre, lépendance tellement étroite qu'il ne peut être rien admis lans les enseignements économiques qui ne soit conforme à la ustice et à l'honnêteté des mœurs? Ainsi, par exemple, pour montrer que le travail du dimanche n'est pas une maxime économique, il n'est pas besoin de recourir à cette considération utilitaire que le repos du jour férié profite à la production de la richesse, en réparant les forces de l'ouvrier et en le faisant par suite retourner au travail avec une vigueur nouvelle; il suffit de réfléchir que l'accomplissement d'œuvres serviles, les jours de fête, est contraire à la loi chrétienne, pour comprendre qu'une semblable maxime ne peut être celle d'aucune science chez des nations baptisées (*).

(*) L'exemple n'est peut-être pas très bien choisi. Il ne s'agit pas ici de morale pure. Il ne peut être d'ailleurs interdit de rechercher si la prescription divine n'est pas en outre conforme aux données générales de la science économique, et de montrer à l'homme qu'elle concorde avec ses propres intérêts. Enfin, toujours en se plaçant à un point de vue général, on peut remarquer que les jours de repos changent suivant les religions.

Cet article sur la subordination de l'économie politique à la morale peut-être corroboré par la citation suivante: « L'économie politique est le *meilleur auxiliaire de la morale...* Le bien politique, le bien économique sont essentiellement d'accord; le bien est un comme la vérité est une. » (H. Baudrillart, *même Manuel*, chap. VI. Rapports de l'économie politique avec les autres sciences. (*Note du traducteur.*)

VI

DÉFINITION.

Après les explications qui précèdent, je me crois arrivé au point où je peux tenter la définition de l'économie politique. Je dis tenter, parce que je n'ai pas la présomption de croire que ma formule frappera droit au but et qu'elle aura par suite la vertu de mettre un terme au dissentiment qui règne à cet égard entre les économistes. Pellegrino Rossi déplore vivement ce désaccord, au sujet duquel il écrit.: « Dût-il en rougir pour la science, l'économiste doit avouer que la première des questions à examiner est encore celle-ci : Qu'est-ce que l'économie politique, quels en sont l'objet, l'étendue, les limites ? D'un côté, il serait difficile de choisir les questions les plus importantes de l'économie politique, pour en faire le sujet de notre travail, si nous n'étions pas d'accord, avant tout, sur l'objet et l'étendue et la science elle-même ; de l'autre, il n'est que trop avéré que cet accord n'existe point parmi les économistes. La définition est encore une des questions les plus controversées de la science (1). » Si nous ne nous trompons, ce désaccord doit être attribué principalement à l'imperfection dans laquelle l'économie politique se trouve encore de nos jours, malgré l'ardeur avec laquelle les esprits les plus pénétrants l'ont cultivée depuis un siècle (°).

(1) *Cours d'Économie politique*, deuxième leçon.

(*) Nous avons suivi, pour établir la légitimité de l'économie politique, la marche méthodique qui consiste à aller du concret à l'abstrait et du connu à l'inconnu. Nous sommes arrivés ainsi à constater qu'elle a un objet déterminé, observable, réductible à certaines lois.

Pour bien définir l'économie politique, il faut considérer
ttentivement quel en est l'objet propre, car c'est par son
ropre objet que toute science est spécifiquement déter-
iinée, et la définition ne fait qu'exprimer la quiddité spéci-
que de ce qui est défini. L'objet, pour être vraiment l'objet
ropre d'une science, doit être pris sous le rapport où il est
nvisagé par elle, c'est-à-dire en tant qu'il est un objet
rmel. L'objet, considéré sous le rapport matériel, peut
ppartenir à plusieurs sciences, dont chacune l'envisage sous
n aspect différent. Ainsi le corps vivant peut être l'objet de
a physiologie et de la médecine, selon qu'il est considéré par
'une dans ses fonctions vitales et considéré par l'autre dans
es maladies dont il y a lieu de le préserver ou de le guérir.

Or il est incontestable que l'économie politique a pour objet
a richesse, c'est-à-dire la quantité de biens nécessaire à la
ie de l'homme. C'est ainsi qu'elle a été conçue par Aristote,
ans les quelques essais que contiennent à ce sujet les trois
remiers livres de sa *Politique*. C'est ainsi qu'elle a été consi-
lérée par Adam Smith, le premier qui l'ait élevée à la dignité
le science. C'est encore ainsi qu'elle a été envisagée par ceux
nêmes qui voudraient en élargir le cercle, et qui, dans leurs
ivres, se sont vus contraints à parler principalement de la
ichesse, en y rapportant les autres théories que ces livres
enferment. Or il est évident que l'on doit considérer comme
'objet d'une science ce dont elle traite principalement et
e à quoi elle rapporte toutes les autres questions auxquelles
elle peut s'étendre.

Il resterait maintenant à la définir avec plus de rigueur. *Nous devons
reconnaître que c'est encore, dans l'état de la science, une tâche pleine
de difficultés.* Les limites rigoureuses de l'économie politique sont
toujours un objet de controverse. (H Baudrillart, *Manuel d'Economie
olitique*, chap. II. Définition et méthode de l'économie politique.)
(*Note du traducteur.*)

Mais d'autre part il faut prendre garde que l'économie politique traite, non de la richesse en général, mais de la richesse considérée comme susceptible d'être convenablement
dirigée dans sa production, sa distribution, sa consommation.
De plus, cette direction convenable doit avoir en vue, non
chaque famille prise en elle-même, auquel cas la qualification de politique devrait être remplacée par celle de domestique, mais le corps civil tout entier, de manière à tourner à
l'avantage de la nation tout entière, y compris les citoyens
et l'Etat, les sujets et le souverain. Enfin cette direction
devra s'inspirer étroitement des principes de moralité et de
justice, afin de mettre la richesse en harmonie avec la nature
de l'homme, pour lequel elle constitue, non une fin, mais un
moyen.

Après ces explications, il nous semble que l'économie politique pourrait être convenablement définie : La science de la
richesse publique, quant à l'honnête direction dont elle est
susceptible comme moyen de bien-être général. Par le mot
publique nous la distinguons de l'économie privée, c'est-à-dire
de celle qui appartient à l'individu ou à la famille. Ce qui
s'appelle public regarde la société tout entière : gouvernement et gouvernés. Le mot *richesse* désigne l'objet matériel de
la science économique, c'est-à-dire la quantité de biens extérieurs nécessaire à l'homme, et le mot *direction* son objet
formel. Enfin l'épithète d'*honnête* exprime la dépendance
étroite de la science économique par rapport à la morale, et
les mots *comme moyen de bien-être général* expriment sa
subordination à la science politique ou au droit public, comme
on voudra l'appeler.

Minghetti l'a définie un peu différemment en disant :
« Afin de comprendre un plus grand nombre d'idées dans la
définition, on peut dire que l'économie, comme science, contemple les lois en vertu desquelles la richesse se produit, se

épartit, s'échange et se consomme par l'homme, agissant en
iberté dans la société civile selon la règle du juste et de
'honnête (1). » Mais que l'on adopte cette définition, que l'on
hoisisse la nôtre ou toute autre définition *équivalente* (*consi-
nile*), il faut bien se pénétrer de cette pensée que, pour don-
ıer un concept clair de l'économie politique, il ne suffit pas
e la définir, comme on le fait généralement : La science de la
'ichesse. Une semblable définition a le grave défaut de faire
oncevoir la richesse comme une fin pour l'homme et non
comme un moyen ; et de présenter la science qui en traite
comme une science autonome et non subordonnée à une
science plus élevée (*).

VII

DIVISION DU TRAITÉ.

Quant à la division de notre traité, nous dirons brièvement qu'elle ne comporte et ne peut comporter que trois
parties principales : Production, distribution, consommation
de la richesse. La raison en est claire : c'est que tous les points
de vue sous lesquels la richesse peut être considérée se réduisent à ces trois questions principales : Comment se produit-

(1) *Des rapports de l'économie publique, etc*, livre second.
(*) « En nous réservant de revenir sur cette question controversée,
nous définirons dès à présent l'économie politique, *la science qui a
pour objet la manière dont la richesse s'échange, se distribue et se
consomme.* Or, comme rien de tout cela n'a lieu sans travail et sans
échange, et comme, d'un autre côté, aucun de ces travaux et de ces
échanges ne s'opère au hasard, il s'ensuit que les lois qui président
au travail et à l'échange forment le véritable champ de la science
économique. » (H. Baudrillart, *même ouvrage*, chap. II.) (*Note du
traducteur.*)

elle ? Comment doit-elle se répartir entre ses producteurs ?
Quelles règles président à sa consommation ?

Cette division, comme étant la plus naturelle, est adoptée
par tous les économistes. Pellegrino Rossi est le seul qui pré-
tende la simplifier. Il en admet les deux premières parties, et
en rejette la troisième comme superflue. Voici ce qu'il écrit
à ce sujet : « J'ai essayé, dans les années précédentes, de vous
exposer l'ensemble de la science. Nous l'avons étudiée dans
ses grandes divisions, la production et la distribution de la
richesse, et, si nous ne nous sommes pas occupés à part d'une
troisième branche qui est désignée dans les livres sous le nom
de consommation, c'est que, pour nous, cette branche rentre
dans les deux autres. Ce qu'on appelle consommation productive n'est autre chose que l'emploi du capital ; la consommation qu'on a voulu appeler improductive, l'impôt, rentre
directement dans la distribution de la richesse : le reste appartient à l'hygiène et à la morale (1). »

La seule chose juste qu'il y ait dans ce passage, c'est que la
consommation productive n'est que l'emploi du capital. Mais
cela prouve uniquement que les économistes ont tort de faire
entrer la consommation productive comme espèce dans le
genre, lorsqu'ils traitent de la consommation. Tout le reste
nous semble inexact. La consommation que les économistes
qualifient sans motif, ainsi que nous le verrons plus loin,
d'improductive, ne comprend pas seulement l'impôt, qu'on
ne saurait d'ailleurs faire rentrer à juste titre dans la distribution de la richesse. La partie de la consommation qui est
étrangère à l'impôt et qui consiste dans l'usage de la richesse
pour la satisfaction des besoins de l'homme est certainement
liée à l'hygiène et à la morale. Mais d'être lié à l'objet d'une
science n'empêche pas d'appartenir à une science différente.

(1) *Cours d'Economie politique*, première leçon.

Autrement, le corps humain ne pourrait être l'objet de la médecine, puisqu'il appartient déjà à la physique. Il suffit que e point de vue sous lequel l'objet dépend d'une science ou de l'autre soit différent. Du reste, on comprendra que la consommation de la richesse doit appartenir à l'économie politique, si l'on réfléchit que cette consommation est le but, la fin même de la production et de la distribution. Or, aucune science, et moins que tout autre une science pratique, ne peut négliger la fin à laquelle tendent les autres matières dont elle traite.

D'autres, comme Minghetti et Leroy-Beaulieu, divisent l'économie en quatre parties, c'est-à-dire qu'aux trois précédentes ils en ajoutent une quatrième : la circulation. Mais là où Rossi a péché par défaut, ceux-ci péchent par excès. Tenons-nous-en donc au juste milieu, c'est-à-dire à la division en trois parties, laquelle a en outre le mérite d'être la plus communément suivie. Quant à la circulation, qui n'est en substance autre chose que l'échange, il peut en être parfaitement traité là où l'on parle de la production.

PREMIÈRE PARTIE

LA PRODUCTION

---

1. Produire, au sens philosophique du mot, signifie donner 'existence à quelque chose. Ainsi l'on dit que la vigne pro- uit le raisin, parce qu'elle donne l'être au raisin, qui naît de vigne. Dans le langage de l'économie politique, qui traite e la richesse, produire signifie donner l'existence à une ichesse ou à un élément de richesse. L'acte de produire 'appelle *production* ; l'agent qui l'effectue s'appelle *produc- eur* ; l'effet qui en résulte s'appelle *produit*.

On voit par là que, pour bien comprendre ce qu'est la pro- uction en matière d'économie, il faut commencer par bien éterminer ce que l'on doit entendre par richesse.

CHAPITRE I

2. La richesse est l'objet de l'économie politique. Il semble donc qu'en ce qui la concerne l'opinion des économistes aurait dû être claire et unanime. Il n'en est pourtant pas ainsi. « Qu'est-ce que la valeur, écrit Pellegrino Rossi, qu'est-ce que la richesse ? Si le bon sens répond facilement à ces questions, les livres y répondent de tant de manières diverses, que l'esprit de critique a eu quelque raison d'affirmer qu'ils n'y répondent pas du tout (1). »

Nous allons, de notre côté, nous efforcer d'en déterminer le concept aussi exactement que possible. Nous croyons toutefois devoir déclarer qu'aux idées des économistes, quelle que soit leur autorité, nous préférerons, comme toujours, le sens commun. Commençons donc par fixer le sens même du mot richesse.

ARTICLE I.

Que doit-on entendre par richesse ?

3. « Aux lecteurs, dit Boccardo, entre les mains desquels il ne serait, par hasard, jamais tombé de livre d'économie politique avant le nôtre, nous dirons tout d'abord que le mot *richesse* n'a pas dans la science le sens qui lui est vulgairement attribué dans le langage ordinaire, qui ne donne le nom de richesse qu'à une quantité considérable de produits, en le

(1) *Cours d'Économie politique*, quatrième leçon.

efusant à la jouissance d'une petite quantité de choses. Dans e langage usuel, riche se dit seulement de celui qui n'est pas *auvre*, et la signification du mot richesse est purement comarative. En économie politique, au contraire, une feuille de papier, qui vaut un centime, est une richesse comme les mines du Pérou et les plaines fertiles de la Lombardie (1). »

Vraiment on serait tenté de rompre avec l'économie politique, quand on la voit, du premier abord, vous imposer une sorte de paradoxe, en réclamant le nom de richesse même pour le morceau de pain que le dernier des misérables porte à sa bouche. De sorte que, si vous donnez une obole à un mendiant, vous pourriez lui dire : Tu vois, *dans le langage vulgaire* tu es pauvre, mais *dans le langage scientifique* tu es riche ; car celui qui possède la *richesse* est *riche* ; et cette obole est une richesse. Je ne sais jusqu'à quel point un pareil discours persuaderait ce misérable.

Mais quittons la plaisanterie, et voyons sur quels arguments les économistes appuient leur prétention. Boccardo, lui, n'en fait valoir aucun ; il en est autrement de Say, qui dit : « Dans l usage commun, le mot *richesses* réveille l'idée d'un grand nombre de ces biens. Ceux qui n'en possèdent que peu, ne sont pas appelés riches. Cette manière de s'exprimer n'a pas assez de précision pour nous. L'idée d'une abondance plus ou moins grande n'est pas nécessairement renfermée dans l'idée de richesses ; c'est une circonstance qui ne tient pas à la nature des richesses que d'être abondantes ou rares. Une très petite quantité de ce que nous avons appelé de ce nom, sera donc pour nous la richesse, aussi bien qu'une grande quantité ; de même qu'un grain de blé est du blé, aussi bien qu'un boisseau rempli de cette denrée (2) ».

4. Que le caractère de richesse ne dépende pas du *plus* ou

(1) *Trattato teorico pratico d'Economia politica*, premier volume. *Note* sur la définition de la richesse.

(2) *Cours complet d'Économie politique pratique.* Première partie, chap. I.

du *moins* d'abondance, nous en convénons (*plus et minus non mutat speciem*) ; mais que l'on puisse faire abstraction totale de cet élément, jusqu'à donner, comme on donne le nom de blé même à un seul petit grain de froment, le nom de richesse à l'objet le plus menu, à la plume, par exemple, avec laquelle nous écrivons, la démonstration ne nous semble aucunement résulter du raisonnement de l'illustre économiste. Autrement nous pourrions, en adoptant la même manière de raisonner, soutenir qu'à un seul soldat convient le nom d'armée. Qui nous empêcherait, en effet, d'argumenter ainsi ? Dans l'usage commun, le mot d'armée réveille l'idée d'une multitude de soldats, mais ce n'est pas exact ; l'idée d'une multitude, plus ou moins grande, n'est pas nécessairement renfermée dans l'idée d'armée ; par conséquent, un petit nombre de soldats, ou même un seul soldat, peut être appelé armée, comme on appelle blé même un seul petit grain de froment. L'erreur de Say réside en ce que d'un nom *collectif* il a cru que l'on pouvait faire faire le même usage que d'un nom *distributif*. Blé est un nom distributif ; et par suite on peut l'appliquer aussi bien à chaque individu, pris séparément, d'une espèce donnée, qu'à un grand nombre et même à la totalité des individus de cette espèce. Mais le mot *richesse* est un nom collectif, comme le mot *armée*, *peuple*, et autres mots semblables ; aussi, de même qu'on ne peut appeler peuple un seul citoyen ou un petit nombre de citoyens, ni armée un soldat ou un petit nombre de soldats, on ne peut appeler richesse un objet ou un petit nombre d'objets pouvant satisfaire nos besoins.

5. On dira : Mais ce que l'économie politique a prétendu faire est précisément de modifier le sens du mot *richesse*, et de le faire passer du collectif au distributif, pour sa plus grande commodité.

Or nous ne croyons pas, quant à nous, que la science ait le droit, pour sa simple commodité, de faire en matière de nomenclature tout ce qui lui plaît. Elle peut sans doute former des mots nouveaux pour exprimer des concepts nouveaux,

nconnus du vulgaire. Elle peut encore éclaircir les mots d'un
usage commun, en leur faisant exprimer plus distinctement ce
qu'ils exprimaient auparavant d'une manière confuse. Mais
es détourner du sens généralement usité, surtout si le sens
nouveau aboutit à un paradoxe, nous ne pensons pas qu'elle
puisse le faire. En matière de langue, le peuple (*quem penes
arbitrium est et jus et norma loquendi*) veut être respecté,
même par la science ; et à plus forte raison lorsque les enseignements de celle-ci, dans la pratique, doivent servir au
peuple lui-même, ainsi qu'il en est précisément de l'économie
politique. Pour justifier un changement en pareille matière,
il ne suffit pas de la commodité, il faut l'absolue nécessité ; et
cette nécessité n'apparaît pas, puisqu'on ne voit pas la raison
pour laquelle les simples choses utiles ne pourraient pas recevoir, au lieu du nom de richesse, celui d'éléments de richesse, de portions de richesse, d'éléments constitutifs ou in-
tégrants de la richesse, ou tout simplement celui de biens,
objets, produits.

6. Aussi, nous séparant ici des économistes et nous rappro-
chant du langage commun, nous définissons la richesse : une
quantité de biens supérieure au simple besoin. Par *bien* nous
entendons ce qui répond à notre désir : *Ratio boni in hoc consistit, quod aliquid sit appetibile* (1). Cette quantité peut varier
selon que les désirs varient avec la diversité même des besoins : autres en effet sont les besoins de l'homme dans une
civilisation adulte ou sans une civilisation au berceau ; autres
encore sont les besoins de l'homme de lettres ou de l'homme
d'Etat, et ceux de l'artisan ou du simple citoyen.

Notre définition de la richesse est semblable à celle qu'en
donne Cicéron, quand, interrogé sur ce que c'est qu'être
riche, il répond : Un homme riche est celui dont l'avoir est
suffisant pour lui permettre de vivre avec quelque aisance.
*Quem intelligimus divitem ? aut hoc verbum in quo homine
ponimus ? Opinor in eo, cui tanta possessio est, ut ad liberaliter*

(1) S. Thomas, *Somme th.*, 1re partie, question V, art. 1.

vivendum facile contentus sit (1)? La richesse commence donc
là où finit le simple nécessaire et où commence l'aisance. Celui
qui n'a que le nécessaire n'est ni pauvre ni riche ; il tient le
milieu : *Mendicitatem et divitias ne dederis mihi, sed tribue
tantum victui meo necessaria* (2.

Du reste, si l'on persiste à vouloir donner le nom de richesse à tout objet dont on a la jouissance, quelque minime
qu'il soit, fût-ce une feuille de papier ou le chiffon de toile
dont on se sert pour un usage quelconque, nous nous permet-
trons de sourire, mais nous n'entrerons pas en guerre pour si
peu.

ART.CLE II.

Dans les éléments constitutifs de la richesse il faut considérer l'*utilité*.

7. Dans la détermination des éléments qui constituent la
richesse, il y a deux concepts, pour ainsi dire primordiaux :
l'utilité et la valeur. Ils sont tellement liés à l'idée de richesse
que pour l'expliquer les économistes recourent tantôt à l'un,
tantôt à l'autre. Parlons brièvement de tous deux, et d'abord
de l'*utilité*.

On appelle utile ce qui est propre à obtenir une fin : *Ea
quæ sunt ad finem accommodata, utilia dicuntur* (3). On peut
donc définir l'utilité : la propriété qui fait qu'une chose
sert à obtenir une fin. Cette propriété ne peut appartenir
qu'aux moyens; car c'est seulement des moyens qu'on se sert :
à parler rigoureusement, on ne se sert pas, *on n'use pas* de
la fin, *on en jouit*, vu qu'on l'aime pour elle-même. *Frui
est amare, inhærere alicui rei, propter seipsam* (4. Ainsi l'on
dit de la médecine qu'elle est *utile*, parce qu'elle a la propriété

---

(1) *Paradoxes*. Paradoxe VI.
(2) *Proverbes*, xxx, 8.
(3, S. Thomas, *Somme th.*, 1re partie de la 2e ; question XVI, art. 3.
(4). S. Augustin, *De Doctrina christiana*, livre VI, ch. IV.

le guérir lorsqu'on est malade ; mais on ne dit pas de la
guérison qu'elle est *utile*, à moins qu'on ne la considère sous
e rapport de quelque fin plus élevée, la science, par exemple,
qu'elle peut servir à acquérir en qualité de moyen. Dans les
éléments constitutifs de la richesse, ce qui apparaît donc avant
out, c'est l'utilité ; ils doivent en effet nous permettre d'at-
eindre la fin qui consiste à satisfaire nos besoins, en même
emps qu'à nous rendre la vie commode et agréable.

8. On trouverait difficilement un objet qui n'ait quelque
utilité ou qui ne puisse en prendre quelqu'une, s'il n'en a
ar lui-même, sous l'action de l'industrie. Qu'y a-t-il de plus
vil que le fumier ? Et pourtant il sert à engraisser et à fertiliser
les terres. Les pierres nous servent à construire des maisons,
et il n'est pas jusqu'aux os des animaux dont le travail de
l'homme ne parvienne à tirer un grand nombre d'ustensiles.

Il est vrai qu'entre les choses utiles il y a lieu de distinguer.
Les unes nous sont données par la nature seule, et avec une
telle profusion qu'elles sont à la portée de tous et qu'elles ne
s'épuisent jamais, quelque quantité que chacune en prenne.
Tels sont l'air, la lumière, l'eau, dont il y a partout en abondance. Les autres, bien qu'elles nous soient aussi données par
la nature, s'épuisent toutefois, parce qu'elles sont limitées.
Tels sont la terre cultivable, les animaux, les mines, etc. Les
premiers peuvent être désignés sous le nom de biens non
susceptibles d'appropriation (sauf dans quelques cas), mais
d'usage général ; les autres sous le nom de biens susceptibles
d'appropriation et d'usage particulier, parmi lesquels il y a
lieu de ranger aussi et à plus forte raison les produits de l'art
et de l'industrie humaine. Ce sont ces biens susceptibles d'appropriation qui méritent, à proprement parler, le nom de
richesse, le concept de propriété étant implicitement renfermé
dans celui de richesse. On peut les diviser en richesses *naturelles* et en richesses *artificielles*, selon qu'elles nous sont
données simplement par la nature, comme dans les trois
exemples que nous avons pris, de la terre, des animaux, des
mines, ou qu'elles proviennent du travail de l'homme, comme

les maisons, les habits, les machines et autres choses semblables.

9. Say, suivi en cela par un grand nombre d'économistes,
adopte une division différente ; il dit : « Ces richesses sont de
deux sortes, qu'il convient de distinguer avec soin. Les unes
nous sont données gratuitement et avec profusion par la nature, comme l'air que nous respirons, la lumière du jour,
l'eau qui nous désaltère, et une foule d'autres choses dont
l'usage nous est devenu tellement familier, que nous en jouissons souvent sans y penser. On peut les nommer des *richesses
naturelles*. Elles appartiennent à tout le monde, aux pauvres
comme aux riches, et ne sont appelées des richesses que dans
un sens général et philosophique..... Les autres biens sont
le fruit d'un concours de moyens qui ne sont pas gratuits.
Nous sommes forcés d'acheter, pour ainsi dire, ces derniers
biens par des travaux, des économies, des privations ; en un
mot, par de véritables sacrifices. De ce nombre sont les aliments qu'on ne peut se procurer sans culture, les vêtements
qu'on ne peut avoir sans que quelqu'un les ait préparés, les
maisons qui n'existent qu'après qu'on les a construites..... On
ne peut pas séparer de ces biens l'idée de la propriété.... D'un
autre côté, la propriété suppose une société quelconque, des
conventions, des lois. On peut en conséquence nommer les
richesses ainsi acquises, des *richesses sociales* (1) ».

10. Cette division et cette nomenclature ne nous satisfont
pas. D'abord nous n'admettons pas que l'on donne le nom de
richesses à ces dons que nous tenons en commun de la nature
et qui ne sont pas susceptibles d'appropriation. Que penseriez-
vous de celui qui dirait : Je suis riche parce que j'ai l'air, la
lumière et l'eau en abondance ? Et il n'y a pas à faire valoir
ici la signification restreinte du mot dans le sens philosophique, celui-ci ne devant jamais se trouver en désaccord avec
le sens commun. Or la lumière qui nous éclaire, l'air que
nous respirons, l'eau que nous buvons ne sont pas, suivant le

---

(1) *Cours complet*, etc. Première partie, chap. I.

sens commun, considérés comme des richesses. En outre,
réunir dans une appellation commune et sous le seul nom de
richesse la totalité des biens susceptibles d'appropriation, nous
paraît présenter deux inconvénients, l'un de laisser supposer,
comme Say le suppose en effet, que la propriété prend son
origine dans l'état social ; l'autre, de confondre ensemble lés
produits de la nature, par exemple les productions de la
terre, avec les produits de l'art, par exemple un édifice, ce
que l'on ne doit pas faire, comme nous le verrons en temps
et lieu.

Il nous semble donc plus juste de répartir les choses utiles
en biens non susceptibles d'appropriation, parce qu'ils sont
illimités, et en biens susceptibles d'appropriation, parce qu'ils
sont limités ; et, réservant le nom de richesse aux seconds,
lorsqu'ils sont en certaine quantité, de les subdiviser en richesse naturelle et richesse artificielle.

ARTICLE III.

*Dans les éléments constitutifs de la richesse il faut considérer la
valeur.*

11. Du concept d'utilité, dans les éléments constitutifs de la
richesse, naît le concept de valeur, a raison des échanges.
Car si une chose m'est utile, elle peut être également utile à
un autre, qui l'acquerrait volontiers, en me donnant en
échange une autre chose qui m'est également utile et dont par
conséquent, moi aussi, je ferais volontiers l'acquisition. Cette
propriété qu'ont les choses utiles de pouvoir être échangées
contre d'autres choses utiles s'appelle *valeur*. Ainsi, par
exemple, en donnant une quantité déterminée de grain, je
puis en échange recevoir une quantité déterminée de sucre,
l'huile ou de toute autre denrée. La propriété qu'a mon grain
e se prêter à cet échange constitue sa valeur. D'où l'on voit
ue l'idée de valeur est plus générale que celle de *prix* ; car
prix dans une chose ne se considère que sous le rapport

de l'échange contre de l'argent, tandis que la valeur se considère sous celui de l'échange contre une marchandise quelconque. Le prix n'est pas autre chose que la valeur exprimée en argent. Néanmoins, puisque l'argent est l'équivalent de toutes les valeurs, ce qui est dit de la valeur est également vrai du prix, et les deux mots se prennent l'un pour l'autre. Mais nous aurons à parler de l'argent d'une manière plus étendue ; tenons-nous-en ici au seul concept générique de valeur.

12. Comme on le voit, la valeur n'est qu'un rapport : le rapport d'une chose à une autre, quant à la faculté qu'elles ont de pouvoir être échangées. Il s'ensuit que la valeur est variable, comme le sont les termes dont elle exprime le rapport. Si pour une caisse de sucre, par exemple, vous pouvez avoir huit sacs de farine ou une bouteille de vin, les huit sacs de farine et la bouteille de vin détermineront pour vous la valeur de la caisse de sucre; et à l'inverse la caisse de sucre déterminera pour vous la valeur des huit sacs de farine. Mais si, par une de ces variations qui se produisent habituellement sur les marchés, on ne trouve plus à échanger une caisse de sucre que contre quatre sacs de farine et une demi-bouteille de vin, la valeur réciproque de ces marchandises est modifiée ; celle de la farine ou du vin, relativement au sucre, s'est accrue du double, et, à l'inverse, la valeur du sucre par rapport à la farine et au vin a diminué de moitié. Say dit avec justesse : *La valeur d'une chose est une quantité positive, mais elle n'est que pour un instant. Sa nature est d'être perpétuellement variable, de changer d'un lieu à l'autre, d'un temps à l'autre. Rien ne peut la fixer invariablement, parce qu'elle est fondée, ainsi que vous le verrez plus tard, sur des besoins et des moyens de production, qui varient à chaque minute* (1).

13. D'où il résulte que la valeur des choses ne peut jamais avoir une mesure certaine et déterminée. La raison en est,

---

(1) *Cours complet, etc.* Première partie, chapitre II Ce texte est cité en français dans l'original.

comme l'observe saint Thomas, que la mesure doit être homo-
gène avec la chose mesurée, c'est-à-dire du même genre. Ainsi la
ligne est mesurée par la ligne, le temps par le temps. En conséquence, la mesure des valeurs ne peut être qu'une valeur,
mais toute valeur est essentiellement variable. Donc... la
conséquence, tout le monde la voit. Et il n'y a pas à dire que
cette mesure pourrait être établie en argent. Car, bien que
l'on puisse dire que l'argent, comme nous le verrons en son
lieu, est la mesure de la valeur des marchandises dans un sens
relatif, il ne peut toutefois leur servir de mesure dans le sens
absolu. La raison en est que l'argent, étant aussi, comme nous
le verrons, une marchandise par la matière qui en est la
base, est lui-même une valeur sujette à des variations, bien
que plus lentes. Cent écus, par exemple, n'ont pas la même
valeur en Angleterre qu'en Italie; et en Italie même ils n'ont
pas aujourd'hui la valeur qu'ils avaient il y a trente ans. Il
en serait de même si l'on voulait mesurer la valeur des
choses à leur utilité. L'utilité, bien qu'elle soit une condition
indispensable de la valeur (une chose absolument inutile ne
pourrait faire la matière d'un échange), ne saurait lui servir
de mesure. S'il en était autrement, le pain aurait plus de
valeur que les pierres précieuses, étant d'une plus grande
utilité. En outre l'utilité et la valeur sont deux choses différentes. L'utilité est le rapport entre les choses et nos besoins;
la valeur est le rapport entre les choses qui trouvent à
s'échanger les unes contre les autres. Or des choses différentes
ne peuvent se servir de mesure réciproque, comme nous
l'avons déjà fait remarquer.

14. Cette différence entre l'utilité et la valeur, non seulement
quant au concept, mais aussi quant au mot, est d'une extrême
importance en économie politique. Toutefois il ne semble pas

(1) Une mesure invariable des valeurs est une pure chimère, parce
qu'on ne peut mesurer les valeurs que par des valeurs, c'est-à-dire
par une quantité essentiellement variable. (*Œuvres complètes de David
Ricardo*, section I, chap. 1, *en note*.

que les économistes s'en soient toujours également préoccupés.
Adam Smith, tout en l'enseignant quant au concept, ne l'a pas
observé dans les mots, donnant le nom de valeur même à
l'utilité et l'appelant *valeur en usage*, par opposition à la
valeur en échange. Il a écrit : « Il faut observer que le mot
valeur a deux significations différentes ; quelquefois il signifie
l'utilité d'un objet particulier, et quelquefois il signifie la faculté
que donne la possession de cet objet d'en acheter d'autres
marchandises. On peut appeler l'une *valeur en usage*, et
l'autre *valeur en échange*. Des choses qui ont la plus grande
valeur en usage n'ont que peu ou point de *valeur en échange* ;
et, au contraire, celles qui ont la plus grande *valeur en échange*
n'ont souvent que peu ou point de *valeur en usage*. Il n'y a
rien de plus utile que l'eau ; mais elle ne peut presque rien
acheter ; à peine y a-t-il moyen de rien avoir en échange. Un
diamant, au contraire, n'a presque aucune valeur quant à
l'usage, mais on trouvera fréquemment à l'échanger contre une
très grande quantité d'autres marchandises (1). » Mais, avec
raison, Say, dans une lettre à Ricardo, repousse l'expression
de valeur en usage, qui en substance ne signifie pas autre
chose que l'utilité pure et simple. *Je ne saurais admettre ce
que vous appelez avec Adam Smith* value in use. *Qu'est-ce que
la valeur en utilité, si ce n'est de l'utilité pure et simple ? Le
mot utilité suffit donc* (2).

15. Pellegrino Rossi, qui, dans les paroles citées au commencement de ce traité, avait critiqué le peu d'exactitude des écrivains en cette matière, tombe à son tour dans le même défaut,
en confondant la valeur avec l'utilité. Il dit en effet : *La
valeur, encore une fois, est l'expression du rapport qui existe
entre les besoins de l'homme et les choses.* (3). Mais ce rapport

(1) *Recherches sur la nature et les causes de la richesse des nations,*
livre I, chap. v.

(2) *Œuvres diverses,* En français dans l'original.

(3) *Cours d'Économie politique,* tome I, quatrième leçon. En français
dans l'original.

entre nos besoins et les choses qui peuvent les satisfaire est *l'utilité*, non la *valeur*. Il est surprenant de voir un homme si clairvoyant tomber dans une telle erreur. Enfin, pour ne pas multiplier les citations, Frédéric Bastiat reconnait l'importance de la distinction entre l'utilité et la valeur. *Habituons-nous à distinguer l'Utilité de la Valeur. Il n'y a de science éco-nomique qu'à ce prix* (1). Mais, en distinguant deux espèces d'utilité, l'une *gratuite*, qui se trouve dans les choses par l'œuvre seule de la nature, l'autre *onéreuse*, c'est-à-dire qui résulte d'un effort de l'homme, c'est à la seconde seulement et par suite à la valeur qu'il attribue la faculté d'être échan-geable. *En tout ce qui est propre à satisfaire nos besoins et nos désirs, il y a à considérer deux choses : ce qu'a fait la nature et ce que fait l'homme, ce qui est gratuit et ce qui est onéreux, le don de Dieu et le service humain, l'utilité et la valeur* (2). D'où il aboutit à la formule suivant : *La valeur, c'est le rapport de deux services échangés* (3). Nous montrerons, lorsque le moment sera venu, comment cette théorie, inventée par le subtil économiste pour réfuter Proudhon, tourne au contraire en faveur de ce dernier. En outre, au lieu d'apporter la clarté, elle apporte l'obscurité ; car, en attribuant exclusivement la valeur à l'effort fait par l'homme, elle en rend très souvent l'appréciation impossible. Mais, comme nous devons parler spécialement de cette théorie dans un autre chapitre, il est inutile de la juger ici par avance.

---

(1) *Harmonies économiques,* chap. v. De la valeur.
(2) *Même ouvrage,* chap. vi.
(3) *Même ouvrage,* chap. v.

ARTICLE IV.

L'essence de la richesse consiste proprement dans l'utilité et non dans la valeur des choses.

16. Say, suivi dans cette voie par la plupart des économistes, a émis l'opinion que la richesse consistait dans la valeur des choses et était proportionnelle à cette valeur. Il a dit: *La richesse est en proportion de la valeur. Elle est grande, si la somme de valeurs dont elle se compose est considérable; elle est petite, si les valeurs le sont* (*). Au contraire, Ricardo a soutenu contre lui que la richesse réside dans l'utilité des choses et est en proportion de cette utilité. Il semble que telle était aussi l'opinion d'Adam Smith, qui a écrit : « Un homme est pauvre ou riche selon le plus ou le moins de choses *utiles* dont il peut se procurer la jouissance. » Nous nous rangeons à cette seconde opinion, qui nous paraît conforme à la signification que tous donnent en général de la richesse. Qu'est-ce que la richesse? Ce qui sert à satisfaire largement les besoins de l'homme. Or la condition qui fait qu'une chose est propre à satisfaire les besoins de l'homme constitue l'utilité, non la valeur. C'est donc dans l'utilité, non dans la valeur, que réside la richesse. Si l'on donne également le nom de richesse aux valeurs telles que l'argent ou celles qui le représentent, les lettres de change ou les billets de banque, par exemple, c'est parce qu'elles servent de moyen ou d'instrument pour nous procurer d'autres choses qui nous sont utiles.

La fable raconte que Midas, roi de Phrygie, avait obtenu des dieux le don de changer en or tout ce qu'il toucherait. Il possédait donc, dans une abondance infinie, la plus grande des valeurs, celle qui peut servir à se procurer toutes les autres. Était-il donc riche? Il était dans la plus extrême pauvreté; et s'il n'eût renoncé à temps à ce don funeste, il eût été réduit à

(*) En français dans l'original.

périr de faim, comme le plus misérable des hommes qui sont sur la terre. Un riche mourant de faim, c'est une pure absurdité, comme Aristote le fait justement observer (1).

17. Bastiat, au chapitre VI de ses *Harmonies économiques*, réfute longuement la doctrine de Say sur ce sujet. Il démontre les résultats absurdes auxquels il arrive en confondant entre elles ces deux choses : richesse et valeur. Citons-en un comme échantillon : *La théorie qui définit la richesse par la valeur n'est, en définitive, que la glorification de l'obstacle. Voici son syllogisme : La richesse est proportionnelle aux valeurs ; les valeurs aux efforts, les efforts aux obstacles ; donc les richesses sont proportionnelles aux obstacles* (2). Donc, pour développer la richesse, développons les obstacles. Donc des impôts écrasants, des entraves à l'exportation, des privilèges, des monopoles.

Si les démonstrations de cet écrivain sur ce point ne s'appuyaient sur sa théorie de prédilection, celle dans laquelle il soutient que dans les échanges l'utilité est toujours donné gratuitement et qu'il n'y a de rémunéré que les efforts ou les services, elles seraient invincibles. Ce vice radical les prive de toute leur force. Mais, heureusement, nous pouvons nous passer de ces raisonnements, puisqu'il nous suffit, comme nous l'avons dit, de considérer le but de la richesse. Elle sert à rendre la vie commode et aisée. Or ce résultat, les choses le procurent par leur utilité et non par leur valeur. La valeur n'y entre que comme intermédiaire, en ce que, par l'échange des choses entre elles, nous nous procurons, par de nouvelles acquisitions, d'autres choses utiles qui correspondent à nos besoins ou à nos désirs. Vous pourriez avoir des écrins pleins de diamants, et néanmoins, si vous ne pouviez vous procurer avec ces diamants les autres choses utiles à la vie (la nourriture, le vêtement, l'habitation et autres choses sem-

---

(1) *Politique*, livre I.
(2) *Harmonies économiques*, chap. vi. En français dans l'original.

blables), vous seriez réduits à mendier. Un riche qui mendie est un riche pour rire.

18. Une autre conséquence fausse du principe qui place la richesse dans la valeur est qu'on arrive à considérer la valeur comme le seul objet de l'économie politique. Rossi réfute cette théorie tout au long. « Il est, dit-il, beaucoup d'auteurs pour qui la valeur *en échange* est seule un fait économique ; ils ne regardent la notion de la valeur *en usage* que comme une pure généralité à laquelle on peut faire tout au plus l'honneur de la mentionner dès le début, en passant, pour ne plus s'en occuper ensuite. Pour eux, l'économie politique est plus encore la science des échanges, que la science de la richesse. C'est là, il faut le dire, une erreur qui attaque la science dans ses bases, qui la mutile et la dénature (1). » Il montre comment, avec cette théorie, un grand nombre de faits économiques demeurent inexplicables. Prenons-en un pour exemple. Lorsqu'il s'agit d'expédier des marchandises dans tel ou tel pays, sur quoi se règle-t-on, sinon précisément sur l'utilité de ces marchandises et par conséquent sur la recherche dont on espère qu'elles seront l'objet ? « Pourquoi certains marchés sont-ils encombrés de denrées qui n'ont jamais de débit ? Uniquement parce que les producteurs n'ont pas suffisamment étudié quelle pouvait être, dans un pays donné, la valeur en usage de telles ou telles marchandises. » L'utilité entre donc, elle aussi, dans les calculs de l'économie politique. Elle y entre encore bien davantage, quand il s'agit, non plus de la production, mais de la distribution et de la consommation de la richesse.

19. Aussi Rossi pense-t-il comme nous que l'utilité, non la valeur, constitue la richesse. « Richesse et valeur, dit-il, ne sont pas la même chose, puisqu'on peut atteindre au comble de la richesse, quelque peu de valeur que l'on possède. On peut donc avoir beaucoup de richesse et peu de valeur. Pour cet économiste (nous croyons qu'il fait allusion à Say), ces mots

(1) *Cours d'Economie politique*, quatrième leçon.

ne sont pas même corrélatifs. Cependant il dit ailleurs que la richesse n'est qu'une valeur échangeable; il ajoute : « Bien « que la richesse soit une valeur échangeable, la richesse « générale est accrue par le bas prix des marchandises et de « toute espèce de produits. » Si cette proposition est vraie, elle doit supporter toutes ses conséquences. La richesse générale est accrue par le bas prix des marchandises et de toute espèce de produits. Si le prix s'abaisse jusqu'à zéro, évidemment la richesse générale sera, pour ainsi dire, infinie. Mais, la richesse générale étant infinie, il n'y aura plus d'échanges ; chacun ayant tout ce qu'il peut désirer, tout échange devient impossible. Comment donc la richesse serait-elle une valeur échangeable, puisqu'elle serait infinie, quand il n'y aurait plus de valeur en échange (1) ? »

En réalité, l'hypothèse est inadmissible ; car, au moins en ce qui concerne la richesse qui dépend du travail de l'homme, le prix, quelque minime qu'il soit, ne peut arriver à zéro. Mais il faut prendre garde que dans les propositions conditionnelles on ne considère pas la vérité ou la possibilité de la *condition*, mais la seule connexion qu'elle a avec le *conditionnel*. Et ici cette connexion existe.

Il est vrai que Minghetti réplique : En ce cas, il n'y aurait plus de science économique (2). Et pourquoi ? Parce que, n'y ayant plus de *valeur*, il n'y aurait plus de richesse ; l'objet même de la science manquerait. Nous répondons : Cette réplique ne vaut rien, car elle tombe dans le genre de preuve que les dialecticiens appellent *pétition de principe*, en ce qu'elle pose en fait que la richesse consiste dans la valeur, et c'est précisément ce que l'on nie et ce que Minghetti ne démontre en aucune façon.

(1) Même ouvrage, même leçon.
(2) *Des rapports de l'Économie publique, etc.* Livre second.

ARTICLE V.

La matérialité est un caractère essentiel de la richesse, objet de
l'économie politique.

20. Le nom de richesse, pris dans un sens absolu, ne
s'applique qu'aux biens matériels. Si vous entendez dire
qu'un homme est riche, la seule pensée qui vous vienne à
l'esprit est qu'il possède beaucoup d'argent, ou plutôt beaucoup de choses utiles à la vie matérielle et que l'on peut
acquérir avec de l'argent. C'est en ce sens que nous dirons
que l'économie politique a la richesse pour objet.

Toutefois, par l'addition de quelque autre mot, qui le fait
un peu sortir de sa signification commune, on étend, dans
l'usage, le mot de richesse aux biens immatériels. C'est ainsi
que l'on dit d'un homme savant qu'il est riche en science, et
d'un honnête homme qu'il est riche en vertu.

Cette faculté d'extension a induit la presque totalité des
économistes français à faire rentrer dans la sphère de l'économie politique même les biens immatériels ; ce en quoi ils
ont été imités, suivant l'usage, par les économistes italiens.
Seuls, les Anglais, à part quelque rare exception, se sont
tenus dans les limites assignées par Adam Smith, qui dans
aucun endroit de ses ouvrages, si la mémoire ne nous fait
défaut, ne fait même allusion à cette extension indue.

21. Say, qu'à notre avis on peut appeler le chef de l'école
économiste française, s'exprime ainsi : « L'objet de l'économie
politique semble avoir été restreint jusqu'ici à la connaissance
des lois qui président à la formation, à la distribution et à la
consommation des richesses. C'est ainsi que moi-même je l'ai
considérée dans mon *Traité d'économie politique*, publié pour
la première fois en 1803. Cependant on put voir, dans cet
ouvrage même, que cette science tient à tout dans la société.
Depuis qu'il a été prouvé que les propriétés immatérielles, telles
que les talents et les facultés personnelles acquises, forment

une partie intégrante des richesses sociales, et que les services rendus dans les plus hautes fonctions ont leur analogie avec les travaux les plus humbles ; depuis que les rapports de l'individu avec le corps social et du corps social avec les individus, et leurs intérêts réciproques, ont été clairement établis, l'économie politique, qui semblait n'avoir pour objet que les biens matériels, s'est trouvée (par qui ?) embrasser le système social tout entier (1). » Trop de choses !

Le même enseignement est donné par Stuart Mill, l'un des Anglais en très petit nombre qui s'écartent sur ce point de la généralité de l'école. Enumérant les diverses sortes de travail, il écrit : « Les utilités produites par le travail sont de trois sortes : 1· Les utilités fixées et incorporées dans les objets extérieurs par le travail employé à donner à des choses matérielles des propriétés qui les rendent aptes à servir à des êtres humains. Ceci est la règle commune et n'a pas besoin de commentaires ; 2° les utilités fixées et incorporées dans les *êtres humains* : le travail, dans ce cas, est employé à donner à des êtres humains des qualités qui les rendent propres à servir à eux-mêmes et aux autres. A cette classe appartient le travail de tous ceux qui s'occupent d'éducation ; non seulement des maîtres d'école, des gouverneurs, des professeurs, mais encore des gouvernements, en tant qu'ils tendent avec succès à l'amélioration du peuple ; des moralistes, des gens d'église, en tant qu'ils produisent quelque avantage (*l'auteur étant protestant, je pense qu'il adresse ce compliment aux ministres de son église*) ; le travail des médecins, en tant qu'il est efficace pour la conservation de la vie ou de l'esprit ; celui des professeurs des arts gymnastiques ; celui des professeurs de sciences, d'arts, de métiers ; enfin le travail de tous ceux qui font l'occupation de leur vie d'améliorer la condition morale et physique, c'est-à-dire d'enseigner à cultiver

(1) *Cours complet, etc.* Considérations générales.
(2) Texte italien : *Per quella parte in cui non si rendono affatto inutili.*

les facultés de l'esprit et du corps, soit d'eux-mêmes, soit des autres (1). » Tous, professeurs, moralistes, etc., sont ainsi mis sur la même ligne que les artisans et les trafiquants.

22. Quant à nous, nous repoussons une semblable confusion, qui nous semble *matérialiser* entièrement l'homme et ses plus hautes facultés, en en faisant des objets de trafic et en soumettant à la même mesure les besoins physiques et les besoins moraux. Il ne suffit pas d'une analogie quelconque entre deux ordres d'objets pour les englober dans une seule et même science. Pour qu'il puisse en être ainsi, il faut ou une parfaite ressemblance, ou au moins une telle analogie que l'on puisse les réunir sous une idée commune et les régir dans une loi commune. Or quelle est l'idée qui peut ici réunir ensemble ces deux ordres de choses, le matériel et l'immatériel ? Celle d'un rapport avec les besoins de l'homme. Mais ce rapport, qui nominalement est un, est en réalité double et d'une nature immensément différente ; car le rapport change selon les termes, et ici les termes, matière et esprit, diffèrent entre eux d'une manière incommensurable. Cette différence est telle que souvent la négation de l'un entre comme élément constitutif dans la perfection de l'autre. *Oh ignota richezza, oh ben verace !* Ainsi le Dante glorifie dans le pauvre d'Assise le manque de toute richesse matérielle (2). Ensuite, quant aux lois, les biens matériels ont pour fondement de leur échange réciproque l'équivalence. Peuvent-ils garder cette équivalence en regard des biens immatériels ? Salomon, parlant de la sagesse, dit que *omne aurum in comparatione illius arena est exigua, et tanquam lutum æstimabitur argentum in conspectu illius* (3). Les biens matériels peuvent-ils être évalués en argent ? Peut-on évaluer en argent la morale, la science ? Say n'hésite pas à l'affirmer : *Un médecin, dit-il, nous rend l'utilité de son art, sans qu'elle ait été incorporée*

(1) *Principes d'économie politique*, Livre I, chap. III.
(2) *Paradis*, chant XI.
(3) *Livre de la Sagesse*, VII, 9.

dans aucune matière... Nous l'achetons en achetant son conseil.
Et plus bas, en note : *La science et le talent d'un médecin, d'un chirurgien, d'un professeur, ne sont-ils pas des capitaux acquis* (1) ? De sorte que nous pourrions rechercher combien d'écus valait le génie de Dante ou la vertu de saint François d'Assise. Si le médecin vend les conseils qu'il donne au malade, le professeur vendra également les idées qu'il fait passer dans l'esprit des écoliers ; l'éducateur vendra la morale qu'il cherche à inculquer à ses disciples ; le magistrat vendra la sentence qu'il rend dans les procès ; le prêtre, les sacrements qu'il administre aux fidèles ! Peut on entendre sans horreur des choses semblables ?

Il est vrai que tous reçoivent, pour le service qu'ils rendent, une rétribution. Mais qu'est-ce que cela prouve ? Toute rétribution n'est pas le prix d'une chose, pas plus que tout contrat n'est une vente ou un achat.

A un Français opposons un Français. « Quelques écrivains, dit Droz, désignent par ce mot (*richesse*) tout ce que l'homme peut désirer d'utile et d'agréable. D'après leur théorie, les qualités de l'âme, la bienveillance, la générosité, l'héroïsme sont des richesses. Un système qui tend à confondre les biens intellectuels et moraux avec les objets matériels, me semble moins ennoblir les seconds que dégrader les premiers. On parle d'une manière très intelligible sans doute, si l'on dit que la vertu est la plus désirable des richesses. Ces mots sont justes, parce qu'ils offrent un sens métaphorique ; mais, au sens propre, ils seraient absurdes. Les sages qui nous révèlent les moyens de bonheur, nous font découvrir les jouissances morales dans une sphère supérieure à celle des plaisirs physiques. C'est nuire à leurs nobles leçons que de porter la confusion dans le langage, et d'assimiler, au moins en apparence, les vertus aux richesses. Pense-t-on agrandir ainsi le domaine de l'économie politique, et lui donner plus

(1) *Cours complet, etc.*, t. I. Première partie, ch. v. En français dans l'original.

d'éclat ? Cette science n'a pas besoin d'étendre ses limites ;
son importance est assez haute, puisque les richesses qu'elle
enseigne à répandre, préviennent ou dissipent des souffrances,
chassent les vices que la misère enfante, et sont d'utiles
auxiliaires des biens plus précieux, avec lesquels il faudrait
rougir de les confondre (1). »

23. Boccardo se montre tout bonnement digne de compassion,
quand il écrit dans son dictionnaire, au mot *Richesse* : « En
vérité, nous ne pouvons comprendre comment on peut nous
donner pour richesse la machine à vapeur, et non la science
de Watt, qui l'a créée. » Mais, en raisonnant de même, nous
pourrions réduire à l'état de richesse Dieu même Notre-
Seigneur, et en faire le sujet de l'économie politique : En
vérité, dirions-nous, nous ne pouvons comprendre comment
on peut donner le nom de richesse aux fruits de la terre,
aux animaux, aux métaux, et le refuser à Dieu qui a tiré de
rien toutes ces choses et les a ornées de qualités si précieuses (°) !

Non, l'idée transcendentale de richesse ne s'allie pas plus
avec la science de Watt qu'elle ne s'allie avec Dieu, dont on
peut bien dire, dans un sens *figuré*, qu'il est une richesse
infinie, la richesse par excellence, parce qu'il est le bien
infini, le bien par excellence. Mais ni l'un ni l'autre ne
saurait s'associer avec l'idée de richesse prise dans le sens
propre, c'est-à-dire dans le sens qui fait de la richesse l'objet
de l'économie politique. Ce serait le cas d'appliquer le *Sutor*,

---

(1) *Économie politique ou principes de la science des richesses*,
livre I, chap. II.

(°) Nous n'avons pas besoin de faire remarquer que Boccardo n'a
pas dit que Watt fût une richesse. Il n'a parlé que de la science de
Watt. Il ne semble pas absolument absurde que, même au point de vue
social et économique, la science acquise à grands frais et par de
grands efforts constitue au profit de celui qui la possède un capital
même productif. Le P. Liberatore, qui place la richesse dans l'utilité
don gratuit de Dieu, serait conséquent avec lui-même, s'il admettait
que même le génie ou le talent, don de Dieu, que l'on soit médecin,
artisan ou trafiquant, est un capital et une richesse. (*Note du traducteur.*)

non ultra crepidam. C'est la matière seule, avec les qualités fixées et incorporées en elle, qui forme l'objet de l'économie politique.

24. Or, résumant en quelques mots ce que nous avons établi, nous disons :

Par le mot richesse on doit entendre une somme de biens propre à satisfaire les besoins de l'homme au delà du pur nécessaire ; il n'y a aucune raison pour que l'économie politique s'écarte ici du langage commun.

Ce mot peut s'appliquer, ou aux individus, ou au pays tout entier, dont la richesse résulte de celle des individus.

La richesse, rigoureusement parlant, ne comprend que les choses susceptibles d'appropriation; elle ne comprend pas celles qui par leur inépuisable profusion ne peuvent être un objet de propriété.

Dans les choses susceptibles d'appropriation, on peut considérer l'utilité et la valeur, c'est-à-dire le rapport de l'objet avec la satisfaction des besoins de l'homme, et le rapport de l'objet avec un autre objet, comme matière d'échange.

L'essence de la richesse prise en elle-même consiste dans l'utilité et non dans la valeur des choses.

La richesse, considérée comme objet de l'économie politique, est limitée aux seuls biens matériels. Les biens immatériels, non susceptibles d'échange ou d'évaluation en argent, sont en dehors de sa sphère.

CHAPITRE II.

LES PRODUCTEURS DE LA RICHESSE.

25. Puisque l'essence de la richesse consiste dans l'utilité des choses, produire la richesse en économie politique signifie produire de l'utilité. Or ce résultat peut s'obtenir de deux manières : par la production de la chose même qui est utile, comme lorsque la brebis met au monde un agneau ; ou par la transformation d'un objet déjà existant, soit qu'on lui donne l'utilité, s'il est par lui-même inutile, comme lorsque, dans le four, du sable et de l'algue on fait le verre ; soit qu'on lui donne une nouvelle utilité, s'il est déjà utile par lui-même, comme lorsque de la laine déjà filée on tisse le drap. Nous recherchons ici quels sont les agents par rapport à ces deux natures de production, ou, autrement dit, quels sont les producteurs de la richesse.

ARTICLE I.

Les producteurs de la richesse sont au nombre de deux :
La nature et le travail de l'homme.

26. Quelques économistes, par leur langage, semblent attribuer au travail seul la production de la richesse. « L'homme, en naissant, dit Sismondi, apporte sur cette terre des besoins qu'il doit satisfaire pour vivre, des désirs qui lui font attendre son bonheur de certaines jouissances, et une industrie ou une aptitude au travail, qui le met en état de satisfaireles les uns et les autres. Cette industrie est la source de sa richesse (1). »

(1) *Nouveaux principes d'économie politique*, livre II, chap. 1ᵉʳ.

La même chose est affirmée par d'autres auteurs en termes encore plus explicites. Ils se trompent au moins dans leur manière de parler. Que pourrait l'homme avec son travail, sans un sujet auquel il puisse l'appliquer et sans les forces provenant de causes matérielles qu'il appelle à son aide ? Or ce sujet et ces forces ne sont pas sa création, mais quelque chose qui est supposé lui avoir été donné par avance par l'auteur suprême de toutes choses et que l'on désigne habituellement par le mot de *nature*. Ce n'est pas le travail seul qui est le producteur de la richesse ; mais il y a deux producteurs : le travail et la nature, les agents physiques et l'activité humaine, le don de Dieu et la coopération de l'homme.

Dieu a créé la terre, en renfermant dans ses entrailles une abondance immense de minéraux et en recouvrant sa superficie d'herbes utiles et d'arbres fructifères. Il a peuplé l'air d'une quantité d'oiseaux, la mer de poissons, les bois et les forêts d'animaux terrestres. Ayant ensuite créé l'homme à son image et à sa ressemblance, il lui a donné comme en patrimoine toutes ces richesses diverses. Mais il n'a pas voulu l'en laisser jouir dans l'oisiveté ; il en a subordonné la jouissance au travail. Il lui a donné l'empire sur toute la nature animale inférieure, mais il a en même temps réglé qu'il devrait s'en assurer la domination effective par son intelligente industrie. Il lui a abandonné la jouissance de tout ce que la terre contient et produit ; mais il a voulu qu'il la subjuguât par son travail et la contraignît à tourner à son avantage les forces qui sont en elle, à manifester et à développer celles qu'elle tenait comme cachées et pour ainsi dire en puissance. *Creavit Deus hominem ad imaginem suam... Masculum et feminam creavit eos... Benedixitque illis et ait : Crescite et multiplicamini et replete terram et subjicite eam, et dominamini piscibus maris et volucribus cæli et universis animantibus quæ moventur super terram* (1).

(1) Genèse, I, 17, 18.

27. Se conformant à cet ordre divin, et stimulé par des besoins croissants à mesure qu'il se multipliait par la génération et s'élevait par le progrès à un degré plus élevé de civilisation, l'homme déploya son activité et la tourna successivement vers une multitude immense d'industries, de travaux, d'arts et d'inventions les plus ingénieuses. Il défricha la terre, la cultiva, la contraignit à révéler ses trésors cachés, à améliorer et à multiplier ses produits. Il rassembla dans des étables et réunit en troupeaux les animaux utiles ; il les éleva, en perfectionna la race, les associa à ses propres travaux, les dressa même à les effectuer à sa place. Puis de l'une et des autres il tira des matières brutes qu'il transforma en objets de première utilité, non seulement pour la conservation, mais pour les commodités de la vie. Il convertit le lin en toile, la laine en drap, le fer en acier. Il construisit des maisons, les garnit d'ustensiles, multiplia les instruments de travail et les machines. Il força le vent et l'eau à lui servir de moteur pour la mouture du grain ; la vapeur à lui servir de coursier dans ses voyages sur les voies ferrées ; affranchissant enfin l'électricité des corps qui la tenaient emprisonnée et la confiant à un fil métallique, il l'obligea à transporter en un instant sa parole jusqu'aux contrées les plus reculées du monde.

ARTICLE II.

Concours mutuel des deux producteurs.

28. La moindre réflexion suffit pour faire comprendre que la richesse ne résulte que de l'union de la nature et du travail. C'est ce qu'il est facile de reconnaître jusque dans les produits les plus indépendants de l'action de l'homme. Et vraiment, si l'on excepte les choses qui se trouvent répandues partout, comme l'air et la lumière, et qui, n'étant pas des objets de propriété, ne sont pas des richesses dans la rigueur du terme, dans tout le reste, l'homme ne peut jouir de rien

sans se donner quelque peine, au moins pour chercher et
s'approprier ce qui lui est utile. La nature prépare à notre
usage les poissons dans la mer, les oiseaux dans les airs, le
gibier dans les bois ; mais tous ces dons de Dieu resteraient
inutiles si l'homme ne venait à se les procurer par la pêche et
par la chasse. A plus forte raison peut-on dire la même chose
des produits naturels qui ne nous sont donnés en quantité
suffisante qu'à raison de soins et de travaux incessants. Ces
terres qui, soigneusement cultivées, suffisent aujourd'hui à
alimenter des nations entières, laissées à elles-mêmes et sans
culture, suffiraient à peine à la nourriture d'un petit nombre
de personnes.

A l'inverse, on peut faire le même raisonnement pour
l'industrie par rapport à la nature. Sans celle-ci, le travail de
l'homme ne pourrait rien, absolument rien. L'agriculture
défriche la terre, la laboure, y trace des sillons, l'ensemence ;
mais c'est en vain que l'on attendrait la récolte, si la vertu
germinative de la semence, aidée par la pluie, les rayons du
soleil, la fertilité du sol, ne donnait naissance à l'épi. On
admire les prodiges de la machine de Watt ; mais, sans la
vapeur, don de la nature, à quoi servirait-elle ? La boussole
sert de guide pour la direction des navires. Mais le timonier
pourrait-il se régler sur elle, si le magnétisme, en aimantant
l'aiguille, ne la maintenait tournée vers le nord ?

29. Les deux agents se prêtent donc un concours mutuel,
mais leurs produits sont différents. La nature produit des substances ; l'industrie de l'homme ne produit que des modifications
de substances, des combinaisons de substances, des configura-
tions et structures diverses. A titre d'exemple, la nature donne
le grain, l'industrie en fait la farine d'abord, puis le pain. La
nature nous donne le fer, le chanvre, le bois ; l'industrie
humaine, d'abord en les travaillant, puis en les assemblant
artificiellement, en compose une scie, un lit, ou toute autre
espèce de meuble, ustensile ou outil. Et puisque la forme
accidentelle, la configuration, la structure suppose la substance comme sujet et comme matière, c'est justement que

l'on dit que l'industrie reçoit des mains de la nature la matière de son travail. La matière, en tant qu'elle provient de la nature seule, sans que l'art y ait rien mis du sien, s'appelle matière *première* ou matière *brute*. Matière brute équivaut à matière non encore travaillée. La matière travaillée par une industrie peut être la matière d'une autre industrie, comme, par exemple, la laine déjà filée est la matière sur laquelle s'exerce l'industrie du tisserand ; et cette matière pourrait ainsi, par rapport au nouveau travail dont elle est l'objet, prendre le nom de matière seconde. Mais la laine pure, telle qu'elle résulte de la tonte des brebis, les minéraux tels qu'on les extrait des mines où ils sont renfermés, le coton tel qu'on le recueille de la plante qui le porte, sont des matières premières.

Non seulement la matière qui doit être mise en œuvre par le travail nous est fournie par la nature ; mais elle nous fournit aussi les forces que Dieu a renfermées dans les diverses substances. C'est de ces forces que l'industrie se sert pour obtenir ses divers produits. Le maçon construit la maison ; mais la maison tient debout grâce à la pesanteur, à la cohésion, à l'impénétrabilité, à l'affinité des divers éléments que le maçon emploie à la construire. Le fer reçoit la trempe de l'acier, mais par la vertu du feu qui le rougit et par la froideur de l'eau dans laquelle on l'immerge quand il est rouge. C'est ainsi que l'on met en acte et que l'on développe cette dureté particulière et cette élasticité qui dans le fer, bien que préparé, ne sont d'abord qu'en puissance et pour ainsi dire à l'état latent.

ARTICLE III.

Richesses naturelles et richesses artificielles.

30. On voit par ce que nous venons de dire que, comme nous l'avons indiqué confusément dans l'article précédent, les richesses peuvent se diviser en richesses naturelles et en

richesses artificielles, selon qu'elles sont le produit de la nature ou de l'art. Pour les discerner les unes des autres, il faut considérer auquel des deux producteurs est proprement due l'utilité, ou l'aptitude à satisfaire nos besoins, que l'objet présente. L'application de ce critérium n'est pas sans présenter parfois quelque obscurité; elle est pourtant ordinairement claire. Ainsi tout le monde comprend aisément que les minéraux que l'on tire du sein de la terre, les végétaux qui naissent de la fécondité du sol, les animaux qui se multiplient par la génération sont des richesses naturelles. Au contraire, les maisons, les voitures, les navires, les ustensiles, les toiles, les draps, les meubles, les instruments de toute espèce, les machines et autres objets semblables sont des produits de l'art, et par conséquent des richesses artificielles. Peu importe que l'utilité des premiers dépende aussi de l'industrie de l'homme, et que l'utilité des seconds ait son fondement dans la nature qui fournit la matière et les forces coopératrices. Car il reste vrai que l'être, par lequel les premiers sont utiles, leur est donné par la nature, et que la forme, par laquelle les seconds sont utiles, leur est donnée par l'art. Ainsi, par exemple, la nature nous donne l'or, et l'or nous est utile en sa seule qualité d'or; au contraire, l'horloge nous est utile en tant qu'horloge, et, comme telle, elle est le produit de l'art, car il n'y a pas de mine qui produise des horloges.

Parfois, comme nous l'avons dit, l'application de ce critérium présente de l'incertitude, attendu qu'il n'est pas facile de discerner si l'utilité d'une chose provient des qualités qui lui ont été données par la nature ou de ce que l'art y a ajouté. Nous en avons un exemple dans le vin. Au premier abord, le vin semble devoir ce qu'il est à l'industrie humaine, qui, en prenant le raisin, en extrait le jus, le fait fermenter, le transvase et le conserve. Mais il est bien évident que la vertu fortifiante qui rend le vin utile vient de la nature; et c'est pourquoi il doit être rangé parmi les richesses naturelles. Il est vrai que le progrès moderne a trouvé le moyen de le réduire plutôt à l'état de richesse artificielle, en fabriquant sans raisin des vins qui présentent toutes les apparences du vin (la couleur, le goût, le parfum), sans en avoir la réalité. Mais ce n'est là ni une richesse naturelle, ni une richesse artificielle, c'est une pure supercherie.

31. Say, comme nous l'avons déjà dit ailleurs, a essayé de donner aux deux genres de richesse que nous venons de définir le nom de richesses sociales. Mais si ces richesses sont produites par les individus, comment voulez-vous les appeler sociales? On peut donner le nom de richesse sociale aux rades, aux ports, aux routes, aux promenades publiques, à tout ce dont jouissent en commun les citoyens, et même les étrangers, à la condition de se conformer aux usages et aux lois du pays. On peut encore appeler richesses sociales tous les biens que l'État possède comme propriété publique ou dans un intérêt public : tels sont les biens appartenant, comme on dit, au *Domaine*, le trésor de l'État, etc. Mais donner le nom de richesses sociales aux biens que les individus possèdent, est un abus des mots, qu'il faut éviter. Les choses susceptibles d'appropriation, les seules qui constituent la richesse, lorsque la société les possède en tant que société, sont des richesses sociales, publiques ou communes, comme on voudra ; mais lorsque des particuliers les possèdent, elles doivent prendre le nom de richesses privées, individuelles ou personnelles, suivant qu'on le préférera ; mais vouloir les appeler encore dans ce dernier cas richesses sociales, c'est *miscere quadrata rotundis*, au grand détriment de la science. Un tel langage sent en outre le socialisme, qui voudrait voir détruire la propriété privée, au moins en ce qui concerne la terre, et mettre tout dans la main de l'État. Tenons-nous-en donc à la division si juste dont nous avons parlé plus haut, de richesse naturelle et de richesse artificielle, selon que la richesse tire son existence de la nature ou de l'art.

ARTICLE IV.

Division de l'industrie en trois parties.

32. Si l'on regarde attentivement, on voit que, considérée
sous le point de vue général, l'industrie a une double tâche :
celle de tirer, d'extraire les produits de la nature, comme le
fait, par exemple, le mineur, comme le font aussi l'agriculteur
et le pasteur ; et celle de façonner diversement les produits
naturels pour les accommoder à quelqu'un de nos usages,
comme le font, par exemple, le tisseur et le maçon. Sous le
premier aspect, l'industrie peut être nommée *extractive*, sous
e second *manufacturière*. L'industrie extractive appartient
plus proprement à la campagne, l'industrie manufacturière
à la ville.

A ces deux genres d'industrie, il faut en joindre un troisième,
celui qui consiste à rapprocher de nous, par le transport ou
le trafic, des marchandises lointaines que nous ne pourrions
aller chercher nous-mêmes. Ce genre d'industrie s'appelle
industrie *commerciale*, ou encore *commerce*.

Que ce troisième terme doive venir à bon droit prendre
place dans la division générale de l'industrie, il suffit pour le
voir clairement de songer aux opérations de toute nature que
le commerce embrasse et au développement immense qu'il a
pris. Il constitue aujourd'hui l'une des principales sources de
la prospérité nationale. Par les échanges et les transports, il a
fait aujourd'hui de la richesse de tous les peuples, la richesse
de chacun. C'est de lui que Say écrit justement : « L'industrie
commerciale concourt à la production, de même que l'industrie
manufacturière, en élevant la valeur d'un produit par son
transport d'un lieu dans un autre. Un quintal de coton du
Brésil a acquis la faculté de pouvoir servir, et vaut davantage
dans un magasin d'Europe que dans un magasin de Fer-
nambouc. C'est une façon que le commerçant donne aux
marchandises ; une façon qui rend propres à l'usage des

choses qui, autrement placées, ne pourraient être employées; une façon non moins utile, non moins compliquée et non moins hasardeuse qu'aucune de celles que donnent les deux autres industries. Le commerçant se sert aussi, et par un résultat analogue, des propriétés naturelles du bois, des métaux dont ses navires sont construits, du chanvre qui compose ses voiles, du vent qui les enfle, de tous les agents naturels qui peuvent concourir à ses desseins, de la même manière qu'un agriculteur se sert de la terre, de la pluie et des airs (1). »

Et que l'on ne vienne pas objecter que le commerce par lui-même ne produit rien. Cela serait tout aussi vrai de l'industrie extractive, qui s'applique uniquement à chercher, à extraire, à cultiver, à élever les produits de la nature, c'est-à-dire à les faire apparaître, à les présenter, et à prédisposer le sujet, de manière à les former proprement par sa vertu. L'industrie manufacturière seule, à parler rigoureusement, produit, non des substances, mais des modifications de substances. L'industrie commerciale fait changer les objets de place, et les fait changer de place en triomphant souvent d'obstacles immenses. Sous ce point de vue, on peut dire aussi qu'elle produit d'une certaine manière, en ce qu'elle produit dans les marchandises une *situation* nouvelle, qui les rend accessibles à ceux qui autrement ne pourraient en tirer profit. Il en résulte que, si l'on comprend sous le nom d'industrie toute espèce de travail qui contribue à rendre les choses utiles pour la satisfaction des besoins de l'homme, on peut avec raison répartir l'industrie entre les trois branches principales que nous avons indiquées : l'industrie *extractive*, l'industrie *manufacturière*, et l'industrie *commerciale*.

33. La division de l'industrie généralement adoptée par les économistes est celle du célèbre Jean-Baptiste Say, qui l'expose dans les termes suivants : « Les objets que la nature ne livre pas tout préparés pour satisfaire nos besoins, peuvent y être rendus propres par notre industrie. Lorsqu'elle se

(1) *Traité d'Economie*, etc., livre I, ch. II.

orne à les recueillir des mains de la nature, on la nomme *industrie agricole*, ou simplement *agriculture*. Lorsqu'elle sépare, mélange, façonne les produits de la nature, pour les approprier à nos besoins, on la nomme *industrie manufacturière*. Lorsqu'elle met à notre portée les objets de nos besoins qui n'y seraient pas sans cela, on la nomme *industrie commerciale*, ou simplement *commerce* (1). » Comme on le voit, notre division ne diffère de celle-ci qu'en un seul point, c'est que nous donnons le nom d'industrie extractive à celle que Say appelle industrie agricole ou agriculture. Mais on voit aussi que nous avons eu absolument raison d'agir ainsi, car c'est vraiment faire trop violence au langage ordinaire que d'appeler agriculture, par exemple, la pêche, l'extraction des marbres et des métaux, la chasse et autres industries semblables (2). Au contraire le nom d'extractives convient très bien à toutes ces industries, parce qu'en réalité elles tirent les choses auxquelles elles s'appliquent, de la mer, des mines, des forêts ; et, en outre, ce nom ne disconvient pas à l'agriculture, puisque celle-ci, en fin de compte, tire de la terre, bien que travaillée par elle, ses produits (*).

(1) *Traité d'Economie*, etc., livre I, chap. II.

(2) Say fait expressément rentrer toutes ces industries dans l'agriculture : « On peut considérer comme exerçant des industries du même genre, celui qui laboure les terres, celui qui élève les bestiaux, celui qui abat des arbres, et même celui qui pêche des poissons qu'il n'a pas fait naître, ou qui puise dans les entrailles de la terre les métaux, les pierres, les combustibles que la seule nature y a déposés ; et, pour ne pas multiplier les dénominations, on désigne toutes ces occupations par le nom *d'industrie agricole*, parce que la culture des champs est la plus importante de toutes. » *Traité d'Economie politique, etc.*, livre I, chap. II, note 2. Mais, en réunissant toutes ces mêmes occupations sous le nom d'industrie extractive, on arrive de même à ne pas multiplier les dénominations, et de plus le mot répond mieux à la signification qu'on veut en tirer.

(*) Comment aussi donner à la chasse, à la pêche, à l'industrie du bûcheron, à celle du carrier, à celle du mineur, le nom d'industrie

34. M. Dunoyer, dans son ouvrage intitulé : *La liberté du travail*, après avoir critiqué la division de l'industrie donnée par Say, en préconise une nouvelle. Il divise l'industrie en deux catégories suprêmes : celle qui agit sur les choses et celle qui agit sur les personnes. Il subdivise la première en industrie extractive, voiturière, manufacturière, agricole ; la seconde en industrie qui s'occupe du perfectionnement de notre nature physique, en industrie qui prend pour objet notre nature sensible, en industrie qui tend à la culture de notre intelligence et en industrie qui travaille à notre éducation morale. Mais sa division n'a pas trouvé de *débit* sur le marché et lui est restée *invendue*. Usons avec lui de ces phrases mercantiles, puisqu'il réduit l'homme à l'état de matière économique, et la science et la vertu à l'état de produits industriels. Cette division est infectée de matérialisme ; et cela suffit pour que nous la rejetions.

ARTICLE V.

Le capital.

35. Droz, après avoir assigné comme agents de production de la richesse la nature et le travail, en introduit un troisième : le capital. Il dit : « Un troisième agent est essentiel pour produire. Cet agent est l'*épargne*, qui fournit des instruments sans lesquels le travail ne pourrait développer son activité (1) ».

fabricante ? Il ne leur convient pas mieux assurément que celui d'agriculture qu'on leur attribue fréquemment. Toutes les industries de cette dernière classe ne semblent-elles pas exercer une fonction qui leur est propre ? Elles extraient du sein des eaux, des bois, de l'air. de la terre, sans leur faire subir d'ailleurs aucune façon déterminée, des matériaux innombrables. Aussi a-t-on proposé, avec beaucoup de raison selon nous, d'en former, sous le nom d'*industrie extractive*, une classe tout à fait séparée. (H. Baudrillart, *Manuel*, etc., chap. V.) (*Note du traducteur*).

(1) *Économie politique*, ou *principes de la science des richesses*, livre I, chap. VI.

Avant lui, Say avait enseigné la même doctrine, et à Say les économistes qui sont venus ensuite l'ont empruntée, sauf un très petit nombre. Il dit : « Il faut (de plus) que l'homme industrieux possède des produits déjà existants, sans lesquels son industrie, quelque habile qu'on la suppose, demeurerait dans l'inaction. Ces choses sont : 1° les outils, les instruments des différents arts. Le cultivateur ne saurait rien faire sans sa pioche ou sa bêche; le tisserand sans son métier, le navigateur sans son navire ; 2° les produits qui doivent fournir à l'entretien de l'homme industrieux, jusqu'à ce qu'il ait achevé sa portion de travail dans l'œuvre de la production. Le produit dont il s'occupe, ou le prix qu'il en tirera, doit, à la vérité, rembourser cet entretien ; mais il est obligé d'en faire continuellement l'avance ; 3° les matières brutes que son industrie doit transformer en produits complets. Il est vrai que ces matières lui sont quelquefois données gratuitement par la nature ; mais le plus souvent elles sont des produits déjà créés par l'industrie, comme des semences que l'agriculture a fournies, des métaux que l'on doit à l'industrie du mineur et du fondeur, des drogues que le commerçant apporte de l'extrémité du globe. L'homme industrieux qui les travaille est de même obligé de faire l'avance de leur valeur. La valeur de toutes les choses compose ce qu'on appelle un *capital productif* (1). » De là il conclut, au chapitre v, que les grands agents de la production sont au nombre de trois : « l'industrie humaine, les capitaux et les agents que nous offre la nature (2) ». M. Leroy-Beaulieu, de nos jours, enseigne la même chose, en disant : « Le capital est, avec la nature et le travail, l'un des grands agents de la production humaine (2). »

36. Pour moi, le nom d'*agent* de la production donné au capital ne me plaît pas. J'en dirai la raison dans l'article suivant; ici je crois devoir m'arrêter d'abord à éclaircir un peu le concept du capital.

(1) *Traité d'Economie politique*, etc., livre I, chap. III.
(2) *Précis d'Economie politique*. Première partie, chap. IV.

Le capital est le fruit de l'épargne. Il est formé d'une portion de richesse non consommée. Expliquons les choses par un exemple. Supposons qu'un homme tire de ses biens-fonds cent écus par mois. Il peut les dépenser en entier pour les besoins et les commodités de sa vie, ou bien, usant d'économie, n'en dépenser que quatre-vingts. Le surplus, qui pouvait être dépensé et qui ne l'a pas été, se nomme épargne. Cette épargne peut s'accumuler avec d'autres épargnes successives, de manière à former une grosse somme qui, absolument parlant, pourrait s'appeler capital. Mais les économistes n'ont voulu donner ce nom qu'à l'épargne considérée comme étant destinée à la production d'une nouvelle richesse. Il convient de maintenir cette distinction pour éviter toute confusion. Par suite, nous pourrions donc définir le capital : *une accumulation d'épargnes destinée à la production*, ou encore : *une richesse ou portion de richesse enlevée à la consommation pour servir à la production*. De ce que notre exemple est pris d'une somme d'argent, il ne faudrait pas conclure que c'est dans l'argent que consiste le capital, comme l'ont prétendu les partisans du système mercantile. Non ; le capital consiste dans toutes les choses qui ont une utilité ou une valeur, à la seule condition qu'elles soient destinées à produire une nouvelle richesse. Il peut même consister dans le numéraire mais en tant qu'il est échangeable contre d'autres objets qui intéressent de près la production. Telles sont les semences pour l'agriculture, les matières premières pour les manufactures, les moyens de transport, les machines, les constructions, les aliments fournis à l'ouvrier jusqu'à ce que l'effet de son travail soit complet ; toutes choses qui peuvent se réduire à deux grandes catégories, les instruments et les provisions. « Ce serait, dit Jean-Baptiste Say, une grande erreur de croire que le capital de la société ne consiste que dans sa monnaie. Un commerçant, un manufacturier, un cultivateur, ne possèdent ordinairement, sous la forme de monnaie, que la plus petite partie de la valeur qui compose leur capital ; et même, plus leur entreprise est active, et plus la portion de leur capital qu'ils ont en numéraire est petite, relativement au reste. Si c'est un commerçant, ses fonds sont en marchandises sur les routes, sur les mers, dans les magasins, répandus partout ; si c'est un fabricant, ils sont principalement sous la forme de matières premières à différents degrés d'avancement, sous la forme d'outils, d'instruments, de provisions pour ses ouvriers ; si c'est un cultivateur, ils sont sous la forme de granges, de bestiaux, de clôtures. Tous évitent de garder de l'argent au delà de ce que peuvent en exiger les usages courants. Ce qui est vrai d'un individu, de deux individus, de trois, de quatre, l'est de la société tout entière (1). »

37. Comme on le voit par ce qui précède, la terre est exclue la signification du mot capital. Quelques économites l'y font toutefois rentrer. Ils y font même rentrer toute espèce de propriété de l'homme et jusqu'à ses facultés immatérielles, ses talents, sa culture intellectuelle et morale, abusant ainsi de l'analogie qui existe entre cette nature de biens et la richesse matérielle. Mais ce qu'il importe surtout de noter, c'est le sens très récent dans lequel une catégorie spéciale d'économistes, en Allemagne notamment, a pris le mot *capital*. Ils entendent par ce mot la *valeur* des choses qui concourent d'une manière quelconque à la production, cette valeur prise séparément des choses mêmes auxquelles elle s'applique et pouvant, comme telle, servir de base aux opérations économiques d'achat, de vente, de cession, d'emprunt, et concernant toute espèce de contrat. Telles seraient les rentes, les hypothèques, les obligations de l'Etat, des sociétés et même des personnes particulières, qui se négocient d'ordinaire à ce qu'on appelle la Bourse, ce grand marché de l'argent et des valeurs qui ont l'argent pour équivalent.

En ce sens le mot *capitaliste* ne signifierait plus un propriétaire de terre, ou de machines et d'autres instruments pouvant servir au travail, mais celui qui possède une certaine quantité

(1) *Traité, etc.*, livre I, chap. 1.

des titres dont il vient d'être parlé et les emploie en affaires
lucratives de toute nature. C'est ainsi que les économistes se
servent de ces expressions : Employer ses capitaux dans quelque entreprise, retirer ses capitaux, faire valoir ses capitaux,
etc. De même, dans le sens qui vient d'être donné du mot
capital, on entend par *capitalisme*, non l'emploi prédominant
des ustensiles, des machines, des matières ouvrables et des
autres moyens de production, mais le règne de l'argent et des
valeurs échangeables en argent, qui peuvent être concentrés
en peu de temps et en grande quantité dans certain lieu et
en certaines mains donnés, et en être au contraire retirés,
comme cela se passe, par exemple, pour les grands emprunts
de l'Etat, pour les grandes émissions d'obligations faites,
comme pour le canal de Suez, par centaines de millions en
peu de jours. C'est sous le joug de ce système économique que
gémit aujourd'hui la société tout entière.

38. Quant à nous, toutes les fois que dans le cours de ce
traité nous parlerons du capital, nous entendrons ce mot dans
le sens que nous lui avons donné dès le principe, c'est-à-dire
que nous désignerons ainsi l'accumulation des réserves faites
sur la consommation et destinées au service de la production.
Pris dans cette signification, le capital peut se diviser en capital *fixe* et en capital *mobile* ou, si on le préfère, susceptible
de transformation (*svanibile*) ; les économistes disent *circulant*, ou encore *fongible*. Le premier est celui qui a une certaine durée et profite au maître restant sur son domaine ; tels
sont, par exemple, les animaux qui servent au travail, les
machines, les bâtiments, les ateliers, etc., en somme tout ce
qui peut rentrer dans la catégorie des *instruments* de production. Le second est celui qui ne persiste pas dans le même
état, mais se transforme en entrant dans le produit qu'il sert
à constituer et ne donne de profit qu'à la condition de changer
de maître. Telles sont les matières premières (par exemple la
laine dont on fait le drap), les marchandises avant qu'elles ne
soient vendues, les avances de frais de nourriture, et en général tout ce qui peut rentrer dans la catégorie des *provisions*.

Le nom de capital *circulant* pourrait à plus juste titre, selon nous, être restreint à la monnaie et à tout ce qui sert de moyen de payement (*).

Le capital ne doit pas en principe être mis au nombre des producteurs de la richesse.

39. Sans aucun doute, le capital est un moyen indispensable à l'augmentation de la richesse. Un propriétaire qui consomme annuellement tout son revenu reste toujours dans le même état économique. Il en est de même de l'ouvrier qui dépense chaque jour ce que lui rapporte son salaire. Pour que l'un et l'autre améliorent leur situation financière, il faut qu'au moyen de l'épargne ils se constituent graduellement un capital applicable à l'industrie. Dans ce sens le capital

(*) On a seulement établi entre ces diverses espèces de capitaux deux grandes catégories qui répondent à la diversité de leur manière de concourir au même but. Les uns portent le nom de capitaux fixes ou *engagés*, les autres celui de capitaux mobiles ou *circulants*. Le capital fixe ou engagé est celui qui a reçu une destination irrévocable et qui ne peut être détourné à volonté de cette destination. Ainsi les bâtiments consacrés à une usine, et les machines qui en dépendent, sont considérés comme des capitaux engagés. Le matières premières, les espèces destinées au payement des ouvriers forment le capital circulant... L'emploi des capitaux en est souvent une destruction suivie de la reproduction de certains objets sous des formes diverses. Une livre d'indigo disparaît dans une opération de teinture ; mais elle se reproduit sur une pièce de drap dont elle augmente la valeur... Ainsi les capitaux sont transformés de mille manières dans la société industrielle... Le fabricant de cachemires fait venir de l'Inde le duvet qu'il transforme en tissu. (*Dictionnaire de l'Industrie manufacturière, commerciale et agricole*, à l'article *Capital*. — Blanqui aîné.) (*Note du traducteur.*)

peut être appelé productif, en tant qu'il sert à produire.
Mais qu'on le dise producteur dans toute la rigueur du
terme, et jusqu'à le mettre sur la même ligne que la nature
et le travail, comme le font généralement les économistes en
disant qu'il y a trois agents de la richesse : la terre, le capital,
le travail, il nous semble impossible de concéder ce dernier
point. La première raison est que l'on ne peut compter parmi
les causes d'un résultat ce qui suppose ce résultat préexistant
au moins en partie. Le capital est précisément dans ce cas,
puisque, devant naître de l'épargne, il suppose une richesse
qui surpasse la consommation. C'est ce qui a été justement
objecté à Jean-Baptiste Say par Dunoyer, dans les termes
suivants : « L'industrie, dit Say, serait restée dans l'inaction
sans le secours du capital préexistant. Mais s'il en est ainsi,
on ne comprend pas comment elle a commencé à agir; car il
est trop évident que l'existence du capital n'a pu précéder le
travail, qui le fait naître. » L'homme, pour commencer à
produire, n'eut dans le principe que les objets de la nature et
la force de ses bras. La nature et le travail ont donc été les
seules causes primordiales de la richesse ; le capital n'y est
entré pour rien, car il n'est venu qu'après. Donc la proposition de Say : que l'industrie sans le capital *ne produirait pas* (1),
est absurde.

40. Cela est vrai, dira-t-on, si l'on veut regarder le capital
comme un des facteurs *primitifs* de la richesse et si l'on veut
étendre le raisonnement jusqu'aux commencements les plus
imparfaits du travail humain ; cela n'est plus vrai si l'on entend parler d'un facteur accessoire et d'une industrie parvenue à l'état de civilisation avancée.

Mais, en premier lieu, si le capital n'est pas un facteur
primitif, pourquoi le mettre sur le même rang que la *terre*, ou
plutôt que la nature, et que le travail, qui sont des facteurs
primitifs ? N'est-ce pas une manière d'accroitre les équivo-

_____

(1) *Traité d'Economie politique*, etc., livre I, ch. III. En français
dans l'original.

ques dont la science économique n'est déjà que trop remplie ?

En second lieu, l'idée même de producteur, de quelque manière qu'on la conçoive, ne saurait s'appliquer exactement au capital, bien qu'au contraire celle d'auxiliaire et de moyen puissant de production s'y applique très exactement. Et en effet l'idée de producteur implique celle de cause efficiente. Or la qualité de cause efficiente appartient bien aux agents naturels, mais n'appartient nullement au capital. De fait, en quoi consiste le capital ? Say, dans le texte cité plus haut, assigne au capital trois éléments : la matière du travail, la nourriture de l'ouvrier, les instruments dont l'ouvrier a besoin.

Or la matière est ce dont *se fait* une chose, non ce qui *la fait*. Donc on peut la considérer comme un des éléments constitutifs de la richesse, mais non comme un producteur de la richesse. Le concours de la matière, comme matière, est purement passif ; celui du producteur est actif. Et que l'on n'invoque pas les qualités actives qui se trouvent dans la matière et qui aident à la production directe de l'effet; car ces qualités entrent dans le nombre des agents naturels, et, sous cet aspect, sortent du concept de matière. La matière, comme matière, n'est apte qu'à recevoir et à retenir la forme que le travail lui imprime. Si elle n'est pas donnée gratuitement par la nature, elle pourra entrer dans les dépenses de production, qui doivent certainement être remboursées sur la valeur du produit ; mais elle ne pourra jamais s'élever à la condition d'agent producteur.

41. Proportionnellement, on doit dire la même chose de la nourriture de l'ouvrier. Pour que le travail ait lieu il faut que l'ouvrier conserve sa vie ; les morts ne travaillent pas. Et pour que l'ouvrier conserve sa vie, il a besoin de nourriture ; celui qui ne mange pas meurt. Cette nourriture constitue évidemment une dépense, une avance prélevée sur le gain à venir du produit ; mais elle ne constitue pas un producteur. Le producteur est l'ouvrier lui-même, bien que le payement par avance de la rémunération qui lui est due soit nécessaire à sa conservation : ce qui d'ailleurs n'arrive pas toujours, l'ou-

vrier pouvant parfois subvenir à sa propre nourriture jusqu'à
l'achèvement du travail. Et que l'on ne dise pas que cela
revient au même, parce que l'ouvrier se nourrit en vue du
travail. Ce serait là une idée étrange ; car elle supposerait que
le but, la fin à laquelle tend la vie de l'ouvrier est le
travail, c'est-à-dire la production de la richesse ; concept ma-
térialiste. C'est en réalité le travail qui a pour fin la vie de
l'ouvrier, non la vie de l'ouvrier qui a pour fin le travail.
Soutenir le contraire, ce serait égaler l'ouvrier à une machine,
ou tout au plus à une bête brute.

L'opinion qui fait du capital un producteur pourrait paraître
plus fondée à l'égard des instruments ; ceux-ci, apportant en
effet au travail le concours d'une action réelle, bien que secondaire, pourraient réclamer de près quelque droit au nom de
producteurs. Mais, à considérer les choses, on verra qu'il n'en
est rien. L'instrument, par rapport au travail, n'exerce pas
une action distincte de celle de l'agent principal, mais il forme
avec lui un *quid unum*. Que diriez-vous si à cette question :
« Qui a peint ce tableau, la Transfiguration, par exemple ? »
on vous répondait : Raphaël d'Urbin et un pinceau. En
outre les instruments font eux-mêmes partie de la richesse,
comme étant utiles et susceptibles d'échange ; comment donc
pourrait-on les compter parmi les producteurs de la richesse ?
Les instruments sont le produit du travail de l'homme.
L'homme a reçu de la nature la main, appelée par Aristote
l'instrument des instruments (*organum organorum*), parce
qu'elle est capable de fabriquer et employer tous les instruments. De cette main l'homme s'est servi dans la fabrication première des instruments, en suppléant de son mieux,
à leur défaut, par les objets que la nature lui offrait. Par
exemple, l'homme, pour forger, a besoin de l'enclume et du
marteau. Mais qui a produit l'enclume et le marteau ? L'homme
lui-même par le travail de ses mains, en se servant pour les
façonner d'une pierre au lieu d'enclume et d'un morceau de
fer brut au lieu de marteau. Or la main fait partie de l'ouvrier ; et la pierre, comme le morceau de fer brut, sont des

dons de la nature. Donc, dans le nombre des vrais producteurs et des producteurs absolus de la richesse, il suffit de compter la nature et le travail de l'homme ; tout le reste vient de l'une ou de l'autre, et, bien que ce reste soit nécessaire à l'augmentation de la richesse, on pourra lui donner le nom *d'élément indispensable, d'auxiliaire, de moyen*, ou tout autre que l'on voudra, sauf celui de producteur, dans le sens rigoureux du mot.

Nous avons tenu à faire cette observation dans l'intérêt de l'exactitude des concepts. Mais si, pour ne pas s'écarter du langage reçu en économie politique, on veut conserver la formule ainsi conçue : Les causes de la richesse sont au nombre de trois : la terre, le capital, le travail, nous ne nous y opposerons pas. Mais, dans ce cas, on devra entendre par cause tout ce qui d'une manière quelconque (même comme matière ou simple instrument) est nécessaire pour produire quelque chose ; car il est manifeste que, dans l'état présent de l'industrie, sans capitaux et sans de grands capitaux, toute production de richesse s'arrêterait presque entièrement, et les peuples tomberaient dans la plus désolante misère. Puis, par le mot terre, on devra entendre, non pas simplement le sol cultivable, mais le globe terrestre tout entier, avec tout ce qu'il renferme de matériaux et de forces.

CHAPITRE III.

42. Deux auxiliaires puissants, qui viennent en aide à la production de la richesse, méritent particulièrement l'attention : ce sont la division du travail et l'invention des machines. L'une accroit dans une admirable proportion la puissance efficiente de l'homme, l'autre celle de la nature. L'une organise, en vue de l'effet à produire, les forces de l'ouvrier; l'autre organise les forces des agents physiques. Nous parlerons de tous deux conjointement, dans un même chapitre, à cause du lien étroit qui les unit, le premier, comme nous le verrons, ayant donné naissance au second.

ARTICLE I.

La division du travail.

43. La nature elle-même donne à l'homme l'exemple d'une certaine division du travail. Dans les corps inorganiques, dont la fin est très simple, nous voyons une opération unique et identique s'effectuer dans le tout par chacune des parties. Mais à peine nous élevons-nous de la matière morte à des régions plus élevées, c'est-à-dire à celles de la vie, nous apercevons aussitôt des actions diverses s'effectuer par des parties diverses et douées d'une structure diverse. Autre est l'appareil organique qui sert à l'absorption des aliments, autre est celui qui les digère, autre est celui qui les fait passer dans la substance même de l'être vivant. Cette division est d'autant plus variée que l'on s'élève dans l'échelle des êtres organisés ; de sorte que l'on peut dire qu'elle atteint le plus haut degré dans les animaux parfaits, à la tête desquels est l'homme, comme un anneau qui renoue la vie organique des animaux avec la vie inorganique des purs esprits.

44. Dans la société humaine, façonnée sur le type des organismes vivants, une distribution analogue se produit spontanément dans les diverses branches d'industrie, selon les aptitudes, les inclinations, les espérances, la volonté de chacun. Dès le début, l'histoire du monde, en nous montrant deux hommes nés du premier couple, nous les présente comme exerçant des métiers différents. Abel était pasteur de brebis, Caïn agriculteur. *Fuit Abel pastor ovium et Caïn agricola* (1). Puis, une fois la première ville bâtie sous le nom d'Enochie, apparaissent aussitôt des arts divers professés par des hommes divers. Jubal fut le père des joueurs de cithare et d'orgue ; Tubalcaïn fut forgeron et fabricant de toute espèce d'ouvrages d'airain et de fer : *Jubal fuit pater canentium cithara et organo ; et Tubalcaïn malleator et faber in cunctis operibus æris et ferri* (2). Cette seule considération que *pluribus intentus minor est ad singula sensus*, suffit pour convaincre les hommes même de la plus haute antiquité des avantages de la division du travail ; et celle-ci a toujours été en croissant, au fur et à mesure que croissaient le genre humain et la civilisation, jusqu'au point où nous la voyons aujourd'hui et où elle mériterait plutôt le nom de morcellement que celui de division.

45. Poursuivant ainsi ses progrès, ce *grand levier de l'industrie moderne*, comme l'appelle Pellegrino Rossi, est arrivé à produire dans toutes les branches de l'activité humaine des effets incroyables. Adam Smith, qui commence précisément son célèbre ouvrage par la division du travail (tant il lui accorde d'importance), en démontre l'efficacité par l'exemple d'un

---

(1) *Genèse*, ιν. 2.
(2) Ibid, 21, 22.

des produits les plus ténus, l'épingle (1). Il observe que la fabrication d'une épingle exige environ dix-huit opérations distinctes. Il faut tirer le fil métallique, le dresser, le couper, empointer l'une des deux extrémités et émoudre le bout qui doit recevoir la tête. Cette tête est elle-même l'objet de deux ou trois opérations séparées. La tête une fois placée, il faut blanchir l'épingle entière et la piquer sur le papier. Si toutes ces opérations devaient être faites par un seul ouvrier, on arriverait à grand'peine à produire une vingtaine d'épingles par jour ; mais, dans une fabrique qu'il visita, les opérations étant divisées entre un nombre d'ouvriers qui n'excédait pas celui de dix, on en obtenait quarante-huit milliers environ par jour ; donc chaque ouvrier pouvait être considéré comme faisant dans une journée quatre mille huit cents épingles.

Say cite un autre exemple, celui des cartes à jouer. Trente ouvriers, entre lesquels sont réparties les diverses opérations nécessaires à cette fabrication, en produisent en un seul jour quinze mille cinq cents, c'est-à-dire cinq cents chacun. Or, si un seul ouvrier devait effectuer toutes ces opérations, il aurait la plus grande peine à produire deux cartes seulement par jour.

On pourrait tirer des exemples analogues d'autres branches d'industrie.

46. Toutes les industries cependant ne comportent pas la division du travail dans la même proportion. Il en est même dans lesquelles cette division ne peut être que nulle ou presque nulle. De ce nombre est l'agriculture, dont les travaux, correspondant à l'ordre successif des saisons, ne peuvent s'effectuer en même temps par des personnes distinctes (2).

(1) *Recherches sur la nature et les causes de la richesse des nations*, livre I, chapitre I.

(2) Au lieu des épingles, Joseph Garnier prend pour exemple les aiguilles, dans la fabrication desquelles on compte non moins de cent vingt opérations diverses, et néanmoins il dit avoir vu des fabriques qui, grâce à la division du travail et bien que réduites à un petit nombre d'ouvriers, produisaient cent mille aiguilles par jour. *Éléments de l'Économie politique*, etc., première partie, chap. V, § 1.

« Il est vrai, écrit Adam Smith, que la nature de l'agriculture
ne comporte pas une aussi grande subdivision du travail que
les manufactures, ni une séparation aussi grande des travaux.
Il est impossible qu'il y ait entre l'ouvrage du nourrisseur de
bestiaux et du fermier une démarcation aussi bien établie
qu'il y en a communément entre le métier de charpentier et
celui de forgeron. Le tisserand et le fileur sont presque toujours deux personnes différentes; mais le laboureur, le her-
seur, le semeur et le moissonneur sont souvent une seule et
même personne. Comme les temps propres à ces différents
genres de travaux dépendent des différentes saisons de
l'année, il est impossible qu'un homme puisse trouver constamment à s'employer à chacun d'eux. C'est peut-être l'impossibilité de faire une séparation aussi entière et aussi complète
des différentes branches du travail appliqué à l'agriculture,
qui est cause que, dans cet art, la puissance productive du
travail ne fait pas des progrès aussi rapides que dans les manufactures. A la vérité, les peuples les plus opulents l'emportent en général sur leurs voisins, aussi bien en agriculture
que dans les autres industries ; mais cependant leur supériorité se fait communément beaucoup plus sentir dans ces dernières (1) ».

47. Quant aux causes d'une telle augmentation apportée par
la division du travail dans la production, Smith en assigne trois :
premièrement, la dextérité qu'elle fait acquérir à l'ouvrier
en réduisant sa tâche à quelque opération très simple et en
faisant de cette opération la seule occupation de sa vie ; en
second lieu, l'avantage qu'on gagne à épargner le temps qui
se perd communément à passer d'un ouvrage à un autre, qui
exige un changement de place et des outils différents ; en
troisième et dernier lieu, l'emploi des machines qui abrège
et facilite le travail résultant d'opérations séparées et cons-
tantes.

(1) *Recherches sur la nature et les causes de la richesse des
nations*, livre I, chap 1.

Les économistes observent justement que cette division du travail prend son principe dans la possibilité même des échanges ; car l'homme ne se résignerait pas à se consacrer tout entier à un travail exclusif et spécial, s'il n'avait la certitude que le produit de ce travail doit le mettre à même de se procurer par voie d'échange les autres choses dont il a besoin pour vivre. Mais il ne lui suffit pas de la certitude d'un échange quelconque, il lui faut celle d'un échange tel qu'il épuise la totalité de sa production. Autrement, pour ne pas travailler inutilement et avec perte de capital, il serait contraint à limiter ses produits selon la probabilité qu'il y aurait de pouvoir les échanger, et d'appliquer le temps qu'il dépense à un autre genre d'industrie. Aussi a-t-on l'habitude de dire que la division du travail se fonde sur l'échange, et qu'elle est limitée par le resserrement même du marché. C'est là la raison pour laquelle nous voyons dans les villages, dans les bourgades, dans les petites villes, une même personne exercer plusieurs métiers et se livrer à plusieurs natures de commerce. Ainsi, par exemple, dans les endroits que nous venons de citer, celui qui exerce la profession de menuisier, exerce aussi bien souvent le métier de forgeron, et de forgeron en toute sorte d'ouvrages de fer. Le médecin est en même temps chirurgien, dentiste ; c'est lui qui saigne et parfois tient en outre la pharmacie. On trouve dans une seule et même boutique le pain, les légumes, l'huile et toute autre espèce de denrées. Au contraire, dans les grandes villes, les professions, les métiers, les divers genres de commerce subissent des divisions multiples ; et il en résulte que c'est seulement dans les grandes villes que les arts et les industries se perfectionnent et se développent.

ARTICLE II.

Les machines.

48. En économie politique, on entend sous le nom de machines, pris dans son sens le plus étendu, toute espèce d'engin

inventé par l'homme pour s'en servir à obtenir un produit. En ce sens, tout ustensile, une pioche, un marteau, une lime, est une machine. Mais, dans un sens plus restreint, ce nom ne se donne qu'aux inventions mécaniques composées de plusieurs éléments, ingénieusement disposés pour accélérer et multiplier la production (1).

49. L'invention des machines, comme nous l'avons remarqué dès le principe, est en grande partie due à la division du travail. Il est rare, en effet, qu'une machine ait pour objet la fabrication d'un produit complet ; mais elle correspond généralement à l'une quelconque des opérations nécessaires pour fabriquer ce produit. « Il semble, dit Adam Smith, que c'est à la division du travail qu'est originairement due l'invention de toutes les machines si propres à abréger et à faciliter le travail (1). » Le même Smith observe que, lorsque l'attention d'un homme est toute dirigée vers un objet déterminé, il est bien plus propre à découvrir les méthodes les plus promptes et les plus aisées pour l'obtenir. Aussi n'y a-t-il pas lieu de s'étonner que l'invention d'une grande partie des machines

---

(1) « Les instruments dont il (l'homme) arme sa faiblesse pour agir sur les objets matériels, sont les outils et les machines. Je ne les sépare pas dans mon expression, parce qu'au fond les machines et les outils sont des instruments pareils quant à leur essence. Les uns comme les autres ne sont que des moyens de faire servir les puissances de la nature à l'accomplissement de nos desseins. Quand nous enfonçons un clou à l'aide d'un marteau, nous faisons usage d'un instrument qui nous permet de tirer parti de la puissance qui résulte d'une loi de la physique : celle du choc des corps. Quand nous employons une roue de moulin pour soulever ces énormes marteaux de forge qui aplatissent et allongent une barre de fer, nous employons un instrument qui nous permet de tirer parti d'une puissance qui nous est aussi fournie par la nature. La seule différence qu'on puisse apercevoir entre ces deux instruments, est que nous appelons en général du nom d'*outil* une machine fort simple, et du nom de *machine* un outil plus compliqué. « JEAN-BAPTISTE SAY, *Cours complet*, etc., première partie, ch. XVIII.

dont on se sert aujourd'hui dans les manufactures, ou leur
amélioration, soit due à de simples ouvriers qui en ont les
premiers conçu l'idée. Il cite l'exemple d'un petit garçon occupé, lors de l'introduction des premières machines à vapeur,
à ouvrir et à fermer alternativement la communication entre
la chaudière et le cylindre, suivant que, le piston montait ou
descendait. Cet enfant s'aperçut que si l'on mettait un cordon
au manche de la soupape qui ouvrait cette communication et
qu'on l'attachât à une autre partie de la machine, cette soupape
s'ouvrirait et se fermerait sans lui, et qu'il aurait la liberté de
jouer tout à son aise avec ses camarades. Ainsi une des découvertes qui ont le plus contribué à perfectionner ces sortes de
machines est due à l'imagination d'un enfant.

Smith ajoute toutefois : « Cependant il s'en faut de beaucoup
que toutes les découvertes tendant à perfectionner les machines et les outils, aient été faites par les hommes destinés
à s'en servir personnellement. Un grand nombre est dû à
l'industrie des constructeurs de machines, depuis que cette
industrie est devenue l'objet d'une profession particulière, et
quelques-unes à l'habileté de ceux qu'on nomme savants ou
théoriciens, dont la profession est de ne rien faire, mais de
tout observer ; et qui, par cette raison, se trouvent souvent
en état de combiner les forces des choses les plus éloignées et
les plus dissemblables (1) ».

50. L'utilité des machines est d'alléger considérablement la
fatigue du travail de l'homme, en y substituant en tout ou en
partie les forces de la nature. Dans l'antiquité, on employait
à tourner la meule pour broyer le grain, les bras des esclaves
ou de malheureuses femmes. Homère, dans son Odyssée, nous
dit que dans la maison de Pénélope douze servantes étaient
occupées toute la journée à moudre le grain pour l'usage de
la famille. Aujourd'hui, grâce à l'invention des moulins, c'est
l'eau ou le vent qui remplissent cet office. Par cette substitution, l'homme est exonéré d'un travail des plus pénibles et

_____

(1) Même ouvrage, mêmes livre et chapitre.

des plus humiliants. La machine, non seulement contraint la nature à remplacer l'action de l'homme par la sienne, mais elle l'oblige à le faire avec un déploiement d'énergie bien souvent digne d'admiration. La force d'une chute d'eau qui fait tourner un moulin ordinaire équivaut à celle de cent cinquante hommes. C'est pourquoi les machines servent à accroître considérablement la quantité des produits, et par suite à en diminuer le prix.

51. Mais telle n'est pas la seule utilité des machines : elles donnent aux produits plus de perfection; elles laissent en outre à beaucoup de gens le loisir de s'adonner à des occupations souvent bien autrement intéressantes pour l'homme. « Le bon marché, écrit Say, n'est pas le seul avantage que l'introduction des procédés expéditifs procure aux consommateurs : ils y gagnent en général plus de perfection dans les produits. Des peintres pourraient exécuter au pinceau les dessins qui ornent nos indiennes, nos papiers pour tentures; mais les planches d'impression, mais les rouleaux qu'on emploie pour cet usage, donnent aux dessins une régularité, aux couleurs une uniformité que le plus habile artiste ne pourrait jamais atteindre. En poursuivant cette recherche dans tous les arts industriels, on verrait que la plupart des machines ne se bornent pas à suppléer simplement le travail de l'homme, et qu'elles donnent un produit réellement nouveau en donnant une perfection nouvelle. Le balancier, le laminoir exécutent des produits que l'art et les soins du plus habile ouvrier n'accompliraient jamais sans ces puissantes machines. Enfin les machines font plus encore : elles multiplient même les produits auxquels elles ne s'appliquent pas. On ne croirait peut-être pas, si l'on ne prenait la peine d'y réfléchir, que la charrue, la herse et d'autres semblables machines, dont l'origine se perd dans la nuit des temps, ont puissamment contribué à procurer à l'homme une grande partie, non seulement des nécessités de la vie, mais même des superfluités dont il jouit maintenant, et dont probablement, sans ces instruments, il n'aurait jamais seulement

conçu l'idée. Cependant, si les diverses façons que réclame
le sol ne pouvaient se donner que par le moyen de la bêche,
de la houe et d'autres instruments aussi peu expéditifs; s
nous ne pouvions faire concourir à ce travail les animaux
qui, considérés en économie politique, sont des espèces de
machines, il est probable qu'il faudrait employer, pour
obtenir les denrées alimentaires qui soutiennent notre population actuelle, la totalité des bras qui s'appliquent actuellement aux arts industriels. La charrue a donc permis à un
certain nombre de personnes de se livrer aux arts, même les
plus futiles, et, ce qui vaut mieux, à la culture des facultés
de l'esprit (1). »

Le résultat de l'emploi des machines est donc d'obtenir
dans de meilleures conditions, plus vite, en plus grande
quantité et avec moins de dépense, les produits de l'une quelconque des trois classes d'industrie que nous avons nommées,
extractive, manufacturière, commerciale. Citons comme
exemple, dans la première, le treuil; dans la seconde, le
métier ; dans la troisième, le véhicule. Conséquence, la
faculté pour un plus grand nombre d'hommes de se nourrir et
de vivre sur la même terre.

ARTICLE III.

Les inconvénients.

52. Quelque grands que soient les avantages qui résultent
pour la production de la division du travail et de l'emploi des
machines, on ne peut nier toutefois qu'il ne s'y joigne de nombreux inconvénients dans l'ordre physique et moral, inconvénients déplorés même par des personnes qui sont loin d'être
des ennemis de l'économie politique et du progrès moderne.
Sismondi, dans un mouvement d'indignation, s'écrie : « Malgré
tous les bienfaits de l'ordre social, malgré les avantages que

(1) *Traité d'Economie politique*, livre i, ch. vii.

l'homme a retirés des arts, on est quelquefois tenté de maudire la division du travail et l'invention des manufactures, quand on voit à quoi elles ont réduit des êtres qui furent créés nos semblables... Les animaux remplacent les hommes dans presque tous les détails de l'agriculture, et les machines remplacent les hommes dans presque toutes les opérations des manufactures (1). » Say cite un certain Lemontey, qui, dans un essai intitulé : *Influence morale de la division du travail*, se lamente, lui aussi, sur les maux qui proviennent de la division du travail et de l'emploi des machines. Nous rappellerons ici les principaux de ces inconvénients.

53. Quant à la division excessive du travail, ceux qui méritent d'être signalés sont au nombre de deux. L'un est l'abaissement des facultés intellectuelles de l'homme. L'intelligence d'un ouvrier qui est obligé de se livrer toute sa vie à une seule et même opération purement mécanique, s'assoupit et s'émousse, et cela d'autant plus que l'opération est plus simple et moins ingénieuse. Il s'ensuit que plus la division du travail augmente, en triturant pour ainsi dire et en émiettant la main-d'œuvre, plus l'intelligence de chaque ouvrier dégénère et s'affaiblit. Sérieusement, quel développement croit-on que puisse prendre la pensée d'un ouvrier qui passe tout son temps à polir un métal ou à aiguiser la pointe d'une aiguille ? Malgré leur ardeur pour la division du travail, les économistes sont généralement forcés de reconnaitre que de ce côté l'objection a du vrai. « Il y a bien sans doute, écrit Say, un peu de dégénération dans les facultés de l'individu, lorsque *toute* son occupation, *toute* son attention, *tous* ses soins, *tout* son temps, sont dirigés vers une occupation de détail, trop constamment répétée (2). » Garnier, après avoir littéralement reproduit ces paroles de Say, sans le citer, ajoute : *Cependant on aurait tort*

(1) *Nouveaux principes d'économie politique*, livre VII, chap. VII. De la population rendue superflue par l'invention des machines.

(2) *Cours complet*, etc. Première partie, ch. XVII. Le texte français est donné dans l'original, en note.

*de croire qu'une opération de ce genre entraîne un abrutisse-
ment nécessaire* (1). Vraiment c'est une trop mince consolation
que de savoir que, si l'on perd ses facultés morales, on ne
devient pas absolument une brute.

54 L'autre inconvénient est de rendre l'ouvrier esclave de
l'entrepreneur ou du chef d'atelier. L'ouvrier qui ne sait faire
aucun produit dans son entier, tel qu'il peut être échangé
sur le marché, a une existence extrêmement précaire. Il est
dans la dépendance absolue de celui qui a la propriété de la
fabrique que sa spécialité concerne, et qui est montée en
grand, de sorte que c'est là seulement que peut s'effectuer la
parcelle d'opération qu'il a appris à faire. S'il ne veut mourir
de faim, il lui faut accepter les misérables conditions qu'il
plait à la dureté du patron de lui dicter quant au salaire, aux
jours et aux heures de travail, etc. La dignité de l'homme en
éprouve un dommage considérable.

55. Plus graves encore sont les inconvénients qui résultent
de l'introduction des machines. Nous en mentionnerons deux
seulement : la diminution de la main-d'œuvre et l'affaiblissement des liens de famille. Une machine dirigée par deux ou
trois personnes supplée parfois le travail de cent, deux cents
ouvriers, et même d'un plus grand nombre. L'introduction
de cette machine jette bien souvent sur le pavé, en proie au
désespoir, une multitude de gens qui se voient privés de
pain. On a beau dire qu'ils peuvent changer d'occupation, et
que les machines, en multipliant la production, abaissent le
prix des marchandises, et deviennent, par suite, utiles aux
ouvriers eux-mêmes. Se procurer une nouvelle occupation,
pour quelques-uns devient impossible, pour les autres exige un
certain temps ; et à l'ouvrier, qui vit de son salaire journalier,
il importe peu que le prix des marchandises baisse, si tout
moyen de les acheter lui manque. Pour lui c'est la même chose
que si les marchandises se vendaient au prix le plus élevé.

(1) *Eléments de l'Economie politique*, etc. Première partie, chap. v.
En français dans l'original.

56. Les économistes reconnaissent cet inconvénient ; mais ils disent qu'il n'y a pas lieu d'en tenir compte à raison des avantages qui en résultent pour la société en général.

C'est une manière d'envisager les choses bonne seulement que pour ceux qui ne s'occupent que du corps social, considéré dans son ensemble et sous un point de vue qui se réduit souvent au bien-être de quelques personnes en possession de toutes les jouissances, et qui laissent de côté les individus, ou les classes les plus misérables, dont la protection devrait faire le principal souci d'une société bien organisée. En outre, il ne s'agit pas ici d'un mal transitoire, mais d'un mal permanent ; car plusieurs centaines de bras se trouvent, d'une manière constante, ainsi privées d'occupation.

57. Mais cela n'est rien à côté de la dissolution de la famille. Comme les machines ne sont employées que dans les industries exercées en grand et où le travail ne subit pas d'interruption, le père de famille va passer la journée dans un atelier, la mère dans un autre, et les petits enfants sont confiés aux asiles infantiles ou aux crèches, comme on les appelle. Les éléments qui composent la famille se disjoignent ; ils ne se trouvent réunis que le soir, pour un léger repas et pour le repos de la nuit ; tout le reste du temps ils vivent comme étrangers l'un à l'autre. Et pour que ce genre de vie n'éprouve aucune interruption, ne serait-ce qu'aux jours de fête, la civilisation moderne a trouvé l'heureux moyen d'étendre le travail même à ces jours-là. L'affaiblissement de l'union domestique entraîne l'affaiblissement de l'union civile, qui prend en elle son principe et son fondement. En outre, l'introduction des machines, ayant diminué la nécessité chez l'ouvrier d'une intelligence déjà mûre et d'une dextérité exercée, a ouvert la porte des fabriques et des grands ateliers aux enfants des deux sexes, avec le préjudice pour leur éducation et le péril pour leur moralité que tout homme de bien déplore et qui conduit à la corruption non seulement de la famille, mais de la société tout entière.

58. Un autre inconvénient que l'on pourrait encore noter c'est celui de la concentration des profits dans les mains d'un petit nombre de personnes. Nous nous servirons, pour le faire comprendre, des paroles mêmes de Sismondi : « Les découvertes dans les arts mécaniques ont toujours pour résultat éloigné de concentrer l'industrie entre les mains d'un nombre moindre de marchands plus riches. Elles enseignent à faire, avec une machine dispendieuse, c'est-à-dire avec un grand capital, ce qui se faisait autrefois avec un grand travail. Elles font trouver l'économie dans l'administration en grand, la division des opérations, l'emploi commun, pour un grand nombre d'hommes à la fois, de la lumière, du chauffage et de toutes les forces de la nature. Aussi les petits marchands, les petits manufacturiers disparaissent ; et un grand entrepreneur en remplace des centaines, qui tous ensemble peut-être n'étaient pas si riches que lui (1) ». C'est ainsi que la société moderne tend toujours de plus en plus à se diviser en deux grandes classes, les extrêmement riches et les misérables, à peu près à l'instar de l'ancien paganisme.

ARTICLE IV.

Les moyens d'y remédier.

59. La question ouvrière est devenue aujourd'hui d'une solution si difficile que, nous devons l'avouer, le courage nous manque pour essayer de la résoudre.

La difficulté provient principalement de l'esprit d'égoïsme et de la soif inextinguible de jouissance qui a envahi aujourd'hui les cœurs sous l'influence des doctrines économiques en faveur jusqu'ici. Nous nous efforcerons toutefois de la résoudre, si Dieu nous en donne le temps et la force, du mieux qu'il nous sera possible, dans un appendice au présent ouvrage. Ici nous nous bornerons à indiquer séparément en quelques mots les remèdes qui peuvent être apportés aux

(1) *Nouveaux principes d'Économie politique*, livre VII, chap. VII.

inconvénients que nous avons signalés. Nous ferons brièvement précéder cet exposé des deux considérations suivantes.

60. L'une est que les inconvénients dont nous avons parlé ne concernent ni la division du travail en général, ni toutes les machines. Il est une division du travail, celle qui correspond à des produits entiers, bien que d'une seule espèce (comme la fabrication exclusive des lits en fer ou des lentilles de cristal), qui est toute naturelle ; et, loin d'apporter aucun préjudice, elle est avantageuse non seulement pour la société, mais pour l'ouvrier lui-même, en le rendant plus expert, par suite plus estimé, et en lui donnant une situation plus indépendante dans la société civile (1). On peut dire la même chose des machines. Il y en a qui sont d'une extrême utilité et qui, sans nuire à personne, profitent à tous. Telle est, à titre d'exemple, la charrue, sans laquelle il serait extrêmement pénible et presque impossible de rompre la terre et d'y tracer des sillons. Tel est aussi le moulin, qui a tant facilité la préparation du plus nécessaire des aliments, en épargnant à l'ouvrier un labeur plus digne d'une bête de somme que d'un homme. Et, pour tirer un exemple d'inventions plus proches de nous, la machine à vapeur est souvent utilisée pour des travaux qui n'auraient pu s'exécuter à la main. Appliquée aux chemins de fer, elle a rendu d'immenses services pour le transport des personnes et des choses, sans nuire, comme on le craignait, aux voituriers, qui, par suite du développement des voyages et du commerce, ont, loin de diminuer, vu s'accroître leur nombre avec leurs profits. La même conséquence s'est produite pour les filatures de coton, après l'invention de la machine d'Arkwright. On craignait qu'elle ne laissât sans ouvrage, en Angleterre, la plupart des ouvriers et des ouvrières ; et c'est précisément le contraire qui est arrivé. Voici ce que Say raconte à ce sujet : « Je tiens

_____

(1) On peut répondre que cela revient souvent au même, grâce à l'association qui, par la centralisation des forces éparses, profite à l'œuvre entreprise et à la société tout entière. (*Note du traducteur.*)

d'un négociant qui a été pendant cinquante ans dans le
commerce et la fabrique des cotons, qu'avant l'invention des
machines, on ne comptait dans le Grande-Bretagne que 5,200
fileuses au petit rouet, 2,700 tisseurs d'étoffes de coton ; en
tout 7 900 ouvriers ; tandis qu'en 1787, dix ans seulement
après l introduction des machines, on comptait dans le même
pays 105 000 personnes, grandes et petites, occupées de la fila-
ture, et 247.000 employées au tissage ; en tout 352,000 ouvriers, au lieu de 7 900 (1). »

Les inconvénients que nous déplorons concernent seulement
cette division de travail que nous avons appelé *morcellement*
et l'emploi de ces machines qui, sans être d'une absolue nécessité, arrachent le travail à une classe au moins de citoyens et,
en outre, agglomèrent et retiennent toute la journée dans de
vastes ateliers les ouvriers adultes, les femmes et les enfants.

61 La seconde considération, c'est qu'il est de l'essence de
presque toutes les choses humaines d'unir en elles les inconvénients aux avantages : *sunt bona mixta malis*. Toute la
question est de savoir duquel des deux côtés penche la balance.
Mais, dans le cas présent, cet examen serait sans utilité. Quel
que fût en effet le jugement qui en résulterait, ces deux inventions modernes de la division du travail et de la multiplication des machines, une fois introduites dans le monde, ne
peuvent plus en être bannies, au moins d'une manière générale.
Tout au plus l'abandon en serait-il possible dans tel ou tel pays
déterminé Mais, outre la violation de la liberté industrielle
des citoyens qui en résulterait, il entraînerait la ruine des
ouvriers mêmes qu'il aurait pour but de protéger. Car, en
amenant la hausse des prix dans les produits qui seraient
l'objet de cette mesure, par suite de l'accroissement la dépense
du travail exécuté non plus à la machine, mais à la main,
elle mettrait le pays hors d'état de pouvoir soutenir la concurrence avec les nations voisines, où l'on continuerait à
se servir de machines. Il en résulterait la nécessité d'aban-

(1) *Cours complet*, etc. ; première partie, chap. XIX.

donner les industries correspondantes et de licencier en masse les ouvriers qui y étaient attachés.

62. Ces deux observations préalablement faites, voyons très brièvement (car nous aurons à revenir sur ce sujet dans le cours de cet ouvrage) dans quelle mesure on pourrait éviter, ou au moins atténuer, les maux qui viennent ternir les bienfaits résultant de la division du travail et de l'emploi des machines.

Le premier remède est dans l'instruction et l'éducation antérieures de l'ouvrier. A notre avis, aucun enfant ne devrait être assujetti à un travail mécanique constant, avant le développement et l'affermissement suffisants, non seulement de ses forces corporelles par un âge raisonnable, mais encore de ses forces intellectuelles par un bon enseignement, surtout en ce qui regarde la morale et la religion. Arrivée à un degré suffisant de développement et de vigueur, l'intelligence de l'enfant pourra ensuite ne plus être arrêtée dans ses progrès ni comprimée par un travail quelconque, tout vulgaire et monotone qu'il sera, surtout si la sollicitude des parents et celle des ministres du culte en poursuit la culture. Tout au contraire, son esprit resterait comme assoupi, sans aucun espoir de réveil, si l'on négligeait cette précaution.

Le second remède est dans la limitation des heures de travail, non seulement des enfants et des femmes, pour lesquels elles ne devraient pas dépasser le maximum de six, mais aussi des adultes. Ceux-ci ne devraient être retenus et occupés dans aucune usine plus de neuf ou, au maximum, de dix heures par jour. Ils auraient ainsi le temps de vaquer aux soins domestiques et d'élever leur esprit à des pensées plus nobles et plus conformes à la dignité humaine. Mais surtout il faudrait maintenir pour l'ouvrier d'une manière absolue l'abstention de tout travail matériel les jours fériés, afin qu'il ait le temps nécessaire pour accomplir ses devoirs religieux et pour retremper en quelque sorte et réconforter son esprit dans les idées sublimes du culte divin.

En troisième lieu, on devrait ne pas tenir l'ouvrier per-

pétuellement appliqué à une seule des opérations entre
lesquelles le travail se subdivise pour un produit donné; mais
le faire autant que possible passer successivement par toutes ou
presque toutes ces opérations. Ce mode de procéder aurait
non seulement l'avantage de renfermer dans des bornes
moins restreintes l'exercice de son activité, mais il servirait
merveilleusement à l'affranchir d'une dépendance trop servile
à l'égard de son patron, en le mettant en possession de capacités plus variées, et à le mettre, en conséquence, en mesure
de débattre ses intérêts avec plus de liberté et moins de
crainte de la concurrence.

63. Nous comprenons aisément que ces doctrines n'auront
que peu ou point le don de plaire à ces adorateurs des sens
et d'eux-mêmes, qui ne voient dans la société humaine d'autre
but que la richesse, dont la production doit être dès lors poussée
jusqu'aux plus extrêmes limites, et dans l'ouvrier qu'une
machine, suivant l'assimilation que l'on trouve souvent faite
dans leurs propres traités (1). Mais nous attendons un tout
autre jugement de la part de ceux qui voient dans la vie
sociale une fin plus élevée que la satisfaction des besoins
matériels, et dans l'ouvrier un frère égal à eux par la nature,
et d'autant plus digne de respect et d'amour qu'il appartient
à la partie la plus nombreuse du genre humain et qu'il a plus
besoin d'aide et de secours. « Faire abstraction, dit Pellegrino
Rossi, dans les lois du travail, de notre nature morale, c'est
abuser de l'analyse et rabaisser l'homme au niveau de la brute.

(1) Voici le langage que tient l'un d'eux, l'Espagnol Florès Estrada :
« Un ouvrier, en économie politique, n'est autre chose qu'un capital fixe
accumulé par le pays, qui l'a entretenu tout le temps nécessaire à son
éducation et jusqu'à l'entier développement de ses forces. Au point de
vue de la production de la richesse, il est considéré comme une
machine, pour la construction de laquelle on a employé un capital
dont le remboursement commence et les intérêts se paient à partir
du moment où il est devenu un utile auxiliaire de l'industrie. » *Cours
éclectique d'économie politique*, t. I.

C'est en vain que l'économiste s'arrogerait un pareil droit (1). »
L'économie politique, nous l'avons vu au début de ce traité,
est une science pratique et par suite *essentiellement* subordonnée à la morale. Elle ne peut considérer le travail sans
regarder celui qui le produit, l'homme, qui, dans le monde,
est une personne et non une chose, une fin et non un
moyen. L'épuiser comme on ferait d'un terre ou d'une brute,
est une injustice des plus graves et un crime de lèse-divinité.
Car l'homme appartient à Dieu, qui l'a, il est vrai, destiné
à vivre ici-bas par le travail, mais non jusqu'à nuire au
développement de son propre esprit et à la réalisation de ses
destinées éternelles

Quant au remède que comportent les autres inconvénients,
une occasion plus favorable d'en parler se présentera, lorsque
nous traiterons de la distribution des richesses.

(1) *Cours d'Économie politique*, tome I, douzième leçon.

CHAPITRE IV.

LA CIRCULATION.

64. En économie politique, on entend par circulation le mouvement des marchandises qui passent d'un possesseur à un autre, sous le rapport de la production et de la jouissance des richesses. Par exemple, un négociant européen reçoit un chargement de coton qui lui est expédié du Brésil. Il le vend à un filateur, qui, après l'avoir réduit en fil, le revend à un tisserand. Celui-ci, après en avoir fait de la toile, le vend à un débitant en gros ; le débitant en gros le vend à un débitant au détail, et ce dernier finalement au consommateur. Dans ce trajet, a circulé une marchandise qui a augmenté successivement de valeur et laissé un bénéfice à ceux par les mains desquels elle a passé. C'est pourquoi l'on compare habituellement la circulation des marchandises à celle du sang dans les divers membres du corps animal ; et, de même que celle-ci est un élément nécessaire de la vie animale, l'autre est un élément nécessaire de la vie économique des nations. Elle a lieu par le moyen de l'échange : aussi ne peut-on parler d'elle sans parler de l'échange et de deux autres éléments qui lui sont étroitement unis : la monnaie, qui est l'instrument de l'échange, et le crédit qui remplace aujourd'hui généralement la monnaie.

ARTICLE I.

L'échange.

65. Le troc d'une chose contre une autre, d'un veau, par exemple, contre un tonneau de vin, s'appelle échange. Sans l'échange, il faudrait renoncer à toutes les aises de la vie ; car il est impossible à chacun de se procurer par son travail toutes les choses nécessaires ou utiles à la vie humaine Même dans l'état barbare ou dans l'état sauvage, l'homme, pour subvenir à ses besoins, doit recourir à ce que d'autres peuvent faire ou donner, et par conséquent obtenir d'eux ce qui lui est nécessaire, moyennant une compensation en travail ou en objets équivalents Cette nécessité s'accroît immensément avec l'accroissement de la civilisation. La civilisation exige une grande diversité d'occupations. Mais est-ce que les tailleurs, par exemple, ou les cordonniers pourraient se livrer à la confection d'habits ou de souliers, s'ils n'étaient sûrs d'échanger en partie les objets confectionnés par eux contre les produits de la terre qui doivent leur fournir des aliments ? Nous avons vu que les machines accroissent démesurément la puissance de la nature, et la division du travail celle de l'homme. Mais à quoi servirait une si grande quantité de tels ou tels produits, s'ils n'étaient susceptibles d'être échangés contre d'autres produits dont on a besoin ? C'est l'échange seul qui rend possibles la diversité dans les métiers, la persévérance dans le même travail, le progrès et la perfection dans les arts, l'abondance dans les produits, la prospérité commune et l'exercice même des professions les plus nobles. Il est bien certain qu'à celles-ci nul ne pourrait se consacrer, sans la certitude de tirer de son travail une rémunération convenable. Autrement, comment ceux qui les exerceraient feraient-ils pour vivre et pourvoir à leurs besoins matériels ?

66. La pratique des échanges constitue le commerce, qui forme la profession d'une classe de personnes nommées mar-

chands, de *merx*, *mercis*, marchandise. L'œuvre qu'elles remplissent dans la société est extrêmement avantageuse pour celle-ci ; car elle affranchit le consommateur de tous les ennuis et de la perte de temps qu'il subirait également, s'il lui fallait traiter directement avec le producteur. Figurez-vous quel embarras ce serait pour vous, s'il vous fallait, pour avoir du vin, aller le prendre chez les vignerons, aller chercher les légumes chez le jardinier, le chevreau chez le berger ! Encore serait-ce peu, auprès de la difficulté de se procurer les denrées étrangères. Comment feriez-vous pour faire venir, par exemple, le tabac d'Amérique, le thé de la Chine ? Il est donc absolument naturel qu'entre le producteur et le consommateur, un tiers s'interpose, comme intermédiaire, pour aller chercher les marchandises aux lieux de production ou de confection et pour les transporter là où il en est besoin, en les exposant, pour satisfaire aux demandes du public, dans les magasins ou sur le marché.

Le commerce se divise en commerce intérieur ou en commerce extérieur, selon que le trafic s'opère entre personnes du même pays, ou entre personnes de pays différents. Le premier est dit en gros ou en détail, suivant que les denrées se vendent par grandes ou par petites quantités. Le second peut être ou d'*exportation*, s'il s'agit d'envoyer au dehors des marchandises indigènes, ou d'*importation*, s'il s'agit de faire venir du dehors des marchandises étrangères.

Combien le commerce profite à la richesse des nations, il n'est pas besoin de le dire. Une expérience constante nous montre les peuples les plus commerçants comme ayant été les peuples les plus riches. La raison en est simple. La richesse consiste dans l'abondance des objets utiles : or, le commerce, en ouvrant sans cesse de nouveaux débouchés à la production intérieure, en stimule au plus haut degré l'activité, et, en échangeant le superflu de cette production contre des produits étrangers, est une source continuelle de commodité et d'aisance toujours croissantes.

ARTICLE II.

La monnaie.

67. L'argent a été introduit dans le monde social pour la commodité des échanges : *primo denarii inventi sunt pro commutatione rerum* (1). Tel est le concept que saint Thomas donne de la monnaie, en la représentant comme une invention de l'homme faite en vue de faciliter les échanges. Tel est précisément l'office qu'elle remplit, et telle est sa nature, définie par son objet.

L'homme, comme nous l'avons dit plusieurs fois, pourvoit à ses besoins grâce à l'échange. Mais celui-ci présenterait de grandes difficultés et deviendrait même parfois impossible, s'il devait toujours s'opérer d'une chose à une autre. Prenons, par exemple, un agriculteur qui n'a que du grain et qui cependant doit payer le tailleur qui lui a fait un vêtement ou le forgeron qui lui a fourni une bêche. Si ceux-ci refusent d'être indemnisés avec du grain parce qu'ils n'en ont pas besoin, comment se tirera-t-il d'embarras ? Devra-t-il faire le tour du village jusqu'à ce qu'il trouve quelqu'un qui, pour une mesure de grains, lui donne une autre marchandise de même valeur, dont ses créanciers se contenteront ? Et si l'objet que l'agriculteur possède était, non plus du grain, mais une chose non susceptible de division (un bœuf, par exemple), les difficultés croîtraient sans fin. Il devrait faire Dieu sait quels efforts pour trouver quelqu'un qui lui donnât en échange une quantité équivalente de marchandises séparées, dont l'une pût égaler la valeur de l'un et de l'autre des objets qui lui ont été fournis. Puis, que dire du commerce, surtout en pays lointain ? Imaginez un marchand qui voudrait se rendre en Chine pour s'approvisionner de thé qu'il compterait vendre dans d'autres contrées. Devrait-il, au prix des plus

(1) *Politique*. Livre I, leçon V, 1.

sérieuses incommodités, charger son navire de marchandises qui seront probablement, mais non certainement, acceptées par les Chinois, puis de Chine se rendre dans les contrées où l'on recherche le thé, avec l'espérance d'obtenir en échange d'autres denrées qui puissent lui convenir? Voyez quels calculs et quels ennuis.

68. Il était donc très conforme au génie de l'homme de trouver une marchandise qui pût égaler toutes les autres en valeur et se substituer à elles dans les échanges comme un équivalent commun. Telle est l'origine de la monnaie, pour la fabrication de laquelle, par les raisons que nous donnerons plus tard, on a choisi le métal, et notamment l'or et l'argent. « On a commencé, écrit le sénateur Lampertico, par l'échange des choses contre les choses, c'est-à-dire par le simple *troc* ; il n'y avait pas d'argent, la marchandise ne se distinguait pas du prix, et chacun, suivant la nécessité du moment, pour se fournir des choses dont il manquait, donnait de celles dont il avait en trop. Mais comme il n'arrivait pas toujours qu'un autre ayant ce que je désirais, j'eusse de mon côté ce qui pouvait lui convenir, on fit choix d'une matière dont le prix commun et durable parât aux difficultés de l'échange par l'égalité de quantité. On convint de choisir une chose qui servît de mesure commune à la valeur de toutes, de telle sorte que la chose mesurée s'échangeàt avec la chose servant de mesure, c'est-à-dire que chaque chose valût une certaine quantité de celle-ci, et qu'une certaine quantité de celle-ci fût due et fût reçue en payement ou comme équivalent de chacune. C'est ainsi que l'argent fut trouvé (1). »

S. Thomas avait déjà fait la même remarque en commentant Aristote : *Si semper homines in præsenti indigerent rebus, quas invicem habent, non oporteret fieri commutationem nisi rei ad rem, puta frumenti ad vinum. Sed quandoque contingit quod ille, cui superabundat vinum, non indiget frumento, quod*

(1) Fidele Lampertico, *Economie des peuples et des Etats.* Introduction, chap. XII.

*habet ille qui indiget vino, sed forte postea indigebit, vel aliqua
alia re. Sic ergo, pro necessitate futuræ commutationis,
numisma, idest denarius, est nobis quasi fidejussor quod, si in
præsenti homo nullo indiget sed indigeat in futuro, aderit sibi,
offerenti denarium, illud quo indigebt* (1). Cette métaphore
de *garant*, de fidéjusseur, appliquée à l'argent par rapport
aux moyens de subvenir à nos futurs besoins, est extrêmement juste ; car en réalité l'argent nous garantit que, toutes
les fois que nous voudrons, nous pourrons subvenir à ces
besoins, en l'offrant en échange de quelque autre marchandise, objet de nos désirs.

69. Quant à la matière choisie pour constituer la monnaie,
l'usage des peuples a beaucoup varié à cet égard, jusqu'à ce
que, chez les nations civilisées, l'or et l'argent aient prévalu.
« L'histoire des monnaies des différents peuples, écrit Say,
nous les montre faites de bien des matières diverses. Les
Lacédémoniens ont eu des monnaies de fer ; les premiers
Romains en avaient de cuivre. Plusieurs peuples ont employé,
comme monnaies, des grains de cacao, des coquilles. Il y a
eu en Russie, jusqu'à Pierre Iᵉʳ, quelques monnaies de cuir...
Mais les matières qui incontestablement réunissent le plus
d'avantages, sont l'or et l'argent, que l'on désigne souvent
par la dénomination de métaux précieux (2). » Les avantages
que présentent l'or et l'argent sont nombreux ; il nous suffira
de citer les suivants : I. Ils ont une valeur propre ; car l'or
et l'argent, servant à beaucoup d'autres usages, ont par eux-
mêmes une valeur, et, comme tels, sont généralement esti-
més et recherchés. — II. Ils sont divisibles sans rien perdre
de leur valeur, c'est-à-dire que chacune de leurs fractions
conserve une partie correspondante de cette valeur, et que,
réunies, elles ont la valeur du tout qu'elles représentent. —
III. Le transport en est facile et sans grave embarras pour
celui qui en est chargé, l'or et l'argent concentrant beau-

(1) *Ethique*, livre V, leçon ix.
(2) *Cours complet*, etc., troisième partie, ch. vii.

coup de valeur sous un petit volume. Quelle différence de
porter avec soi un petit sac de napoléons plutôt qu'une
énorme charge de telle ou telle autre marchandise ! — IV. Ils
peuvent se conserver sans altération au moins sensible. Il
suffit de regarder les monnaies remontant à la plus haute
antiquité. — V. Ils ont une densité suffisante pour recevoir
l'empreinte d'un coin qui en garantit d'une manière authen-
tique la *qualité* (et le *poids*). — Ces explications données, la
monnaie, telle qu'elle est actuellement en usage chez les
nations civilisées, peut se définir ainsi : marchandise métallique, équivalente à la valeur de toutes les autres marchandises, et garantie par l'empreinte d'un sceau public. L'institution de la monnaie remonte à la plus haute antiquité ;
car on lit dans les saintes Ecritures qu'Abraham, voulant acquérir un champ avec un caveau double, pour en faire
le sépulcre de Sara, l'achèta d'Efrem pour quatre cents
sicles d'argent de monnaie publique éprouvée. *Appendit
pecuniam, quam Efrem postulaverat audientibus filiis Heth ;
quadragentos siclos argenti probatæ monnetæ publicæ* (1).

ARTICLE III.

Peut-on dire que la monnaie est la représentation des autres valeurs
et leurs mesures ?

70. On dit communément que la monnaie est *le signe représentatif de la valeur des marchandises.* Minghetti lui-même
semble ne pas répudier entièrement ce langage. Il dit de
la monnaie qu'elle a été « choisie pour *représenter* la
valeur de toutes les autres marchandises (2) ». Et plus bas :
« Les métaux précieux sont donc, comme toute autre marchandise, sujets à variation de valeur; mais, parce que cette
variation est faible et lente, on les a choisis pour *représenter*

(1) Genèse, XXIII, 16.
(2) *Des rapports de l'économie publique, etc.*, livre II.

la valeur des autres marchandises, où l'oscillation est plus rapide et plus forte (1). » Say montre avec évidence la fausseté et le danger de cette expression. La représentation d'une chose n'est ni la chose même, ni son équivalent. Or la monnaie, par la matière dont elle est formée (or ou argent), a une valeur propre et est l'équivalent des autres valeurs. On pouvait, en toute propriété de langage, donner à la monnaie l'épithète de représentative, quand on la faisait consister en choses de peu de valeur, telles que des coquillages ou des morceaux de cuir; on ne le peut plus à présent qu'on se sert, pour la constituer, de métaux précieux. L'écu, indépendamment de l'office qu'il remplit comme monnaie, vaut comme argent ce qu'il vaut comme monnaie, sauf une légère augmentation destinée à couvrir les frais de fabrication. La monnaie ne représente donc pas les autres valeurs, elle est l'équivalence des autres valeurs. De celui qui a de l'argent dans sa poche, on peut dire qu'il porte sur lui, *par équipollence*, toutes les autres choses, puisqu'il peut échanger cet argent contre toutes les autres choses. Say montre comment l'idée fausse que la monnaie est un signe a parfois conduit les gouvernements à l'altérer, ceux-ci croyant pouvoir le faire sans inconvénient (dans ce qui n'est qu'un signe, peu importe le plus ou le moins), alors qu'en réalité cette altération portait aux citoyens le préjudice le plus grave, puisqu'on leur donnait comme valeur intégrale une valeur mutilée. Au fond, c'était un vrai larcin de la part de l'Etat.

71. On dit habituellement aussi que la monnaie est *la mesure des autres valeurs.* Cette expression doit s'entendre dans un sens relatif et non dans un sens absolu. Elle ne peut s'entendre dans un sens absolu, parce que la mesure, dans un sens absolu, doit être invariable. On dit très justement que le mètre est la mesure de la dimension des corps ; car sa longueur est toujours la même : elle est la dix-millionième partie d'un quart du méridien terrestre. Mais la valeur de la monnaie est

(1) Même ouvrage, livre III.

sujette à variation, bien que cette variation soit plus faible et
plus lente que pour les autres marchandises. La valeur de la
monnaie est déterminée, comme toute autre valeur, par la
quantité de choses que l'on peut obtenir en échange. Or avec
un écu, par exemple, on ne peut obtenir la même quantité
de vivres en temps de disette qu'en temps d'abondance, ou
dans une ville assiégée que dans une ville libre. En vain
prétendrait-on que cet effet se produit, non parce que la monnaie perd de sa valeur, mais parce qu'en pareille circonstance
le prix des denrées s'élève. Cela ne voudrait rien dire :
l'expression serait différente, mais la chose resterait la même.
La valeur est un rapport ; et le rapport change quand il se
produit une variation des deux termes entre lesquels il existe.
Du reste, veut-on un exemple de changement affectant la
monnaie même ? La découverte des mines argentifères d'Amérique et des mines aurifères de Californie et d'Australie a fait
immédiatement baisser la valeur de la monnaie. Et pourquoi ?
Parce que la grande quantité d'or et d'argent jetée sur le
marché en a fait baisser la valeur. La valeur de toute marchandise s'abaisse par l'abondance ; la rareté la fait hausser.
La valeur de l'or et de l'argent s'étant avilie, la valeur de la
monnaie, qui est faite d'or et d'argent, devait de toute nécessité s'avilir.

72. Toutefois, dans un sens non plus *absolu*, mais *relatif*, il
est permis de qualifier la monnaie de mesure des autres valeurs, en tant que, par rapport à un lieu et à un temps
donnés, nous avons coutume de lui comparer toutes les autres
valeurs, pour calculer et reconnaître dans quelle proportion
elles se trouvent relativement les unes aux autres. C'est ainsi
qu'en considérant qu'une caisse de sucre, par exemple, coûte
quatre écus, et qu'une balle de café en coûte huit, nous disons
que la valeur du café est double de celle du sucre. « Quand
les échanges (observe Adam Smith) ne se font plus immédiatement, et que l'argent est devenu l'instrument général du
commerce, chaque marchandise particulière est plus souvent
échangée contre de l'argent que contre toute autre marchan-

dise. Le boucher ne porte guère son bœuf ou son mouton au boulanger ou au marchand de bière pour l'échanger contre du pain ou de la bière ; mais il le porte au marché, où il l'échange contre de l'argent, et ensuite il échange cet argent contre du pain et de la bière. La quantité d'argent que sa viande lui rapporte détermine aussi la quantité de pain et de bière qu'il pourra acheter ensuite avec cet argent. Il est donc plus clair et plus simple pour lui d'estimer la valeur de sa viande par la quantité d'argent, qui est la marchandise contre laquelle il l'échange immédiatement, que par la quantité de pain et de bière, qui sont des marchandises contre lesquelles il ne peut l'échanger que par l'intermédiaire d'une autre marchandise ; il est plus naturel pour lui de dire que sa viande vaut trois ou quatre pence la livre, que de dire qu'elle vaut trois ou quatre livres de pain, ou trois ou quatre *pots de petite bière*. De là vient qu'on estime plus souvent la valeur échangeable de chaque marchandise par la quantité d'argent, que par la quantité de travail ou de toute autre marchandise qu'on pourrait avoir en échange (1). » Mais, à bien considérer les choses, la valeur de l'argent peut être à son tour mesurée par la quantité des marchandises contre lesquelles on l'échange ; si en effet, comme Say le remarque justement, je puis pour une once de monnaie d'or obtenir sur le marché quinze fois plus de grains ou de toute autre marchandise que pour une once de monnaie d'argent, je puis parfaitement en inférer que la monnaie d'or, à poids égal, a une valeur quinze fois plus grande que la monnaie d'argent. Voilà donc, par une sorte de réciprocité, la valeur de l'argent mesurée par les choses mêmes dont il est la mesure.

73. Nous terminerons cet article par une observation de Droz. Il écrit : « Quelque grande que soit l'importance du numéraire, on l'a souvent exagérée, ou plutôt on s'est long-temps mépris sur la nature des services qu'il rend à la société.

(1) *Recherches sur la nature et les causes de la richesse des nations*, livre I, chap. v.

On le regarda comme la seule richesse ; l'économie politique
eut pour but de retenir le numéraire dans l'Etat, et d'attirer
celui des étrangers. De judicieuses analyses ont dissipé ou du
moins affaibli ces préjugés. Les métaux précieux ne sont pas
autre chose que des produits ; et ces produits ne s'obtiennent,
comme tous les autres, que par le travail. Cela est évident,
si l'on porte ses regards sur les peuples dont le sol reçoit ces
métaux. L'exploitation des mines est un genre d'industrie qui
n'est même pas aussi lucratif qu'on peut le supposer ; il
donne souvent de fausses espérances, il est fécond en chances
désastreuses. Si les bénéfices paraissent énormes dans une mine
abondante, on les voit retomber au taux naturel lorsqu'on
met en balance les profits et les pertes de tous les entrepreneurs qui spéculent sur ce genre d'exploitation. Quant aux
peuples qui ne possèdent pas de mines, c'est encore par le
travail qu'ils se procurent les métaux nécessaires pour leur
monnaie, leur orfèvrerie, etc. (1). »

ARTICLE IV.

Le prix.

74. Depuis l'introduction du numéraire, les échanges ne se
sont plus presque jamais effectués sur les marchés, entre les
marchandises de diverse nature indistinctement ; ils ne s
sont plus opérés qu'entre elles et le numéraire, devenu une
marchandise d'échange. On n'a plus dit : Je vous donnerai
deux vaches et vous me donnerez trente brebis ; mais : Vous
me donnerez trente brebis, et je vous donnerai, par exem·
ple, cent écus. Or l'argent que l'on donne pour avoir en
échange un autre objet s'appelle prix ; et le prix n'est en
conséquence autre chose que la valeur d'un objet calculée en
argent. Le contrat par lequel se fait cet échange se nomme,

_____

(1) *Economie politique,* etc., livre II, chap. x.

du côté de celui qui donne l'argent, *achat*, et, du côté de celui qui donne l'objet, *vente*. Le contrat est unique ; il ne diffère que par rapport aux deux contractants. L'achat peut se définir ainsi : l'acte par lequel on donne de l'argent pour avoir l'équivalent en autres marchandises ; et la vente : l'acte par lequel on donne une marchandise pour en avoir l'équivalent en argent.

75. Ici l'on pose ordinairement cette question : Quelle est la cause déterminative de cette équivalence ? ou autrement : D'où vient que le prix d'une denrée est tel plutôt que tel autre ? Sur ce point les économistes sont en désaccord. Une grande partie soutient que la détermination du prix est l'effet de la proportion qui existe entre l'offre et la demande, lesquelles oscillent dans un sens ou dans l'autre jusqu'à ce qu'elles atteignent la parité. D'où ils établissent cette loi : L'élévation du prix est en raison directe de la demande et en raison inverse de l'offre : c'est-à-dire que le prix d'une denrée croit avec l'accroissement du nombre des acheteurs et le décroissement de celui des vendeurs. Au contraire, le prix décroit avec l'accroissement du nombre des vendeurs et le décroissement de celui des acheteurs. D'autre part, le nombre des vendeurs croit habituellement en raison de l'abondance de la marchandise et du désir de la vendre ; tandis que le nombre des acheteurs s'accroît en même temps que le besoin de cette marchandise ou le désir de l'acquérir augmente.

76. Toutefois Ricardo, suivi sur cette voie par un grand nombre d'économistes, notamment de l'école anglaise, tout en admettant la vérité du fait, tel que nous venons de l'exposer, en cherche une cause plus éloignée dans le *coût de production*. Dès lors la règle déterminatrice du prix d'une marchandise serait la dépense que l'on a eu à supporter pour la produire. Voici comment Minghetti résume la théorie du célèbre économiste : « Il faut revenir quelque peu sur nos pas et exposer la formule que l'illustre David Ricardo proposait au lieu de celle de l'offre et de la demande, dans l'intention de substituer à des expressions génériques et idéales quelque chose de ma-

tériel et de facilement appréciable Il a dit : — La valeur d'un produit est égale à son coût de production, et le coût de production se compose des parties suivantes : rentrée dans les débours de la matière première, salaire de travail, inté et du capital, rémunération de l'entrepreneur. — Voici le raisonnement de Ricardo : — Personne ne travaille à produire s'il n'a pour objet, ou de consommer le produit, ou de l'échanger. L'intérêt est son guide, et là où il trouve un intérêt plus grand, il s'y porte ; et, par conséquent, les capitalistes, les entrepreneurs et les fabricants choisissent toujours les industries dans lesquelles ils croient trouver le plus à gagner. D'un autre côté, les consommateurs achètent les produits en raison de moyens qu'ils possèdent, sans les dépasser ; et les plus désireux courent là où ils espèrent trouver le meilleur marché. De ces prémisses il découle naturellement que, le prix d'un produit venant à baisse r, la consommation de ce produit s'accroît ; qu'au contraire elle se resserre si le produit renchérit. C'est pourquoi, si quelques industries ne sont pas parvenues à couvrir leurs frais, elles ne tardent pas à disparaître ; mais lorsque d'autres ont fait de grands bénéfices, les producteurs s'y portent avec empressement, et bientôt, par suite de la concurrence, ils doivent se contenter d'une rémunération plus raisonnable, c'est-à-dire de celle qui se tire généralement du travail et du capital (1) (*). »

77. Une troisième opinion a été émise, et a été brièvement et clairement exposée par le sénateur Lampertico dans les termes suivants : « On a considéré la théorie de la valeur sous un autre aspect. A la théorie du coût *de production* on a substitué celle de coût *de reproduction* : c'est-à-dire que l'on a appelé l'attention, non plus sur les frais qu'il a fallu

----

(1) *Des rapports de l'économie publique*, etc., livre II.

(*) Peut-être est-il utile de compléter cet exposé par la conclusion qui le termine : « Généralement donc, la valeur d'une marchandise n'est ni supérieure ni inférieure, mais égale au coût de production. » (*Note du traducteur.*)

faire pour produire une chose, mais sur ceux qu'il faudrait faire pour la reproduire. L'acquéreur, a-t-on dit, ne pense pas aux efforts faits par le vendeur ; il pense uniquement à ceux qu'il s'épargne à lui-même au moyen de l'acquisition. Mais ici même on a dû observer que la formule n'est pas suffisante pour donner l'explication de tous les faits économiques, et précisément pour expliquer la valeur des choses qui ne peuvent pas se reproduire. La théorie de Carey, substituée à celle de Ricardo, et soutenue par Ferrara en Italie, a fait subir à cette formule une modification qui consiste à distinguer la reproduction *physique*, c'est-à-dire celle du produit identique, de la reproduction *économique*, c'est-à-dire celle de produits analogues et supplétifs (1). »

De cette théorie, qui ne nous parait être qu'une *ingénieuse invention* de Carey, ou, comme d'autres le veulent, de Bastiat, nous aurons l'occasion de parler ailleurs. Ici nous ne nous occupérons que des deux autres, qui reposent sur un plus solide fondement.

78. Or des deux, nous demande-t-on, quelle est la vraie ? Nous répondons: Toutes deux sont vraies, si on les considère relativement, l'une au prix *naturel*, l'autre au prix *courant*, ou prix *du marché*. Assurément, si nous nous en tenions à ce que la nature suggère, le prix des denrées devrait égaler les dépenses nécessaires de production, y compris la rente pour les agents physiques, le profit pour les capitaux, le salaire pour le travail. Le coût de production ainsi entendu est la détermination rationnelle du prix dans la vente des produits. C'est sur ce fondement, comme nous le verrons, que repose la théorie de la distribution. Mais si l'on regarde le prix, non tel que la raison l'indique, mais tel que la réalité le forme, on reconnaît que sans aucun doute il est le résultat de la demande comparée à l'offre, et croît ou décroît en proportion directe de l'une et en proportion inverse de l'autre.

(1) *Economie des peuples et des états.* Introduction, chap. XII.

Le nombre des acheteurs s'accroît-il par le besoin ou le désir qu'ils ont de telle ou de telle marchandise, la quantité de cette marchandise restant la même, indubitablement dans ce cas le prix s'élève. Au contraire, si le nombre des vendeurs augmente par suite de la surabondance d'une marchandise, le nombre des acheteurs restant le même, le prix de cette marchandise s'abaisse. C'est seulement lorsque (*celeris paribus*) le nombre des vendeurs et des acheteurs croîtront ou décroîtront dans la même proportion, que les prix resteront sans variation.

Il faut toutefois reconnaître que, si l'on s'en tient au simple fait et si l'on tient compte des inclinations naturelles de l'homme, les prix communs, dans leur croissance ou leur décroissance, tendent toujours à se rapprocher du prix naturel, jusqu'à l'égaler presque. Dans l'ordre ordinaire des choses, le prix des marchandises ne peut descendre au-dessous, ni s'élever d'une manière stable au-dessus des dépenses de production. Personne ne vend pour vendre, ni ne produit pour produire. Si l'on exerce une industrie, c'est pour réaliser un gain ou se procurer un avantage. On pourra parfois se résigner à perdre, pour se défaire d'une marchandise qu'on ne pourrait écouler autrement ; mais si l'on prévoit qu'un semblable effet doit durer, on abandonne la malencontreuse industrie pour se consacrer à quelque autre. Que si au contraire il advient que l'on vende à haut prix sans que les acheteurs fassent défaut, alors beaucoup s'adonneront à la même industrie et par suite la concurrence fera baisser le prix, mais jamais pourtant au-dessous du coût de production, par la raison qui vient d'être donnée. D'ailleurs, l'équilibre entre le prix effectif et le prix naturel, étant donnée l'extrême mobilité qui existe en cette matière, ne sera jamais parfait : aussi est-ce la loi de proportionnalité entre l'*offre* et la *demande* qui réglera toujours pratiquement les contrats. « Quels que soient les motifs qui poussent l'homme à agir, l'ancienne formule qui dit : « La valeur est dans le rapport entre l'offre et « la demande », est la seule formule convenable dans son manque de précision, puisqu'elle n'exprime rien autre chose que la situation d'esprit des deux contractants (1). »

ARTICLE V.

Du crédit.

79. Par *crédit* on entend, en économie politique : *La faculté de disposer des capitaux que l'on a reçus en dépôt, sous la seule obligation de les restituer.* On se sert également de ce mot pour signifier : *La confiance que l'on a quant à l'accomplissement des obligations assumées par celui auquel sont confiés les capitaux.* Cette confiance peut s'appuyer, ou sur les qualités de la personne qui s'est obligée, ou sur quelque chose que l'on donne comme gage ou comme garantie, par exemple une hypothèque. Dans le premier cas, on dit que le crédit est *personnel* ; dans le second, on le nomme *réel*, parce que ce que l'on considère n'est plus l'honnêteté de la personne, mais seulement la sécurité que les choses (*res*) présentent. Enfin le mot de crédit désigne les capitaux eux-mêmes qui doivent être restitués ; c'est ainsi que l'on dit : un crédit de cent écus, de mille écus, etc. A l'emploi de ce mot dans cette signification, correspond, de la part de celui qui doit restituer les capitaux, l'idée de dette.

Les signes conventionnels qui, dans les usages du commerce, expriment la restitution ou le payement à faire de ces capitaux sont d'espèce multiple. On leur donne les noms de *lettres de change, billets à ordre, effets de crédit, obligations* ou autres analogues. Mais quels que soient les uns ou les autres de ces titres fiduciaires, on peut les comprendre sous l'expression générique de *papiers ou billets de crédit.* Ils équivalent à une promesse de futur payement. C'est pourquoi on les reçoit sans difficulté au lieu et place de la monnaie, comme la re-

1) *Des rapports de l'économie publique*, etc., livre II.

3****

présentant, dans la certitude que, dès qu'on le voudra (s'ils sont *à ordre*), ou à l'échéance s'ils contiennent un délai), on pourra les échanger contre de l'or et de l argent (1). De même que, par le moyen de la monnaie, on transporte en quelque sorte les marchandises, de même au moyen des papiers de crédit on transporte la monnaie d'un lieu à un autre, d'une époque à une autre époque. L'usage en est devenu si universel que, sauf pour les petits payements, c'est uniquement par leur intermédiaire que se font, dans le grand commerce, les achats et les ventes; de sorte qu'on peut dire qu'ils se sont entièrement substitués à l'argent et ont eu pour effet de rétablir l'échange de marchandise à marchandise, sans les inconvénients qui y étaient attachés.

80. Tout particulier peut, dans ses achats, au lieu de payer en argent, souscrire un papier contenant promesse de payement, pourvu que le vendeur consente à le recevoir; et celui-ci peut en faire usage, dans ses propres payements, pourvu qu'il ait de même le consentement de l'autre partie contractante. Mais d'ordinaire, dans les transactions commerciales, principalement dans celles qui se font sur une grande échelle et entre personnes qui ne se connaissent pas, on a recours aux *billets des établissements appelés banques* (*banchi* ou *banche*) (2), établissements privés ou publics, institués pour faciliter les opérations de commerce au moyen des signes conventionnels destinés à représenter les espèces sonnantes. Ces banques, même lorsqu'elles n'ont pas la garantie du gouvernement, mais lorsqu'elles se forment par l association de nombreux et

(1) L'usage de représenter par le papier l'argent prêté ou déposé à raison de la confiance qu'inspire l'honnêteté d'autrui quant au remboursement, remonte à la plus haute antiqu té. Nous lisons dans les saints Livre que Tobie, *cum... a rege habui sel decem talenta argenti*, prêta cette somme à Gabel, sur une obligation souscrite par lui, *sub chirographo*. Livre de Tobie, I, 16, 17.

(2) En bon italien, on devrait dire seulement *banchi*, mais l'usage a voulu que l'on employât les deux mots indifféremment ; nous nous conformerons à cet usage.

grands capitalistes, inspirent une confiance suffisante, bien
plus que les banques tenues par des personnes particulières ;
car, outre qu'elles offrent une plus grande garantie d'honnêteté et de solvabilité, elles peuvent plus facilement disposer
de grosses sommes pour payer à caisse ouverte Les banques
portent diverses dénominations, suivant le but plus ou moins
spécial de leur institution, mais les plus connues sont celles
que l'on appelle banques de *circulation*, à cause des billets
qu'elles émettent, ou banques d'*escompte*, à cause des payements qu'elles font par anticipation moyennant une légère
retenue proportionnelle. Fréquemment le même établissement se livre à l'une et à l'autre nature d'opérations.

81. Les banques, on ne peut le nier, rendent d'immenses
services, surtout à la grande industrie et au grand commerce Leurs billets facilitent, assurent, accélèrent la circulation. L'argent, nous l'avons vu, aide puissamment le trafic,
en se substituant aux autres marchandises, qui sont beaucoup
plus volumineuses, beaucoup plus pesantes, et ne sont pas
toujours reçues en échange Lui-même toutefois conserve un
certain volume, un certain poids; il ne laisse pas que d'être
très exposé à la perte ou au vol, et ne se trouve pas toujours
prêt. Quel embarras, quel danger, et, en outre, quelle dépense,
s'il faut faire venir de l'Amérique ou du Japon, par exemple,
cent mille écus en or ou en argent ! Au contraire, une lettre
de change ou un billet de banque, avec peu ou point de
frais, vous affranchit de tout ennui et de tout risque. Et puis,
dans les transactions, quelles entraves, quelle perte de temps,
quelles préoccupations, si les payements doivent se faire en
monnaie effective ! Rien de tout cela, s'ils se font par lettres
de change ou simple endossement de billets. On observe que
le coton, venu brut de l'Inde, y retourne transformé en tissus
et avec une immense augmentation de valeur. Mais dans les
opérations intermédiaires auxquelles il a été soumis, il a dû
passer par un nombre infini de mains et faire l'objet de nous ne
saurions dire combien d'achats et de ventes. Que serait-ce, si
tous les marchés avaient dû se conclure en espèces métalliques ?

82. Minghetti, après avoir démontré que le crédit augmente la circulation et que l'accélération de la circulation augmente la richesse, dit : « Une preuve de plus que la circulation rapide est d'une très grande importance pour la production des richesses apparaît dans les temps d'agitation publique et de peu de sécurité, quand la circulation, je ne dirai pas cesse, mais se ralentit, et que le producteur en défiance ne change plus ses marchandises que contre de l'argent ou contre des produits dont il a besoin pour le moment. D'où résulte un état de langueur dans toutes les classes de la société, de même que les parties de notre corps se flétrissent et deviennent malades si le sang circule moins rapidement dans les veines. Ainsi la production de la richesse se ralentit, l'entrepreneur se ruine, le capitaliste ne recouvre plus d'intérêts, le travailleur offre en vain ses bras. Voilà le triste résultat du manque de circulation, surtout chez les nations habituées à l'industrie. Si donc l'importance de la circulation est telle, si elle ne peut s'opérer toute avec la monnaie, et qu'il serait aussi trop cher de la fournir, il arrive que l'échange s'effectue encore entre les produits et une promesse de payement faite, ce qui s'appelle opérer à crédit. Opération si naturelle et si simple qu'elle doit dater des commencements de la société ; mais qui, ensuite développée et répandue, a supprimé pour ainsi dire toute limite d'espace et de temps, et, concentrée dans des insitutions créées pour cette fin, a acquis une puissance merveilleuse (1).

Les banques offrent un autre avantage, qui est non seulement d'accumuler, grâce à leurs actionnaires, des sommes énormes pour l'exécution d'entreprises gigantesques, mais aussi de permettre l'emploi anticipé des capitaux, à l'aide des ouvertures de crédit qu'elles donnent moyennant escompte. Enfin, *si parva licet componere magnis*, il est une de ces institutions qui fait fructifier jusqu'aux modestes épargnes de

---

(1) *Des rapports de l'économie publique*, etc , livre III.

l'artisan. Qui n'a présente à l'esprit l'institution souverainement bienfaisante des caisses d'épargnes ?

83. Mais autant les banques répandent de bienfaits lorsqu'elles ont pour guides l'honnêteté, la prévoyance et la modération, autant elles causent de maux et de désastres lorsqu'elles ne connaissent plus d'autre mobile que l'égoïsme,
d'autre règle que le désir immodéré de s'enrichir, et qu'elles
sont livrées à la plus hasardeuse témérité. Si l'on voulait faire
de ces établissements la plus sanglante critique, il suffirait de
montrer comment ce fatal capitalisme dont nous avons parlé
plus haut tire précisément son origine du crédit et des banques,
dans lesquels il prend corps et se personnifie. Mais, pour ne
pas entrer dans un sujet aussi épineux, nous nous en tiendrons
à ce qu'écrit Minghetti sur ce point. « Supposons, dit-il, dans
de pareilles données, des institutions de crédit où l'argent
s'obtienne facilement ; mettons-en un grand nombre en riva-
lité entre elles et maîtresses d'émettre des billets sans mesure.
Celles-ci, trouvant d'autant plus de bénéfices qu'elles émettent plus de billets et restreignent la réserve métallique, se
lancent à corps perdu dans les affaires, abaissent le taux de
l'intérêt en s'efforçant d'attirer à elles les clients, et, dans
leurs offres de facilité, enchérissent l'une sur l'autre en témérité et en inopportunité. Qu'arrive-t-il ? Il arrive une hausse
artificielle dans le prix des marchandises, le rapport entre
elles change inopinément ; les salaires augmentent au début, et
la spéculation agite tous les esprits, alors qu'il est facile à tout
le monde de recevoir le stimulant et les moyens pour toute
entreprise la plus hasardeuse ; mais le semblant fugitif de
prospérité se dissipe, et ces maux dont nous parlons, qui
seraient déjà très graves dans les limites des fortunes privées,
deviennent une sorte de calamité nationale. Ainsi, les institutions de crédit, après avoir pris un pouvoir auquel le gouvernement lui-même ne peut résister, précipitent la fortune publique. Ce ne sont pas seulement les gens aisés qui en souffrent, la perte retombe sur le travailleur, victime innocente
d'un mal qu'il ne pouvait ni prévoir ni prévenir. Et que

dirons-nous de la corruption morale qui en résulte, quand le travail honnête et la vigilante épargne cèdent à la folie de vouloir brusquer la fortune, quand l'industrie se transforme en un jeu fiévreux et délirant. quand le commerce est devenu une arène de cupidité et de témérité ? Ce douloureux spectacle, l'Amérique du Nord nous l'a donné, non une fois, mais plusieurs (1). »

Mais, sans même aller si loin, les banques ont un vice radical, en ce qu'elles tournent au profit de quelques particuliers des avantages qui plus justement devraient être ceux de la société tout entière et par conséquent de l'Etat qui la représente. Les billets au porteur qu'elles émettent tiennent lieu du numéraire, qui se trouve par suite épargné et appliqué à d'autres opérations industrielles. A qui profite cette épargne de numéraire, qui constitue un bénéfice considérable ? A de riches capitalistes qui sont à la tête de la banque. Et cela, non pas dans une certaine mesure. mais dans des proportions excessives, les banques ayant le privilège de mettre en circulation des billets pour une somme très supérieur à la valeur de leur encaisse métallique, du double, par exemple, et même du triple. Certainement le banquier, en outre du remboursement de ses dépenses. a droit à une rétribution pour le service qu'il rend au public, ainsi qu'à un profit modéré pour les capitaux qu'il engage. Mais le bénéfice dont nous venons de parler est exorbitant, surtout si l'on y ajoute celui d'affaires connexes et très lucratives. que les banques soutiennent. Aussi quelques auteurs estiment-ils que l'Etat devrait, dans une large mesure, et autant que possible. prendre sous son autorité et sa surveillance (*chiamare a sè*) tout ce qui regarde le crédit Ce système aurait en outre l'avantage de donner à ce genre d'affaires une plus grande sécurité, et d'en écarter les tristes abus auxquels il donne lieu

84. Nous terminerons en signalant deux équivoques dont il y a lieu de se garder avec soin. La première est la dénomi-

---

(1) *Des rapports de l'économie publique*, etc., livre IV.

nation de *papier-monnaie* (*) que quelques-uns donnent au *papier de crédit*. Cette expression confond en un seul deux concepts différents et opposés l'un à l'autre. Le papier de crédit est le signe représentatif de la monnaie, mais n'est pas une monnaie. La monnaie a une valeur, le papier n'en a pas. Celui-ci n'est par lui-même que la promesse d'une valeur, qui consiste dans l'argent. La monnaie peut se fondre : fondue, elle donne de l'or et de l'argent qui peuvent servir à d'autres usages ou être vendus comme tout autre marchandise. Mais du papier, considéré en lui-même, que peut-on faire ? On ne peut que le brûler ; et brûlé que donnera-t-il ? Un peu de cendre. L'appeler monnaie, est donc abuser des mots ; et dans la science ce genre d'abus est des plus dangereux. Il conduit à de faux concepts, et ces faux concepts, dans la pratique, mènent à des applications pernicieuses.

La seconde équivoque est celle qui consiste à confondre le *papier de crédit* avec le *papier-monnaie (carta monetata)* (**), qu'aux époques de troubles financiers, les gouvernements émettent parfois en leur donnant le *cours forcé*. La différence entre l'un et l'autre est extrême. Le premier prend son origine dans la confiance pure, le second dans la sujétion au pouvoir public, qui a besoin de monnaie effective. L'un a pour fondement la libre acceptation, l'autre une contrainte imposée par le gouvernement. Le papier de crédit peut être refusé dans les payements ; l'acceptation du papier-monnaie est au contraire obligatoire. L'un peut toujours, quand on le veut, être converti en espèces sonnantes ; l'autre reste toujours ce qu'il est, c'est-à-dire du papier, jusqu'à ce qu'il soit retiré par le gouvernement contre remboursement en numéraire

85. Peut-être ici demandera-t-on : Mais que doit-on penser

___

(*) En italien et en français dans l'original (*carta monetata, papier monnaie*). (*Note du traducteur.*)

(**) Il est impossible de rendre la différence qui résulte en italien de l'emploi des deux mots : *carta di moneta* et *carta monetata*. L'un et l'autre ont pour équivalent en français, *papier-monnaie.*

de ce papier-monnaie, c'est-à-dire du papier émis par le gouvernement, en échange de la monnaie, avec cours forcé ? Cette question, à vrai dire, est en dehors de notre sujet. Toutefois, pour ne pas manquer de courtoisie envers notre interrogateur, nous répondrons : L'introduction du papier-monnaie est toujours une calamité pour le pays. Le cours forcé n'existant que pour les sujets de l'Etat, il peut advenir que le papier soit refusé par les étrangers ou ne soit accepté qu'avec une perte considérable. Une première conséquence est l'exportation à l'étranger de toute la monnaie de métal ; une seconde est la perte toujours croissante subie par les négociants à l'importation des marchandises. Le commerce intérieur lui-même en souffre. Etant en effet donnée la commodité de battre monnaie avec une matière d'un prix aussi peu élevé que le papier, le gouvernement résiste difficilement à la tentation d'en multiplier l'émission. L'excès même en amènera l'avilissement, en même temps que la hausse des prix des denrées.

Puis, que dirons-nous si, par suite d'une guerre extérieure ou de troubles intérieurs, la défiance envers le gouvernement vient à s'emparer des esprits ? L'avilissement du papier-monnaie, en pareille occurrence, n'a plus de bornes, étant donné l'incroyable désarroi de ceux qui en sont détenteurs. C'est justement que l'on a déversé le blâme sur certains gouvernements du moyen âge qui ont cru pouvoir altérer la monnaie, en diminuant la portion d'or ou d'argent pur qu'elle contenait et en augmentant l'alliage. Mais l'invention moderne du papier-monnaie avec cours forcé n'est pas moins digne de blâme. En imposant l'obligation de recevoir, au lieu d'argent comptant, un morceau de papier, elle reproduit l'altération de la monnaie sous une autre forme.

Ajoutons, toutefois, que si le papier-monnaie a été introduit en quelques pays, dans un cas d'*extrême* nécessité, il faut se garder de le retirer avec trop de hâte. Certainement il faut faire tous ses efforts pour remettre les choses dans leur état normal et pour rendre leur place à la monnaie réelle et aux billets à cours libre. Mais ce retour à un ordre régulier ne doit se produire que par un progrès naturel, qui d'ordinaire est lent : la nature ne procède pas par bonds. Un changement soudain et prématuré en cette matière, quand le pays n'y est pas bien préparé, et pour lequel on doit faire de grands sacrifices, peut causer plus de mal que de bien. Nous en avons un exemple dans l'Italie. Elle a aboli d'un seul coup le cours forcé, en créant une dette de 640 millions et en grevant le Trésor d'un intérêt annuel de 30 millions. Qu'en est-il advenu ? La misère économique du pays et la détresse financière de l'Etat a recommencé de plus belle. La perte d'un agio de 10 à 12 %, qui existait sur l'or, a restreint instantanément l'exportation des marchandises, qui, à raison de cet avantage, pouvaient se vendre à l'extérieur à meilleur marché. L'or acquis à de si grands frais est, en grande partie, ressorti du pays, tant pour payer les marchandises à l'importation desquelles la porte s'est de suite plus largement ouverte, que pour payer les intérêts de la dette dont il vient d'être parlé, contractée presque tout entière à l'étranger. L'Autriche, elle, a maintenu le cours forcé de ses billets, et se trouve toutefois dans des conditions économiques, sinon prospères, certainement moins malheureuses que l'Italie qui l'a supprimé (1).

Nous en avons assez dit du crédit et des banques; ceux qui désirent faire une étude plus approfondie de cette question, pourront consulter les auteurs qui ont écrit spécialement sur la matière.

(1) Il peut arriver que le nouvel intérêt dont l'État assume le payement ne soit pas une charge nouvelle, mais soit seulement la transformation d'une charge qu'il supportait déjà. Tel est le cas lorsque la somme à verser annuellement égale celle que, durant le cours forcé l'Etat devait consacrer à se procurer l'or nécessaire pour acquitter les intérêts des dettes antérieures. En pareil cas, la nouvelle dépense serait compensée par l'économie de l'ancienne; et, de plus, l'Etat se trouverait libéré de la plaie du cours forcé. Mais, même alors, le changement inopiné ne serait pas justifié, si toutes les autres circonstances n'étaient propices.

CHAPITRE V.

LA POPULATION.

86. L'accroissement de la population est en soi un bien pour l'Etat, dont il augmente la grandeur et l'importance. Les grandes puissances doivent leur rang plus au nombre de leurs habitants qu'à l'étendue de leur territoire. Un pays vaste, mais désert, serait plutôt un élément de faiblesse que de force. Aussi ne faut-il pas s'étonner que parfois les gouvernements, dans la crainte de voir diminuer la population, aient encouragé les mariages même par des récompenses. Chez les Romains, sous le règne d'Auguste, la célèbre loi Papia Poppæa affranchit d'impôts les pères d'au moins trois enfants. Et, pour parler des temps modernes, un édit de Louis XIV accorda l'exemption des charges publiques à ceux qui se mariaient avant d'avoir atteint leur vingtième année ; l'illustre Pitt proposa un bill pour récompenser les pères d'une nombreuse famille ; et Napoléon promit à ceux qui auraient sept enfants mâles d'en faire élever un aux frais de l'Etat.

Mais il ne suffit pas que la population se multiplie ; il faut en outre qu'elle jouisse d'une certaine aisance ; autrement on aurait, au lieu de citoyens utiles, une foule de misérables. Ce serait le cas de dire : *Multiplicasti gentem, et non magnificasti lætitiam* (1).

C'est sous ce point de vue, c'est-à-dire sous celui des

(1) Isaïe, IX, 3.

moyens d'existence dont elle doit être suffisamment pourvue, que les économistes s'occupent de la population ; et c'est, il faut bien l'avouer, le sujet sur lequel ils déraisonnent le plus.

ARTICLE I.

La théorie de Malthus.

87. Celui qui le premier a pleinement traité de la population dans le sens que nous venons d'indiquer, et qui en a donné une théorie adoptée depuis par tous les économistes du plus grand renom, est l'anglais Malthus, dans son ouvrage célèbre intitulé : *Essai sur le principe de population* (1). « Le nom de Malthus, écrit Pellegrino Rossi, est lié à la théorie de la population, comme celui de Galilée au mouvement de la terre, comme celui d'Harvey à la circulation du sang. » Or voici quelle est en abrégé la doctrine de Malthus.

Les êtres qui vivent ici-bas, vu leur prodigieuse fécondité, tendent à se reproduire sans limites. Une seule espèce de plantes, si tous ses germes réussissaient, suffirait pour couvrir en peu de siècles la surface totale de la terre ; on peut en dire autant des animaux. Cette faculté de multiplication trouve pourtant un frein, soit dans le défaut de nourriture, soit dans la destruction continuelle provenant de ce que les végétaux servent de nourriture aux animaux, et les animaux de nourriture à d'autres animaux d'espèce supérieure. L'homme lui-même a cette puissance de propagation ; et elle est telle chez lui que le nombre des individus tend constamment à s'accroître au delà de tout accroissement possible des moyens de subsistance (2).

(1) *Cours d'économie politique.* Premier semestre, leçon XIV.
(2) D'autres veulent qu'on se serve du terme *existence*, comme ayant une signification plus étendue. L'homme, en effet, a besoin, pour vivre, non seulement de nourriture, mais encore de vêtements, d'habitation. C'est une question de mots.

Malthus établit ainsi la proportion qui existe entre l'augmentation de la population et celle des moyens de subsistance : « Selon une table d'Euler, calculée d'après une mortalité de 1 sur 36, si les naissances sont aux morts dans le rapport de 3 à 1. la période sera de douze années et 4[5mes seulement. Et ce n'est point là une simple supposition, mais une supposition qui s'est réalisée plusieurs fois pendant de courts intervalles de temps. Sir W. Petty croit qu'il est possible, à la faveur de certaines circonstances particulières, que la population double en dix ans. Mais, pour nous mettre à l'abri de toute espèce d'exagération, nous prendrons pour base de nos raisonnements l'accroissement le moins rapide : accroissement prouvé par le concours de tous les témoignages, et qu'on a démontré provenir du seul produit des naissances (1). Nous pouvons donc tenir pour certain que, *lorsque la population n'est arrêtée par aucun obstacle, elle va doublant tous les vingt-cinq ans, et croît de période en période selon une progression géométrique* (2).

Il n'en est pas de même des moyens de subsistance sans lesquels la vie humaine ne peut se maintenir. Bien qu'il ne soit pas aisé de déterminer la mesure de leur accroissement, il est certain qu'il est beaucoup plus lent. « Un nombre de mille millions d'hommes doit doubler en vingt-cinq ans par le seul principe de population, tout comme un nombre de mille hommes. Mais on n'obtiendra pas avec la même facilité la nourriture nécessaire pour alimenter l'accroissement du plus grand nombre. L'homme est assujetti à une place limitée. Lorsqu'un arpent a été ajouté à un autre arpent, jusqu'à ce qu'enfin toute la terre fertile soit occupée, l'accroissement de nourriture dépend de l'amélioration des terres déjà mises en valeur. Cette amélioration, par la nature de toute espèce de

---

(1) Allusion aux États-Unis d'Amérique, où, abstraction faite de l'émigration, la population a plusieurs fois doublé par périodes de vingt-cinq ans.

(2) *Essai sur le principe de la population*, livre I, chap. I.

sol, ne peut faire des progrès toujours croissants ; mais ceux
qu'elle fera, au contraire, seront de moins en moins considérables... Nous sommes donc en état de prononcer, en partant
de l'état actuel de la terre habitée, que *les moyens de subsistance, dans les circonstances les plus favorables à l'industrie,
ne peuvent jamais augmenter plus rapidement que selon une
progression arithmétique* (1). » L'auteur fait d'abord l'application de son calcul à l'Angleterre, puis il ajoute: « Substituons
à cette ile, qui nous a servi d'exemple, la surface entière de
la terre ; et d'abord on remarquera qu'il ne sera plus possible, pour éviter la famine, d'avoir recours à l'émigration.
Portons à mille millions le nombre des habitants actuels de la
terre ; la race humaine croitrait comme les nombres, 1, 2, 4,
8, 16, 32, 64, 128, 256 ; tandis que les subsistances croitraient
comme ceux-ci : 1, 2, 3, 4, 5, 6, 7, 8, 9. Au bout de deux
siècles, la population serait aux moyens de subsistance comme
256 est à 9 ; au bout de trois siècles, comme 4096 est à 13, et
après deux mille ans, la différence serait immense et comme
incalculable (2). »

Cette progression différente, exprimée ici en chiffres numé-
riques, est ce que l'on a appelé le principe de population. On
reconnaît toutefois qu'en fait un certain équilibre s'est toujours
maintenu ou s'est promptement rétabli entre la population
et les moyens de subsistance. Ce résultat est dû à ce que de
puissants obstacles ont toujours contenu ou ramené la première
à de justes limites par rapport aux seconds. Ces obstacles se
divisent en *préventifs* et en *répressifs*. Les premiers diminuent le nombre des naissances par l'abstention de mariage
ou tout au moins des mariages précoces ; les seconds augmentent le nombre des morts au moyen de la misère et de tous
les maux physiques ou moraux qu'elle entraine.

88. L'auteur, dans ses deux premiers livres, démontre sa
théorie, l'histoire à la main, en passant en revue toutes les

_____

(1) Même ouvrage même chapitre.
(2) *Ibid.*

nations sauvages, barbares ou civilisées. Dans le troisième, il examine les remèdes inutilement employés pour empêcher l'action malfaisante des obstacles répressifs. Enfin il conclut ainsi dans le chapitre premier du quatrième livre : « Puisqu'il paraît que, dans l'état actuel de toutes les sociétés que nous venons d'examiner, l'accroissement naturel de la société a été constamment et efficacement contenu par quelques obstacles répressifs ; puisque ni la meilleure forme de gouvernement, ni aucun plan d'émigration, ni aucune institution de bienfaisance, ni le plus haut degré d'activité, ni la direction la plus parfaite de l'industrie, ne peuvent prévenir l'action permanente de ces obstacles, qui, sous une forme ou sous une autre, contiennent la population dans certaines bornes, il s'ensuit que cet ordre est *une loi de la nature, et qu'il faut s'y soumettre ;* et la seule circonstance qui est ici laissée à notre choix est la détermination de l'obstacle le moins préjudiciable à la vertu et au bonheur. Tous les obstacles que nous avons reconnus nous ont paru se réduire à ces trois classes : la *contrainte morale*, le *vice* et le *malheur*. Si ce point de vue est juste, notre choix ne peut être douteux. Puisqu'il faut que la population soit contenue par quelque obstacle, il vaut mieux que ce soit par la prudente prévoyance des difficultés qu'entraîne la charge d'une famille que par le sentiment actuel du besoin et de la souffrance (1). » Dor :, le vice exclu, Malthus prescrit l'abstention chaste du mariage, appelée par lui contrainte morale (obstacle préventif), à tous ceux que le mariage ferait tomber dans la misère (obstacle répressif à l'excès de la population). « C'est le devoir de tout individu de l'espèce humaine, de ne songer au mariage que lorsqu'il a de quoi suffire aux besoins de sa progéniture (1). » L'auteur s'arrête ici ; mais, comme nous le verrons plus loin, un grand nombre de ses sectateurs, plus logiques et moins circonspects, ont jugé que la contrainte morale, telle qu'il l'avait conçue, était

---

(1) Même ouvrage, livre IV, chap. III.

un remède insuffisant, et qu'il fallait l'introduire dans le sein même du mariage, en la convertissant en prudence conjugale : c'est là qu'est la partie la plus abominable du système.

Le principe de population.

89. Pour peu qu'on réfléchisse, on doit reconnaître que le principe de population de Malthus est gravement atteint de paralogisme. Il prétend que, tandis que la population, si aucun obstacle ne vient à la traverser, croît en raison géométrique, les moyens de subsistance ne peuvent croître qu'en raison arithmétique.

Or, dans le premier membre de cette formule, ce que l'on considère est la simple tendance ; dans le second, ce n'est plus la tendance simple, mais la tendance arrêtée par des obstacles. La comparaison est donc absolument illogique. Si l'on s'en tient aux effets de la tendance pure, la reproduction chez l'homme est moins féconde que chez tous les autres êtres vivants. Que de fruits un seul arbre et que d'œufs une seule poule ne donnent-ils pas en une seule année, tandis que le couple humain, sauf le cas très rare de jumeaux, ne peut donner qu'un seul enfant ? Si donc on s'en tient aux effets de la tendance pure, la proportion dans les deux termes devrait être pour le moins la même. Si la population croît en raison géométrique, les moyens de subsistance doivent croître en raison archigéométrique.

90. Cette considération, qui nous est venue de suite à l'esprit comme nous finissions de lire Malthus, nous l'avons depuis trouvée dans Sismondi, qui, bien que malthusien en tout le reste, réprouve néanmoins la célèbre formule. Il écrit : « La population humaine, dit Malthus, peut se doubler tous les vingt-cinq ans; elle suivrait ainsi une proportion géométrique; mais le travail employé à bonifier un terrain déjà en culture ne peut ajouter à ses produits que des quantités sans cesse

décroissantes. En admettant que dans les premiers vingt-cinq ans on ait doublé le produit des champs, dans les seconds à peine parviendra-t-on à leur faire produire un tiers en sus, puis un quart, puis un cinquième. Ainsi le progrès des subsistances ne suivra que la progression arithmétique ; et dans le cours de deux siècles, tandis que la population croîtra comme les nombres 1, 2, 4, 8, 16, 32, 64, 128, les subsistances ne croîtront que comme les nombres 1, 2, 3, 4, 5, 6, 7, 8. Ce raisonnement, qui sert de base au système de M. Malthus, et auquel il en appelle sans cesse dans tout son livre, nous paraît complètement sophistique. Il met en opposition l'accroissement possible de la population humaine, abstraitement parlant, et sans avoir égard aux circonstances, avec l'accroissement positif des animaux et des végétaux, dans un lieu confinée avec des circonstances toujours plus défavorables. Ce n'est pas ainsi qu'il faut comparer. Abstraitement parlant, la multiplication des végétaux suit une proportion géométrique infiniment plus rapide que celle des animaux, et celle-ci est à son tour infiniment plus rapide que celle des hommes : un grain de blé en produit vingt la première année, qui en produisent quatre cents la seconde, huit mille la troisième, cent soixante mille la quatrième. Mais pour que la multiplication procède ainsi, il faut que la nourriture ne manque pas au blé ; c'est tout comme pour l'homme. La multiplication des animaux qui doivent vivre de ces végétaux est bien plus lente : les moutons doubleront en quatre ans, quadrupleront en huit.... ; à la vingt-quatrième année, où, d'après M. Malthus, la génération humaine ne serait pas tout à fait doublée, celle des moutons serait déjà comme soixante-quatre est à un (1) ».

91. On dira : Malthus s'est mal exprimé, mais son concept est vrai. Il entendait, en réalité, parler de la multiplication humaine, non d'une manière abstraite, mais d'une manière concrète : on le voit par l'exemple même qu'il donne de

_____

(1) *Nouveaux principes d'économie politique*, livre VII, chap. III.

l'Amérique, dont la population double sous nos yeux tous les vingt-cinq ans.

Nous répondrons : Même ainsi entendue, la formule est fausse ; il suffit, pour le prouver, de l'exemple même de l'Amérique septentrionale sur lequel il s'appuie. Dans ce pays, la population a doublé quatre fois au moins en l'espace d'un siècle. Elle aurait donc dû se trouver, après ce laps de temps, par rapport aux subsistances, dans la proportion de huit à quatre, la population, d'après la formule, croissant comme 1, 2, 4, 8, etc. ; et les moyens de subsistance comme 1, 2, 3 4, et ainsi de suite. Par conséquent, après un siècle, la moitié de la population aurait dû périr de faim, faute de moyens de subsistance. C'est tout le contraire qui s'est produit : la population s'est même trouvée dans une plus grande aisance. Si donc elle s'est accrue en raison géométrique, il faut que, pour le moins, les moyens de subsistance se soient accrus, eux aussi, en raison géométrique.

92. On répliquera : cela est arrivé accidentellement, parce qu'il s'agissait d'une nation nouvelle, ayant des terres immenses à cultiver. Mais que la nation fût nouvelle, ou qu'elle fût ancienne, si la formule était vraie, elle devait se vérifier dans tous les cas. Puis, cette manière de raisonner est commode. Pour prouver la vérité d'un principe, on prend un exemple dans lequel c'est le contraire qui s'est réalisé : on se retranche alors sur les circonstances particulières ! Et il ne sert à rien de dire que l'on a pris cet exemple pour prouver seulement le premier membre de la formule, et non le second ; car, le principe malthusien consistant précisément dans la relation qui existe entre les deux, il faut nécessairement que tous deux se vérifient. Quant aux terres, il en est, dans tous les pays de l'Europe, sur lesquelles la charrue n'a pas encore passé, et d'autres aussi qui, bien que livrées à la culture, n'ont pas encore donné tout le produit qu'elles peuvent donner. Say nous apprend que, de ses jours, la France, pays où fleurit l'agriculture, avait nonobstant vingt-deux millions d'arpents tout à fait incultes et qu'elle ne tirait pas des champs

cultivés tout ce qu'elle en aurait pu tirer. « Quand on songe
que les terres à blé ne rapportent en France, le fort portant
le faible, que 5 à 6 grains pour un, tandis que, suivant de
bons agriculteurs pratiques, elles pourraient en rendre bien
davantage ; que la suppression des jachères et la culture des
plantes fourragères sur les terres qui se reposent encore une
année sur trois, dans la majeure partie de la France, multi-
plieraient à un point étonnant les troupeaux, les engrais et
la viande de boucherie ; que la pomme de terre enfin, ce précieux végétal, qui, sur un même espace de terre, donne plus
de substance nutritive même que le froment, est encore bien
loin d'être partout répandue ; et si à toutes ces causes vous
ajoutez 22 millions d'arpents incultes, quoique susceptibles de
devenir productifs, vous trouverez que la France, sans avoir
même recours à l'importation d'aucune subsistance, est encore
bien loin de compter autant d'habitants qu'elle en pourrait
nourrir (1) ». En dernière analyse, là où la terre cultivable
vient à manquer, on peut y suppléer, comme on y supplée en
effet, par les arts et par le commerce qui importe de l'extérieur les denrées dont on a besoin. La Hollande se procure du
blé au moyen de ses toiles ; et l'Amérique du Nord se fournit
de sucre et de café au moyen des maisons de bois qu'elle ex-
pédie toutes faites aux Antilles.

93. Le dogme malthusien, à le bien considérer, est faux
d'un bout à l'autre. Dieu a dit à l'homme : *Crescite et multiplicamini et replete terram.* Ce commandement divin n'est
pas encore pleinement exécuté ; car les trois cinquièmes du

---

(1) *Cours d'économie pratique*, sixième partie, chap. VI.

Ce que Say dit de la France peut s'appliquer à toutes les autres
parties de l'Europe, où les terres incultes sont fort nombreuses. Si
l'on songe en outre aux énormes étendues de terre qui, dans l'Amérique septentrionale et méridionale, dans l'Australie, dans la Nouvelle-
Guinée, à Sumatra, à Bornéo, en Asie et dans l'Afrique centrale, etc.,
attendent le travail de l'homme, on verra s'il y a danger prochain que
les moyens de subsistance manquent à l'homme.

globe sont encore tout à fait inhabités. Or Dieu, dans son extrême sagesse et son admirable providence, ne pouvait pas, du moment qu'il voulait la multiplication du genre humain, ne pas lui assurer les moyens nécessaires à son existence ; et il les lui assure en effet par la fertilité de la terre et l'abondance des animaux. Dire le contraire est un blasphème contre l'ordre divin, c'est mettre Dieu en contradiction avec lui-même. « Vraiment, dit ici Romagnosi, il ne fallait pas tant d'esprit et il n'y avait pas besoin de courir si loin pour démontrer que, si la nourriture venait à nous manquer, nous péririons, et qu'il ne resterait vivants que ceux pour lesquels il y en aurait encore ; mais je ne puis voir comment d'une manière générale la nature (ou plutôt la sagesse divine) aurait été assez imprévoyante pour ne pas établir un équilibre entre la vie humaine et les moyens de subsistance. Je comprends très bien que des gens entassés sur un navire, éloignés de toute terre, auxquels le biscuit manque, doivent périr ; mais je ne comprends pas comment la race humaine, qui vit d'agriculture, de chasse, de pêche, d'élevage et de garde de troupeaux, qui va chercher les substances farineuses jusqu'en Afrique et en Amérique, qui échange le produit de ses travaux avec des denrées de tous les pays, et qui peut enfin se transplanter là où sont les aliments, doive, à raison de l'accroissement de la population, désirer la peste, ou condamner les pauvres au célibat forcé (1). »

94. Jean-Baptiste Say a prononcé cette sentence : « Partout où surgit un pain, naît un homme ». Je crois à la vérité de la proposition inverse : partout où naît un homme, surgit un pain, parce qu'un travail surgit. Les économistes, pour démontrer que l'augmentation de la population doit nécessairement surpasser l'augmentation des moyens de subsistance, et par suite amener la misère, disent que, tandis que l'espèce

(1) Œuvres de R. G. D. Romagnosi, vol. VI, P. 1, *Economia politica et statistica civile.* Science économique en général ; *Sur l'accroissement de la population.*

humaine est toujours jeune et féconde, la terre vieillit et
devient stérile. D'abord, la nourriture de l'homme ne consiste
pas seulement dans les fruits de la terre. Les poissons qui
peuplent les mers, les oiseaux qui parcourent les airs, les
troupeaux qui couvrent la campagne, le gibier qui habite les
forêts, lui fournissent aussi des aliments : *Omne quod movetur
et vivit, erit vobis in cibum ; quasi olera virentia tradidi vobis
omnia.*

Or, toutes ces espèces d'animaux, pas plus que l'espèce
humaine et plutôt moins qu'elle, ne vieillissent ni ne deviennent stériles. Quant à la terre, si elle vieillit et tend
à devenir stérile, elle retrouve sous la main de l'homme sa
jeunesse et sa fécondité. Les Hollandais ont su transformer
des landes de sable en plaines fertiles. Mais, dit-on, pour obtenir de tels résultats, il faut des capitaux. Sans doute. Mais
les capitaux ont-il disparu de ce monde ? De même qu'il s'en
est trouvé pour les améliorations dont les terres ont été jusqu'ici l'objet, il continuera de s'en trouver pour étendre encore ces améliorations. De nouvelles productions donneront
de nouveaux capitaux, et les nouveaux capitaux serviront à
de nouvelles productions. Donc, plus que la formule malthusienne, la formule divine doit être pour nous l'expression de
la vérité : *Replete terram, et subjicite eam.* Peuplez la terre,
et vous l'assujétissez pour en tirer votre nourriture. L'ordre
établi par Dieu a proportionné ces deux termes l'un à l'autre.
La reproduction de l'homme est susceptible de s'accroître
sans limites, bien qu'elle ne soit pas la même partout et toujours. Mais, dans le laps de temps nécessaire pour qu'elle
arrive à doubler, celle des végétaux et des animaux, sagement
encouragée par le travail de l'homme, peut non seulement
doubler, mais tripler La terre ne manquera jamais à la
nourriture de l'homme, pourvu qu'il sache et veuille la cultiver. Si en quelque lieu elle devient insuffisante, il y est sup-
pléé par l'échange des produits manufacturés, à l'aide du commerce. Bien souvent les nations manufacturières et commerçantes jouissent d'une plus grande prospérité que celles qui

se livrent à l'agriculture. Ce qui manque, ce ne sont pas les produits de la terre, c'est leur juste distribution. Les vivres abondent sur le marché ; mais ce qui manque à beaucoup, c'est l'argent nécessaire pour se les procurer. Tournez donc vos pensées vers l'honnête répartition de la richesse, vers la juste distribution des salaires, au lieu d'imaginer des théories insoutenables et de proposer des remèdes non moins contraires à la nature que cruels.

ARTICLE III.

La contrainte morale.

95. On accuse généralement Malthus d'avoir voulu réduire les pauvres au célibat forcé. Ses sectateurs crient à la calomnie ; et il s'en défend lui-même en ces termes : « On m'a accusé de proposer une loi pour défendre aux pauvres de se marier. Cela n'est pas vrai. Bien loin d'avoir proposé une telle loi, j'ai dit distinctement que, si un individu voulait se marier sans avoir une espérance légitime d'être en état d'entretenir sa famille, il devait avoir la plus pleine liberté de le faire ; et toutes les fois que des propositions prohibitives m'ont été suggérées, comme convenables, par des personnes qui avaient tiré de fausses conséquences de ce que j'avais dit, je les ai toutes fermement et uniformément réprouvées (1) ». On ne peut nier toutefois qu'une prohibition légale ne découlât logiquement de ses principes. Car, si, comme il le prétend, le mariage des pauvres était un crime social, l'autorité politique aurait le droit d'édicter des lois prohibitives, vu qu'elle a pour mission d'interdire les actes malhonnêtes qui tournent au détriment général. C'est ainsi que nous voyons en effet cette interdiction légale, non seulement conseillée par divers économistes, mais pratiquée en fait par certains gouvernements, notamment en Allemagne. Abus tyrannique, qui viole un des

(1) Même ouvrage, livre III,

droits les plus fondamentaux de l'homme, celui de s'unir à
une compagne et de partager avec elle ses affections et sa vie.
Mais la prétendue civilisation moderne ne peut comprendre
qu'il y a des droits antérieurs à ceux de l'Etat et indépendants
de ceux de l'Etat, sur lesquels l'autorité n'a aucunement le
pouvoir de mettre la main.

96. Malthus, craignant tout ce qui peut encourager chez
les pauvres le mariage et l'extension de la famille, blâme les
établissements publics de bienfaisance qui ont pour objet de
secourir les pères et de recueillir les enfants abandonnés. Il
veut que le pauvre qui se marie soit entièrement abandonné
à lui-même et subisse les conséquences naturelles de l'acte
qu'il a commis. « Livrons donc, écrit-il, cet homme coupable
à la peine prononcée par la nature. Il a agi contre la voix de
la raison, qui lui a été clairement manifestée ; il ne peut accuser personne et doit s'en prendre à lui-même si l'action qu'il
a commise a pour lui de fâcheuses suites. L'accès à l'assistance
des paroisses doit lui être fermé ; et si la bienfaisance privée
lui tend quelques secours, l'intérêt de l'humanité requiert im-
périeusement que ces secours ne soient pas trop abondants. Il
faut qu'il sache que les lois de la nature, c'est-à-dire les lois
de Dieu, l'ont condamné à vivre péniblement, pour le punir
de les avoir violées ; qu'il ne peut exercer contre la société
aucune espèce de droit pour obtenir d'elle la moindre portion
de nourriture au delà de ce qu'on peut acheter son travail. »
Langage inhumain et cruel ! Et pourtant Malthus est exalté
par les siens comme éminemment philanthrope ! Dieu garde
tout homme fidèle de cette philanthropie !

97. Dans la première édition de son livre, l'auteur s'était
servi de termes encore plus barbares. Il avait dit : « Un
homme qui nait dans un monde déjà occupé, si sa famille ne
peut plus le nourrir, ou si la société ne peut utiliser son travail, n'a pas le moindre droit à réclamer une portion quelconque de nourriture, et il est réellement de trop sur la terre. Au
grand banquet de la nature, il n'y avait point de couvert mis
pour lui. La nature lui commande de s'en aller, et elle ne

tarde pas à mettre elle-même cet ordre à exécution (1) ». Avec
de tels économistes, faut-il s'étonner des progrès du socialisme ?

Dans la seconde partie de ce traité, nous aurons à parler
de la bienfaisance privée et publique ; et nous y verrons l'absurdité des idées malthusiennes sur ce point. Ici, pour ne pas
sortir de notre sujet, nous nous bornerons à faire observer que
Malthus et son école, en isolant les pauvres et en leur ôtant
d'une manière absolue toute espérance de secours d'autrui,
les *forcent*, au moins indirectement, au célibat. Ils ne les y
forcent pas moins en les désignant à l'exécration publique,
comme des violateurs des lois naturelles et divines et comme
indignes de commisération (2).

98. Que l'homme, pauvre ou riche, doive, avant de se marier, réfléchir s'il a au moins l'espérance fondée de pouvoir
supporter plus tard les charges du mariage, nous le savons ;
et nous n'avions pas besoin que Malthus vînt avec son livre
pour nous l'apprendre. Mais de cette loi de prudence faire une
obligation rigoureuse, un *devoir strict*, c'est dépasser toutes les
bornes. Pour qu'un semblable devoir existât, il faudrait un

----

(1) Epouvanté par les clameurs qu'excita cette atroce sentence,
Malthus la supprima dans les éditions suivantes, et presque tous ses
sectateurs se gardent bien de la rapporter. Garnier le fait, mais pour
l'expliquer et plaider les circonstances atténuantes. JOSEPH GARNIER.
Du principe de la population, chap. x.

(2) A cette sentence de Malthus, Garnier oppose lui-même l'assertion
d'un écrivain « éloquent, mais dont les variations ont beaucoup
diminué l'autorité comme penseur », M. de Lamennais : « Il y a,
dit-il, place pour tous sur la terre, et Dieu l'a rendue assez féconde pour
fournir abondamment aux besoins de tous... L'auteur de l'univers n'a
pas fait l'homme de pire condition que les animaux ; tous ne sont-ils
pas conviés au riche banquet de la nature ? Un seul d'entre eux en
est-il exclu ?... Les plantes des champs étendent l'une près de l'autre
leurs racines dans le champ qui les nourrit, et toutes y croissent en
paix, aucune d'elles n'absorbe la sève d'une autre (?) ». (*Note du traducteur.*)

droit correspondant. Or quel droit le pauvre viole-t-il en se mariant ? Celui de sa femme ? Mais elle a librement consenti, *et volenti non fit injuria.* Reste le droit des enfants. Mais, avant de leur attribuer un droit, attendons au moins leur naissance, pour le moment fort incertaine. Beaucoup de mariages sont stériles ; mais, même en supposant que tous soient féconds, leur fruit n'en est pas moins une pure éventualité (*futuribile*). Or non seulement vous reconnaissez des droits à un être purement éventuel (*futuribile*), mais vous leur donnez le pas sur ceux d'une personne vivante et réelle. Mais, s'il en est ainsi, parmi les droits que vous concevez au profit de cette progéniture éventuelle (*futuribile*), concédez-lui du moins celui de venir au monde. Et si vous le lui concédez, d'où savez-vous qu'il ne lui conviendra pas de venir au monde, sinon pour goûter les jouissances de la vie temporelle du corps, du moins pour jouir certainement de la vie immortelle de l'âme, plutôt que de rester éternellement dans le néant ? Consultez-la donc, si vous le pouvez, sur ce point, avant de condamner ses futurs parents au célibat. Autrement, vous vous exposeriez au danger de violer gravement ses droits, en le privant de sa liberté de choisir parmi eux. Mais il est vrai que les malthusiens, sauf quelque honorable exception, ne reconnaissent d'autre bien que l'aisance.

Mais imaginons un instant que ce soit en effet pour le pauvre un devoir strict, imposé par les lois naturelles et divines, de ne pas se marier sans avoir prévu la possibilité de nourrir ses enfants à venir. Jusqu'à quel nombre doit s'étendre sa prévoyance, s'il veut se mettre en règle avec la loi ? Malthus écrit : « Tandis que le salaire du travail est à peine suffisant pour nourrir deux enfants, un homme se marie et en a cinq ou six à sa charge. En conséquence, il éprouve la plus cruelle détresse Il s'en prend au prix du travail, qui lui paraît insuffisant pour élever une famille ; il accuse sa paroisse et la trouve lente à le secourir ; il accuse l'avarice des riches, qui lui refusent leur superflu (*et il a raison*) ; il accuse les institutions sociales, qu'il trouve partiales et injustes (*et ici encore il* arrive *bien souvent qu'il n'a pas tort*); il accuse peut-être même les décrets de la Providence, qui lui ont assigné une place si dépendante, qu'assiègent de toutes parts le besoin et la misère. En cherchant partout des objets de plainte et d'accusation, il ne songe point à tourner ses regards du côté d'où lui vient le mal qu'il souffre. La dernière personne qu'il pensera à accuser, c'est lui-même : et c'est lui seul en fait qui est digne de blâme. Sa seule excuse peut-être est d'avoir été trompé par l'opinion que les classes supérieures ont propagée. Il pourra bien arriver qu'il regrette de s'être marié, parce qu'il sent le poids qui l'oppresse ; mais il n'entre point dans sa tête qu'il a fait en se mariant une action condamnable (1) ».

A ce compte nous ne savons plus à combien dans la classe populaire le mariage sera permis. Car, si celui qui a le moyen de nourrir deux enfants fait une action *condamnable* en se mariant, parce qu'il devait prévoir la possibilité d'en avoir six, celui qui, ayant le moyen d'en nourrir six, se marie fait une action non moins condamnable, attendu qu'il est possible qu'il en ait dix ou même douze. Si bien qu'en fin de compte les riches seuls pourront se marier. Ce n'est donc pas sans raison que l'on a dit de la théorie malthusienne qu'elle avait été inventée *ad usum Delphini*, c'est-à-dire à l'usage du riche, de manière à lui ôter, tout en lui assurant le privilège du mariage, l'ennui de voir la misère du pauvre et d'être obligé de lui donner une parcelle de son superflu.

ARTICLE IV.

La prudence conjugale.

99. Les malthusiens ont les prêtres en aversion, parce que ceux-ci favorisent le mariage et l'usage du mariage. Il nous suffira de citer Sismondi, qui consacre à ce sujet un

(1) Même ouvrage ; livre IV, chap. III.

chapitre tout entier (1). « L'enseignement, religieux, dit-il,
a presque toujours puissamment contribué à rompre l'équilibre entre la population et la demande du travail qui doit
la faire vivre..... Les prêtres repoussent de tout leur pouvoir toute modification qui se proportionnerait aux circonstances..... Tandis que la religion réprimait le débordement
des mœurs, elle attachait toute la moralité de la conduite
au mariage, et lavait, par la seule bénédiction nuptiale, tout
ce qu'il pouvait y avoir de répréhensible dans l'imprudence
de celui qui contractait inconsidérément les liens de la
paternité. »

Par-dessus tout, il blâme l'enseignement des moralistes
chrétiens, quant à l'usage du mariage. « On a donné beaucoup moins d'attention à une partie bien importante de la
législation des casuistes, c'est celle qui règle ce qu'ils ont
nommé les devoirs des époux (*il cite en note S. Alphonse de
Liguori*). Considérant le mariage comme uniquement destiné
à la multiplication de l'espèce humaine, ils leur ont fait un
péché de la vertu même qu'ils enseignent aux célibataires
(*comme si la différence d'état n'avait pas pour conséquence la
différence des devoirs*). Cette morale est enseignée par chaque
confesseur à chaque père et à chaque mère de famille. »
Nous verrons plus loin à quoi tend cette exagération manifeste. Oh! combien il serait plus sage aux laïques de ne pas
entrer dans de semblables matières et de les laisser aux prêtres! Autrement il peut leur arriver, comme il leur arrive en
effet, de dire de grandes absurdités. Ils connaissent le
monde extérieur ; les prêtres connaissent le monde intérieur.

100. Le véritable tort des prêtres consiste en ce que, dans
leur enseignement et dans le gouvernement des consciences,
ils prennent règle non de Malthus, mais de l'apôtre saint Paul.
Qu'enseigne en effet le Docteur des nations, à l'égard du mariage ? Il commence par dire qu'il est bon à l'homme de se

_____

(1) *Nouveaux principes d'économie politique*, livre VIII, chap. v.

passer de femme : *De quibus scripsistis mihi, bonum est homini mulierem non tangere.* Néanmoins, que ceux qui craignent, à cause de leur fragilité, de tomber dans la fornication recourent au mariage ; et que chaque mari se tienne avec sa femme, et chaque femme avec son mari. *Propter fornicationem autem unusquisque suam uxorem habeat, et unaquæque suum virum habeat* Que le mari rende à sa femme le devoir conjugal, et la femme à son mari : car la femme n'est pas maîtresse de son corps, mais c'est le mari qui en est maître ; de même aussi le mari n'est point maître de son corps, mais c'est la femme qui en est la maîtresse : *Uxori vir debitum reddat ; similiter autem et uxor viro. Mulier sui corporis potestatem non habet, sed vir ; similiter autem et vir sui corporis potestatem non habet, sed mulier.* Ne vous privez point l'un l'autre de ce que vous vous devez, si ce n'est d'un consentement mutuel et pour un temps, afin de vaquer à la prière : et ensuite, usez-en à l'ordinaire, de peur que la difficulté que vous avez à garder la continence ne donne lieu à Satan de vous tenter : *Nolite fraudare invicem, nisi forte ex consensu ad tempus ; et iterum revertimini in idipsum ; ne tentet vos Satanas propter incontinentiam vestram.* Au reste, ce que je vous dis ici, c'est par indulgence, et non pour le commander ; car ce que je souhaite, c'est que vous soyez tous comme moi ; mais chacun a reçu de Dieu la grâce qui lui est propre, l'un d'une façon, et l'autre d'une autre : *Hoc autem dico, secundum indulgentiam et non secundum imperium ; volo enim omnes vos esse sicut meipsum : sed unusquisque proprium donum habet ex Deo, alius quidem sic, alius vero sic.* A l'égard toutefois des personnes qui n'ont point été mariées ou qui sont dans l'état de viduité, je leur dis qu'il leur est avantageux de demeurer dans leur état, comme moi-même je demeure dans le mien. Mais, s'ils ne se sentent pas la force de garder la continence, qu'ils se marient : car il vaut mieux se marier que de courir le risque d'aller en enfer : *Dico autem non nuptis et viduis : bonum est illis si sic permaneant, sicut et ego ; quod si non se continent, nubant.*

Melius est enim nubere, quam uri (1). Tel est l'enseignement
apostolique; et tel est l'enseignement des casuistes, comme
on appelle par mépris les écrivains de morale chrétienne.
Leur tort, c'est de regarder le péché comme pire que la
pauvreté.

101. Les malthusiens en jugent différemment : pour eux le
plus grand des maux, c'est la pauvreté; et pour y échapper.
il faut que même les gens mariés veillent à ne pas trop multiplier les naissances. A cette nécessité la *contrainte morale* dont
on a parlé dans l'article précédent ne répond qu'imparfaitement, si son effet se borne à retarder les mariages. Car les
unions conjugales, même tardives, peuvent parfois devenir
extrêmement fécondes, et d'autant plus fécondes que les
époux adultes se trouvent dans la force de l'âge et bien cons-
titués. Il faut donc quelque chose d'autre pour empêcher la
trop grande multiplication des enfants. Sismondi. lui, se contente de prescrire l'extension, même aux gens mariés, de la contrainte morale, en faisant appel à la morale religieuse (*ces
gens-là recourent à la religion toutes les fois qu'ils y trouvent
leur compte*). « La morale religieuse, dit-il, doit donc enseigner
aux hommes que le mariage est fait pour tous les citoyens
également, que c'est le but vers lequel ils doivent tous diriger
leurs efforts; mais qu'ils ne l'ont atteint qu'autant qu'ils en
peuvent remplir tous les devoirs envers les êtres auxquels ils
donneront l'existence; et que, lorsqu'ils ont obtenu le bonheur d'être pères, lorsqu'ils ont renouvelé leur famille, et
donné cet appui et cette espérance au déclin de leurs ans, si
leur fortune n'est point susceptible de s'accroître, ils ne sont
guère moins obligés de vivre chastement avec leurs femmes,
que les célibataires avec celles qui ne sont point à eux (2). »
Mais d'autres malthusiens, connaissant mieux la faiblesse
humaine, ont observé que cette abstinence absolue entre
époux était impraticable. Alors ils ont inventé ce qu'ils ont

(1) Première épître aux Corinthiens, chap. vii, 1-9
(2) Ouvrage, livre e chapitre cités plus haut.

appelé *la prudence dans le mariage*, c'est-à-dire la prudence qui consiste à se rapprocher de sa femme sans avoir d'enfants. « Nous tenions un semblable langage, écrit Garnier, dans la première édition de nos *Éléments de l'économie politique*. Quelques années après, M. Mill s'exprimait sur ce sujet avec supériorité et bien plus de franchise que nous... Les écrivains catholiques, partisans de la morale des casuistes, concluent en dernière analyse au célibat perpétuel d'une partie de l'espèce humaine, et, d'autre part, au devoir d'une procréation incessante pour ceux qui se marient, c'est-à-dire à la mortification par l'abstinence absolue et par la misère. Ces deux conditions sont contraires à la nature et à la destinée de l'homme. Le célibat absolu et perpétuel, l'abstinence continue, ne peuvent être, nous le répétons, qu'une exception, par cela fort inefficace ; d'ou résultent la nécessité des unions conjugales et la nécessité de la prudence dans ces unions, et ici nous laissons la parole à un de nos maîtres (1). »

Ce maître est M. Ch. Dunoyer, une des premières célébrités économiques, dont Garnier rapporte une lettre à lui adressée, lettre dont nous ne citerons qu'un passage : « Il est incroyable (dit le maître que nous venons de nommer), il est incroyable que l'action d'appeler les hommes à la vie, celle sans contredit des actions humaines qui tire le plus à conséquence, soit précisément celle qu'on a le moins senti le besoin de régler ou qu'on a réglée le plus mal. On y a mis, il est vrai, la façon de l'acte civil et du sacrement (*pour ceux-ci le sacrement dans le mariage est une formalité*) ; mais, le mariage une fois contracté, on a voulu que ses suites fussent laissées, pour ainsi dire, à la volonté de Dieu (*ils aimeraient mieux qu'elles fussent laissées à la volonté du diable*). La seule règle prescrite a été qu'il fallait, ou s'abstenir de tout rapprochement, ou ne rien omettre de ce qui pourrait rendre l'union féconde (*n'est-ce donc pas là le but qui rend cette union licite ?*). Tant que des époux peuvent croire qu'ils ne font pas une

(1) *Du principe de la population*, chap. v, n° 2.

œuvre vaine, la morale des casuistes ne trouve rien à leur reprocher (*et justement, parce qu'ainsi l'action est conforme à l'ordre établi par Dieu*) ; qu'ils se manquent à eux-mêmes, qu'ils abusent l'un de l'autre (*qu'il les lise un peu mieux*), qu'ils se dispensent surtout de songer au tiers absent et peut-être infortuné qu'ils vont appeler à la vie... peu importe... Telle est la morale des casuistes, morale à rebours de toute morale et de tout bon sens, car ce que veulent le bon sens et la morale, ce n'est sûrement pas tant qu'on s'abstienne de faire des actes vains que de faire des actes nuisibles (*il s'agit ici non de s'abstenir de faire des actes vains, ce qui est certaine- ment licite, mais de faire des actes que l'on rend volontairement vains, bien qu'ils aient été ordonnés par Dieu en vue d'un effet déterminé, ce qui est souverainement nuisible, comme étant un pervertissement de l'ordre divin*)... Dieu ne nous a dispensés, sous aucun rapport, de songer aux conséquences de nos actes (1). » Sans doute ; et c'est pour cela qu'il faut fuir l'acte que M. Dunoyer conseille, parce qu'il a pour consé- quence un péché des plus graves. Le péché consiste dans la violation de la loi éternelle de Dieu : *Peccatum est dictum vel factum vel concupitum contra legem æternam Dei* (2) ; et la loi éternelle de Dieu, c'est la raison, c'est la volonté divine, qui commande d'observer l'ordre naturel des choses et défend de le troubler : *Ratio vel voluntas Dei ordinem naturalem con- servari jubens, perturbari vetans* (3). Il faut noter que M. Du- noyer était membre de l'Institut de France, section *Morale*, et qu'il avait, dit-il, formulé ces maximes dans un ouvrage dont l'édition avait été de suite épuisée. Telle est l'origine de certains vices qui avilissent parfois une nation.

102. Mais, revenons à notre sujet, c'est-à-dire au dévelop- pement qu'a pris entre les mains des sectateurs de Malthus la formule du maître. De *contrainte morale* elle est devenue

(1) Joseph Garnier. *Du principe de population*, chap. v, n° 2.
(2) Saint Augustin. *Contrà Faustum*, livre XXII, chap. xxvii.
(3) Saint Augustin, *ibid.*

prudence conjugale. Garnier dit que Malthus n'a pas enseigné expressément cette prudence comme moyen de *limitation préventive*, ni même Bastiat, mais que tous deux et la plupart des écrivains (malthusiens) « l'ont sous-entendue » (1). Quoi qu'il en soit, il est certain qu'après un tel progrès, il n'est pas besoin du premier précepte, le second suffit. Peu importe que les mariages soient précoces et que des unions se contractent sans que les époux aient le moyen de nourrir les enfants. Pour empêcher la trop grande multiplication des naissances, il suffit pleinement de la prudence conjugale. Thiers (qui certainement n'était pas un casuiste) en a parlé avec horreur, comme d'*un crime contre la nature* (2). Mais, d'après Garnier, le bon sens de M. Thiers est ici en défaut. Ainsi pour ces hommes la sainteté du mariage est souillée par un des péchés les plus horribles, celui que Dieu a puni dans Onan par une mort subite : *Percussit eum Dominus, quod rem detestabilem faceret* (3). Les malthusiens le préconisent néanmoins, comme une chose non seulement licite, mais honnête et conforme au devoir. Si Satan écrivait un livre d'économie politique, pourrait-il enseigner différemment (*) ?

(1) Même ouvrage, mêmes chap. et n°.

(2) *De la propriété*, livre III, chap. VII. Arrêter la fécondité du genre humain est un crime contre la nature. (*Note du traducteur.*)

(3) Genèse, XXXVIII, 10.

(*) Sans vouloir insister sur le chapitre qui précède, nous dirons, d'une part, que nous avons avec intention traduit le mot *Previdenza* par celui de *Prudence* qu'emploie Garnier.

Nous croyons, d'autre part, pouvoir citer le passage suivant, pour la défense personnelle de Malthus : « *Ce qu'il y a de vrai dans la théorie de Malthus.* — Il serait difficile de contredire l'*Essai sur le principe* de population, quand l'auteur se borne à affirmer le doublement de l'espèce dans une période de vingt-cinq ans, *du moment que l'espace et l'aliment ne lui font pas défaut...* Malthus est-il moins dans le vrai, est-il dans une direction moins utile au genre humain, lorsqu'il recommande ce qu'il appelle la contrainte morale ?.. De même, le

mariage dégage-t-il de toute *prudence*? Le père de famille n'a-t-il plus
à compter avec la misère pour lui-même, pour sa compagne, pour
ses enfants déjà nés, pour les infortunés qu'il jetterait à la vie, comme
la proie certaine de la souffrance et des privations, et qu'il destinerait
probablement à une mort prématurée? Fermera-t-il les yeux sur la
mortalité inouïe qui frappe sur les enfants dans les centres populeux?
De quel côté sont ici la dureté, la brutalité, l'égoïsme, du côté
de Malthus ou du côté de ses adversaires, *du moment que l'on
écarte les hideux commentaires que quelques disciples fanatiques ont
donnés de la pensée de leur maître, et les moyens souvent ridicules
que plusieurs d'entre eux ont imaginés, du moment que l'on ne fait
pas dire à l'honnête et scrupuleux pasteur anglican ce qui n'est ni
dans ses écrits ni dans ses intentions, du moment qu'il est convenu
qu'il fait appel à la raison, à la prévoyance,* sans déshonorer le motif
et le but par *l'ignominie* ou par le *crime* des moyens? » (H. Baudrillart,
Manuel, etc., quatrième partie, chap. VI, II.) (*Note du traducteur.*)

CHAPITRE VI.

DES TROIS SYSTÈMES ÉCONOMIQUES.

103. Nous avons attendu jusqu'ici pour parler des trois systèmes qu'il est d'usage de rappeler en économie politique. Il nous semblait, en effet, qu'il eût été difficile de les comprendre, sans les notions développées dans les chapitres précédents. Le moment est venu de les exposer. Ces systèmes sont le *Système mercantile*, dit aussi *commercial*; le *Système agricole*, dit aussi *physiocratique*; et le *Système industriel*, ou *du travail* pris dans un sens général. Nous les examinerons l'un après l'autre avec notre brièveté habituelle. Et comme, pour les juger, nous n'aurons besoin que de recourir aux vérités antérieurement établies, le présent article peut être, sous ce point de vue, considéré comme un épilogue des sujets précédemment traités.

ARTICLE I.

Système mercantile.

104. Le système mercantile, qui a longtemps dominé les esprits de ceux qui gouvernaient les peuples et qui n'est pas encore complètement abandonné, repose sur ce principe que la richesse d'une nation consiste dans la quantité d'or et d'argent qu'elle possède. La richesse, dit-on, c'est l'argent. L'argent est le maître de toutes les industries, car il donne au travail le salaire qui le fait naître et sans lequel il périrait. C'est lui qui rend la nation puissante et redoutée, en lui fournissant le moyen d'entretenir de nombreuses armées et de soutenir les dépenses d'une longue guerre. Tout chef d'Etat prévoyant doit donc s'efforcer d'amener dans le pays qu'il gouverne une augmentation aussi considérable que possible de numéraire. Or cette augmentation ne peut provenir que de l'exploitation de mines donnant des métaux précieux, ou du commerce avec les autres nations, combiné de manière à leur vendre beaucoup en leur achetant peu. C'est à ce second moyen que doit recourir une nation qui manque du premier. Nous avons dit le commerce avec les autres nations, ou commerce extérieur : le commerce intérieur, en faisant circuler et passer de main en main le numéraire dans les limites d'un même pays, ne saurait augmenter l'encaisse nationale. Il peut avoir pour effet d'enrichir des particuliers au détriment d'autres particuliers; mais non d'enrichir la nation tout entière, qui n'a toujours que la même quantité d'argent. Pour qu'il y ait augmentation de numéraire au profit de la nation, il faut qu'il en vienne du dehors au moyen d'un commerce qui n'en fasse sortir que peu et en fasse entrer beaucoup. C'est ce qui ne peut se produire que si l'exportation des marchandises indigènes dépasse l'importation des marchandises étrangères ; car l'excédent des premières sur les secondes ne peut se solder qu'en argent. S'il se soldait avec d'autres marchandises, il y aurait, non plus excédent, mais égalité, et le but ne serait plus atteint. De là, le fameux compte intitulé *Balance du commerce,* ou tableau comparatif des importations et des exportations, permettant de reconnaître si celles-ci l'emportent en réalité sur celles-là.

Comme, d'autre part, les produits travaillés ont une valeur plus grande que les produits bruts, une autre règle du système mercantile en découle, c'est que le gouvernement doit favoriser les manufactures de préférence à l'agriculture, et empêcher la sortie des matières premières, dont il doit au contraire encourager l'entrée, afin qu'une fois mises en œuvre elles

puissent être revendues à l'étranger avec augmentation de
valeur (1).

105. Tous les économistes s'accordent pour rejeter ce système. Son vice capital semble être d'avoir méconnu la nature
et le véritable rôle de l'argent. La richesse, nous l'avons dé-

(1) Ce système a été aussi nommé *Colbertisme*, non que Colbert en
fut l'auteur, mais parce que, touché de ses avantages, il l'appliqua en
France sous Louis XIV, dont il était premier ministre. Nous croyon[s]
l'avoir exposé avec une clarté suffisante. Mais, pour le rendre encore
plus intelligible, nous donnons l'exposé qu'en fait Minghetti : « Ce
système, dit-il, que l'on a improprement qualifié de système mercantile,
domina longtemps les esprits, et, quoiqu'il ne se trouve exposé métho-
diquement dans aucun livre (l'économie n'avait point encore de formes scientifiques), néanmoins on le rencontre par bribes dans les
écrivains du seizième et du dix-septième siècle, et il semble avoir
formé la conviction de la généralité des penseurs. Comme le particulier qui a le plus de numéraire, c'est-à-dire d'or ou d'argent, est estimé
dans le monde être le plus riche, ils prêchèrent que la même chose a
lieu pour les nations. Ils confondaient ainsi le signe représentatif de
la richesse avec la richesse elle-même. La première conséquence de
cette idée était qu'il fallait s'adonner avec application à la recherche des
mines, se les approprier, les exploiter à son propre compte, à l'exclusion de tous ; que si l'on ne parvenait à posséder ces sources vives
de la richesse, il fallait, dans ce cas, obtenir en partie le produit de
ceux qui les possédaient, et ne rien négliger pour attirer à soi l'or et
l'argent des autres États. Or, comment parvenir à ce but ? Par les
conquêtes si l'on est assez puissant, sinon par le commerce. Appliquez-
vous à vendre à autrui beaucoup de vos produits et à lui acheter
peu des siens ; la différence devra se solder en numéraire, et en l'appauvrissant, vous vous enrichirez. De là l'expression de balance commerciale qui a fait tant de bruit et donné naissance à d'autres
expressions d'un sens ambigu et pleines d'erreurs. Pour que la balance
commerciale penchât du bon côté, il était nécessaire d'acheter peu et
de vendre beaucoup, et par là de se suffire à soi-même et de produire de l'excédent. De ces prémisses découlaient les conclusions
suivantes : 1° imposer de fortes gabelles sur les marchandises fabri-
quées qui venaient du dehors ; 2° imposer pareillement de fortes
gabelles sur les matières brutes qui se présentaient à l'exportation,

montré plus haut, consiste dans l'*utilité* et non dans la *valeur* (1).
Or l'argent, comme argent, est une valeur, en ce qu'il est
échangeable contre toutes les autres choses, comme leur équivalent dans les transactions commerciales. S'il a de l'utilité,
c'est à raison de sa matière, qui est elle-même une marchandise, propre à d'autres usages différant de sa destination spéciale, et appréciée en conséquence par les hommes comme
pouvant satisfaire à quelqu'un de leurs désirs. Mais, considéré
en tant qu'agent, il ne sert qu'à faciliter les échanges, par
l'équivalence existant entre lui et les autres valeurs. Sans
doute, l'argent fait partie de la richesse; mais il n'est pas la
richesse. La richesse consiste dans l'abondance des choses
utiles à la vie, et peut très bien se concilier avec la disette de
numéraire. *Ditiores sunt,* dit S. Thomas, en commentant Aristote, *qui abundant in rebus necessariis ad vitam quam qui
abundant in denariis* (2). Si, en entrant dans un pays, on voit

pour empêcher qu'elles n'allassent se faire travailler au dehors, et
pour que la matière de la production intérieure ne diminuât pas;
3° accorder une prime à l'exportation des produits fabriqués; 4° accorder une prime à l'importation des matières brutes; 5° prohiber
absolument la sortie de l'or et de l'argent; 6° encourager et subven-
tionner la fondation des fabriques nationales; 7° si, pour certaines
entreprises nationales, l'action individuelle des particuliers est impuissante, les réunir en compagnies en leur accordant des privilèges
et des monopoles; 8° posséder des colonies et les traiter comme
instruments de richesse pour la mère patrie, en y écoulant les produits domestiques et en les séquestrant du commerce étranger. »
Des rapports de l'économie publique, etc., livre I.

Cet exposé de Minghetti n'est que la paraphrase et la traduction de
la dernière période qui forme, dans Adam Smith, la conclusion du
premier chapitre de son quatrième livre, livre dans lequel il examine
et réfute les systèmes d'économie politique inventés avant lui. Nous
avons préféré cette paraphrase au texte original, parce qu'elle est
plus claire.

(1) Revoir le chapitre I : *La richesse.*

(2) *Politique,* livre I, leçon VII.

les habitants bien nourris, bien vêtus, avec des maisons commodes, suivant la condition de chacun, on dit aussitôt : C'est un peuple riche, sans se préoccuper de rechercher s'il a ou non beaucoup d'argent comptant. Et c'est avec raison, parce que l'on regarde la fin et non le moyen, et que la fin de la richesse est la consommation des choses utiles, non l'échange; parce que c'est la consommation des choses utiles, et non l'échange, qui satisfait les besoins de l'homme.

Il importe donc très peu que la balance du commerce donne au profit de la nation un excédent en argent. L'argent, comme argent, n'a de valeur qu'autant qu'il sert à l'achat d'autres marchandises. « La marchandise, dit excellemment à ce propos Adam Smith, peut servir à beaucoup d'autres choses qu'à acheter de l'argent ; mais l'argent ne peut servir à rien qu'à acheter la marchandise. Ainsi l'argent court nécessairement après la marchandise, mais la marchandise ne court pas toujours ou ne court pas nécessairement après l'argent. Celui qui achète ne le fait pas toujours dans la vue de revendre ; c'est souvent dans la vue d'user de la chose ou de la consommer; tandis que celui qui vend le fait toujours en vue de racheter quelque chose. Le premier peut souvent avoir fait toute son affaire, mais l'autre ne peut jamais en avoir fait plus de la moitié. Ce n'est pas pour sa seule possession que les hommes désirent avoir de l'argent, mais c'est pour tout ce qu'ils peuvent acheter avec de l'argent (1). »

106. Pour qui considère attentivement les choses, l'échange, à proprement parler, n'a lieu qu'entre les denrées ; l'argent est comme le véhicule qui les transporte. Si, par exemple, on vend un bœuf pour le prix duquel on reçoit cent écus, ces cent écus vous plaisent, non pour eux-mêmes, mais pour les avantages que l'on peut se procurer avec cent écus ; or le même résultat peut fréquemment être obtenu par le

(1) *Recherches sur la nature et les causes de la richesse des nations*, etc., livre IV.

4

simple échange contre d'autres marchandises. C'est là ce qui diminue de beaucoup la nécessité de l'argent.

« Si les matières premières (dit ici de nouveau Adam Smith) manquent aux manufactures, il faut que l'industrie s'arrête. Si les vivres viennent à manquer, il faut que le peuple meure de faim. Mais si c'est l'argent qui manque, on pourra y suppléer, quoique d'une manière fort incommode, par des trocs et des échanges en nature. On pourra y suppléer encore, et d'une manière moins incommode, en vendant et achetant sur crédit ou sur des comptes courants que les marchands balancent une fois par mois ou une fois par an. Enfin, un papier-monnaie bien réglé pourra en tenir lieu, non seulement sans inconvénient, mais encore avec de grands avantages. Ainsi, sous tous les rapports, l'attention du gouvernement ne saurait être jamais plus mal employée que quand il s'occupe de surveiller la conservation ou l'augmentation de la quantité d'argent dans le pays (1). »

Certainement la sécurité du commerce exige une certaine quantité d'argent; mais cette quantité ne doit jamais excéder les besoins de la circulation. L'excès aurait pour conséquence l'avilissement ; et l'on serait réduit à exporter l'argent dans d'autres pays où il aurait une plus grande valeur. C'est un principe désormais incontesté qu'il faut faire le plus grand nombre possible d'échanges avec la moindre quantité possible d'espèces sonnantes, le numéraire ainsi épargné pouvant être employé à d'autres usages fructueux. L'or et l'argent ne peuvent manquer à une nation qui possède en abondance des marchandises pouvant s'échanger contre des espèces métalliques, ces espèces n'étant elles-mêmes qu'une marchandise échangeable contre d'autres marchandises.

« Un pays, observe Adam Smith, qui a de quoi acheter du vin aura toujours le vin dont il aura besoin ; et un pays qui a de quoi acheter de l'or et de l'argent ne manquera jamais de ces métaux. On trouve à les acheter, pour leur prix, contre

---

(1) *Recherches sur la nature*, etc , livre IV, chap. 1er.

toute autre chose ; et, s'ils servent de prix à toutes les autres marchandises, toutes les autres marchandises servent aussi de prix à l'or et à l'argent (1). »

C'est donc une absurdité de la part d'un gouvernement que de consacrer tous ses soins à l'accroissement du stock en argent de la nation, alors qu'il devrait plutôt s'efforcer d'encourager toute espèce d'industrie et de faire croître l'abondance dans les produits de la nature et de l'art, qui sont les vrais éléments constitutifs de la prospérité nationale (*).

ARTICLE II.

Système agricole.

107. La vérité que nous venons d'affirmer fut comprise, mais d'une manière défectueuse, par Quesnay et son école, qui attribuèrent la production de la richesse aux seules forces de la nature. C'est à cette doctrine qu'ils doivent, après avoir été

(1) *Ibid*, p. 11.

(*) La théorie exposée dans ce dernier paragraphe, et spécialement dans l'avant-dernière citation d'Adam Smith, paraît peu d'accord avec ce que le P. Liberatore lui-même a dit plus haut de la circulation et du papier-monnaie. Elle a été contredite par des événements contemporains auxquels le P. Liberatore fait aussi lui-même allusion. Même dans le cercle des transactions intérieures, on a vu le public, en cas de panique, se refuser à accepter le papier-monnaie comme moyen d'échange, et se précipiter vers les caisses publiques pour en retirer l'or et l'argent qui sont la garantie de la circulation fiduciaire. On ne raisonne pas avec la confiance, et il est d'une sage politique de tenir compte d'une semblable situation. Mais que dire s'il s'agit des transactions extérieures, le cas même d'une guerre étant écarté ? Les pays voisins, comme l'a fait remarquer le P. Liberatore, peuvent refuser le papier-monnaie, ou ne l'accepter qu'avec une baisse considérable. Lui-même cite l'exemple de l'Italie, qui, dans des circonstances encore récentes, s'est vue dans la situation la plus grave faute d'espèces d'or et d'argent, avec un papier qui perdait plus de 20 0/0 et un avilissement correspondant de la valeur des produits nationaux. (*Note du traducteur.*)

désignés d'abord sous le nom d'*économistes*, l'appellation plus juste de *Physiocrates*, de φύσις, nature, et κράτος, pouvoir. Ils dirent : Le principe de toute richesse réside proprement dans le *produit net*, c'est-à-dire dans cette portion de produit qui, après l'achèvement d'un travail productif, excède les dépenses de production. Tout le reste n'est que compensation. Or le produit net ne s'obtient des agents naturels que par l'agriculture (ici, sous le nom d'agriculture, on comprend aussi l'élevage des animaux domestiques) ; donc l'agriculture seule doit être considérée comme une source de richesse. « La terre, écrit Quesnay, est l'unique source des richesses, et c'est l'agriculture qui les multiplie (1). » Les manufactures, le commerce ne produisent que des échanges, c'est-à-dire une richesse qui restitue en quelque sorte et rembourse les avances faites par la production. « Il n'y a donc pas multiplication des richesses dans la production des ouvrages d'industrie, puisque la valeur de ces ouvrages n'augmente que du prix de la subsistance que les ouvriers consomment 2) ». On doit en dire autant du trafic. Il paie les frais et rembourse les avances. L'artisan et le marchand ne méritent donc pas, au sens propre du mot, le nom de producteurs ; à vraiment parler, le producteur est celui qui travaille les champs ; tous les autres travailleurs sont stériles. Voici comment Quesnay exprime ce concept au début de son *Analyse du Tableau économique :* « La nature est réduite à trois classes de citoyens, la *classe productive*, la *classe des propriétaires* et la *classe stérile*. La *classe productive* est celle qui fait renaître par la culture du territoire les richesses annuelles de la nation, qui fait les avances des dépenses des travaux de l'agriculture, et qui paye annuellement les revenus des propriétaires de terres. On renferme dans la dépendance de cette classe tous les travaux et toutes

---

(1) *Maximes de gouvernement économique* (extrait de l'article *Grains*).

(2) *Maximes générales de gouvernement économique d'un royaume agricole*, II.

les dépenses qui s'y font jusqu'à la vente des productions à la première main ; c'est par cette vente qu'on connaît la valeur de la reproduction annuelle des richesses de la nature. La *classe des propriétaires* comprend le souverain, les possesseurs des terres, et les décimateurs. Cette classe subsiste par le revenu ou *produit net* de la culture, qui lui est payé annuellement par la classe productive, après que celle-ci a prélevé, sur la reproduction qu'elle fait renaître annuellement, les richesses nécessaires pour se rembourser de ses avances annuelles et pour entretenir ses richesses d'exploitation. La *classe stérile* est formée de tous les citoyens occupés à d'autres services et à d'autres travaux que ceux de l'agriculture, et dont les dépenses sont payées par la classe productive et par la classe des propriétaires, qui eux-mêmes tirent leurs revenus de la classe productive. »

108. Si le système *mercantile* méconnaît, comme nous l'avons vu, la nature de l'*argent*, le système *agricole*, de son côté, méconnaît la nature du *produit économique*. En économie, produire la richesse n'est pas seulement produire la chose même à laquelle on accorde le nom d'utile, mais encore donner l'utilité aux choses qui ne l'ont pas par elles-mêmes ou l'augmenter dans celles qui l'ont. Or, si l'agriculture fait la première de ces trois choses, les autres industries font la seconde et la troisième. Les appeler stériles est un contre sens, une absurdité, un abus de mots. L'agriculture nous donne le lin, l'élève des troupeaux nous donne la laine ; mais l'art du tisserand en forme la toile et le drap dont nous nous vêtons. Or le vêtement ne subvient-il pas à l'un des besoins les plus urgents de l'homme ? L'art du tisserand a donc produit dans le lin et dans la laine une utilité qui n'y était pas auparavant, si ce n'est en puissance. Comment donc peut-on le dire *stérile* ?

Il est vrai que l'agriculture, par cela même qu'elle nous procure les denrées alimentaires, répond au plus essentiel des besoins de l'homme. De ce côté, elle a la prééminence sur toutes les autres industries, elle doit être préférée à toutes, et

mérite au plus haut degré les faveurs du gouvernement. Il est
vrai aussi que l'agriculture est le fondement de toutes les
autres industries, en ce qu'elle leur apporte les matières premières, sans lesquelles aucun travail ne pourrait se faire dans
les manufactures. Mais il ne s'ensuit pas que seule elle soit
productrice. Si elle donne de nouvelles substances, les autres
industries donnent de nouvelles modifications de substance,
et ces modifications constituent de véritables effets qui n'exis-
taient pas auparavant. Nous admettons avec Sully que l'agriculture et l'art pastoral sont les deux mamelles de l'Etat (*).
Mais les mamelles seules ne suffisent pas à faire vivre
l'homme. Elles donnent du lait ; mais l'homme a besoin de
beaucoup d'autres choses, surtout quand il est sorti de l'enfance.

109. Adam Smith observe que, lors même que les manufacturiers et les marchands ne feraient que reproduire la valeur
de leur propre consommation, on ne pourrait appliquer à
leur industrie la dénomination de stérile ; pas plus qu'on ne
pourrait appeler stérile un mariage qui ne reproduirait qu'un
fils et une fille pour remplacer le père et la mère. Ce mariage
ne contribuerait pas, il est vrai, à augmenter le nombre des
individus de l'espèce humaine, mais au moins le maintien-
drait-il dans les mêmes conditions qu'auparavant. Il n'aurait pas la même fécondité que ceux qui donnent huit ou dix
enfants ; mais entre être moins fécond et être tout à fait stérile, il y a une différence énorme.

Il n'est pas vrai non plus que l'agriculture donne seule un
produit net, c'est-à-dire un excédent de production sur les dépenses. S'il en était ainsi, personne ne s'enrichirait dans les
manufactures ou dans le négoce, ce qui est démenti par l'expérience. Que l'on compare l'immense richesse à laquelle
parviennent souvent les entrepreneurs et les marchands avec

(*) Labourage et pastourage, voilà les deux mamelles dont la
France est alimentée, les vraies mines et trésors du Pérou. (*Note du
traducteur.*)

la fortune de ceux qui se consacrent exclusivement à la culture de leurs terres.

Et ce qui est vrai des particuliers ne l'est pas moins de la société tout entière. « Au moyen du trafic et des manufactures, écrit Adam Smith déjà tant de fois cité, un pays peut annuellement importer chez lui une beaucoup plus grande quantité de subsistances que ses propres terres ne pourraient lui en fournir dans l'état actuel de leur culture. Quoique les habitants d'une ville ne possèdent souvent point de terres à eux, ils attirent cependant à eux, par leur industrie, une telle quantité de produit brut des terres des autres, qu'ils trouvent à s'y fournir, non seulement des matières premières de leur travail, mais encore du fonds de leur subsistance. Ce qu'une ville est toujours à l'égard de la campagne de son voisinage, un État ou un pays indépendant peut souvent l'être à l'égard d'autres États ou pays indépendants. C'est ainsi que la Hollande tire des autres pays une grande partie de sa subsistance : son bétail vient du Holstein et du Jutland, et son blé, de presque tous les différents pays de l'Europe. Une petite quantité de produit manufacturé achète une grande quantité de produit brut. Par conséquent, un pays manufacturier et trafiquant achète naturellement, avec une petite partie de son produit manufacturé, une grande partie du produit brut (*) des autres pays ; tandis qu'au contraire un pays sans trafic et sans manufactures est en général obligé de dépenser une grande partie de son produit brut pour acheter une très petite partie de produit manufacturé des autres pays. L'un exporte ce qui ne peut servir à la subsistance et aux commodités que d'un très petit nombre de personnes, et il importe de quoi donner de la subsistance et de l'aisance à un grand nombre. L'autre exporte la subsistance et les commodités d'un grand nombre de personnes, et importe de quoi donner à un très petit nombre seulement leur subsistance et leurs commodi-

(*) Le texte italien porte *rurale*. (*Note du traducteur.*)

tés (1). » N'est-ce pas là un accroissement de richesse, un produit net, écononomiquement parlant ?

Système industriel.

110. Le système mercantile plaçait au premier rang dans l'économie les manufactures et le trafic ; le système rural ou physiocrate le donnait à l'agriculture, considérée par lui comme l'unique source de la richesse. Le système industriel n'admet ni exclusions ni prééminences, mais prend comme cause générale de richesse le travail, quelle que soit la matière sur laquelle il s'exerce. Il tire son nom de l'*industrie*, l'industrie, dans son sens générique, n'étant autre chose que le travail de l'homme appliqué à une œuvre quelconque ayant pour fin la production de la richesse.

111. L'origine de ce système est d'habitude attribuée à Adam Smith, auquel les économistes venus ensuite paraissent l'avoir emprunté. « Smith (dit excellemment l'éminent professeur Périn), en créant la véritable théorie de la production, fit faire à la science le plus grand progrès qu'elle ait accompli par le travail d'un seul homme. Il restitua aux travaux des classes manufacturières et commerçantes, que les physiocrates appelaient stériles, leur véritable rôle dans la création de la richesse. Il établit que ce n'est pas à la terre seule qu'appartient la puissance de produire, et que l'agent principal de la production, c'est le travail ; il fit voir comment le travail s'applique aux matières premières fournies par la terre, et comment il se sert des forces de la nature et les dirige de manière à leur faire produire des résultats utiles. Il analysa les causes de la puissance productive du travail et indiqua, avec une sagacité merveilleuse, le principe et les effets de la division du travail, qui avaient été à peine

(1) Ouvrage déjà cité, chap. IX.

signalés avant lui. Turgot les avait bien aperçus, mais il n'avait fait qu'y toucher indirectement au début de ses *Réflexions*. De ce fait, auquel il faut toujours remonter, aussi bien dans la théorie des échanges et de la distribution de la richesse que dans la théorie de la production, Adam Smith fit avec raison le point de départ dans ses recherches sur la richesse des nations. Ensuite, il montra comment le capital concourt à la production, en fournissant aux travailleurs des matières premières et des subsistances, et comment il se forme par l'épargne. La théorie des valeurs fut aussi établie par Smith sur ses véritables bases ; il distingua la valeur en usage de la valeur en échange, et montra comment celle-ci est réglée dans toutes ses fluctuations par la loi de l'offre et de la demande ; il rechercha de quels éléments le prix des choses se compose, et fit voir comment les variations survenues dans la valeur en échange de ces éléments influe sur le prix des produits. En exposant le mécanisme des échanges, il détermina la nature de la monnaie et le rôle qu'elle joue dans les transactions économiques, et il jeta les bases de la théorie de crédit (1). »

112. Bien que tout cela soit vrai, il semble qu'au point de vue où nous nous sommes placés, Smith ne soit pas absolument à l'abri de toute critique. Car des deux facteurs de la richesse, la nature et le travail, il parle presque exclusivement du second, sans tenir compte, au moins dans une proportion convenable, du premier. Il fait parfois mention des agents naturels ; mais, après leur avoir fait l'honneur de les nommer, il les néglige entièrement, comme si l'homme seul, avec son travail, était tout en économie. Pourtant c'est la nature qui dans la production de la richesse a la part principale ; car, en fin de compte, tout produit utile n'est que l'effet des qualités actives des corps qui sont mis en œuvre par le génie et la main de l'homme. Prenons un exemple dans les choses les

---

(1) *Les doctrines économiques depuis un siècle*, par Ch. PÉRIN, ch. III.

plus usuelles, celui du pain dont nous nous nourrissons tous les jours. De quelle diversité de travaux n'est-il pas le produit ? Il a fallu le travail du forgeron qui a fabriqué les instruments nécessaires pour labourer et moissonner ; celui de l'agriculteur qui a préparé la terre, l'a ensemencée, en a récolté le fruit ; celui du meunier qui, en broyant le grain, l'a réduit en farine ; celui du boulanger qui a pétri la farine et l'a fait cuire ; et une multitude d'autres opérations dont l'intervention, immédiate ou médiate, a été nécessaire avant que nous puissions porter à notre bouche cette simple nourriture. Mais dans toute cette diversité de travaux, l'effet est dû principalement et, disons-le aussi, directement à la seule puissance de la nature, qui, par la dureté donnée au fer, la fertilité donnée à la terre, la pesanteur donnée à la pierre, la liquidité donnée à l'eau, la chaleur donnée au feu (pour passer sous silence toutes les autres vertus et toutes les autres propriétés qui ont concouru à cet effet), s'est évertuée à nous rendre utile ce végétal, auquel elle a communiqué la vertu nutritive. L'homme, par son travail, est intervenu lui aussi ; mais en définitive son action s'est bornée à utiliser les forces naturelles de certains corps, en les combinant ensemble et en les appliquant d'une manière opportune pour obtenir le résultat désiré. La même chose se passe pour tout autre produit de l'industrie humaine.

113. Donc exalter le travail seul, en s'inquiétant peu ou point de la nature, est un grave défaut dans la science, qui doit remonter aux causes premières et en reconnaître l'importance. Cette erreur coupable engendre dans l'esprit l'oubli de la bonté divine à laquelle nous devons savoir gré de tous les biens dont nous jouissons. Elle mène en outre à de déplorables conséquences dans l'ordre social lui-même. C'est ce que Bastiat a justement observé, et nous croyons devoir rapporter ici ses propres paroles : « Quels sont les moyens que nous avons de pourvoir à nos besoins ? Il me semble évident qu'il y en a deux : la nature et le travail, les dons de Dieu et les fruits de nos efforts, ou, si l'on veut,

l'application de nos facultés aux choses que la nature a mises
à notre service. Aucune école, que je sache, n'a attribué à
la nature *seule* la satisfaction de nos besoins. Une telle
assertion est trop démentie par l'expérience, et nous n'avons pas
à étudier l'économie politique pour nous apercevoir que l'intervention de nos *facultés* est nécessaire. Mais il y a des écoles
qui ont rapporté au travail seul ce privilège. Leur axiome est :
Toute richesse vient du travail ; le travail, c'est la richesse.
Je ne puis m'empêcher de prévenir que ces formules, prises
au pied de la lettre, ont conduit à des erreurs de doctrine
énormes (1). » Parmi ces erreurs il y a lieu de ranger, à notre
avis, le socialisme, auquel a donné naissance ou qu'a tout au
moins secondé l'exaltation exagérée et exclusive de travail.
Mais ce n'est pas ici la place d'insister sur ce point ; qu'il
nous suffise pour le moment d'avoir fait remarquer que le
premier germe de cette doctrine absurde qui, en mécon-
naissant Dieu, ne voit que la main de l'homme dans la satisfaction de nos besoins, peut être à juste titre cherché dans
l'œuvre d'Adam Smith. Ne lisons-nous pas dans Sismondi
ces mots qui ne peuvent laisser aucun doute : « Nous professons avec Adam Smith que le *travail est la seule origine
de la richesse* (2) ?

(1) *Harmonies économiques,* chap. III. D'où il résulte que Minghetti
fait erreur quand il compte Bastiat parmi ceux qui ont placé dans
le travail l'unique source de la richesse. Il dit : « Adam Smith a très
bien vu cette coopération des forces naturelles du travail de l'homme
et il en parle en plusieurs endroits ; mais dans d'autres endroits il
paraît ne prendre en considération que le travail. C'est ce qui a donné
occasion à quelques-uns de ses sectateurs de prendre pour marque
distinctive de l'école écossaise cette maxime que le travail est la
source de la richesse. Néanmoins ceux qui ont le plus nettement
formulé cette dernière opinion sont Carey et Bastiat. » *Des rapports de
l'économie publique, etc.,* livre II.

(2) *Nouveaux principes d'économie politique,* livre V, chap. VII.

ARTICLE IV.

Une curieuse théorie de Bastiat.

114. Bastiat a reconnu, comme nous venons de le montrer, l'importance des agents naturels dans la production de la richesse. Mais, au sujet de l'échange de ces produits, il formule une curieuse théorie, qui devient encore plus curieuse par les additions que d'autres y ont faites. Il dit que, dans les échanges, l'utilité provenant des forces et des qualités de l'objet est toujours donnée gratuitement ; ce que l'on compense en argent ou en marchandise est seulement l'*effort* ou la *peine*, en d'autres termes le travail employé à le produire (1). Ces forces et ces qualités procèdent de la nature ; et la nature ne vend pas, mais donne. La peine prise par l'homme exige une' rémunération, et c'est elle seule qui est donnée à titre onéreux. D'où il suit que la valeur des choses est en proportion de la peine qu'elles ont coûté ; l'utilité n'entre pas en compte, elle est donnée sans compensation. *La coopération de la nature est essentiellement gratuite ; la coopération de l'homme, intellectuelle ou matérielle, échangée ou non, collective ou solitaire, est essentiellement onéreuse, ainsi que l'explique ce mot même : Effort* (2).

115. Carey, économiste américain, revendique la priorité de cette découverte, comme l'ayant fait connaître dans ses écrits douze ans avant Bastiat. Mais, à notre avis, ce n'était pas la peine de se disputer une invention, ingénieuse si l'on veut, mais contraire à la raison et au fait.

---

(1) Bastiat l'appelle encore et plus souvent service. Mais, comme l'observe justement Ferrara, ce mot est très ambigu, car il peut aussi bien signifier la commodité que l'on retire d'une chose, et se confond ainsi avec l'utilité de l'objet, contre l'intention de Bastiat, qui veut l'en distinguer.

(2) *Harmonies économiques*, chap. v, *De la valeur.* Ce passage est cité en français dans lo'riginal.

Le travail de l'homme n'entre seul en compte dans les échanges, que lorsqu'il s'agit de choses qui par elles-mêmes ne sont pas susceptibles d'appropriation ; quand, par exemple, vous récompensez le service que l'on vous rend en allant à votre place chercher de l'eau à une fontaine éloignée, ou quand le plongeur qui descend au fond de la mer paie l'air qui lui est transmis par une pompe. Mais quand il s'agit de choses qui sont devenues la propriété de quelqu'un, ces choses ont une valeur, non seulement en raison de la peine prise pour les produire, mais encore en raison de leur utilité intrinsèque, qui entre dans l'évaluation de leur prix. Celui qui donne ce qui lui appartient a droit à quelque chose en retour de la chose qu'il donne. Certainement la nature, ou, pour mieux dire, Dieu, qui est l'auteur de la nature, n'exige pas de rétribution, parce qu'il n'a pas besoin de nos biens : *Deus meus et tu, quoniam bonorum meorum non eges* (1). Il exige seulement l'obéissance à son autorité souveraine et la reconnaissance de ses bienfaits. Mais un objet dont on est entré en juste possession (par exemple une perle que l'on a trouvée dans un coquillage) peut parfaitement faire l'objet d'un échange à raison de son utilité, bien que cette utilité procède d'une vertu naturelle. La théorie de Bastiat ou, si l'on veut, de Carey suppose les produits de la nature et les forces qui leur sont inhérentes comme non susceptibles d'appropriation ; or cette supposition favorise en définitive le socialisme, contre lequel la théorie avait été imaginée.

116. Outre sa fausseté, cette théorie, lorsqu'on s'efforce de répondre aux difficultés qu'elle soulève, devient, *sit venia verbo*, tant soit peu ridicule. Comme on lui objectait, en effet, qu'il y avait parfois des objets de grande valeur qui n'avaient coûté que peu ou point de peine à leur possesseur (un gros diamant, par exemple, que l'on a trouvé en se promenant au bord de la mer), Bastiat, répond que dans la

(1) Psaume XV, 2

valeur d'achat de cet objet on tient compte, non de la peine
prise par le vendeur, mais de la peine que l'acheteur s'é-
pargne. On paie ainsi, non l'effort de *production*, mais l'effort de
reproduction. De reproduction, faites bien attention, non pas
future, mais future possible (*futuribile*). Si vous achetez, par
exemple, un poisson, vous rétribuez le service que l'on vous
rend en vous épargnant la peine que vous auriez dû prendre
pour aller le pêcher vous-même dans la mer !

D'autres ayant objecté qu'il y avait des choses qui n'étaient
pas *reproductibles*, par exemple un vin vieux d'un cru qui
n'a pas d'égal dans le monde, Ferrara, dans son *Introduzione
al Senior*, répond qu'il faut distinguer la reproduction physique de la reproduction économique, c'est-à-dire, de la reproduction de produits non identiques, mais analogues et supplétifs. Dans le cas dont il s'agit, le prix se règle, non d'après
la première, mais d'après la seconde. Mais ce ne sont là,
comme tout le monde le voit, que de pures rêveries auxquelles on recourt par amour du système et qui sont en
outre en dehors de la thèse. La thèse prétendait, en effet, que
dans le prix d'un objet était uniquement comprise la rétribution de l'effort supporté par le vendeur pour le produire ;
et maintenant, dans les réponses dont nous parlons, on vient,
au lieu de cela, soutenir que ce qui est rétribué, c'est le service
que rend le vendeur à l'acheteur, en l'exonérant du souci de
reproduire un objet, soit semblable, soit de nature à suppléer
l'autre. Ce sont deux choses bien différentes.

Laissant donc de côté toutes ces chimères, disons que, dans les
échanges, l'objet est considéré, quant à sa valeur, relativement à l'utilité qu'il présente et au désir que l'on a de l'acquérir. Ajoutons que, bien que cette utilité résulte de forces
données gratuitement par la nature, elle est néanmoins, en
tant qu'elle est fixe et incorporée dans un objet déterminé,
susceptible d'appropriation, selon ce qui sera dit plus amplement lorsque nous parlerons du droit de propriété. Certainement, celui qui nous vend un objet nous épargne l'effort que
nous aurions à soutenir, si nous devions le produire nous-

mêmes ; mais c'est là un effet naturel de l'échange, et non la raison qui détermine le prix. La raison déterminante du prix est la valeur qui est attribuée à l'objet, et le libre consentement des deux parties contractantes, l'acheteur et le vendeur.

DEUXIÈME PARTIE

LA DISTRIBUTION.

1. Jusqu'ici nous nous sommes occupés de la production de la richesse ; nous devons maintenant parler de sa distribution, qui tient la seconde place dans la division que nous avons faite de la science économique. Cette matière a beaucoup plus d'importance que la précédente ; car il ne servirait à rien de produire, si la richesse produite n'était convenablement répartie entre ses producteurs.

Sur ce sujet le fondateur de la science économique a laissé un grand vide à remplir. « Smith, dit l'illustre professeur Périn, avait déployé une véritable puissance d'esprit en établissant les lois de la production et les lois de l'échange ; mais il n'avait pas aperçu les difficultés les plus graves de l'ordre économique, celles qui tiennent à la distribution de la richesse. Son livre n'était, à vrai dire, que la théorie de la production ; la théorie de la distribution restait à faire (1). »

C'est à remplir ce vide que David Ricardo, anglais de naissance, s'est appliqué, et c'est vers ce but qu'il a principalement tourné ses vues, adoptées par tous les économistes qui l'ont suivi.

_____

(1) *Les doctrines économiques depuis un siècle*, ch. III.

Quant à nous, nous aborderons ce sujet en commençant
par traiter de la propriété. Sans la propriété, nous ne saurions, en effet, concevoir le droit à une juste distribution ; nous
ne saurions même concevoir l'idée de richesse. L'idée de richesse renferme, en effet, celle d'appropriation.

CHAPITRE I.

LA PROPRIÉTÉ.

2. Par propriété on entend ce que quelqu'un possède comme lui appartenant exclusivement et dont il peut disposer à son gré. Tel est, par exemple, l'argent que l'on a dans sa bourse ou que l'on tient renfermé dans son coffre-fort. Le droit de posséder ainsi se nomme droit de propriété. Ce droit n'existe que pour les choses limitées, qui, en servant à l'un, ne peuvent servir à tous. Tels sont une maison, un jardin, etc. Celles au contraire qui sont inépuisables, comme l'air, la lumière, ne peuvent constituer une propriété, parce que chacun en jouit en quantité telle que tous peuvent en jouir également.

ARTICLE Iᵉʳ.

De quelle propriété il s'agit ici.

3. Le concept de propriété s'étend non seulement aux biens immeubles, tels que fonds de terre, constructions, mines, mais aussi aux biens meubles. L'armateur qui a des vaisseaux naviguant sur les mers, le capitaliste qui a des fonds placés à la banque, le trafiquant qui a des marchandises accumulées dans ses magasins, sont des propriétaires. On donne même parfois, dans l'usage, le nom de propriété aux forces mêmes de la nature, à la science et à l'art. C'est ainsi que l'homme instruit, mais pauvre, peut dire : *Omnia mecum porto*, et que

le simple ouvrier peut dire à son tour : Je possède la vraie
richesse dans la vigueur de mes bras et dans l'adresse de mes
mains.

Néanmoins, dans une signification plus étroite mais plus
usitée, on n'entend sous le nom de propriété que les biens
immobiliers, et notamment la terre. « Quand on dit les *propriétaires,* on entend presque toujours par ce mot les possesseurs de terre. » Ainsi parle Droz (1). Rossi détermine
encore davantage le sens de ce mot, en disant : « Des agents
naturels compris sous le nom de *terre,* c'est le sol qui attire
plus particulièrement l'attention de l'économiste. Le sol se
trouve ordinairement à l'état de propriété individuelle ; c'est
là un des traits caractéristiques de toute société civilisée (2). »

4. C'est contre la propriété, prise dans ce dernier sens, celui
de propriété privée, et en tant qu'elle touche à la terre, que
sont principalement dirigées les attaques des socialistes, qui
avec Proudhon la qualifient de vol : *La propriété, c'est le vol.*
Ils disent : La terre, avec ses trésors et sa fertilité, n'a été
attribuée par la nature à personne en particulier. Elle a été
donnée en commun à tous pour servir à chacun indistinctement et pour que tout homme puisse y trouver sa nourriture et l'habiter. Celui qui en revendique une partie à son
profit, à l'exclusion des autres, usurpe ce qui ne lui appartient pas. Il attire à lui seul la main universellement bienfaisante de la nature, et, pour nager dans l'abondance, oblige ses
semblables à périr de faim. C'est là une injustice flagrante,
un crime de lèse-humanité, qui crie vengeance ; et la vengeance sera terrible, si cette injustice n'est pas réparée.
Comme remède pacifique à un si grand désordre, le socialisme (non pas le socialisme des rues, qui n'aspire qu'au
pillage, mais le socialisme de la science, qui prétend raisonner) propose l'abolition de la propriété privée, pour y
substituer la propriété collective entre les mains de l'État,

(1) *Économie politique,* etc., livre II, chap. II.
(2) *Cours d'économie politique.* Second semestre, première leçon.

chargé de l'administrer et d'en diriger le mouvement économique à l'avantage commun.

Les économistes sont presque unanimes à défendre la propriété contre les accusations et les propositions des socialistes. Ils soutiennent que dépouiller de leurs biens ceux qui les possèdent en propre parce qu'ils les ont rendus utiles par leur industrie, parce qu'ils les ont achetés de leurs deniers ou qu'ils les ont hérités de leurs aïeux, est une iniquité, un larcin. Certes, la cause qu'ils défendent est juste; mais souvent leur défense reste vaine, par le défaut de solidité des raisons sur lesquelles ils la fondent et que nous allons examiner ici.

ARTICLE II.

Défenses inefficaces.

5. Say fait dériver le droit de propriété de l'état social. Répétant en effet la théorie de Germain Garnier, qui avait dit : *Tout ce qui n'est pas propriétaire d'une portion du sol national, n'y peut exister que comme étranger*, il écrit : « Tout cela n'est qu'un sophisme spécieux, où l'on suppose que le droit de propriété est antérieur à la société, tandis qu'il n'existe que par les conventions sociales, qu'il est par conséquent postérieur à l'ordre politique, qui seul peut le consacrer et le garantir. Il est si vrai que la société peut exister sans reconnaitre la propriété foncière, qu'il y en a de nombreux exemples. Chez les Arabes et les Tartares nomades, il n'y a point de propriétaires fonciers, leurs lois ne consacrent que la propriété mobilière, les chars, les troupeaux ; et nous avons vu que c'est une des causes pour lesquelles ils ne peuvent devenir ni très industrieux, ni très riches (1). »

6. Cette opinion ne saurait être acceptée à aucun degré. Assurément, Garnier avait proféré une sentence contraire à

_____

(1) *Cours complet*, etc. Quatrième partie, ch. v.

la vérité. La société se forme pour un bien plus élevé et plus grand que ne l'est la paisible possession des propriétés particulières; et c'est pourquoi elle compte parmi ses membres tous ceux qui d'une manière ou d'une autre, par leurs richesses, leur génie ou leur travail, concourent à son activité. Mais, en repoussant une erreur, il faut bien se garder d'en commettre une autre. Or c'est une erreur grossière que Say commet. Comment voulez-vous que la société donne naissance au droit de propriété, si ce droit n'est pas en elle le résultat du droit de chaque associé? Supposons, par exemple, que la société vous concède la possession d'une partie de ses terres. Mais qui lui a donné ces terres, pour qu'elle en puisse librement disposer? Quel que soit l'argument que l'on invoque pour démontrer au profit de la société le droit à posséder, cet argument à plus forte raison vaudra pour les personnes individuelles.

7. Mais la société, dit Say, consacre chez les citoyens et protège la propriété. Oui, certainement; mais consacrer et protéger n'est pas créer. La société consacre aussi et protège la personnalité et le droit à la vie des citoyens. Dirons-nous que le citoyen n'est une personne et n'a droit à vivre que dans la mesure où la société le lui concède? Enfin, si la société crée le droit de propriété, la société peut pareillement l'anéantir; et voici la cause du socialisme gagnée, à la seule condition qu'il arrive à saisir les rênes du gouvernement (1).

(1) Stuart Mill n'hésite pas à concéder ce droit à la société ; car, partant de la distribution des richesses, il émet cette étrange sentence : « Dans l'état social, lorsqu'il s'agit de toute autre situation que la solitude absolue, cette faculté de disposer des choses (*de la richesse*) ne peut exister que du consentement de la société, et même ce qu'un individu a produit par ses efforts individuels, sans être aidé par personne, il ne peut le garder qu'avec l'assentiment de la société. Non seulement la société peut le lui enlever, mais des individus le pourraient et le feraient si la société restait seulement passive, si elle n'in-

8. D'autres économistes ont puisé à d'autres sources pour expliquer la propriété. La plupart la justifient par les grands avantages qu'elle apporte et qui sont tels qu'elle profite à ceux mêmes qui en sont privés. De ce nombre est Droz, qui s'exprime ainsi : « Quand la terre est sans possesseurs, qui voudrait la cultiver avec soin ? lui consacrer son labeur et ses épargnes ? Quelques travaux passagers, les seuls qu'on ose faire quand on n'est pas certain de recueillir, ajoutent peu de productions aux fruits spontanés et sauvages ; la population est rare et misérable. Dès que la propriété territoriale est établie, une nouvelle ère commence ; les produits se multiplient, la population s'accroît avec eux. Dans cet état nouveau de la société, il se fait une grande division de travail entre les hommes qui tirent du sol les denrées, les matières premières, et ceux qui s'adonnent aux arts nécessaires pour mettre en œuvre les richesses. Les deux classes, également laborieuses, voient leur bien-être résulter de l'activité de leurs travaux et de leurs échanges. Bientôt les produits matériels deviennent assez communs pour que les hommes puissent se consacrer tout entiers à donner des produits immatériels. Ainsi, nous devons à la propriété territoriale l'accroissement de la population, de l'aisance, et l'exercice des plus nobles facultés ; nous lui devons le développement des forces, des richesses, et de l'intelligence du genre humain (1). »

9. Tout cela est vrai. Néanmoins les adversaires pourraient répondre : Nous voyons ce que vous dites ; mais nous voyons en même temps la société se diviser de plus en plus en deux classes, l'une composée d'extrêmement riches, l'autre de mi-

tervenait pas *en masse*, si elle n'employait ou ne payait d'autres individus pour empêcher qu'il ne fût troublé dans la jouissance de ce qu'il possède. » *Principes d'économie politique*, livre II, chap. I. A dire vrai, la porte a été ouverte toute grande au socialisme par une grande partie des économistes modernes.

(1) Endroit cité plus haut.

sérables. L'Angleterre en est la preuve, avec son paupérisme
et les haillons livides des paysans d'Irlande. Si d'après vous
la propriété est légitime, par les avantages qu'elle procure,
nous, avec un droit égal, nous la déclarons injuste, à cause
des inconvénients qu'elle présente. Tout consiste à décider
lequel des deux côtés l'emporte.

Nous ne nions pas que l'on doive cultiver la terre ; mais
nous voulons la cultiver, comme des maîtres, en commun,
et non comme des mendiants et des esclaves d'autrui.

Mais même en dehors de cela, l'utilité ne suffit pas pour
constituer le droit. « C'est se tromper au point de départ, dit
très justement Minghetti, que de fonder la défense de la propriété foncière uniquement sur des raisons économiques. En
effet, l'erreur des socialistes n'étant pas seulement erreur
d'économie, mais aussi et surtout de morale et de droit, il est
besoin de remonter à ces sources pour les réfuter. Les raisons
économiques peuvent nous démontrer les avantages privés
et publics, je dirai aussi la nécessité de la propriété foncière,
mais n'atteignent pas le but, et il faut qu'une science supérieure revête de sa sanction ce principe matériel (1). » Si vous
ne démontrez que le droit de propriété individuelle tire
son origine de la nature, avec tous vos discours vous n'au-
rez fait que battre l'eau dans le mortier, suivant le proverbe.

10. D'autres économistes s'efforcent de défendre le droit de
propriété en le rattachant à l'idée de travail. Tout homme a
le droit de regarder comme lui appartenant le fruit de son
labeur. Il n'est pas un socialiste qui ose contester une telle
vérité. A qui appartient la cause, appartient l'effet, et le travail, sans aucun doute, est une chose appartenant à celui qui
travaille. Or, c'est précisément le travail qui est l'origine de
la propriété. Ces champs, luxuriants de récoltes et d'arbres
fruitiers, furent jadis des landes désertes ou des marais mal-
sains. Le travail pénible et persévérant de cultivateurs industrieux les a desséchées, les a défrichées, en a fait des

(1) *Des rapports de l'économie publique, etc.*, livre II.

campagnes fertiles et florissantes, en les baignant de leur
sueur. Or n'est-il pas juste que celui qui a supporté de si
durs travaux jouisse du fruit de ses efforts ?

Cette argumentation, elle aussi, est vraie, mais elle est in-
complète. Sans doute, il est vrai que le travail est une source
de la propriété ; mais il n'en est pas la source première, la
source originaire. Si vous vous construisez une maison, cette
maison est à vous. Mais, pour que vous ayez pu la construire,
il a fallu auparavant que le sol sur lequel vous l'avez cons-
truite fût à vous, il a fallu que les pierres, le ciment, le bois
fussent à vous, ainsi que tout ce qui est nécessaire pour une
construction semblable. Or ce qu'il s'agit précisément d'expliquer, c'est comment vous pouvez dire avec justice que ce
terrain et ces matériaux sont à vous, alors qu'ils étaient des
dons de la nature, attribués non pas à vous en particulier,
mais à tous en général.

Et pour nous en tenir strictement à la question principale
qui nous occupe, celle de la propriété territoriale, vous avez
labouré les campagnes ; mais ces campagnes n'étaient pas à
vous : elles étaient l'apanage du genre humain tout entier.
Si vous avez donc exercé vos forces sur le terrain d'autrui,
de quel droit vous l'appropriez-vous ? Vous dites que vous
lui avez donné la fertilité. Soit ; mais qui vous a prié de
prendre cette peine ? Du reste, c'est là une exagération de
votre part. La fertilité était innée dans ce sol. Vous n'avez
fait qu'aider à son développement, et encore à l'aide d'autres
forces naturelles dont vous vous êtes servi et qui pareillement étaient un don de la nature. Quelle preuve apportez-
vous que ce don vous ait été fait ? Montrez-nous l'acte duquel
vous tenez cette donation ?

11. Pour prévenir de si pressantes objections, Carey a inventé une ingénieuse théorie, qui a été plus amplement développée par Bastiat. Celui-ci, pour fermer la bouche aux
socialistes, leur a dit : Vous croyez que le propriétaire d'une
terre usurpe à son profit les utilités qui proviennent de la
fécondité ou des autres forces également naturelles? Vous

êtes dans l'erreur. Le propriétaire, en échangeant les produits du sol, ne reçoit d'autre rémunération que celle qui correspond au travail : tout le reste il vous le donne gratuitement. Ce qui constitue la valeur d'un objet dans les échanges
est uniquement la peine que l'on a prise à le produire ;
aucune partie n'en est attribuée à l'utilité de ce produit.

Nous avons exposé plus haut cette théorie (1), et nous en
avo. fait voir la fausseté. Dans l'achat et dans la vente, l'objet
est offert et demandé en tant qu'il est utile et suivant le prix
courant, sans qu'il soit tenu compte de la quantité de travail
employée à le produire. Il serait curieux que, pour justifier
le prix extraordinaire qu'il prétendrait tirer de sa marchandise, un vendeur vint alléguer qu'elle lui a coûté plus de
peine qu'aux autres. Qu'importe ? lui répondrait l'acheteur,
j'entends ne la payer que ce qu'elle *vaut ;* et par ce qu'elle
vaut, j'entends ce qu'elle est estimée communément ; or l'estimation commune est en rapport, non pas avec le labeur dont
la marchandise a pu être l'objet, mais avec l'utilité qu'elle
présente et sa rareté plus ou moins grande. Lorsque je me
résous à payer vingt francs une bouteille de bordeaux, est-ce
pour indemniser le producteur de sa peine ? En ce cas, je
ne devrais pas le payer beaucoup plus de cinq sous, le prix
que coûte une bouteille d'Asprino d'Aversa (2); car le travail
nécessité par la production de l'un ou l'autre vin est à peu
près le même.

12. Ces observations, nous les avons déjà faites ailleurs. Ce
qu'il importe de noter ici, c'est le renfort qu'apporte au socialisme une semblable théorie. Elle concède que les agents naturels ne sont pas susceptibles d'appropriation, puisqu'elle
établit qu'ils n'entrent pas à titre d'élément dans les échan-

---

(1) Première partie, ch. IV, art. IV.
(2)   « *Quel d'Aversa orrido Asprino,*
              Che non so s'è agresto o vino. »
Cet horrible Asprino d'Aversa, dont je ne saurais dire si c'est du
verjus ou du vin. (REDI, dithyrambe.)

ges ; or, tout le monde voit que tout ce qui est susceptible
d'appropriation est susceptible d'échange. Or si les agents naturels ne sont pas susceptibles d'appropriation, personne n'a
le droit de dire, à l'exclusion des autres: Cette terre, cette
mine, ce lac est à moi.

Et que l'on ne vienne pas répondre par cette espèce de plaisanterie: Je n'exclus personne de la possession de la terre,
considérée comme agent naturel ; je ne fais exclusion que
pour le fruit de mon labeur; car, en vendant les produits du
sol, je ne fais payer que le travail qu'ils m'ont coûté ; l'utilité qui provient de la fécondité du sol est donnée par moi sans
indemnité. Car à qui parlerait ainsi, on pourrait répliquer sur
le même ton : Eh bien ! puisque votre droit de propriété ne
porte pas sur le sol, et que dans les échanges vous n'exigez
rien de ce chef, changeons un peu les rôles : dorénavant je
prendrai à votre place possession de vos champs et j'y appli-
querai mon travail, je vous le ferai seul payer dans nos
marchés; quant à l'utilité, je vous la donnerai gratis, de la
même manière que vous l'avez donnée jusqu'ici.

Doucement, reprendriez-vous; indemnisez-moi d'abord de
tous les travaux, de tous les capitaux que mes aïeux et moi
avons incorporés dans ce sol, en le domptant, en l'engrais-
sant, en le plantant d'arbres, en l'améliorant de toute façon.

Vos travaux, vos capitaux, vous répondrait-on, vous ont
été suffisamment remboursés par les revenus annuels que
vous avez encaissés jusqu'ici. Et si vous voulez soutenir que
la recette n'a pas encore égalé la dépense (ce qui ne paraît
pas vraisemblable), je trancherai la question en disant que ce
fut de votre part une imprudence que d'engloutir tant de
capitaux et tant de travaux dans une chose qui, par nature,
n'était pas un sujet de propriété, et l'imprudence ne se paie pas.

Mais ne perdons pas notre temps à combattre des théories
que le bon sens suffit pour réfuter, et tâchons d'établir par
de meilleurs arguments le droit de propriété.

ARTICLE III.

La propriété privée est naturelle à l'homme.

13. Nous appelons naturel non seulement ce que la nature met à effet par elle-même, mais encore ce qui répond à son dessein. Ainsi nous disons que la société civile est une institution naturelle à l'homme, non que la nature l'ait établie par elle-même (puisqu'au contraire elle a fait naître le genre humain d'un couple unique), mais parce qu'il est dans l'ordre de la nature que l'homme né se disperse pas en familles isolées, mais vive groupé en associations civiles. Quant au dessein de la nature, on le reconnaît facilement en considérant les conditions de vie et les penchants naturels du sujet dont il s'agit et les moyens dont il a besoin pour les satisfaire.

14. Dès lors il est facile de comprendre que la propriété stable est naturelle à l'homme, la nature ayant voulu que, partout où il pouvait le faire licitement, c'est-à-dire, sans nuire à autrui, il devint possesseur des choses productives. Il est manifeste que l'homme, pour vivre, a besoin des animaux inférieurs et des plantes. Or, la nature ne laisse rien dans un état imparfait, et ne fait rien inutilement. Donc il est manifeste que la nature a fait les plantes et les animaux pour subvenir aux besoins de l'homme. Mais quand quelqu'un prend possession de ce que la nature a fait pour lui, cette prise de possession est naturelle. Donc l'acte par lequel on s'approprie les choses nécessaires à la vie dont nous venons de parler est un acte naturel. « *Manifestum est quod homo indiget ad suam vitam aliis animalibus et plantis, sed natura neque dimittit aliquid imperfectum, neque facit aliquid frustra. Ergo manifestum est quod natura fecit animalia et plantas propter hominem. Sed quando aliquis acquirit id quod natura propter ipsum fecit, est naturalis acquisitio. Ergo possessiva, qua hujusmodi acquiruntur, quæ pertinent ad necessitatem vitæ,*

est naturalis (1). C'est ainsi que parle saint Thomas dans son commentaire du premier livre de la Politique d'Aristote.

De ce que l'acquisition des choses nécessaires est conforme à la nature, le saint Docteur conclut avec raison que la prise de possession, ou l'appropriation, de ce qui les produit est également dans l'ordre naturel : *Ergo possessiva* (c'est le terme par lequel saint Thomas exprime ordinairement la propriété), *qua hujusmodi acquiruntur, quæ pertinent ad necessitatem vitæ, est naturalis.* L'homme en effet, comme être raisonnable, est un être prévoyant. Or la prévoyance exige qu'il subvienne non seulement au besoin présent, mais au besoin à venir : ce qui ne peut se faire sans la possession stable des choses productives. Si les besoins de l'homme cessaient, une fois qu'ils ont été satisfaits, cette prise de possession ne serait certainement pas dans le dessein de la nature. Mais l'homme est ainsi fait qu'il a des besoins chaque jour renaissants. Pour s'assurer contre les effets de leur retour constant, il est raisonnable qu'il cherche à s'approprier non seulement les fruits de la terre, mais le fonds même sur lequel ces fruits se recueillent. La stabilité du besoin mène à la stabilité de la possession. Cette raison prend une valeur encore plus grande, si l'on considère non plus l'homme isolé, mais l'homme domestique, et l'obligation qu'a le père de pourvoir à l'avenir de ses enfants.

15. D'autant plus que ce fonds, pour donner ses fruits, réclame des soins et du travail; que l'élevage des animaux, la culture et la terre exigent un labeur incessant. Or qui voulez-vous qui élève, par exemple, un troupeau de vaches, s'il est permis à tout autre d'en prendre le lait et de s'emparer des veaux ? Et qui voulez-vous qui s'épuise à cultiver un terrain, si les récoltes peuvent être moissonnées par le premier venu ? L'élevage des bestiaux, la culture des champs, ne peuvent avoir lieu que si celui qui doit y consacrer ses soins est assuré de les donner à une chose qui lui appartient et dont on ne pourra le dépouiller justement.

(1) *Politique*, livre, I, leçon VI.

Ici, comme on le voit, nous faisons entrer le travail en ligne de compte; mais non pas (suivant la théorie que nous avons réfutée plus haut) comme générateur de la propriété du sol : nous l'y faisons entrer seulement comme but de l'appropriation du sol Il n'est pas possible que le sol soit labouré, si on ne le présuppose appartenant au laboureur; mais le laboureur n'est autorisé par la nature à l'occuper et à le garder comme sien qu'afin de le labourer.

Il y a trois choses à distinguer avec soin en cette matière: la cause efficiente, la fin, la détermination concrète. La cause efficiente de la propriété est la nature, qui a produit les champs, non pour qu'ils demeurassent abandonnés en commun à la merci de tous (chose absurde et nuisible au bien de l'homme), mais pour qu'ils devinssent la propriété individuelle de ceux qui, par préférence aux autres, ont acquis sur eux un droit légitime. Quant à la détermination concrète de cette concession générique de la nature, elle procède de la première occupation, en vertu de laquelle telle ou telle portion de terre devient la propriété de celui qui, par un acte de sa libre volonté extérieurement manifesté, se l'est appropriée. Enfin, l'ordre ainsi établi par la nature l'a été à cette fin que les biens produits par elles fructifiassent abondamment au moyen du travail. *Remplissez la terre et subjuguez-la*, a dit Dieu à l'homme en la personne d'Adam (1). Or, comment subjugue-t-on la terre? En la contraignant à donner en abondance les fruits dont l'homme a besoin : ce qui ne peut être obtenu que par le travail qu'on lui fait subir.

16. Saint Thomas, pour démontrer que la propriété privée dérive de la nature, fait valoir les raisons suivantes : La première est que chacun donne des soins plus assidus à une chose qui le regarde qu'il n'en donnerait à un bien absolument commun et que plusieurs posséderaient ensemble; car, en pareil cas, chacun évite le travail et renvoie aux autres ce

---

(1) *Crescite et multiplicamini et replete terram et subjicite eam*, Genèse, I, 28.

qui regarde le bien de tous, comme on le voit souvent là où
il y a un grand nombre de serviteurs. La seconde raison est
qu'un ordre plus parfait règne dans les choses humaines
quand le soin de chaque chose en particulier revient de droit
aux individus; tandis que la confusion régnerait si les soins
de chaque individu se portaient indistinctement sur toutes
choses. La troisième raison est que la paix se conserve mieux
parmi les hommes, chacun pouvant mieux se contenter de
son bien; d'où vient que parmi ceux qui possèdent une chose
en commun et par indivis, on voit de fréquentes querelles,
chacun voulant avoir plus qu'il ne lui revient raisonna-
blement (1).

17. On voit ainsi que l'argument des économistes, tiré de la
nécessité de la propriété individuelle pour le développement
de la civilisation humaine, peut prendre une valeur démons-
trative, si l'on en use dans la mesure convenable. « L'histoire,
dit Pellegrino Rossi, nous apprend que l'appropriation de la
terre n'est inconnue qu'aux peuplades sauvages et aux tri-
bus nomades. Demeures fixes, appropriation du sol et société
régulière, ce sont là trois idées qui n'ont jamais été séparées
l'une de l'autre dans l'esprit de l'homme, trois faits que l'histoire nous présente toujours réunis..... Sans l'appropriation
du sol, il n'y a ni société régulière ni civilisation. Propriété
incertaine et barbarie sont des faits qui se sont toujours et
partout traduits l'un par l'autre (2). »

C'est vrai. Mais pour prouver le droit, il faut le rattacher
aux desseins de la nature. Il faut raisonner à peu près ainsi :
Sans la propriété individuelle, il n'y a de possible ni société

_____

(1) *Somme théologique*, ii, 2 ; q. LXVI, art. 2. Le dernier membre de
phrase n'est pas dans le texte original et a été ajouté par le P.
Liberatore. Du reste, la traduction de ce dernier n'est qu'une paraphrase, à laquelle nous avons substitué le texte même de saint Thomas,
d'après la traduction de Lachat. (*Note du traducteur.*)

(2) *Cours d'économie politique*, second semestre, leçon i.

bien réglée et paisible, ni civilisation. Mais la nature veut la société réglée et paisible, ainsi que la civilisation. Donc la nature veut la propriété individuelle. Mais ce que veut la nature est de droit naturel. Donc la propriété individuelle est de droit naturel.

Enfin on peut encore argumenter ainsi : Ce qui a par soi-même le consentement de toutes les nations civilisées ne peut procéder que de la nature. Mais la propriété individuelle a pour elle le consentement de toutes les nations civilisées. Donc elle ne peut procéder que de la nature.

L'examen des objections fera briller encore davantage cette vérité.

ARTICLE IV.

Réponse à quelques objections.

18. I. Les anciens juristes ont enseigné que la propriété n'appartient pas au *droit naturel*, mais au *droit des gens*. Donc elle ne procède pas d'un ordre établi par la nature.

Cette objection vient de ce que l'on ne comprend pas bien la différence que les anciens jurisconsultes faisaient entre le droit naturel et le droit des gens. Ils les distinguaient l'un de l'autre, non par leur origine, comme si tous deux ne procédaient pas de la nature, mais par leur objet, en ce sens que, suivant eux, le droit naturel est celui qui regarde ce qui répond à l'instinct animal et ce qui est par conséquent commun aux brutes elles-mêmes, comme la génération, et le droit des gens est celui qui regarde ce qui répond aux enseignements de la raison et ce qui est par conséquent propre à l'homme seul. Telle était la propriété. *Jus naturale est, quod natura omnia animalia docuit ; nam illud non humani generis proprium est, sed omnium animalium, quæ in cœlo, quæ in terra, quæ in mari nascuntur. Hinc descendit maris atque feminæ conjunctio, quam nos matrimonium appellamus; hinc liberorum procrea-tio, hinc educatio; videmus etenim cetera quoque animalia istius juris perita censeri... Quod vero naturalis ratio inter omnes homines constituit, id apud omnes peræque custoditur, vocaturque jus gentium, quasi quod jure omnes utuntur* (1). Ainsi parlent les Institutes de Justinien, plaçant le droit des gens parmi les institutions de la nature : *Quod naturalis ratio inter omnes homines constituit.* Ce qui est une institution de la raison est une institution de la nature ; attendu que la raison dans l'homme est de nature.

Mais cette distinction du droit naturel et du droit des gens, ainsi que les raisons pour lesquelles la propriété appartient au second et non au premier, bien qu'elle soit justement considérée comme procédant de la nature, seront le sujet du chapitre suivant.

19. II. La propriété résulterait de l'occupation. Or, l'occupation est un fait ; et le fait ne constitue pas le droit.

Distinguons : La propriété résulterait de l'occupation, comme d'un principe déterminant, *concedo* ; comme d'un principe constitutif du droit, *nego.* Le principe constitutif du droit de propriété est la nature, qui a donné à l'homme la souveraineté sur les choses inférieures, comme étant faites pour lui, et qui l'a rendu prévoyant et sociable, et par conséquent capable de posséder d'une manière durable. L'occupation ne fait que déterminer cette capacité par rapport à une chose qui n'appartient pas à d'autres et dont on peut se rendre maitre sans nuire à personne. C'est en effet un caractère commun à toute espèce de droit, de ne dériver de la nature que dans un mode indéterminé et abstrait ; pour devenir concret et individuel, le droit a toujours besoin d'un fait. Le consentement des époux est un fait ; c'est lui pourtant qui détermine d'une manière concrète le droit conjugal. La génération aussi est un fait ; et c'est ce fait qui détermine en particulier le droit paternel. C'est la même chose qui se passe ici, toute proportion gardée. L'occupation est un fait, mais c'est un fait qui sert à déterminer un droit que l'homme tient de la nature

(1) *Institutes*, livre, I, titre II.

dans un mode indéterminé. Si l'on nie la légitimité de l'occupation, non seulement la propriété immobilière tombe, mais avec elle la propriété mobilière. Vous chassez au bois, et vous tuez un sanglier ou un cerf, que vous considérez comme votre propriété. Pourquoi? parce que, n'étant à personne, vous l'avez acquis par voie d'occupation, grâce à votre fusil. Si l'occupation n'est pas reconnue pour un titre suffisant, vous devez le mettre en commun. Trouvez-vous cela juste?

20. III. La terre a été douée par Dieu de fertilité pour que tous vécussent de ses produits. Elle est donc, par institution divine, un patrimoine commun. Se l'approprier est un attentat contre l'ordre voulu par Dieu, et c'est un véritable vol au préjudice du genre humain. Exclure un seul homme de la possession de la terre, c'est le priver du droit à la vie, parce que c'est le priver des fruits de la terre destinés à conserver sa vie.

Grande est la confusion d'idées que ce raisonnement renferme. Tâchons brièvement d'y faire pénétrer la distinction. Dieu, sans doute, a rendu la terre féconde pour qu'elle fournît à l'homme sa nourriture ; mais il n'a pas entendu qu'elle la lui fournît sans devenir *divisément* la propriété de personne en particulier. S'il en eût été autrement, non seulement les individus, mais les peuples eux-mêmes tout entiers n'auraient pu s'en approprier aucune partie. Dès lors les invasions étrangères, par rapport à chaque nation, seraient de droit divin. Quand les barbares fondirent sur l'Italie, ils auraient pu dire : Nous ne vous faisons aucun tort ; car la terre est l'héritage de tous. A quel titre en avez-vous usurpé la plus belle et la plus fertile contrée? Que l'on y prenne garde : il n'est pas possible d'attaquer le droit de propriété individuelle sans attaquer implicitement le droit de propriété nationale. La raison de l'une et de l'autre est la même ; et, pour l'une comme pour l'autre, il faut reconnaître la légitimité de l'occupation.

Comme le fait justement observer saint Thomas, on peut dire de la terre qu'elle est le patrimoine commun, mais dans un sens *négatif*, non dans un sens *positif*; c'est-à-dire qu'aucune partie n'en a été donnée par Dieu à tel ou tel en particulier, mais que Dieu non plus n'a pas ordonné qu'elle restât en commun. Au contraire, Dieu l'a créée *susceptible d'appropriation*, parce qu'il l'a créée *cultivable*; la culture efficace, bien réglée et paisible exige la division de la terre en possessions durables et individuelles. D'où il résulte que la propriété n'est pas contraire au droit naturel primitif, mais y a été ajoutée par l'effet de la raison humaine: *Communitas rerum attribuitur juri naturali, non quia jus naturale dictat omnia esse possidenda communiter, et nihil esse quasi proprium possidendum; sed quia secundum jus naturæ non est distinctio possessionum... Unde proprietas possessionum non est contra jus naturale, sed juri naturali superadditum per adinventionem rationis humanæ* (1).

Puis, venir dire que la propriété prive ceux qui ne possèdent pas du droit à la vie est une pure invention. Ne voyons-nous pas beaucoup de propriétaires réduits par l'exiguïté de leurs revenus à traîner péniblement leur vie, tandis qu'au contraire nombre de gens, sans un palme de terre au soleil, vivent dans l'opulence, parce qu'ils ont réussi dans l'industrie ou dans le commerce? L'homme, pour vivre, a certainement besoin de pain; mais, pour avoir du pain, il n'est pas besoin de posséder le sol qui le produit. Quand Dieu a dit à l'homme: *In sudore vultus tui vesceris pane* (2), par ces mots « la sueur de ton front », il a voulu dire la fatigue, le travail. Voilà le vrai moyen, qui est commun à tous, de vivre; et il n'est pas rare de voir, par l'effet du travail, de simples ouvriers s'élever jusqu'à la propriété et jusqu'à la richesse. Si toute marchan-

---

(1) *Somme théol.*, II, 2, q. LXVI, a. 2, 1. On voit par ce seul passage combien la pensée de S. Thomas a été mal interprétée lorsqu'on lui a fait dire que, *sans résulter de la loi naturelle, la propriété ne lui est pas contraire, et qu'alors son utilité justifie la convention humaine qui l'a établie.* (*Note du traducteur.*)

(2) *Genèse*, III, 19.

dise est du pain, puisque l'on peut l'échanger contre du pain, à plus forte raison le travail qui le produit est-il du pain, et donne-t-il droit a recevoir le pain comme rétribution. Certainement c'est de la terre que doit sortir la nourriture de tous ; mais, pour que tous aient leur part de nourriture, il n'est pas besoin que tous possèdent un morceau de cette terre. Ceux qui ne possèdent point de terre auront leur part, soit en vertu de leur travail, soit, s'ils ne peuvent travailler, en vertu de l'obligation imposée aux possesseurs de la terre de donner le superflu de leurs revenus aux pauvres, comme nous le verrons plus amplement lorsque nous traiterons du devoir de la bienfaisance.

21. IV. Mais, répliquera-t-on, il n'est pas possible de nier que la propriété amène une inégalité de conditions parmi les hommes ; et cette inégalité est contraire au dessein de la nature, qui veut tous les hommes égaux.

La propriété amène l'inégalité parmi les hommes, de la même manière que l'industrie, le commerce et tout emploi de l'activité humaine fait avec jugement et avec énergie. Plus on travaille, plus on fait d'efforts, plus on s'aide soi-même, plus on gagne. Et en gagnant plus, si l'on est économe, si l'on est honnête, intelligent, on peut réaliser de plus grandes épargnes et édifier à son profit une fortune qui soit une source de richesses nouvelles. Voilà l'inégalité arrivée par une autre voie que la possession territoriale. Que ferons-nous donc ? Par amour de l'égalité, abolirons-nous l'épargne, l'adresse, la tempérance, l'honnêteté des mœurs ? Le plus curieux, c'est que les fauteurs de l'égalité prônent en même temps la liberté. Et ils ne comprennent pas que liberté et égalité sont deux termes qui s'excluent mutuellement. Deux êtres libres ne pourraient pas un seul jour se maintenir dans l'égalité. Leurs actions, par cela même qu'elles seraient libres, seraient diverses et auraient pour conséquence la diversité dans les effets qu'elles produiraient, soit dans l'ordre moral, soit dans l'ordre juridique, soit dans l'ordre économique.

D'ailleurs, la nature est si loin de vouloir l'égalité qu'elle

manifeste clairement la volonté contraire. Autrement, elle
produirait les hommes égaux en tout, tandis qu'au contraire
elle les produit inégaux, tant dans les forces du corps que dans
les qualités de l'esprit. En outre, si la nature voulait l'égalité
des conditions, elle ne destinerait pas l'homme à vivre en
société. La société, comme tout le monde le comprend de soi-
même, exige essentiellement l'inégalité, vu qu'elle n'est pas
un simple amas de parties, mais qu'elle est un organisme et
par conséquent le résultat d'un assemblage de parties dissemblables. La seule égalité que la nature exige, est celle qui
regarde la dignité personnelle et l'inviolabilité des droits de
chacun. Mais ce point est en dehors de la question économique ;
c'est une question de droit.

D'autres objections pourraient être tirées du misérable
état auquel l'ouvrier est souvent réduit ; mais elles viendront
dans les chapitres suivants.

CHAPITRE II.

ENSEIGNEMENTS DES DOCTEURS CATHOLIQUES CONCERNANT LE DROIT DE PROPRIÉTÉ, ET NOTAMMENT LE DROIT DE PROPRIÉTÉ RURALE.

22. Une Revue irlandaise, que, par un sentiment de délicatesse, je ne veux pas nommer, a publié, dans le mois d'octobre et dans le mois de novembre de l'année 1887, deux articles intitulés : *La Théologie et la nationalisation de la terre* (the theology of land nationalization), qui ont pour but de démontrer qu'il n'y a rien dans l'enseignement de la théologie catholique qui nie à l'Etat le droit de se rendre propriétaire exclusif de toutes les terres, en abolissant la propriété privée. Je crois de la dernière importance de discuter ce point, pour prévenir les conséquences que l'on pourrait tirer d'une pareille assertion au profit des idées socialistes ; et, comme les deux articles de la Revue irlandaise dont nous venons de parler traitent la question d'une manière assez subtile, il nous suffira de les prendre comme matière de notre discussion.

ARTICLE 1.

En quel sens les anciens docteurs catholiques distinguaient le droit des gens du droit naturel.

23. Les écoles théologiques (dit l'auteur des deux articles précités) n'ont pas traité explicitement la question de la *propriété territoriale*, ignorants qu'ils étaient de la théorie mo-

derne, qui fait de la terre le sujet d'une controverse toute
différente de celle à laquelle donne lieu la possession des autres
choses. Elles n'en parlent qu'implicitement, en s'occupant de
la propriété en général et notamment du *jus stabilis proprie-*
talis. Or voici sur ce point leurs conclusions. Le droit de *pro-*
priété privée, ou *individuelle*, appartient au droit des gens,
jus gentium. Le droit des gens est tout à fait distinct du droit
naturel, et est une loi *humaine positive.* C'est donc la doctrine
des théologiens que le droit des gens doit sa force obligatoire à
la libre volonté humaine ; ses règles, bien que suggérées pour
la plupart par les besoins de notre nature, ne nous sont suggérées toutefois que comme utiles et expédientes, et non
comme obligatoires. Il s'ensuit qu'elles peuvent en certains cas
être abrogées, révoquées ou modifiées, valablement et justement. C'est ainsi qu'il en est de la propriété privée : n'étant
que le produit d'une législation humaine positive, elle peut
être abolie par cette même législation.

24. Examinons successivement les affirmations qui précèdent.

Il est vrai que, depuis l'apparition du socialisme moderne,
on a commencé à faire de la propriété foncière une question
toute spéciale, parce que c'est principalement ce genre de
propriété que le socialisme a pris pour but de ses attaques.
Il est vrai aussi que la terre, avec tout ce qu'elle renferme,
non seulement les minéraux et les plantes, mais encore les
animaux terrestres, aériens et aquatiques, a été donnée immédiatement par Dieu à tout le genre humain, pour qu'il l'ha-
bitât et en tirât ses aliments ainsi que la matière de ses travaux. Mais il est faux que les écoles catholiques aient
négligé cette question, parce qu'ils ignoraient l'importance
spéciale que lui donnent aujourd'hui les modernes. Si les
docteurs catholiques, comme l'auteur des deux articles le
concède, ont parlé du droit de propriété *stable*, ils ont par
cela même parlé, non seulement implicitement, mais explicitement, du droit de propriété de la terre. La propriété est dite
stable en tant qu'elle concerne les mâtières immeubles, parmi

lesquelles la terre tient le premier rang. Les maisons sont dites immeubles, en tant que le sol sur lequel elles sont construites est immobile. De plus, les docteurs catholiques, en traitant de la propriété individuelle, ont presque toujours pris pour exemple la division des champs, *divisio agrorum, proprietas possessionum*, et ont tiré du domaine territorial les objections à résoudre. Mais laissons ; ce qui importe au fond, c'est le sens dans lequel l'auteur des deux articles veut que les théologiens aient pris le *jus gentium*.

25. Les anciens juristes avaient divisé le droit privé en trois espèces : le droit naturel, le droit des gens, le droit civil : *Privatum jus tripartitum est : collectum etenim est ex naturalibus præceptis, aut gentium, aut civilibus.* Ils appelaient droit naturel celui qui regarde les actions qui sont communes à l'homme et aux animaux, comme la génération et l'éducation des enfants. *Jus naturale est quod natura omnia animalia docuit. Nam jus, istud non humani generis proprium, sed omnium animalium, quæ in terra, quæ in mari nascuntur, avium quoque commune est* (1). *Hinc descendit maris atque feminæ conjunctio, quam nos matrimonium appellamus; hinc liberorum procreatio ; hinc educatio.* Si le droit regarde les actions propres à l'homme seul, comme par exemple le culte de Dieu, l'obéissance aux parents, l'amour de la patrie, la défense contre d'injustes agresseurs, la division des biens, le commerce, etc., on l'appelle droit des gens. *Jus gentium est, quo gentes humanæ utuntur, veluti erga Deum religio, ut parentibus et patriæ pareamus, ut vim atque injuriam propulsemus. Et hoc jure gentium introducta bella, discretæ gentes, regna condita, dominia distincta, agris termini positi, ædificia collocata, commercium, emptiones, vendi-*

---

(1) Il ne faut pas perdre de vue qu'ici, le *jus naturel* est dit *commun* aux hommes et aux animaux, *matériellement* et non *formellement,* comme quelques théologiens ont eu soin de le noter, c'est-à-dire quant à la *chose* qui fait l'objet du droit, et non quant à la *raison* du droit ou de la loi, qui ne peut appartenir qu'à l'être raisonnable seul.

tiones, locationes, conductiones, obligationes institutæ. Enfin,
le droit civil est celui que chaque peuple établit pour sa
propre utilité et son gouvernement particulier. *Quod quisque
populus ipse sibi jus constituit, id ipsius proprium civitatis est,
vocaturque jus civile, quas jus proprium ipsius civitatis* (1).

Comme on le voit, le droit des gens est pris ici dans une
acception extrêmement large. Car on lui attribue, non seulement le commerce, les contrats de tout genre, l'obéissance
aux parents et aux lois de la patrie (qui sont certainement
des impulsions de la nature), mais la religion même envers
Dieu, le premier et le principal des devoirs de l'homme :
*Diliges Dominum Deum tuum... Hoc est maximum et primum
mandatum* (2).

26. Les théologiens catholiques n'ont pas rejeté *substantiel-
lement* cette doctrine ; ils l'ont seulement expliquée et y ont
introduit des distinctions mieux définies, en remontant à la
raison formelle des trois espèces de droit et en partant de là
pour établir un critérium qui permit de discerner d'une manière plus précise et plus exacte les règles propres à chacun.

C'est ce qu'il nous suffira de voir dans saint Thomas, le
maître de tous les autres théologiens, dont il a perfectionné
la doctrine, et qui par ce motif est appelé l'Ange de l'école.
Il a d'abord séparé le *jus* naturel du *jus* positif, l'un regardant ce qui est juste, ou adéquat à quelqu'un, par la nature
même de la chose, *ex ipsa natura rei* ; et l'autre regardant
ce qui devient juste, ou par une convention particulière,
ou par un acte de la volonté publique, *ex condicto, sive ex
communi placito.* Citons le passage en entier : « Le droit ou le
juste, dit saint Thomas, est une œuvre adéquate ou égale à
un autre sous un rapport quelconque. Or, une chose peut
être adéquate aux yeux d'un homme de deux manières : d'a-
bord par la nature même de la chose, quand un homme, par

(1) *Pandectes*, I, titre I.
(2) S. MATTHIEU, XXII, 38.

exemple, dónne une chose pour recevoir exactement *la même valeur* ; et c'est ce qu'on appelle le *droit naturel*. Une chose, en second lieu, est adéquate à une autre par suite d'une mesure établie ou d'une convention faite, quand un homme, par exemple, se tient pour satisfait si on lui donne *telle chose*. Et ceci encore peut arriver de deux manières : ou bien en vertu d'une convention particulière, comme dans les affaires qui se règlent par un accord entre personnes privées ; ou bien en vertu d'une convention publique, comme quand tout le peuple consent à ce qu'une chose soit tenue pour adéquate, ou égale à une autre, ce qui peut également être sanctionné par le prince qui gouverne ce peuple et le représente ; c'est là ce qu'on appelle le *droit positif* (1) ».

27. Après avoir ainsi établi la différence qui existe entre le *juste* ou *jus* *naturel* et le *juste* ou *jus* *positif*, saint Thomas agite la question suivante : Le droit des gens est-il une seule et même chose avec le droit naturel ? *Utrum jus gentium sit idem cum jure naturali ?* Il répond que l'un se distingue de l'autre comme une partie d'une autre partie d'un même tout : c'est-à-dire que, laissant le nom de *jus naturale* à cette espèce de *juste* ou de droit naturel qui est telle d'une manière absolue, comme il en est du mariage ou de l'éducation des enfants, on doit donner le nom de *jus gentium* à cette espèce de *juste* ou

(1) *Jus, sive justum, est aliquod opus adæquatum alteri, secundum aliquem æqualitatis modum. Dupliciter autem potest alicui homini esse aliquid adæquatum. Uno quidem modo ex ipsa natura rei ; puta cum aliquis tantum dat ut tantumdem recipiat, et hoc vocatur jus naturale. Alio modo aliquid est adæquatum vel commensuratum alteri ex condicto, sive ex communi placito, quando scilicet aliquis reputat se contentum si tantum accipiat. Quod quidem potest fieri dupliciter : uno modo per aliquod privatum condictum, sicut quod firmatur aliquo pacto inter privatas personas; alio modo ex condicto publico, puta cum totus populus consentit, quod aliquid habeatur quasi adæquatum et commensuratum alteri, vel cum hoc ordinat Princeps qui curam populi habet et ejus personam gerit ; et hcc dicitur jus positivum. Somme th.,* II, 2, q. LVII, art. 2.

de droit *naturel* qui est telle si on la considère, non d'une manière absolue, mais sous un rapport particulier, celui de quelque bien qui en est la conséquence, comme l'appropriation du sol. D'où il suit que le premier, se réduisant à la simple appréhension (*par un jugement immédiat*), peut embrasser des objets qui sont communs à l'homme et aux animaux, comme ayant trait à la partie générique de l'homme; (l'*animalité*), tandis que le second, par cela même qu'il exige un usage plus ou moins long de la raison, ne peut embrasser que des objets regardant l'homme exclusivement, puisque la raison est le partage exclusif de l'homme.

A cause de l'importance de cette distinction, reprenons-la avec les paroles mêmes du Docteur angélique traduites en langue vulgaire. « Le juste ou le droit naturel est celui qui, de sa nature, se trouve en parfait rapport d'égalité et forme une sorte d'équation avec une autre chose. Or, cela peut avoir lieu de deux manières : d'une manière absolue, comme quand on dit, par exemple, que l'homme et la femme, le père et l'enfant sont dans un parfait rapport pour les fins du Créateur ; cette égalité, ce rapport *naturellement* parfait (qui constitue ce qui est *naturellement juste*) peut exister, en second lieu, non d'une manière absolue, mais en vertu d'une conséquence qui ressort de la nature de l'être. La propriété, par exemple, est dans ce dernier cas : tel champ, considéré dans sa nature absolue, n'a rien qui le détermine à être la propriété d'un homme plutôt que d'un autre : mais si on le considère sous un rapport particulier, dans sa culture par exemple, ou dans l'usage assuré qu'on en a, il présente alors des caractères qui en font la propriété de l'un plutôt que celle de l'autre, comme dit le philosophe, *Politique*, II, 4. Or, le rapport absolu et fondé sur la nature même de l'être est une chose qui nous est commune avec les animaux : aussi le droit naturel entendu de la première manière nous est-il commun avec eux. Mais le droit des gens se distingue de ce premier droit naturel, selon la remarque du jurisconsulte (PANDECTES, livre I, *de justitia et jure*), en ce que l'un ne regarde que les rapports des hommes entre eux, tandis que l'autre s'étend à tous les animaux. Considérer en effet une chose pour saisir les conséquences de sa nature, c'est le propre de la raison : ce qui fait que ceci appartient exclusivement à l'homme, dont la raison est le trait distinctif. Voilà pourquoi le jurisconsulte Caïus dit (PANDECTES, livre IX, Cod.) : Ce que la raison naturelle a établi chez tous les hommes, est également observé par toutes les nations, et c'est ce qu'on appelle le *Droit des gens* (1). »

28. De cette manière de distinguer le droit des gens du droit naturel, il résulte qu'un grand nombre des règles que les anciens jurisconsultes faisaient rentrer dans le droit des gens doivent rentrer dans le droit auquel est laissé le nom de naturel, et qu'à celui-ci doivent être rattachées non seulement celles que les anciens jurisconsultes appelaient *effectus juris*

---

(1) *Jus, sive justum naturale, est quod ex sui natura est adæquatum vel commensuratum alteri. Hoc autem potest contingere dupliciter : uno modo secundum absolutam sui considerationem, sicut masculus ex sui ratione habet commensurationem ad feminam ut ex ea generet, et parens ad filium ut eum nutriat. Alio modo aliquid est naturaliter alteri commensuratum, non secundum sui absolutam rationem, sed secundum aliquid quod ex ipso sequitur, puta proprietas possessionum. Si enim consideretur iste ager absolute, non habet unde magis sit hujus quam illius ; sed si consideretur per respectum ad opportunitatem colendi et ad pacificum usum agri, secundum hoc habet quamdam commensurationem ad hoc quod sit unius et non alterius, ut patet per Philosophum in 2 Politic., c. 4. Absolute autem apprehendere aliquid non solum convenit homini, sed etiam aliis animalibus. Et ideo jus, quod dicitur naturale secundum primum modum, commune est nobis et aliis animalibus. A jure naturali sic dicto recedit jus gentium (ut jurisconsultus dicit, lib. I ff. de Just. et jure), quia illud omnibus animalibus, hoc solum hominibus inter se commune est. Considerare autem aliquid, comparando ad id quod ex ipso sequitur, est proprium rationis ; et ideo hoc idem est naturale homini secundum rationem naturalem, quæ hoc dictat. Et ideo dicit Caius jurisconsultus, lib. 9. ff. Cod. : Quod naturalis ratio inter omnes homines constituit, id apud omnes peræque custoditur, vocaturque jus gentium. Somme théol., II, 2, q. LVII, art. 3.*

gentium primarii, comme le culte divin et l'obéissance aux parents, mais encore beaucoup de celles qu'ils appelaient *effectus juris secundarii*, comme le droit de se défendre et le devoir de ne pas dresser d'embûches aux autres (1) ; nous les concevons en effet d'une manière absolue, comme des conséquences immédiates des premiers principes de la loi de nature. Il en résulte que la différence sur laquelle on se fonde pour distinguer le droit des gens du droit naturel, et qui consiste en ce que le droit naturel concerne des objets qui nous sont communs avec les animaux, n'est pas une différence unique, mais une différence principale. Saint Thomas le dit expressément : JUS GENTIUM *distinguitur a lege naturali*, MAXIME *ab eo quod est omnibus animalibus commune* (2). S'il en diffère *maxime*, il n'en diffère donc pas *unice* Aussi les théologiens rangent-ils généralement dans le droit naturel les premiers principes de morale et leurs conséquences immédiates, et dans le droit des gens leurs conséquence médiates et plus ou moins éloignées. Mais l'un et l'autre sont de nature, parce que tous deux ont pour objet ce qui est naturellement juste, bien que sous un point de vue différent : *Utrumque horum comprehenditur sub justo naturali* (3).

29. Mais les théologiens, sans en exclure saint Thomas, qualifient le droit des gens de *positif*. Or le droit positif est sujet à changement, puisqu'il procède de la libre volonté de l'homme. Et, de fait, les docteurs catholiques ont reconnu que le droit des gens était sujet à changement.

Nous répondons : Comme le droit des gens occupe un rang intermédiaire entre le droit naturel et le droit civil, et participe de l'un et de l'autre, en ce que, d'une part, il est déduit du *droit naturel* dans son acception la plus stricte, et que, de l'autre, il implique l'assentiment des nations, il n'y a rien d'étonnant à ce qu'on lui applique l'une et l'autre

(1) *Pandectes*, endroit cité plus haut.
(2) *Somme théol*. II, 1; q. xcv, art. 4. 1.
(3) S. THOMAS, *Ethique*, livre V, leçon xii.

dénomination. Mais quand on lui donne la dénomination de *positif*, on ne prend pas l'épithète de *positif* en ce sens que le droit des gens résulte *ex condicto, sive ex communi placito*, mais seulement en ce sens qu'il est établi par l'homme, non pas en vertu d'un acte de sa libre volonté, mais par déduction des principes de la loi naturelle. S'il s'est trouvé quelque théologien (y en eût-il même plus d'un) pour soutenir le contraire, ce n'est pas le cas de le suivre. S. Thomas, comme nous l'avons fait remarquer ailleurs, nie expressément que les règles du droit des gens procèdent de l'institution ou de la volonté humaine : *Ea quæ sunt juris gentium, naturalis ratio dictat, puta ex propinquo habentia æquitatem ; inde est quod non indigent aliqua speciali institutione, sed ipsa naturalis ratio ea instituit* (1). Et autre part, se posant à lui-même comme objections le texte d'Aristote, dans lequel il est dit : *Justum legale est, quod quidem principio nihil differt utrum sic vel aliter fiat*, et par conséquent procède de la volonté humaine, il répond que cela doit s'entendre des choses qui regardent la loi civile : *Philosophus loquitur de illis, quæ sunt lege posita per determinationem vel specificationem quamdam præceptorum legis naturæ*. Puis, au contraire, se posant cette autre objection que *ea quæ derivantur a principiis communibus legis naturæ, pertinent ad legem naturæ*, il répond que *illa ratio procedit de his quæ derivantur a lege naturæ tanquam conclusiones* (2) ; c'est-à-dire cela même qu'il avait affirmé être le propre du droit des gens. Donc, selon lui, le droit des gens n'est pas positif en ce sens qu'il procéderait de la volonté humaine.

Bellarmin, pour démontrer que l'immunité ecclésiastique est de droit divin, en donne pour preuve qu'elle fait partie du droit des gens, et que le droit des gens est un droit naturel, non pas primaire, il est vrai, mais secondaire: « *Exemptionem clericorum non esse de jure naturæ primario, quod nos supra*

(1) *Somme th.*, II, 2 ; q. LVII, art. 3, 3.
(2) *Somme th.*, II, 1 ; q. XCV, art. 2, 1 et 2.

*in duos gradus distinximus, sed esse de jure naturæ secundario,
quod etiam jus gentium appellari diximus. Nam, ut S.
Thomas recte docet in* 2ᵃ 2ᵃᵉ *, q.* 57, *art.* 3, *jus naturæ pri-
marium respicit rem absolute consideratam, jus naturæ secun-
darium, sive jus gentium, respicit rem in ordine ad certum
finem, et ideo pendet ex discursu rationis* (1).

30. Quant aux variations que le droit des gens peut subir,
quelques théologiens, nous en convenons, ont dit, sans s'expliquer bien clairement, que le *jus gentium* peut être modifié;
mais d'autres ont explicitement déclaré qu'il est immuable.
Bellarmin écrit ce qui suit : « Dans le droit des gens, dont les
règles sont en quelque sorte naturelles, les choses sont prohibées parce qu'elles sont mal; dans le droit civil, dont les
règles sont au contraire essentiellement positives, les choses
sont mal parce qu'elles sont prohibées. En outre, les règles
du droit des gens, étant en quelque sorte naturelles, ne peuvent être abrogées ou modifiées par les princes ou par les
magistrats; au contraire celles du droit civil, étant essentiellement positives, peuvent, de même qu'elles sont établies
par les princes et par les magistrats, être abolies par les
princes et par les magistrats (2). » D'autres, comme Suarez,
disent que le droit des gens est susceptible de modification
du côté où il dépend du consentement humain : *Jus gentium
esse mutabile,* QUATENUS *ex hominum consensu pendet* (3).

---

(1) *Controverses,* tome II, livre I. *De clericis,* chap. XXX.

(2) *Quæ sunt de jure gentium, quia sunt aliquo modo naturalia,
ideo prohibentur quia sunt mala ; contra autem quæ sunt de jure
civili, quia sunt per se positiva, ideo sunt mala quia prohibentur.
Rursus sequitur ut ea quæ sunt de jure gentium, quia sunt [aliquo
modo naturalia, non possint a principibus vel magistratibus abrogari
vel immutari ; contra autem, quæ sunt de jure civili, quia sunt
per se positiva, sicut a principibus vel magistratibus constituuntur,
ita possunt a principibus vel magistratibus abrogari.* Controverses,
tome II. *De clericis,* chap. XXIX.

(3) *De legibus,* livre II, chap. XX.

D'autres enfin admettent la possibilité du changement, mais seulement dans quelques parties, et non dans chacune des parties. C'est même en cela qu'ils font reposer une des principales différences qui distinguent le *jus* des gens du *jus* civil : *Hinc intelligitur alia differentia, quæ in hoc constitui solet inter jus gentium et civile : nam civile dicitur esse mutabile in totum, jus autem gentium non in toto sed in parte...* C'est ainsi que Suarez parle de ces derniers théologiens (1), au sentiment desquels il adhère en substance et auquel Silvius adhère aussi dans le texte cité par l'auteur des deux articles : « *Potest jus gentium, si secundum se spectetur, abrogari : quoddam quidem absque peccato, quoddam quidem vero non sine peccato* (2). Ce qui ne saurait être changé sans péché, n'est pas en réalité susceptible de changement. C'est en ce sens qu'il faut interpréter tel ou tel théologien qui a pu se servir de termes équivoques ou insuffisamment déterminés ; et s'il n'est pas possible de l'interpréter en ce sens, peu importe : son avis n'a pas de valeur.

La dernière opinion que nous venons d'exposer et qui est, en fin de compte, la plus commune, est aussi la plus juste. Il ne faut pas croire, en effet, que toutes les règles du droit des gens aient une égale connexion avec les premiers principes de la loi naturelle. Les unes en ont moins, les autres en ont plus; et conséquemment leur immutabilité est ou moindre, ou plus grande, ou même absolue. Parmi les objets généralement attribués sans conteste au droit des gens, figurent le commerce et la foi des traités. Or, peut-on concevoir ces objets comme susceptibles de changement? Pourra-t-il être licitement défendu d'acheter et de vendre, ou permis de manquer aux conventions ? C'est dans cette même catégorie de règles du *jus gentium* que doit être rangé, comme nous le verrons plus bas le droit de propriété.

(1) *De legibus*, livre II, chap. xx.
(2) II, 2, q. LVII, art. 3 3.

ARTICLE II.

La propriété privée, selon les docteurs catholiques, peut-elle être abrogée par les lois civiles ?

31. L'auteur des deux articles, après s'être arrêté, dans le premier, à la question même du droit des gens, passe, dans le second, à l'application de ses conclusions en ce qui concerne le droit de propriété. Il s'exprime à peu près comme il suit :

Les théologiens catholiques sont unanimes à enseigner que le droit d'acquérir la *propriété personnelle* nous est donné, non par la loi divine ou la loi naturelle, mais par le droit des gens (the law of nations). La loi naturelle, selon le commun des théologiens, conseille la possession privée dans les circonstances présentes de la société, la protège même par le commandement de ne pas voler, suppose qu'elle est légalement établie, mais n'impose par elle-même aucune *obligation morale* de l'établir, et beaucoup moins encore ne prescrit la forme et le mode suivant lesquels elle doit être établie. Cette obligation, là où elle existe, est déterminée par les besoins de chaque société. Telle est indubitablement la doctrine traditionnelle des écoles catholiques. Elles vont même plus loin que nous ne l'avons dit jusqu'ici ; car cette doctrine elles ne l'appliquent pas seulement à la propriété foncière, elles l'appliquent à toute propriété de choses matérielles quelconques, propriété dont elles font remonter le droit à la loi positive humaine pure. Or voici les conséquences qui découlent de cette doctrine : le droit de propriété privée sur la terre, dérivant du droit des gens qui est positif et humain et dès lors légitimement révocable, peut être abrogé par l'autorité législative, si le bien public l'exige, et remplacé par la propriété en commun.

Les plus grands théologiens ont envisagé cette hypothèse, et n'ont vu en elle rien qui fût essentiellement immoral ou contraire aux enseignements de l'Église catholique. Ils ne pouvaient d'ailleurs y rien voir de semblable, puisqu'ils avaient devant leurs yeux l'exemple de l'Eglise primitive, celui des Ordres religieux et en outre les efforts faits par les Jésuites au Paraguay pour tourner cette hypothèse en réalité.

Voilà quant à la question considérée sous son rapport abstrait. Sous son rapport concret, et quant à déterminer, dans chaque cas particulier, si, comment, et à quelles conditions il y a lieu de réaliser le passage de la propriété particulière de la terre à la propriété en commun; quant à juger si le bien public l'exige ou non, et dans quelle mesure, ceci appartient à la prudence des législateurs. Pour nous, il nous suffit de savoir que la tradition de l'Eglise catholique ne met aucun obstacle à ce mode d'organisation, là où il doit tourner à l'avantage commun de la nation. Pendant un grand nombre de siècles, les écoles catholiques ont enseigné, et elles continuent d'enseigner, que l'homme peut tenir dans la servitude un de ses semblables; que la propriété privée de la terre et la propriété privée des esclaves sont également fondées sur le *jus gentium*. Or l'Eglise n'a soulevé aucune difficulté quand l'esclavage a été aboli, soit moyennant indemnité aux maîtres, comme l'a fait le gouvernement anglais, soit sans indemnité, comme dans l'Amérique du Nord; elle ne soulève de même aucune difficulté pour l'abolition de la propriété privée de la terre, si le bien commun doit tirer avantage de cette abolition.

Concluons :

1. La propriété en commun de toutes les choses matérielles peut être prescrite par l'Etat, si elle doit tourner au bien général.

2. La propriété de l'Etat sur la terre (*Land nationalization*, du moment qu'elle est jugée opportune pour le bien général et qu'elle est décrétée par une autorité législative compétente, est en parfaite harmonie avec les principes traditionnels de la théologie catholique.

32. Observons tout d'abord que l'auteur change l'état de la question en parlant de la propriété privée comme d'un devoir. La loi naturelle, dit-il, n'impose par elle-même à l'homme

aucune obligation de s'approprier *individuellement* la terre. Il ne s'agit pas de cela, mais de tout autre chose. Quand on demande si l'homme a naturellement droit, *jus*, à la possession personnelle de la terre, on prend le mot *droit*, selon l'acception commune, non comme exprimant un *lien moral*, mais comme exprimant une *faculté morale;* on le prend dans le sens d'une autorisation, non d'une obligation venant de la nature. Or, que cette faculté morale, cette autorisation, l'homme la tienne, non d'une prescription absolue de la raison, mais d'un ordre établi en vue du bien-être humain, c'est la doctrine de tous les théologiens, qui, pour expliquer la division de la terre sanctionnée *jure gentium*, disent qu'elle a été introduite dans l'ordre social *per hominum rationem ad utilitatem humanæ vitæ* (1) ; et *tum ad pacem, tum ad meliorem rerum administrationem* (2).

C'est pourquoi les exemples tirés des usages des premiers chrétiens, des Ordres religieux, des Missions du Paraguay ou de l'association dite des Frères Moraves sont hors de propos. Chacun peut en effet renoncer à son droit, s'il le veut, du moment que le droit ne prend pas sa source dans un devoir antérieur. C'est certainement un droit naturel que de se marier ; et néanmoins l'homme peut y renoncer entièrement, en s'obligeant au célibat : *Sunt qui seipsos castraverunt propter regnum cœlorum* (3).

Il n'en résulte toutefois nullement que l'État puisse supprimer la propriété privée et se rendre lui-même propriétaire de toutes les terres, s'il le juge utile au bien commun. La raison en est que le droit de propriété naît en nous comme un droit individuel et domestique, et par conséquent comme un droit antérieur à la société civile et dans sa substance indépendant d'elle, tout aussi bien que la personne humaine et la famille sont antérieures à la société civile et indépendantes

(1) S. Thomas. *Somme théol.*, II, 2 ; q. xciv, art. 5 3.
(2) Leçon *De justitia et jure*, livre XV, chap. v.
(3) S. Matthieu, xix, 12.

d'elle(*). Le pouvoir de l'Etat s'étend aux droits qui viennent de lui ; il ne s'étend pas à ceux qui viennent, non de lui, mais de la nature, et le précèdent, non seulement historiquement, mais rationnellement. Sur ces droits, l'Etat n'a d'autre pouvoir que de les harmoniser entre eux et de les revêtir de formes légales, de les modifier, de les tempérer et de les déterminer selon l'exigence du bien commun ; mais il n'a la faculté de les abolir sous aucun prétexte. Il a au contraire le devoir de les reconnaître, de les protéger contre toute atteinte et d'en faciliter l'exercice.

33. Vainement objecterait-on que le droit de propriété individuelle, étant donné par la nature *propter utilitatem humanæ vitæ*, comme on l'a dit plus haut, cesse quand cesse cette utilité, ce dont l'Etat est juge. Cette objection porte en elle-même sa réponse. Car l'utilité de la vie *humaine* n'est pas la même chose que l'utilité de la vie *civile* ; c'est une chose beaucoup plus large et beaucoup plus intimement liée à notre nature, qui intéresse les citoyens, non comme *citoyens*, mais comme hommes, et comme unis, non dans telle ou telle communauté politique, mais dans la société universelle, qui se forme naturellement dans le genre humain sous le gouvernement de Dieu. D'où il résulte que l'appréciation de cette utilité est en dehors de la compétence d'aucun Etat, et que dès lors la propriété privée ne peut être abolie en vertu d'aucune législation politique, lors même que tous les Etats, *comme Etats*, se rencontreraient dans le même dessein. Elle ne pourrait être

(*) Considérée dans le rapport d'homme à homme, la propriété a également sa base dans le caractère sacré de la personnalité humaine... Enlever à un homme ce qu'il s'est assimilé par l'application de son intelligence et de sa libre activité, c'est attenter à l'inviolabilité de la personne, inviolabilité que nos codes reconnaissent et garantissent, et qui, loin d'être elle-même un effet, est, au contraire, leur raison d'être. Telle est l'origine de la propriété... ; elle remonte, par delà le droit du premier occupant, et par delà le travail lui-même, au *principe même* de tout travail comme de tout droit. (H. BAUDRILLART, *Manuel*, etc., chap. VII.) (*Note du traducteur.*)

abolie que par le législateur divin (1) ou par la renonciation
spontanée de tous les hommes pris *en particulier*. Si cette abolition était imposée par le pouvoir politique et par force, ce
serait une violation tyrannique des droits naturels de l'homme;
et, sous ce point de vue, elle ne pourrait manquer d'encourir
la réprobation de l'Église.

34. L'exemple tiré de l'esclavage, rangé par les anciens
jurisconsultes dans le droit des gens et aboli néanmoins
par le christianisme, n'a pas plus de valeur. Car, en premier
lieu, nous avons déjà fait observer que les règles du droit des
gens ne jouissaient pas toutes également de l'immutabilité,
attendu qu'elles n'ont pas toutes une égale connexion avec
les premiers principes de la loi naturelle. Il n'est donc pas
étonnant que la servitude fût une de celles qui sont susceptibles de changement et qu'elle ait été comme telle abolie. En
second lieu, la servitude, considérée dans sa raison formelle, ne
dérivait pas du droit naturel comme *déduction*, mais seulement
comme *détermination* d'un de ses principes. La servitude avait
son origine dans la guerre et tirait son nom de *servare*, parce
que le vainqueur, au lieu de mettre à mort le vaincu, comme
il le pouvait, lui conservait la vie, le *conservait*, se contentant de se l'asservir. *Servi ex eo appellati sunt quod imperatores
captivos vendere, ac per hoc servare, nec occidere solent ; qui
etiam mancipia dicti sunt, eo quod ab hostibus manu capiun-
tur* (2). Ce sont les termes mêmes dont se sert Justinien. Or,
que le vaincu (en le supposant coupable) mérite une peine,
c'est une loi de nature. Mais quelle peine ? La raison ne le
dit pas ; l'usage, ou plutôt l'abus du droit des gens, l'avait

(1) Dieu au contraire l'a confirmée par une prescription positive,
en interdisant jusqu'au désir des biens d'autrui, non seulement
meubles, mais encore immeubles et produisant des fruits naturels.
*Non concupisces uxorem proximi tui, non domum, non agrum. non
servum, non bovem, non asinum et universa quæ illius sunt.* Deuté-
ronome, v, 21.

(2) *Institutes*, livre I, titre III, § 3.

6*

déterminée : c'était la perte de la liberté naturelle à l'homme. *Servitus est constitutio juris gentium, quia quis dominio alieno contra naturam constituitur* (1). Elle était donc fondée sur le droit naturel, non comme une *conséquence* tirée de ce droit naturel, ce qui est le propre du droit des gens proprement dit (que le lecteur se rappelle ce qui a été expliqué dans l'article précédent), mais comme la *détermination* librement faite d'une loi de nature (2), ce qui est le propre du droit civil, du droit purement *positif*, et ce qui est dès lors susceptible de changement. Il n'est donc pas étonnant que la servitude ait été abrogée, bien qu'elle fût considérée comme faisant partie du droit des gens, à raison du fait qui s'est produit à l'époque du paganisme, et qui était, ainsi qu'on l'admet généralement, le résultat d'un obscurcissement dans les idées relatives à la personnalité humaine. Enfin le droit de priver les vaincus de la liberté se concevait comme la conséquence du droit de guerre. Or, le droit de guerre n'est pas un droit individuel, c'est un droit social, et sujet par suite, dans une grande partie de ses conséquences, à la volonté des nations. Il n'en est pas ainsi du droit de propriété, qui est, ainsi que nous l'avons dit, un droit individuel, comme résultant du droit qu'a chaque individu d'assurer d'une manière stable sa subsistance et celle de ses enfants.

C'est d'ailleurs, de la part de l'auteur des deux articles, une observation curieuse que celle où il dit que l'Eglise n'a élevé

---

(1) *Institutes*, livre I, titre III, § 2.

(2) Comme tout le monde le voit, nous parlons ici de la servitude entendue dans le sens le plus *restreint* du mot, c'est-à-dire de celle qui rendait *esclaves* (*mancipium*), et non de celle dont parle S. Thomas, en prenant le mot servitude dans un sens absolu, *absolute laquendo*, c'est-à-dire celui dans lequel il exprime, d'une manière générale, la sujétion d'un homme à un autre, fondée sur un apport de direction, d'une part, de travail et d'aide, de l'autre. Celle-ci peut, dans certains cas donnés, se justifier par la raison, *in quantum utile est huic, quod regatur a sapientiori, et illi quod ab hoc juvetur. Somme théol.* II, 2 ; q. LVII, art. 3, 2.

aucune difficulté contre l'abolition de la servitude. Comment
veut-on que l'Eglise ait élevé quelque difficulté contre une
mesure qu'elle avait encouragée et inspirée par ses prédica-
tions, ses lois, ses pratiques ? On ne saurait en dire de même
de l'abolition de la propriété privée ; car cette propriété, non
seulement n'a jamais rencontré d'opposition de la part de
l'Eglise, mais au contraire le clergé s'est toujours prononcé
en sa faveur et l'a défendue comme une garantie d'indépendance à l'égard du pouvoir civil.

ARTICLE III.

Résumé des doctrines qui viennent d'être exposées.

35. Pour conclure, nous récapitulerons ce que nous venons
de dire en un certain nombre d'articles distincts.

1. Le *jus gentium*, selon les théologiens catholiques, tient
le milieu entre le *jus naturæ* proprement dit et le *jus civile* ;
les règles du droit des gens dérivent en effet de la loi naturelle comme des conséquences plus ou moins immédiates,
non comme des déterminations de principes généraux.

2. Quand ces théologiens l'ont qualifié de *positif*, ils lui ont
donné cette qualification en tant qu'ils opposaient le *droit positif* au *droit naturel* proprement dit, soit tel que l'entendaient
les anciens jurisconsultes (*jus naturale est quod natura omnia
animalia docuit*), soit tel qu'il est entendu au sens scolastique,
c'est-à-dire, comme contenant les premiers principes de la loi
naturelle et leurs conséquences immédiates. Certainement
le *jus gentium*, ne pouvant être en ce sens considéré comme
naturel, doit être appelé positif toutes les fois que l'on veut
diviser le droit en droit naturel et en droit positif. Mais, si
l'on prend l'épithète de positif dans un sens rigoureux, c'est-
à-dire, comme exprimant un droit établi par la volonté
humaine, *ex condicto aut ex communi placito*, le *jus gentium*
ne peut plus être dénommé *positif*, parce que *quæ sunt juris*

gentium, non indigent aliqua speciali institutione (1), mais
doit être qualifié de droit naturel, *quia ipsa naturalis ratio ea
instituit* ; il est toutefois bien entendu qu'il s'agit ici, non de
droit naturel *primaire*, mais de droit naturel *secondaire*. Les
préceptes de la raison sont des préceptes de la nature, attendu
qu'en nous la raison est de nature : *Homo est animal ratio-
nale.*

3. Dans un sens rigoureux, le *jus civile* est positif, bien que
lui-même dérive encore du droit naturel proprement dit(*), non
plus, il est vrai, comme *conséquence*, mais comme *détermination* de principes généraux faite par l'autorité publique. De là
il résulte que, tandis que le droit naturel proprement dit est
absolument immuable et le droit civil au contraire absolument susceptible de modification, le droit des gens est en partie
immuable, en partie susceptible de changement, selon que ses
règles sont plus ou moins connexes avec les principes du
droit naturel proprement dit.

4. La propriété privée appartient au droit des gens, parce
qu'elle nous est suggérée par la nature, en tant qu'on la considère non sous un point de vue *absolu*, mais sous un point de
vue *relatif* au bien-être *humain* qui en résulte. C'est ce qui
est manifestement enseigné par saint Thomas, qui, dans un
des textes cités plus haut, parlant du *juste naturel* dans le
sens que nous venons d'indiquer, cite précisément l'exemple
de la propriété privée : *Puta proprietas possessionum* (2).

5. La propriété privée vient de la nature non par voie de
commandement, mais par voie d'autorisation, et par conséquent comme faculté, non comme obligation morale. En
d'autres termes, elle vient de la nature comme un droit et non

---

(1) S. Thomas, *Somme théol.*, II, 2 ; q. LVII, art. 3, 3.

(*) Il (le droit positif) ne doit être que l'expression du droit naturel,
et sur les points où il s'en est éloigné par l'effet de circonstances ac-
cidentelles, il tend incessamment à s'en rapprocher. (Bouillet, *Dictionnaire des sciences*, etc., au mot Droit.) (*Note du traducteur.*)

(2) *Somme théol*, même partie, même question, art. 1ᵉʳ.

comme un devoir. La conséquence est que, si elle doit être respectée par les autres, parce que le droit est inviolable, celui qui la détient peut en faire librement l'abandon, parce que chacun peut renoncer *juri suo*.

6. L'Etat n'a pas le droit d'abolir la propriété privée, parce qu'elle n'est pas un droit social, mais qu'elle est un droit individuel dérivant, non de l'Etat, mais de la nature. L'Etat, au contraire, a le devoir de la reconnaitre, de la respecter et de la protéger, comme il a le devoir de reconnaitre, de respecter et de protéger tous les droits que les citoyens tiennent de la nature et qui sont rationnellement antérieurs à la formation de l'Etat.

7. Le consentement même de tous les Etats ne suffirait pas pour sanctionner l'abolition de la propriété privée ; car, bien que ce qui est du droit des gens implique le consentement universel ou presque universel, néanmoins ce consentement s'entend des hommes comme *hommes*, non comme membres d'un Etat ; en outre, ce consentement est un effet et non la cause de l'ordre inspiré par la raison, qui concède ce droit *propter utilitatem humanæ vitæ* et non *civilis vitæ*. Le seul cas dans lequel la propriété pourrait être abolie, est celui où tous les hommes, pris individuellement, consentiraient à cette abolition, ce qui arriverait, par exemple, s'il se formait une société entre des naufragés jetés dans une ile déserte, qui s'accorderaient pour posséder non en particulier, mais en commun. Encore cet accord n'obligerait-il que les seuls consentants ; il n'engagerait ni leurs enfants ni leurs neveux, qui tiendraient le droit de propriété de la nature et non de leurs aïeux.

8. En matière de droits, il faut se garder avec soin d'attribuer trop de pouvoir à l'Etat. Il y a trois choses qui sont pour l'homme d'institution divine immédiate et qui sont en conséquence régies par des lois indépendantes de l'Etat Ce sont la personnalité individuelle, la famille, la société universelle, qui réunit tous les hommes sous le gouvernement direct, quoiqu'invisible, de Dieu (1). Or le droit de propriété découle

(1) Voir mon *Traité de droit public ecclésiastique*, chap. IV, art. 1er.

principalement des deux premiers chefs, bien qu'étant en relation essentielle avec le troisième, qui lui fixe des limites, comme nous le verrons en traitant de la bienfaisance.

9. Donc les conclusions de l'auteur des deux articles, à savoir que l'Etat peut imposer aux citoyens la propriété en commun s'il le juge avantageux, et que, là où cette mesure serait sanctionnée par l'autorité législative, elle ne serait pas en opposition avec les principes de la théologie catholique, ces conclusions, dis-je, sont fausses, absolument fausses, dans l'un et l'autre des termes dont elles se composent. Aucun Etat, aucun pouvoir législatif, n'est *par lui-même* compétent en pareille matière, et si, en quelque lieu que ce soit, l'État ou le pouvoir législatif s'arrogeait une telle compétence, il serait en contradiction, non seulement avec la saine doctrine des théologiens, mais avec le droit naturel évident de l'homme.

ARTICLE IV.

Une question.

36. Mais, demandera-t-on peut-être, puisque les anciens scolastiques n'ont pas hésité à dire que la propriété privée faisait partie du droit *positif* et *humain* (*rerum divisionem et appropriationem ex jure humano procedentem*(1)), ne pourrions-nous pas, nous aussi, employer le même langage?

Je ne le conseillerais pas, telle est ma réponse. L'épithète de *positif*, d'*humain*, dans la répartition que l'on fait des lois, et conséquemment des devoirs et des droits, n'a plus dans l'usage moderne le sens qu'elle avait dans l'usage ancien. Les docteurs scolastiques, suivant les traces de saint Isidore, divisaient le droit, ou même la loi (ce qui revient au même), d'abord en droit *naturel* et en droit *positif*, entendant par l'un les préceptes immédiats que nous fournit la raison dans l'ordre pratique, et par l'autre les règles que l'homme fait dériver de ces principes rationnels, soit par voie de conséquence, soit par voie de

(1) S. THOMAS, *Somme théol.*, II, 2 ; q. LXVI, art. 7.

détermination ; puis, partant de cette dernière alternative,
ils subdivisaient le droit positif en droit des gens et en droit
civil. *Dividitur jus positivum in jus gentium et jus civile,
secundum duos modos quibus aliquid derivatur a lege naturæ.
Nam ad jus gentium pertinent ea, quæ derivantur a lege naturæ
sicut conclusiones ex principiis : ut justæ emptiones, vendi-
tiones et alia hujusmodi, sine quibus homines ad invicem con-
vivere non possent, quod est de lege naturæ, quia homo est naturaliter animal sociale. Quæ vero derivantur a lege naturæ per
modum particularis determinationis, pertinent ad jus civile, secundum quod quælibet civitas aliquid sibi accommode determinat* (1).

Le droit des gens et le droit civil, dit le saint Docteur, se
trouvent contenus, l'un et l'autre dans la loi humaine, mais
d'une manière bien différente. Tandis, en effet, que le second,
le *jus civile*, tient exclusivement sa vigueur de celle-ci, le
premier, le *jus gentium*, emprunte une partie de sa force
à la loi naturelle. *Utraque igitur inveniuntur in lege
humana posita. Sed quæ sunt primi modi, continentur in lege
humana, non tamquam sint solum lege posita, sed habent
etiam aliquid vigoris ex lege naturali. Sed quæ sunt secundi
modi, ex sola lege humana vigorem habent* (2). La raison en est
claire : c'est que ce qui appartient au droit des gens dérive
de la loi de nature comme conséquence, et que les conséquences participent à la vertu de leurs principes ; tandis que ce
qui appartient au droit civil dérive de la loi de nature
comme détermination, et que, les déterminations pouvant être
diverses, c'est uniquement la volonté de celui qui détermine
qui les fait ce qu'elles sont, plutôt que tout autres. D'où
la maxime des anciens jurisconsultes : *Quod Principi placuit
legis vigorem habet.*

37. Aujourd'hui ces dénominations ont changé de signification. Chez les modernes, on entend par droit naturel tous les
préceptes qui viennent de la raison pratique, soit comme

(1) S. Thomas. *Somme théol.*, II, 1 ; q. xiv, art 4.
(2) *Somme théol.*, même q., art. 2.

principes, soit comme conséquences ; il en résulte que le droit
naturel embrasse même le droit des gens, dans le sens où le
prenaient les scolastiques. Par droit positif, au contraire, on
entend tout ce qui est établi par la simple volonté du législateur, par exemple les peines portées contre tel ou tel délit,
les impôts, etc., tout, en un mot, ce que les scolastiques attri-
buaient au droit civil. Enfin on appelle droit des gens ce qui
regarde les relations internationales, aussi bien ce qui provient
de la loi naturelle que ce qui est fondé sur l'usage universel ou presque universel des nations civilisées (°).

38. Dans cet état de choses, il me semblerait imprudent et
dangereux aujourd'hui de qualifier le droit de propriété de
positif et d'*humain*, en se référant à l'ancienne signification
de ces mots. Ce serait fournir aux socialistes l'occasion de se
livrer à des sophismes et d'embrouiller la question, et de soutenir que l'on peut abolir la propriété, puisqu'elle est, non de
droit naturel, mais de droit établi par l'homme, en se référant au sens moderne de ces mêmes mots. J'estime qu'il vaut
mieux se servir d'expressions qui ne prêtent pas à de fausses
interprétations et qui soient faciles à comprendre par tout le
monde, en donnant au droit de propriété la qualification de
naturel, dans le sens qui a cours aujourd'hui et qui en substance correspond à l'ancien, quand on le transporte dans
le langage moderne. D'autant plus que les scolastiques eux-
mêmes n'ont pas été sans faire usage de cette épithète. Nous
l'avons déjà vu dans le cours de cette discussion, et il nous
suffira de rappeler que saint Thomas, après s'être posé la
question suivante : La possession des choses extérieures est-
elle naturelle à l'homme ? *Utrum naturalis sit homini pos-*

(*) Droit naturel, science des droits inaliénables, imprescriptibles,
antérieurs à toute législation, fondés sur la nature de l'homme, etc.
   Droit positif, ensemble des règles formulées par le législateur, etc.
   Droit des gens, celui qui règle les rapports des Etats entre eux, etc·
   (Bouillet, *Dictionnaire universel des sciences*, etc., au mot Droit.)
(*Note du traducteur*).

sessio rerum exteriorum? répond affirmativement, en invoquant l'autorité d'Aristote : *Philosophus probat in I Polit. c. 5 quod possessio rerum exteriorum est homini naturalis* (1). Et, véritablement, si le droit de propriété est suggéré à l'homme par la raison, on peut bien dire qu'il lui est suggéré par la nature. La raison abonde en lui par essence ; car ce qui constitue l'essence de l'homme, c'est d'être un animal raisonnable.

Aujourd'hui, franchissant l'enceinte de l'école, la question de la propriété a gagné la place publique. Il faut donc que les écrivains mesurent leurs termes avec une grande circonspection et évitent ceux dont on peut abuser. C'est le cas d'appliquer la sentence de saint Jérôme : *Ex verbis temere prolatis incurritur hæresia* (*).

(1) *Somme théol.*, II, 1 ; q. LXVI, a. 1.

(*) Nous croyons utile de terminer le chapitre II par l'extrait suivant, qui nous paraît résumer exactement, sur certains points, les idées émises par le P. Liberatore en ce qui concerne le droit de propriété : « En droit naturel, la propriété est un droit primitif parce qu'elle résulte de la nécessité de pourvoir, par un ensemble de moyens, à notre développement physique et intellectuel... On lui a assigné diverses origines : 1° l'*occupation* ; 2° l'*appropriation* des choses par le travail, en vertu de laquelle l'homme transforme des objets par son activité et leur donne l'empreinte de sa personnalité ; 3° la *loi* ou une *convention* qui oblige tous les membres de la société à la reconnaissance et au respect de la propriété ; 4° la réalisation de l'ensemble des moyens et des conditions nécessaires pour le développement, soit physique, soit spirituel, de chaque individu, dans la quantité et la qualité conforme à ses besoins rationnels. Ces diverses théories donnent lieu aux observations suivantes : l'*occupation* que les hommes ont faite du sol et des choses matérielles dans les temps anciens, *est un fait historique*, mais *ne suffit pas pour constituer le droit* ; l'*appropriation* est une des conditions nécessaires pour acquérir la propriété ; mais, malgré la liaison intime qui existe entre le travail et la personnalité humaine, elle n'explique pas suffisamment le droit essentiel ; la *loi* ou une *convention sociale* garantissent la propriété, *mais ne la créent point* ; la dernière théorie est la plus large et la plus complète parce qu'elle cherche le fondement rationnel de la propriété dans les conditions nécessaires à l'accomplissement de la destinée humaine et qu'elle indique comment le législateur doit régler l'exercice de ce droit. (BOUILLET, *Dictionnaire des sciences*, etc., au mot PROPRIÉTÉ.) (*Note du traducteur*).

CHAPITRE III.

L'HÉRÉDITÉ.

Par droit d'hérédité nous entendons aussi bien le droit de disposer que celui de recueillir, c'est-à-dire, aussi bien le droit d'une personne à désigner celui qui doit, après sa mort, lui succéder dans les biens qu'elle a possédés, que celui d'une autre personne à lui succéder dans la possession de ces biens. C'est ce qu'on appelle dans le premier sens le droit de tester, et, dans le second, le droit d'hériter. Ces deux droits étant corrélatifs, parler de l'un, c'est à peu de chose près parler de l'autre.

Le droit d'hérédité est étroitement lié au droit de propriété. Celui qui ne possède rien ne peut instituer d'héritier ; et celui qui est incapable de devenir héritier est inhabile à posséder. Hérédité et propriété sont deux termes qui s'affirment ou se nient mutuellement. C'est pourquoi les socialistes se montrent bons logiciens quand, pour détruire la propriété, ils attaquent l'hérédité. Ceux-là, au contraire, raisonnent bien imparfaitement qui se préoccupent peu de défendre l'hérédité tout en voulant sauver la propriété (*).

On peut hériter des biens d'autrui de deux manières : ou par la pure volonté du mourant, ou par suite de liens de parenté.

(*) La légitimité de l'hérédité a été souvent contestée, notamment par les socialistes de nos jours. (BOUILLET, *Dictionnaire universel des sciences*, etc., au mot HÉRÉDITÉ.) (*Note du traducteur.*)

Dans le premier cas, l'hérédité (*) est dite *testamentaire* ;
dans le second *ab intestat* (**). Nous parlerons successivement de l'un et de l'autre.

ARTICLE I.

Hérédité testamentaire.

40. Le testament est défini par le Digeste : l'expression fidèle
de notre volonté sur ce que nous voulons qui soit fait après
notre mort. *Testamentum est voluntatis nostræ justa senten-
tia de eo, quod quis post mortem suam fieri velit* (1). Ainsi
défini, le mot testament prend une vérification très étendue
et embrasse tout ce qui dépend de la volonté de l'homme
après sa mort, qu'il s'agisse de ses biens, ou qu'il s'agisse de
son corps, de sa sépulture, de la manifestation de ses pensées,
et en général, de tout ce dont il peut disposer. Pour nous,
conformément au dessein de cet ouvrage, nous n'avons à
considérer ici le droit de tester qu'en ce qui concerne le
premier chef, c'est-à-dire l'institution d'un héritier, ou, en
d'autres termes, la désignation de la personne appelée par le
testateur à lui succéder dans la possession des biens qu'il
laisse en mourant.

Or, que ce droit soit naturel à l'homme, qu'il le tienne de
la nature, c'est l'évidence même. Le droit d'hérédité n'est
en effet qu'un simple corollaire du droit de propriété, qui
confère un pouvoir absolu sur les choses auxquelles il s'applique. Celui qui possède justement a le droit de consommer,

(*) On dit plus généralement aujourd'hui *succession* (même *Dictionnaire*, même mot.) Au point de vue du droit pur, le mot *hérédité*
nous a paru mieux traduire le mot italien *eredità*. (*Note du traducteur.*)

(**) L'italien porte *intestata*, ou, si l'on veut, *ab intestato*. En
français, on dit seulement *ab intestat*. (*Note du traducteur.*)

(1) *Digeste*, livre XXVIII, titre I, n. 1.

d'échanger, de délaisser, de détruire, à son gré, la chose qu'il possède. Il a donc aussi le droit de la donner. Y a-t-il en effet un exercice moindre du droit de propriété dans le fait de détruire un objet que dans celui de le céder à un autre pour qu'il en jouisse ? Or, ce que le propriétaire peut faire pendant toute la durée de sa vie, pourquoi ne pourrait-il le faire au dernier instant de cette vie, alors qu'il n'existe aucune raison qui justifie une telle exception ? Le droit de propriété entraine donc le droit de tester, ou d'instituer un héritier. L'hérédité testamentaire est donc juste et procède de la nature.

41. Le droit d'instituer un héritier n'est, après tout, que le droit de donner. Le testament, considéré en substance, ne se distingue de la simple donation qu'en ce qu'il produit son effet seulement après la mort du donateur et transfère au donataire, en même temps que les biens du testateur, ses obligations ; mais ces deux circonstances peuvent être considérées comme des conditions mises à la donation et par suite comme de simples accidents qui n'en altèrent pas la substance. « Il y a, dit très à-propos Steccanella, deux manières de disposer ou de donner : l'une absolue, l'autre conditionnelle. Le testateur use de la seconde ; il donne en effet sous ces conditions que l'héritier n'entrera en possession des choses données qu'à sa mort ; que l'acte testamentaire pourra être révoqué par lui et que l'héritier sera tenu de telle ou telle charge imposée à la libéralité. Donc le testament, considéré dans son essence, offre tous les caractères d'une disposition gratuite conditionnelle ; et, si l'on a démontré plus haut que non seulement le droit de disposer ou de donner d'une manière absolue, mais encore celui de disposer ou de donner conditionnellement, a son germe dans la nature même de l'homme, il s'ensuit que même le droit de tester ne tire pas son existence de la loi civile, mais a sa racine dans la nature même (1). »

_____

(1) *Du communisme*, etc.. livre II, ch. XXIII.

On peut donc très justement considérer le testament comme une donation conditionnelle.

42. Minghetti, lui aussi, fait dériver le droit de tester de l'idée de propriété et de donation. Il dit : « Le droit de propriété entraine avec lui, en toutes choses, celui d'user à son gré de l'objet possédé, et, par là, de le transmettre à autrui, de l'échanger, de le donner, et la raison des contrats dérive entièrement de la garantie de ce droit. Sans la possession assurée et le libre usage, le stimulant de l'activité cesserait avec la consommation propre, et le motif de la division du travail et de l'échange s'évanouirait. Et si vous admettez le don et la transmission entre-vifs, comment pouvez-vous refuser l'hérédité, puisque l'une est le corollaire de l'autre (1) ? » (*)

43. Quelques auteurs, qui soutiennent que la faculté de tester n'est pas un droit de nature, mais prend sa source dans les lois civiles, objectent, à l'appui de leur opinion, que l'homme, perdant par la mort tout droit sur les choses matérielles, ne peut en disposer en faveur de ceux qui lui survivent. Ils semblent croire que l'acte par lequel le testateur donne ses biens à l'héritier serait considéré comme fait par lui lorsqu'il n'est déjà plus. C'est une erreur. Cet acte est considéré comme fait par le testateur au dernier instant de sa vie ; et c'est pour cela que le testament, quand il n'a pas été rétracté, est appelé la dernière volonté du mourant, qui jusqu'à ce dernier instant jouissait certainement de tous ses droits.

(1) *Des rapports de l'économie publique*, etc., livre V.

(*) Le don, l'échange, l'héritage se rattachent également au droit de propriété. Celui qui ne pourrait donner la chose qu'il possède n'en serait pas vraiment propriétaire... L'héritage est dans le cas du don. Le droit de propriété serait annulé de fait s'il n'impliquait pas le droit d'en disposer en faveur de ses proches, ou d'autres personnes librement désignées. (H. BAUDRILLART, *Manuel d'économie politique* ; première partie, chap. VII, *Droits qui dérivent de la propriété*. (*Note du traducteur.*)

Soit, réplique-t-on; il n'en est pas moins vrai que cet acte ne coïncide pas avec l'acceptation du donataire, laquelle, sauf dans quelques cas fort rares, n'a lieu qu'après la notification du testament faite postérieurement à la mort du testateur. Or la donation n'est-elle pas un contrat? Et tout contrat n'exige-t-il pas la volonté simultanée des contractants?

Nous répondons : Pour que deux volontés coïncident, il n'est pas nécessaire qu'elles coexistent *formellement*, c'est-à-dire dans leur être; il suffit qu'elles coexistent *virtuellement*, c'est-à-dire en vertu d'un fait qui constate l'une ou l'autre de ces deux volontés et qui la représente pour ainsi dire. S'il en était autrement, deux personnes éloignées l'une de l'autre ne pourraient contracter entre elles, par lettre ou par mandat, surtout si, avant que la lettre ou la commission ne soient parvenues à leur destination, l'auteur de la lettre ou le commettant a changé d'avis, sans avoir eu le temps de signifier ce changement. Or, il est vrai qu'au moment où l'héritier accepte le patrimoine qui lui a été laissé, la volonté du testateur et la sienne ne coexistent pas *formellement*, puisque le testateur n'est plus ; mais il n'en est pas moins vrai qu'elles coexistent virtuellement puisque la volonté du testateur se trouve exprimée par écrit dans le testament, ou affirmée par des témoignages authentiques.

44. Et c'est ici que pourrait trouver sa signification légitime l'opinion émise par Leibnitz, lorsqu'il dit que la valeur du testament est fondée sur l'immortalité de l'âme humaine. De cette immortalité il infère que l'homme, ne cessant pas entièrement de vivre, conserve la propriété de ses biens; et qu'en conséquence, lorsqu'il designe un héritier, ce n'est pas un maître, c'est un administrateur qu'il donne à ces biens qui demeurent les siens (1). Cette conclusion

---

(1) *Testamenta vero meo jure nullius essent momenti, nisi anima esset immortalis. Sed quia mortui revera adhuc vivunt, ideo manent domini rerum ; quos vero hæredes reliquerunt, concipiendi sunt procuratores in rem suam.* Nova methodus jurisprudentiæ, II° partie, § 20.

est fausse. S'il est exact en effet que le défunt ne disparaisse pas entièrement quant à l'être, puisqu'il survit dans l'âme, il n'en disparaît pas moins totalement quant à la qualité de propriétaire et quant à son aptitude à posséder. La propriété n'est pas un droit de l'âme ; c'est un droit appartenant au composé de l'âme et du corps. Or le composé périt, bien que l'un des deux éléments qui le composent, l'âme, lui survive. Celle-ci, ne faisant plus partie du monde visible, ne peut plus d'ailleurs y jouir d'aucun droit. En outre, il lui manquerait le fondement même du droit de propriété, c'est-à-dire, le besoin de pourvoir, par des moyens matériels, au soutien de la vie organique. Le droit de propriété tombe *ipso facto*, en même temps que l'existence en ce monde. Cette phrase, *quia mortui adhuc vivunt, ideo manent domini*, n'a donc aucun sens raisonnable. Il en est de même de cette proposition que l'héritier n'est que l'administrateur des biens qui ne lui appartiennent pas. Il en est le véritable maître, et peut, en conséquence, non seulement les aliéner, mais même les détruire. Et pourtant il nous semble que l'on peut dire véritablement que la valeur des testaments a pour fondement l'immortalité de l'âme, en ce sens que la volonté du testateur produit des effets durables, même après la mort, parce qu'elle est un acte émanant d'une substance immortelle. Bien que l'être qui veut soit l'homme, c'est de son âme que vient et c'est dans son âme que réside la faculté qu'il a de vouloir. Il en résulte que l'acte de cette faculté, considéré *en lui-même*, reste en dehors de l'ordre corporel et de ses conséquences. Si les volontés de l'homme étaient de pures affections de la matière, elles ne pourraient s'étendre au delà de la tombe. Il n'y a que ce qui émane d'un être par lui-même à l'abri de l'action du temps, qui ne tombe pas sous la menace du temps.

45. Enfin, que le droit de tester ne prenne pas sa source dans le statut législatif, cela résulte clairement de ce qu'il est, comme nous l'avons démontré, une conséquence nécessaire du droit de propriété. Si le droit de propriété tient

son existence de la nature et non des lois civiles, tout ce qui dérive nécessairement de ce droit tient de même son existence de la nature et non des lois civiles. Une seule et même cause est capable de produire une chose et ses conséquences : *Qui dat esse, dat et consequentia ad esse.* Ce sont, dites-vous, les lois civiles qui ont créé le droit de transmettre à un survivant la possession des biens que l'on possède ? Mais alors, demandons-nous, quand Abraham instituait Isaac comme héritier de la totalité de son patrimoine et ne laissait aux enfants qu'il avait eus de diverses femmes que de simples dons : *Deditque Abraham cuncta, quæ possederat, Isaac, filiis autem concubinarum largitus est munera* (1) ; en vertu de quelles lois civiles agissait-il ainsi ? De quel corps politique était-il membre ? Il vivait dans l'état d'indépendance patriarcale et agissait sous l'empire de la seule loi de nature. Le droit de posséder, et par suite de disposer de ce qu'on possède, est un droit individuel chez l'homme, parce qu'il se réfère aux besoins de l'individu, considéré comme tel. Ce droit est donc par sa nature antérieur à l'état social. De même que la société suppose l'individu préexistant et ne vient qu'après lui, de même elle suppose préexistant et ne vient qu'après le droit de propriété et ses conséquences. Elle ne peut donc, par ses lois, porter atteinte à l'un ou aux autres, sans tomber dans le crime de lèse-nature ou, si l'on veut, de lèse-raison humaine.

ARTICLE II.

Hérédité *ab intestat.*

46. L'hérédité *ab intestat* est celle dans laquelle, à défaut de testament, on hérite en vertu de simples liens de parenté. Dans cet ordre d'hérédité, les enfants priment tous les autres ; et c'est d'eux seuls que nous parlerons, pour ne pas nous étendre à des objets qui ne sont pas aussi nécessairement régis par les lois de la raison. Nous disons donc que les enfants suc-

(1) *Genèse,* xxv, 5.

cèdent naturellement aux biens de leurs parents, et qu'ils ne peuvent être dépouillés de ce droit que par une violation manifeste des lois de la nature.

Le fils est la continuation naturelle du père, qui, par la génération, fait pour ainsi dire passer en lui sa propre substance et survit en lui. De même donc que le fils hérite du nom, de la réputation, des enseignements et, plus ou moins, des dispositions physiques du père, de même il doit hériter de ses biens (1). Les acquisitions faites par le père ont été, dans l'ordre de la nature, conçues non seulement dans l'intérêt du père lui-même, mais encore dans celui de ses enfants, auxquels il doit d'assurer, dans la mesure où il le peut, leur existence future et la conservation de l'état dans lequel il les a placés en leur donnant la vie et l'éducation.

47. Saint Thomas, recherchant si le fils est obligé de venir en aide à son père, dit : « Le père est le principe du fils, et le fils est le descendant et le rejeton du père. Conséquemment, c'est une chose due *par elle-même* que le père aide le fils ; il doit donc lui procurer des secours, non pas seulement dans telle ou telle circonstance, mais pour toute la vie, et l'on comprend qu'il ne saurait le faire sans lui amasser des biens.

(1) De cette presque identité qui existe entre le père et le fils, Taparelli déduit admirablement les règles de la préférence dans l'ordre successif. « Vous me demandez, écrit-il, *si dans la succession le fils doit avoir la préférence sur les filles.* Le titre d'*unité* est le même dans tous les deux, mais la *perpépuité* du père subsiste plus dans le fils que dans la fille. — *La femme du défunt passe-t-elle avant ou après le fils ?* L'unité d'*action* est plus grande dans la femme, celle de l'*être* l'est dans le fils ; donc l'*usufruit* pourra revenir à la femme et le *domaine* au fils, d'autant plus que le titre de *perpétuité* est tout entier en faveur du fils. — *La société* (le fisc) *héritera-t-elle plutôt qu'un ami du défunt ?* L'unité existant entre le défunt et son ami est toute mentale, dans le cas de l'intestat ; l'unité sociale, au contraire, est *réelle* et *extérieure*, donc elle a la préférence dans l'ordre social. » *Essai théorique de droit naturel*, vol. II, § 783. *Note a.*

Mais que le fils aide le père, c'est une chose de pur accident, à raison d'une nécessité présente (*) ; il lui doit donc venir en aide dans ses besoins particuliers ; mais il n'est pas tenu de lui amasser longuement des trésors ; car, dans l'ordre de la nature, ce ne sont pas les parents qui succèdent aux enfants, mais les enfants qui succèdent aux parents : *Quia pater habet rationem principii, filius autem habet rationem a principio existentis; ideo per se patri convenit ut subveniat filio, et non solum ad horam debet ei subvenire, sed ad totam suam vitam, quod est thesaurizare. Sed quod filius aliquid conferat patri, hoc est per accidens, ratione alicujus necessitatis instantis, in qua tenetur ei subvenire, non autem thesaurizare, quasi in longinquum ; quia naturaliter non parentes filiorum, sed filii parentum sunt successores* (1).

De ce raisonnement du saint Docteur on pouvait aisément conclure au droit des fils de succéder à leur père, sans qu'il fût besoin de testament. De ce que le fils a reçu du père l'existence, naît pour le père le devoir de lui assurer le moyen de vivre, non seulement dans le temps présent, mais encore dans le temps à venir. *Non solum ad horam debet ei subvenire, sed per totam suam vitam.* D'où le devoir pour le père d'amasser des biens : *Quod est thesaurizare.* Or, si ces biens sont amassés pour subvenir aux besoins des enfants pendant toute la vie, *ad totam vitam ;* et si la vie des enfants se prolonge naturellement au delà de celle du père, *naturaliter non parentes filiorum sed filii parentum sunt successores :* qui ne voit que les mêmes biens sont *naturellement* dus aux enfants, en vertu de la fin même pour laquelle ils ont été recueillis ?

(*) Le P. Liberatore a traduit *instantis* par le mot italien *urgente*. Le contexte me paraît justifier le choix fait par Lachat, dans sa traduction française, entre les divers sens que prend le mot *instans* en latin. Ce n'est pas, d'ailleurs, la seule fois que, dans les citations de la *Somme* de saint Thomas, j'ai préféré la traduction française à la traduction italienne. *(Note du traducteur.)*

(1) *Somme théol*, II, 2 ; q. et , art. 2.

Mais ce même raisonnement fournit en outre un nouvel et puissant argument en faveur du *caractère naturel* du droit de propriété individuelle. Car, si c'est pour le père un devoir *naturel* d'amasser des biens pour les laisser à ses enfants, qui doivent lui survivre ; comme, d'autre part, il ne pourrait les leur laisser s'il n'en avait la propriété, il est manifeste que le droit d'acquérir cette propriété lui vient de la nature ; autrement la nature se contredirait en imposant un devoir et en refusant le droit de s'assurer les moyens de le remplir.

48. De ce droit de propriété le sol ne saurait d'ailleurs, comme quelques-uns le veulent, être exclu. Et cela, tant parce que la raison démontre que le droit de propriété embrasse d'une manière générale tout objet utile, que parce que cette même raison nous signale tout particulièrement le sol comme une source constante de produits et comme étant par suite le plus propre à nous procurer la fin que nous devons chercher. Du reste, tout homme d'intelligence comprend que, si les socialistes bornent leurs clameurs à la propriété territoriale, c'est de leur part un pur artifice. On commence par l'assaut de la propriété foncière, pour passer ensuite à celui de la propriété bâtie, des produits manufacturés, et en général de toute espèce de richesse privée. Car, si la première espèce de propriété est contraire au droit humain, on ne voit pas pourquoi la seconde et la troisième ne le seraient pas également. Si l'homme a besoin d'aliments, il a aussi besoin d'habitations, de vêtements et des moyens nécessaires pour s'en procurer. En outre, grâce à l'échange et au commerce, les biens de diverses natures sont d'une importance presque égale entre eux : il s'ensuit que la possession de la terre ne diffère pas beaucoup de valeur avec celle de capitaux sur les maisons de banque, de navires sur la mer, ou de produits manufacturés en magasin. La guerre à la propriété du sol est **la** guerre à la propriété en général: il n'y a pas de raison pour faire de différence. Mais revenons à notre sujet.

49. L'idée de famille conduit nécessairement à reconnaître

le droit d'hérédité dans les enfants. La famille est un vrai corps moral, dont le père est le chef et dont les enfants sont les membres. Elle constitue un tout, doué d'un caractère d'unité véritable et tel qu'il peut résulter, dans un être collectif, de liens tressés par la nature elle-même. On peut donc, à juste titre, de la propriété du père, tout individuelle qu'elle est, dire qu'elle est aussi une propriété domestique ou de famille. Aussi, le père venant à mourir, le sujet de cette propriété, celui qui la possède, ne meurt pas tout entier, puisqu'il reste les enfants, qui déjà participaient à cette propriété comme à une chose leur appartenant aussi. « L'esprit d'hérédité et de perpétuité, dit Guizot, est inhérent à l'esprit de famille ; de là une sorte d'identité entre le possesseur actuel et toute la série des possesseurs futurs (1). » D'un autre côté, l'illustre jurisconsulte Paul avait dit : *In his hæredibus evidentius apparet continuationem dominii eo rem perducere, ut nulla videatur hæreditas fuisse : quasi olim ii domini essent, qui etiam vivo patre quodammodo domini existimabantur. Unde etiam filiusfamilias appellatur sicut paterfamilias, sola nota hac adjecta, per quam distinguitur genitor ab eo qui genitus sit. Itaque post mortem patris non hæreditatem percipere videntur, sed magis liberam bonorum administrationem consequuntur; hac ex causa, licet non sunt hæredes instituti, domini sunt* (2). Cette théorie du célèbre juriste est admirable. C'est à l'unité de la famille qu'il recourt lui aussi. De cette unité il fait en quelque sorte le sujet même de la propriété, à laquelle le fils se trouve ainsi participer dès sa naissance. Dès lors, quand le père vient à mourir, le fils hérite moins de ses biens qu'il n'en reçoit et n'en prend l'administration, comme successeur naturel de son père.

50. Taparelli fait un raisonnement semblable et le développe philosophiquement, avec une grande élévation de principes. Il écrit : « Toute société travaille au bien commun par l'appli-

---

(1) *Civil. Europ,*, leçon IV.
(2) *Digeste*, livre XXVIII, titre II, § 2.

cation en commun des moyens matériels ; pour cela il faut une autorité qui combine les efforts partiels. Aussi y a-t-il dans toute société une autorité régulatrice. La société et l'autorité possèdent donc sur les biens temporels des associés un certain droit *résultant de la nature* même d'une association, et ce droit est d'autant plus fort que le principe générateur de la société est plus puissant ; car tout effet est proportionné à la cause qui le produit. Ce droit dont nous parlons a été rarement étudié par les publicistes dans la famille ; la raison de cet oubli, c'est qu'ils ont d'ordinaire considéré la société publique comme une agrégation d'individus isolés ; mais si l'on consent à admettre la théorie des droits subordonnés que nous avons exposés plus haut, il existera au sein de la famille une espèce de droit *éminent* subordonné au droit *éminent* de la société pour ce qui concerne le bien public, mais régulateur du droit individuel dans ses rapports avec le bien de la famille. Les principes que nous avons démontrés au IIIe livre de cet ouvrage une fois admis, est-il vrai que la mort supprime toujours et en toute réalité le propriétaire ? On ne peut l'affirmer. S'il meurt un individu *isolé*, indépendant d'une société, particulière quelconque, oui, la mort a tranché tous les fils de cette existence solitaire ; mais si l'individu appartenait à une famille, qu'était-il au sein de cette famille ? Il était membre d'une société dans laquelle existait un principe d'unité établi par la nature ; il formait donc avec les individus un seul être dont les moyens d'action devaient tendre au bien commun. Les membres de cette société domestique dont il faisait partie avaient un droit positif à jouir de ses biens d'après certaines lois positives, comme il avait, lui aussi, le droit de jouir des leurs ; ils avaient donc déjà en quelque manière occupé les biens du consentement de leur *copropriétaire*, et l'autorité sociale de la famille avait déjà une espèce de *haut domaine* sur les moyens sociaux. Ces biens ne sont donc pas demeurés *abandonnés* par la mort de leur propriétaire, la famille demeurant toujours la même ; le changement de maître, bien qu'il soit une *transition* dans l'ordre individuel, est une *continuation* dans l'ordre domestique. Bien plus, l'unité de famille étant une espèce d'unité qui tient beaucoup plus que toute autre société de l'unité individuelle, c'est à peine si l'on peut dire que, dans ce cas, la personne du maître change *entièrement* (1). » Ici le profond philosophe fait naître la permanence dans la famille des biens de celui qui meurt, de l'idée d'unité sociale domestique, et, par suite, d'une sorte de droit *supérieur* de la famille sur ce qui appartient à chacun des membres qui la composent, sans en exclure le père de famille.

51. De même Minghetti, pour défendre le droit d'hérédité, s'appuie sur le concept de famille. Il reproduit presque, tout en l'affaiblissant, l'argumentation de Taparelli : « Que si nous considérons, écrit-il, l'homme tel qu'il est, non solitaire, mais entouré de sa famille ; si nous songeons aux sentiments de vénération et de tendresse qui en unissent les membres, nous verrons surgir spontanément le don dans la famille, et la transmission des biens par hérédité, même sans testament. En effet, la famille n'est pas une simple agrégation d'individus, mais un tout organique, qui, en laissant distincte la personnalité de chacun, a son unité propre, de laquelle naît une espèce de coparticipation des biens, comme naissent une protection, une assistance, un confort mutuels. D'où il suit qu'il faut reconnaître la profondeur de l'expression des jurisconsultes, qui disent que les héritiers continuent la personne du défunt et appellent les fils *hæredes sui*, c'est-à-dire héritiers non seulement de leurs biens, mais d'eux-mêmes, et qu'ainsi l'hérédité tempère ce que la liberté personnelle peut avoir de mesquin et d'égoïste, et convertit chaque progrès privé en un progrès civil. Souvent le bien propre s'identifie avec le bien d'objets chéris ; le désir d'élever les enfants en rang, de leur procurer la prospérité, stimule mieux l'ac-

(1) *Essai théorique du droit naturel basé sur les faits,* vol II, § 780 et 781.

tivité que l'amour du gain (1). » Tout cela est dit avec une grande justesse, et cela nous rappelle que nous avons entendu une personne, pour corriger un de ses amis qui gaspillait son bien, lui dire ce seul mot : Pense que tu as des enfants (*).

(1) *Des rapports de l'économie publique*, etc., livre V.

(*) L'héritage donne à l'activité de père de famille, à son esprit d'épargne un immense ressort, et devient par là le principe de nouvelles richesses sociales, qui n'auraient pas été créées sans lui et qui profitent à tous, même aux plus dénués. (BAUDRILLART, *Manuel d'économie politique*, première partie, chap. VII, *De la propriété.*)

Quoiqu'il soit vrai que l'hérédité peut faire tomber de grands biens dans des mains incapables ou indignes, et qu'elle soit un obstacle à l'égalité absolue rêvée par quelques utopistes, il est évident que l'abolition de l'hérédité *enlèverait au père le stimulant le plus puissant de son travail* et détruirait la famille qui est le fondement de l'Etat. (BOUILLET, *Dictionnaire des sciences*, etc., au mot HÉRÉDITÉ.) *Note du traducteur.*)

CHAPITRE IV.

LA BIENFAISANCE.

52. On appelle bienfaisance la vertu qui nous porte à faire du bien aux autres : *Beneficentia nihil aliud importat, quam facere bonum alicui* (1). Elle naît de l'amour : car dans l'amour se trouve toujours comprise la bienveillance, ou cette disposition qui nous fait vouloir du bien à celui que nous aimons (aimer quelqu'un ou lui vouloir du bien sont des expressions équivalentes) ; et la volonté passe à l'effet pour réaliser ce qu'elle veut, si elle en a le pouvoir. *In actu dilectionis includitur benevolentia, per quam vult aliquis bonum amico ; voluntas autem est effectiva eorum quæ vult, si facultas adsit* (2). Amour, bienveillance, bienfaisance sont trois concepts étroitement liés entre eux.

(1) S. Thomas. *Somme théol.*, II, 2 ; q. XXXI, art 5.

(2) S. Thomas, *ibid.*, art. 2. Rigoureusement parlant, l'amour est quelque chose de plus que la simple bienveillance. La simple bienveillance est un acte de la volonté par lequel nous voulons du bien à quelqu'un ; tandis que l'amour implique une certaine union d'affection du sujet aimant avec l'objet aimé, en ce que celui qui aime, en se portant vers l'objet de son amour, le considère comme ne faisant qu'un avec lui-même, ou comme lui appartenant. *Amor... differt a benevolentia : importat enim quamdam unionem secundum affectum amantis ad amatum, in quantum scilicet amans æstimat amatum quodammodo ut unum sibi vel ad se pertinens. Sed benevolentia est simplex actus voluntatis, quo volumus alicui bonum, etiam non præsupposita prædicta unione affectus ad ipsum.* S. Thomas, *Somme théol.* II, 2 ; q.   , art. 2.

Le devoir de bienfaisance est inséparable du droit de propriété.

53. Nous avons défendu, et fermement défendu la propriété privée, non seulement mobilière mais immobilière. Nous avons dit non seulement qu'elle était nécessaire pour assurer dans la société l'ordre, la paix, la production abondante; mais nous avons dit en outre qu'elle était la conséquence naturelle du droit qui appartient à l'homme de pourvoir à son avenir et à celui de ses enfants.

Il n'en est pas moins vrai qu'il s'élève contre elle une grave objection. L'appropriation permanente de la terre et des biens qu'elle renferme entraine comme conséquence la distinction entre ceux qui ont et ceux qui n'ont pas, entre les riches et entre les pauvres, entre ceux qui ont le superflu en abondance et ceux qui manquent du nécessaire. Or ce résultat ne peut être conforme au dessein de Dieu, qui a donné à tous indistinctement, avec l'existence, le droit de pourvoir à sa conservation à l'aide des produits du sol et des animaux. C'est en vain que l'on viendrait dire que celui qui ne possède pas peut suppléer à son indigence par le travail, qui est en réalité le moyen universel donné par Dieu à l'homme pour pourvoir aux besoins de son existence. Il n'est pas en effet toujours possible à l'homme de se livrer au travail : les infirmités, la vieillesse, souvent aussi la multitude des concurrents, peuvent l'en empêcher. Plus souvent encore, la rétribution qu'il reçoit est absolument insuffisante pour lui permettre de subvenir aux besoins les plus urgents de la vie.

Cette objection serait insoluble si le *droit* de propriété était séparé du *devoir* de bienfaisance. Elle cesse de l'être s'il existe entre l'un et l'autre un lien qui fasse du second le tempérament et le contrepoids du premier. Sans doute, suivant l'ordre établi par Dieu, tout homme qui nait ici-bas a droit à vivre des fruits de la terre. *Secundum naturalem or-*

*dinem, ex divina Providentia institutum, res inferiores sunt
ordinatæ ad hoc, quod ex his subveniatur hominum necessitate* (1). Mais pour que cet ordre produise ses effets, il n'est
pas nécessaire que la terre reste en commun. Cette communauté, au lieu de la richesse pour tous, amènerait la
misère universelle, la production abondante étant impossible
sans une culture objet de soins assidus, et celle-ci étant
impossible sans le stimulant de l'intérêt privé. Ce qu'il faut,
c'est que nul ne soit exclu de la jouissance de ce que la terre
produit; et c'est ce qui s'obtient par la bienfaisance, en vertu
de laquelle le riche dispense au pauvre son superflu.

54. Écoutons saint Thomas sur ce sujet. Il distingue, à
l'égard des biens temporels, la *possession* de *l'usage*. Quant à
la possession, il enseigne qu'il est permis à l'homme de
posséder des choses en propre : *Licitum est quod homo propria
possideat.* Il dit même que cette possession est nécessaire à
la vie humaine : *Est etiam necessarium ad humanam vitam.*
et il en donne les raisons que nous avons rapportées plus
haut (2). Mais, quant à l'usage, il ajoute que l'homme ne doit
pas regarder ces biens comme lui étant propres ; qu'il doit
les regarder comme communs, en ce sens qu'il se montre
disposé à en faire part aux autres dans leurs nécessités. Voilà
pourquoi l'Apôtre, dans sa première épître à Timothée, dit
(vi, 17 et 18): « Recommande aux riches de ce siècle de donner
avec facilité et de faire part aux autres de leurs biens ».
*Aliud, quod competit homini circa res exteriores, est usus ipsa-
rum ; et quantum ad hoc non debet homo habere res exteriores
ut proprias, sed ut communes, ut scilicet de facili aliquis eas
communicet in necessitate aliorum. Unde Apostolus dicit* (I ad
Timoth., ultimo, 17) : *Divitibus hujus sæculi præcipe...
facile tribuere, communicare de bonis, etc.* (3) (*).

---

(1) S. THOMAS, *Somme théol.*, II, 2 ; q. LXVI, art. 7.
(2) Voir les deux premiers chapitres de cette seconde partie.
(3) *Somme théol.*, II, 2 ; q. LXVI, art. 2.
(*) Nous croyons utile de donner ici entièrement le passage dont

Saint Thomas dit encore autre part : Les biens temporels
que l'homme reçoit de la Providence divine lui appartiennent
sans doute quant à la propriété ; mais, quant à l'usage, ils
sont non seulement à lui, mais encore à ceux qui peuvent en
être sustentés, dans la mesure du superflu. *Bona temporalia,
quæ homini divinitus conferuntur, ejus quidem sunt quantum
ad proprietatem ; sed quantum ad usum non solum debent
esse ejus, sed etiam aliorum, qui ex eis sustentari possunt
ex hoc quod ei superfluit* (1). C'est précisément ce que Notre-
Seigneur Jésus-Christ a commandé d'une manière expresse
dans le saint Évangile : *Quod superat, date pauperibus.* Le
propriétaire, par cela même qu'il est propriétaire, est tenu
d'être le bienfaiteur d'autrui. Il est comme le ministre de la
Providence divine, qui agit et gouverne le monde au moyen
des causes secondes. C'est ainsi que la propriété défie les

nous avions cité plus haut une partie : « Sur les deux questions fon-
damentales de l'esclavage et de la propriété, sauf des distinctions
parfois subtiles, où se révèle au plus haut point l'effort, qui fait la
grandeur de la *Somme*, à associer la loi divine et la philosophie
humaine, saint Thomas se rencontre également où à peu près avec
l'antiquité. Exemple bien frappant de la logique inhérente aux doctrines ! L'esclavage : il l'admet, non comme conforme à la loi éternelle
ou à la loi divine, mais comme un fait utile, utile à l'intérêt général,
utile au maître et parfois à l'esclave lui-même, comme conforme
dès lors à la loi naturelle. La propriété : la loi éternelle ne la connaît
pas, la loi divine l'admet *quant à la possession des choses, non quant
à leur usage qui doit rester commun à tous* ; sans résulter de la loi
naturelle, elle ne lui est pas contraire, et alors son utilité justifie la
« convention humaine » qui l'a établie. (*En Note :* Pour plus amples
détails, consulter Paul Janet, *op. cit.*, t. I, p. 374, 396.) » (CH. BEU-
DANT, *Le Droit individuel de l'État*, p. 74 et 75.)
Les textes cités plus haut, en ce qui concerne l'esclavage, et ici
même, en ce qui concerne la propriété et la bienfaisance, atténuent
beaucoup la rigueur de la doctrine attribuée à saint Thomas, l'éminent juriste que nous venons de citer le reconnaîtra volontiers. (*Note
du traducteur.*)
(1) *Somme théol.*, II, 2 ; q. XXXII, art. 5, 2°.

assauts des socialistes et apparaît comme un bien pour ceux mêmes qui en sont privés, bien loin de leur préjudicier.

55. Tout se tient dans le système divin, tout s'y montre admirable, pourvu que l'homme par l'abus de sa liberté n'en trouble pas l'harmonie. Si la propriété privait une partie du genre humain de ses moyens de subsistance, elle serait certai.nement un désordre et un crime ; mais il n'en est ainsi, parce qu'elle a été étroitement unie par Dieu au devoir de la bienfaisance, qui impose à celui qui est dans l'abondance l'obligation de venir en aide, au moyen de son superflu, à celui qui est dans l'indigence, ou au pauvre : *Mendicus est qui ab alio petit ; pauper qui sibi non sufficit* (1).

De cette façon deux éléments, pauvreté et richesse, qui semblent à première vue en opposition l'un avec l'autre, se concilient, au contraire, parfaitement. En maintenant, en effet, la diversité des conditions, sans laquelle la société civile ne pourrait subsister, ils s'apportent l'un à l'autre une aide et un confort réciproques. Le riche, sans le travail du pauvre, ne pourrait conserver sa richesse ; et le pauvre, sans l'abondance du riche, ne trouverait aucun refuge dans sa détresse. Tous deux restent unis par de mutuelles et d'affectueuses relations, le riche comme bienfaiteur bénévole, le pauvre comme obligé reconnaissant, et apparaissent comme deux parties coordonnées du plan de Dieu, qui, s'il veut dans le pauvre le respect de la propriété du riche, veut dans le riche la bienfaisance pour le soulagement du pauvre. *Pauper et dives obviaverunt sibi ; utriusque operator est Dominus* (2). Le propriété de la terre étant ainsi entendue, il n'est pas de barbe de socialiste (*sic*), qu'elle ne puisse défier.

---

(1) Cassiodore, dans S. Thomas. *Somme théol.*, même partie, q. CLXXXVII. art. 5.

(2) Proverbes, XXII. 2.

ARTICLE II.

Trois éclaircissements nécessaires.

56. Il y a trois points qui demandent ici à être éclaircis, et que nous allons éclaircir en prenant saint Thomas pour guide. Le premier point est celui-ci : que faut-il entendre par *superflu*? Le saint Docteur nous enseigne que ce mot doit être pris dans un sens *relatif* à la personne, considérée non seulement par rapport à sa condition sociale, mais encore par rapport à l'obligation qu'elle a de pourvoir aux besoins de ceux qui sont particulièrement confiés à ses soins, c'est-à-dire des membres de sa famille. *Dico superfluum non solum respectu sui ipsius, quod est supra id quod est necessarium individuo, sed etiam respectu aliorum quorum cura ei incumbit respectu quorum dicitur necessarium personæ, secundum quod persona dignitatem importat* (1). Il est évident que ce qui excède le nécessaire est autre pour l'homme du peuple et pour l'artisan, que pour le noble et pour le magistrat. De même l'excédent sur le nécessaire n'est pas le même pour celui qui est seul ou sans enfants, que pour celui qui est marié et entouré d'une nombreuse famille. Il faut convenir toutefois que l'appréciation de ce qui constitue le superflu offre de sérieuses difficultés, étant donnée l'extension plus ou moins grande à laquelle se prête le concept, et en outre l'obscurité dont l'égoïsme, l'ambition ou l'amour immodéré des siens peut envelopper l'intelligence ; mais cette appréciation est beaucoup facilitée par l'idée religieuse, comme nous le verrons dans l'article suivant.

57. Le second point porte sur la nature de l'obligation imposée au riche de donner son superflu aux pauvres. Nous disons résolument que cette obligation est d'une nature *grave*, comme résultant d'une loi naturelle rigoureuse. Le *superflu* du riche, dit en termes exprès saint Thomas, revient *de droit*

---

(1) *Somme théol.*, II, 2 ; q. XXXII, art. 5.

naturel à ceux qui sont dans l'indigence : *Res quas aliqui superabundanter habent, ex naturali jure debentur pauperum sustentationi.* La raison en est claire : c'est que le droit de l'homme à vivre des fruits de la terre est un droit *primaire*, c'est-à-dire qu'il est de ceux qui procèdent immédiatement de la nature et sont en conséquence appelés *de jure naturali*; tandis que le droit de propriété est un droit *secondaire*, c'est-à-dire de ceux qui procèdent de la nature médiatement, et sont en conséquence appelés *de jure gentium* : d'où il résulte qu'en cas de conflit, c'est ce dernier qui s'efface et qui disparaît dans la proportion où les choses possédées excèdent les besoins du possesseur. Le droit d'appropriation a été concédé par la nature, non d'une manière absolue, mais en vue d'une fin. Cette fin est de s'assurer pour l'avenir d'une manière paisible et certaine, et en abondance, les fruits de la terre nécessaires à sa propre conservation et à la conservation de ceux aux besoins desquels on est tenu de pourvoir. Mais si les fruits que l'on recueille excèdent cette mesure, et que d'autre part il existe des personnes qui manquent du nécessaire, il n'y a pas de raison pour que ce superflu appartienne au possesseur : ce serait une violation flagrante du droit des autres, qui, ayant un droit absolu à la conservation de la vie, n'auraient pas d'autre moyen de la conserver. Ce superflu doit leur être dispensé, comme leur apanage naturel. Celui qui le retient pour lui-même viole gravement l'ordre établi par Dieu et s'arroge un droit qui ne lui a été concédé par personne. Car le droit de propriété n'a été donné par Dieu qu'à la condition que le superflu serait donné aux pauvres. Ce qui fait que saint Basile s'élève justement contre le détenteur de ce superflu et s'écrie : « N'es-tu pas un spoliateur, toi qui considères comme tien ce que tu as reçu pour le dispenser aux autres ? Ce pain que tu mets en réserve est le pain de celui qui a faim ; ce vêtement que tu serres sous clef est le vêtement de celui qui est nu; ces souliers que tu laisses moisir sont les souliers de celui qui n'a pas de chaussure ; cet argent que tu caches sous terre est l'argent du pauvre. C'est pourquoi tu fais tort au prochain de tout ce que tu pourrais lui donner et ne lui donnes pas. *Nonne spoliator es tu, qui, quæ dispensata accepisti, propria reputas? Est panis famelici, quem tu tenes ; nudi tunica, quam in conclavi conservas ; discalceati calceus, qui penes te marcescit ; indigentis argentum, quod possides inhumatum. Quocirca tot injuriaris quo l dare valens es* (1).

58. On dira : Si le superflu est la propriété des pauvres, tout pauvre pourra s'en saisir lui-même, contre la volonté du possesseur ; ce ne sera plus un vol. Nous répondons en niant cette conséquence. Le superflu, en effet, est dû aux pauvres en général, et non à tel ou tel pauvre en particulier. Et, comme ce superflu ne peut évidemment subvenir à tous, c'est à la liberté du possesseur qu'est laissé le soin de décider à qui, dans la foule des pauvres, il devra être donné de préférence : *Quia multi sunt necessitatem patientes, et non potest ex eadem re omnibus subveniri, committitur arbitrio uniuscujusque dispensatio propriarum rerum, ut ex eis subveniat necessitatem patientibus* (2).

59. Mais il faut que dans cette décision l'ordre indiqué par la raison soit observé, et c'est là le troisième point que nous nous proposons d'éclaircir. La bienfaisance, comme nous l'avons dit, naît de l'amour que nous devons au prochain ; et cet amour est plus ou moins fort selon que les autres nous touchent de plus ou de moins près. Telle est la règle qui doit nous guider, s'il y a parité de circonstances, dans la distribution de nos secours. A nos amis nous préférerons donc nos proches, suivant le degré de parenté ; nous donnerons la préférence à nos amis sur nos simples concitoyens, à nos concitoyens sur nos compatriotes, à nos compatriotes sur les étrangers. *Exhibitio beneficiorum*, dit saint Thomas, *est quædam actio charitatis in alios. Et ideo oportet quod ad magis propinquos simus magis benefici* (3). Cette règle n'est pas d'ail-

---

(1) Homélie sur ce passage de S. Luc, 12 : *Destruam horrea mea.*
(2) S. Thomas, *Somme théol.*, II, 2 ; q. LXVI, art. 7.
(3) *Somme théol.*, II, 2 ; q. XXXI, art. 3.

leurs invariable dans tous les cas. Il peut arriver en effet qu'une indigence plus grande chez celui qui nous est le moins uni, une relation plus étroite avec le bien public, nous engage à procéder autrement : aussi faut-il, dans l'application, prendre conseil de la prudence. *Si autem duorum unus est magis conjunctus et alter magis indigens, non potest universali regula determinari cui sit magis subveniendum ; quia sunt diversi gradus et indigentiæ et propinquatis : sed hoc requirit prudentis judicium* (1).

60. Ce que nous avons dit plus haut (58) souffre exception dans le cas d'une nécessité *tellement grave* et si urgente, qu'elle ne comporte aucun délai. Les moralistes l'appellent nécessité *extrême*, ou *presquè extrême*. Dans une telle extrémité, il est permis à l'homme de prendre du bien d'autrui ce qu'il en faut pour faire face à cette nécessité, à laquelle il ne peut subvenir autrement. *Si tamen adeo sit evidens et urgens necessitas, ut manifestum sit instanti necessitati de rebus occurrentibus esse subveniendum (puta cum imminet personæ periculum et aliter subveniri non potest), tunc licite potest aliquis ex rebus alienis suæ necessitati subvenire, sive manifeste sive occulte sublatis* (2) Un acte semblable, qu'il soit accompli sans la volonté ou même contre la volonté du propriétaire, n'a pas, à proprement parler, le caractère de vol ou de rapine, la gravité et l'urgence étant telles que la chose que le pauvre a prise lui devient réellement due. *Non habet rationem furti proprie loquendo, quia per talem necessitatem efficitur suum id, quod quis accepit ad sustentandam propriam vitam* (3).

ARTICLE III.

L'idée religieuse.

61. Nous avons, ce nous semble, démontré jusqu'à l'évidence que le riche est tenu, par une obligation naturelle, de donner

(1) *Somme théol*, II, 2 : q. XXXI, art. 3, 1.
(2) S. THOMAS, *Somme théol.*, II, 2 ; q. LXVI, art. 7.
(3) S. THOMAS, *ibid.*, 2.

aux pauvres le superflu de ses richesses, et que ce que l'on doit entendre par superflu est ce qui excède les besoins d'une personne et de sa famille, selon le rang qu'elle occupe dans la société civile. Mais c'est là précisément qu'est l'embarras. Quel est cet excédent ? Pour déterminer le nécessaire, relativement à la condition sociale de la personne et de ceux qui lui appartiennent, il n'y a pas de limite invariable et consistant dans un point indivisible. Tel surcroît apparent ne fait pas que la limite soit outrepassée ; et après bien des retranchements, il se peut qu'elle ne soit pas encore atteinte en sens inverse. *Hujusmodi necessarii terminus*, observe saint Thomas, *non est in indivisibili constitutus. Sed multis additis, non potest dijudicari esse ultra tale necessarium ; et multis sublatis, adhuc remanet, unde possit convenienter aliquis vitam transigere, secundum proprium statum* (1). Ajoutez que l'égoïsme, l'ambition, le luxe contribuent puissamment à détruire la droiture du jugement, si bien que l'on finit par considérer comme nécessaire à sa condition ce qui ne l'est pas en réalité. Il s'ensuit qu'en fin de compte, ou il ne se trouve jamais de superflu, ou, s'il s'en trouve, c'est dans une proportion qui n'a aucun rapport avec la plus stricte justice. C'est ce qui se passe en particulier dans l'ordre, ou plutôt le désordre social actuel, où la condition de chacun se mesure à sa richesse. Plus on a, plus on est de haute condition. Aussi est-il impossible de trouver le superflu là où la mesure s'est confondue avec ce qui doit être mesuré.

62. Dans cet état de choses, au milieu duquel il serait difficile de trouver une issue, la religion nous vient en aide. Elle convertit l'acte de bienfaisance en un acte d'amour envers Dieu, et le lie étroitement à l'amour bien ordonné que l'homme se doit à lui-même. Elle apporte ainsi un stimulant puissant à l'exercice de la bienfaisance et enlève toute leur force aux calculs trompeurs de l'égoïsme.

L'apôtre saint Jean dit, dans sa première épître : Tout

---

(1) *Somme théol.*, II, 2 ; q. XXXII, art. 6.

homme qui, ayant les biens de ce monde, verra son frère dans la nécessité, et aura le cœur fermé pour lui, comment a-t-il en soi l'amour de Dieu ? *Qui habuerit substantiam hujus mundi, et viderit fratrem suum necessitatem habere, et clauserit viscera sua ab eo, quomodo charitas Dei manet in eo* (1) ? Ainsi le saint apôtre nous enseigne clairement que celui qui n'exerce pas la bienfaisance envers son prochain n'aime pas Dieu. La raison en est claire : c'est que la bienfaisance est la suite nécessaire de l'amour du prochain, et que l'amour du prochain est la suite nécessaire de l'amour de Dieu. *Hoc mandatum habemus a Deo ut qui diligit Deum, diligat et fratrem suum* (2). Aussi les théologiens enseignent-ils que c'est Dieu qui est la raison formelle de notre amour pour le prochain, et que l'acte par lequel nous aimons Dieu est spécifiquement le même que celui par lequel nous aimons le prochain : *Ratio diligendi proximum, Deus est ... Idem specie actus est, quo diligitur Deus, et quo diligitur proximus* (3).

63. De plus, l'idée religieuse nous montre le secours que nous donnons aux pauvres comme un moyen indispensable pour obtenir le salut éternel. Elle commence par inspirer la terreur aux riches : Malheur à vous, riches, car vous avez votre satisfaction. *Vœ vobis divitibus, qui habetis consolationem vestram* (4). Il est plus aisé qu'une grosse corde passe par le trou d'une aiguille qu'il ne l'est qu'un homme riche entre dans le royaume des cieux. *Facilius est camelum per foramen acus transire, quam divitem intrare in regnum cœlorum* (5). En conséquence elle conseille aux riches de se faire des amis en venant en aide aux pauvres dans leurs besoins, afin que ceux-ci, en échange, les reçoivent dans les demeures éternelles : *Facite vobis amicos de mammona iniquitatis, ut*

(1) S. Jean, iii, 17.
(2) Ibidem, 21.
(3) S. Thomas, *Somme théol.*, II, 2 ; q. xxv, art. 1.
(4) S. Luc, vi, 24.
(5) S. Matthieu, xix, 24.

cum defeceritis, recipiant vos in æterna tabernacula (1). Et non
sans raison, car *de jure* le royaume des cieux est la propriété
des pauvres : *Beati pauperes, quia vestrum est regnum Dei.*
Le royaume des cieux étant leur propriété, eux seuls peuvent en ouvrir la porte aux riches. C'est donc, pour le riche
qui veut se sauver, une condition *sine qua non* que de s'atta-
cher les pauvres par la bienfaisance. *Bona est.... eleemosyna
magis, quam thesauros auri recondere* (2). De même que le
riche est propriétaire des biens terrestres, le pauvre est propriétaire du royaume des cieux. Il faut donc qu'il y ait entre
eux réciprocité de services ; que le riche donne au pauvre
de mammona iniquitatis, et que le pauvre ouvre au riche la
porte du ciel.

Voilà, n'est-ce pas ? des moyens de reconnaître facilement
quel est le superflu qui doit être donné aux pauvres. L'acte
de bienfaisance envers eux devient un acte d'amour de Dieu
et le prix auquel on peut acquérir le salut éternel.

64. Ces deux mobiles de la bienfaisance, Notre-Seigneur
Jésus-Christ, a voulu les rendre sensibles et concrets, en élevant
le pauvre à la dignité de représentant de sa personne divine
elle-même. On aurait peine à le croire, si le Christ lui-même
ne nous l'avait déclaré dans les termes les plus clairs ! Lui-
même, dans le vingt-cinquième chapitre de l'Evangile de
saint Matthieu, nous décrit le jugement qu'il fera des bons et
des méchants au dernier jour, et nous dit que, se tournant
vers les premiers, il leur dira : Venez, vous qui êtes bénis
de mon Père, possédez le royaume qui vous a été préparé ;
car j'ai eu faim, et vous m'avez donné à manger ; j'ai eu soif,
et vous m'avez donné à boire; j'étais nu, et vous m'avez
donné des vêtements; j'étais malade, et vous m'avez visité. Les
justes étonnés répondront : Quand est-ce, Seigneur, que nous
vous avons vu dans cet état et que nous vous avons ainsi se-

(1) S. Luc, xvi, 9.
(2) Tobie, xii, 8, 9.

couru ? Et le Christ de répondre à son tour : Je vous le dis, en
vérité, que tout ce que vous avez fait pour l'un des plus petits
de mes frères que voilà, vous l'avez fait pour moi-même (1).
Idée sublime, que Dieu seul, venant habiter parmi les
hommes après avoir revêtu leur nature, pouvait introduire
dans le monde ! A cette lumière disparaissent, comme des
ombres, de l'esprit du riche toutes les subtilités de l'égoïsme.
Son cœur s'ouvre, et non seulement il trouvera facilement le
superflu, mais il trouvera encore de quoi prendre sur son
nécessaire. Car, dans le pauvre affamé, c'est le Christ qui a
faim ; dans le pauvre qui est dépourvu de vêtements, c'est le
Christ qui est nu ; dans le misérable qui dort sur le pavé,
c'est le Christ qui est sans logement et sans lit ! Oh Dieu !
Et comment à cette pensée celui qui croit en vous ne sentira-
t-il pas son cœur se briser ? Comment ne courra-t-il pas à
sa table, à son coffre-fort, prendre le pain, l'argent nécessaire
pour venir en aide à cette divine indigence ? Est-il quelque
chose dont Jésus-Christ ne soit digne ? Que tout, tout ce qu'il
est possible d'offrir, soit offert incontinent à Jésus-Christ !
Non seulement Jésus-Christ est dans le pauvre ; mais le riche,
en se conciliant le pauvre, se concilie Jésus-Christ, c'est-à-
dire son Juge.

· Aussi n'est-il pas étonnant que, parmi les chrétiens, nous
voyions bien souvent les riches prodiguer, sans mesure, leurs
biens aux pauvres. Pour le soulagement des pauvres, ils se ·

---

(1) *Venite benedicti Patris mei, possidete paratum vobis regnum
a constitutione mundi. Esurivi enim et dedistis mihi manducare ;
sitivi et dedistis mihi bibere ; hospes eram et collegistis me ; eram nu-
dus et cooperuistis ; infirmus eram et visitastis me ; in carcere eram,
et venistis ad me. Tunc respondebunt ei justi : Domine, quando te
vidimus esurientem et pavimus te ; sitientem et dedimus tibi potum ?
Quando autem te vidimus hospitem, et collegimus te, aut nudum et
cooperuimus te ? Aut quando te vidimus infirmum aut in carcere, et
venimus ad te ? Et respondens rex dicet illis : Amen dico vobis,
quamdiu fecistis uni ex his fratribus meis minimis, mihi fecistis.*
S. MATTHIEU, xxv, 31-40.

réduisent souvent eux-mêmes à la pénurie. Du célèbre Donoso Cortes, qui à la noblesse du sang et à l'élévation de l'esprit joignait une piété sans bornes, les journaux ont écrit que, gardant seulement pour son usage le sixième de ses richesses, il employait les cinq autres sixièmes au soulagement des pauvres. Cinq sur six, voilà un superflu qui n'a certainement pas été mesuré par l'égoïsme.

ARTICLE IV.

- Devoirs de l'Etat en matière de bienfaisance.

65. L'homme n'est pas isolé, il vit en société ; et la société non seulement lui assure la jouissance de ses droits, mais encore l'aide dans l'accomplissement de ses devoirs. C'est ce qui a lieu même en matière de bienfaisance.

Aussi les devoirs de l'Etat, en cette matière, nous semblent-ils être au nombre de deux : un devoir de protection et un devoir de *supplément*. Protection pour les institutions de bienfaisance qui se sont élevées dans le sein de la société par les soins des particuliers ou de l'Eglise ; supplément pour la création de celles qui feraient défaut et à la création desquelles les particuliers et l'Eglise ne pourraient subvenir.

Les riches dont le cœur est ouvert à la charité ne se contentent pas de venir en aide pendant leur vie au prochain qui est dans le besoin ; ils étendent leur bienfaisance même au temps qui doit suivre leur mort. Par-dessus tout, l'Eglise est féconde en fondations bienfaisantes. Non seulement, par sa doctrine, elle est dans l'âme des fidèles l'inspiratrice de la charité ; non seulement, par ses lois, elle en est l'ordonnatrice ; mais encore, par les œuvres de toute sorte et les institutions religieuses consacrées à l'exercice de la charité, qu'elle a fondées ou qu'elle fonde, elle intervient directement comme exécutrice. Pour elle, la bienfaisance fait partie de la religion, Jésus-Christ, son chef, ayant pris les pauvres mêmes pour ses représentants. Etant en outre immortelle de sa nature, elle

7*

imprime un caractère d'immortalité aux effets dont elle est la cause. A ces institutions qui doivent leur origine, non pas à l'Etat, mais à l'Eglise, qu'elles aient été fondées directement par elle ou par l'entremise de ses fidèles, le Gouvernement civil doit protection, en assurant leurs droits, en les défendant contre toute atteinte, et surtout en leur laissant leur pleine liberté d'action. Là où elles suffisent, le Gouvernement civil pourrait, sans inconvénient, s'abstenir de tout exercice direct de la bienfaisance, en se contentant de l'encourager d'une manière indirecte.

66. C'est avec une grande satisfaction que nous nous trouvons sur ce point d'accord avec Minghetti, qui écrit : « Je crois que, dans le cas où le particulier, la famille, l'Eglise, les corporations instituées pour l'assistance des pauvres, suffiraient à la tâche, l'Etat n'aurait aucun titre à intervenir, et cela heureusement, car la charité libre et privée a des mérites qui lui assurent une extrême supériorité. Elle n'attend pas que la misère frappe à ses portes et dénude ses plaies aux yeux des profanes ; elle va à sa recherche et lui apporte le remède. Elle est, en outre, accompagnée de ce jugement sagace et prévoyant qui sait discerner les faux pauvres des véritables. Elle éveille enfin, dans le bienfaiteur, un sentiment suave de contentement, dans l'assisté un sentiment de reconnaissance, et améliore l'intelligence et l'âme de tous deux (1). » Ces paroles d'un économiste très libéral peuvent être considérées comme un juste blâme de la funeste habitude prise par nos gouvernements de s'emparer de l'administration des œuvres pies, pour faire de la bienfaisance un monopole de l'Etat. Laissant de côté l'atteinte qu'ils portent au droit des fondateurs, nous insisterons seulement sur le grave préjudice et le cruel outrage qu'ils font subir aux pauvres eux-mêmes, dont ils feignent d'être les protecteurs. Préjudice, tant parce qu'ils détournent une partie importante des ressources qui appartiennent aux pauvres et les appliquent à stipendier des employés,

(1) *Des rapports de l'économie publique*, etc. livre V.

pour ne rien dire de plus, que parce qu'ils tarissent les sources même de la bienfaisance, en décourageant les citoyens d'employer leurs biens en fondations pieuses, à cause de la défiance que leur inspirent l'État et ses agents. Outrage pour deux raisons. D'abord ils imposent au pauvre une pénible humiliation. L'État moderne, athée comme il l'est, c'est-à-dire séparé de la religion, ne représente que l'homme ; l'Église, au contraire, représente directement Dieu. Or, vis-à-vis de Dieu nous sommes tous des mendiants, qui chaque jour implorons de lui notre pain quotidien : *Panem nostrum quotidianum da nobis hodie.* Le pauvre ne croit donc pas se dégrader en recourant au ministère de l'Église dans ses besoins ; mais il lui semble, au contraire, s'avilir lorsqu'il tend la main à un employé du gouvernement. En second lieu, la misère est souvent liée à des blessures du cœur. Le pauvre n'éprouve aucune difficulté à les mettre sous l'œil du prêtre, auquel il a l'habitude de dévoiler les secrets les plus cachés de sa conscience ; mais il dédaigne avec raison de les révéler à un œil purement humain, tel que celui d'un salarié du gouvernement.

67. Outre le devoir de protection qui lui incombe en matière de bienfaisance, le gouvernement a encore un devoir de supplément. Ce devoir doit être entendu en ce sens que là où l'Église et les fidèles ne peuvent atteindre, le Gouvernement civil est tenu d'accourir avec les deniers publics dont il dispose. Là encore nous sommes heureux de rencontrer l'acquiescement de Minghetti. Celui-ci, après avoir énuméré les défauts que l'on reproche d'ordinaire à la bienfaisance gouvernementale, ajoute : « Ces raisons et ces exemples me semblent d'un grand poids, mais non pas tel pourtant qu'il doive faire exclure complètement la charité légale, quand la charité privée et libre ne suffit pas, et notamment dans certaines calamités extraordinaires et dans ces douloureuses transitions auxquelles l'industrie est sujette (1). » Nous croyons même

_____

(1) Même ouvrage, même livre.

que, dans de telles ou de semblables extrémités, le gouvernement peut imposer une taxe sur les biens des riches. Les économistes se récrient généralement contre les expédients de cette nature. Mais ils ont beau dire : la société ne peut nullement tolérer que, pendant qu'une partie de la population nage dans l'opulence, l'autre périsse dans la détresse. Les économistes citent l'exemple de l'Angleterre, où la taxe des pauvres a produit plus de mal que de bien, et décrivent le spectacle dégoûtant de la table de paroisse, ainsi nommée, où se font les distributions. Mais l'Angleterre est hérétique, et nous parlons des pays catholiques, où les inconvénients signalés peuvent facilement s'éviter, surtout si l'on prend la précaution de confier la distribution des secours, non à des personnes salariées par le gouvernement, mais à des personnes animées du pur amour de Dieu. Droz, qui lui aussi repousse l'usage anglais, ajoute : « Quand un impôt est levé au profit des indigents, le moyen de porter le mal à son comble est de charger des employés, des personnes payées, de distribuer les secours. Après la fondation d'un grand nombre d'écoles, je ne vois rien de plus utile que de mettre en contact avec la classe pauvre les personnes éclairées, charitables, qui savent donner des conseils et ranimer le courage, qui savent, en portant des secours, enseigner comment on peut se suffire à soi-même (1). » Et surtout, ajoutons-nous, qui savent panser les plaies de l'âme avec le baume de la religion.

68. La pauvreté qui, depuis le péché originel, ne peut plus être entièrement bannie de ce monde [*pauperes semper habetis vobiscum* (2)], a besoin d'être constamment secourue. C'est un but que les fondations perpétuelles permettent mieux d'atteindre que les aumônes isolées. Là où l'Église, aujourd'hui presque entièrement dépouillée par la civilisation moderne, et les fidèles qui n'ont qu'une fortune médiocre, ne peuvent se

_____

(1) *Economie politique, ou principes de la science des richesses,* livre III, chap. VI.

(2) Saint MATTHIEU, XXVI, 11.

livrer à de grandes libéralités, il faut que le gouvernement apporte l'aide des fonds dont il dispose, fonds qui ne sauraient recevoir un emploi plus juste et plus utile. Et puisque le gouvernement n'a pas d'autre source de richesse que la bourse des citoyens, il faut évidemment, par des lois prudentes, prélever sur les revenus des riches de quoi subvenir à la misère des pauvres. Certes, il est déplorable qu'il faille convertir en contrainte légale ce qui devrait être un effet de libéralité spontanée ; et nous reconnaissons tout ce qu'il y a d'odieux et de violent dans un semblable expédient. Disons même que cet expédient pourrait être regardé, non sans raison, par quelques-uns comme un acheminement vers le socialisme. Mais comment faire ? Si la charité envers Dieu et envers le prochain a cessé d'échauffer les cœurs, il est naturel qu'à l'amour vienne se substituer la force. Surtout il faut bien se persuader qu'entre la charité chrétienne et le socialisme il n'y a pas de milieu ; en abandonnant l'une, on court à l'autre.

69. Parmi les causes multiples de la misère du pauvre, il y en a trois qui appellent en particulier et avant tout l'action de la bienfaisance : la faiblesse enfantine, la maladie, la vieillesse. Les malthusiens, pour empêcher le mariage des pauvres, qui leur fait horreur comme étant *cane pejus et angue*, voudraient voir supprimer tous les établissements publics de bienfaisance. Malthus repousse spécialement les hospices destinés à recevoir les enfants que des parents coupables ou inhumains abandonnent. L'esprit se refuse pourtant à imaginer le sort qui attendrait ces innocentes petites créatures, si des asiles charitables ne les recueillaient pour les nourrir et les élever.

— Mais, objecte-t-on, la plupart meurent très promptement.

— Vivraient-elles plus longtemps si elles étaient laissées sans secours ? L'objection prouve tout au plus que l'institution aurait besoin d'être améliorée; mais c'est un remède stupide et barbare que de l'anéantir, sans se soucier des funestes conséquences qui en résulteraient. On peut dire la même chose des autres institutions.

70. Contre les hôpitaux on fait valoir le relâchement qu'ils produisent dans les liens de familles. La mère n'est plus soignée par le fils ; la femme n'adoucit plus les souffrances du mari ; les malades sont confiés à des mains étrangères. Sans doute, c'est une œuvre plus pieuse de secourir le malade dans son propre domicile, en le laissant jouir de l'assistance des siens. Mais comme il est bien difficile que là, même en supposant de généreux secours, les soins opportuns lui soient donnés avec une adresse intelligente, l'institution d'hôpitaux publics reste nécessaire. Il faut seulement qu'ils soient bien administrés et pourvus de tout le nécessaire. Surtout il est utile que la direction des malades soit confiée non à des mercenaires, mais à des personnes animées d'un véritable esprit de charité, telles précisément que sont les religieux. Ainsi disparaîtrait l'inconvénient que l'on objecte ; car, pour les soins affectueux, les mains pieuses des Frères de Saint-Jean-de-Dieu et des héroïques Sœurs de charité valent bien ceux de n'importe quel parent. D'où l'on voit l'ignorance bestiale du libéralisme, qui, loin de rechercher de tels auxiliaires, les chasse même des lieux où il les trouve, pour les remplacer par des serviteurs gagés.

71. Il faut enfin que des asiles soient ménagés aux vieux ouvriers. Si l'employé qui n'est plus apte à remplir ses fonctions reçoit une pension de retraite, si le soldat que l'âge rend inhabile à l'exercice des armes trouve un asile dans les maisons destinées aux invalides de l'armée, laissera-t-on périr sur le pavé des rues les vétérans du travail, qui, dans leur jeunesse, ont usé leurs forces à procurer à tous les aliments, les commodités de la vie, aux classes privilégiées les jouissances de toute sorte ?

— Mais ces institutions et les institutions analogues (telles que celles qui assurent des dots aux jeunes filles, des secours aux femmes en couche ou nourrices, l'éducation aux jeunes apprentis, l'assistance aux honnêtes ouvriers qui ne trouvent pas de travail, etc.) sont un encouragement au mariage. C'est sur elles bien souvent que le pauvre compte en se mariant.

— Soit. Et pourquoi pas ? N'avons-nous pas démontré que, par la loi naturelle et divine, le superflu des riches est l'apanage des pauvres ? Et les institutions dont il s'agit, que sont-elles, si ce n'est le fruit consolidé et durable de ce superflu ? Certainement le pauvre qui veut se marier doit avoir soin d'abord de se mettre en état de soutenir la famille qu'il va fonder ; et c'est ce qu'il fait d'ordinaire en cherchant à se rendre expert dans quelque art ou quelque métier qui lui assure un salaire suffisant. Mais rien ne l'empêche, et c'est au contraire son droit, de faire entrer dans ses calculs, en vue des accidents possibles, les institutions que la charité chrétienne a précédemment créées pour son confort et son soulagement.

72. Pour nous, notre opinion est absolument contraire à celle des malthusiens. Non seulement nous ne croyons pas qu'il y ait lieu de supprimer aucun des instituts de charité déjà existants, mais nous estimons au contraire que l'on doit en accroître et le nombre et la diversité ; il faut que toute infortune trouve, autant que possible, son soulagement, toute plaie son remède, toute nécessité le secours qui lui convient. Nous voudrions seulement que ces œuvres charitables fussent confiées, non pas aux gouvernements civils, qui n'entendent rien à la charité, mais bien à l'Eglise, laquelle est animée de l'amour du Christ, administre au nom de Dieu, a la pleine confiance de ses fidèles, qui lui donnent le doux nom de mère, et qui, par les rapports assidus qu'elle entretient avec eux, est en mesure de distinguer les vrais pauvres des pauvres simulés, et peut à la miséricorde corporelle joindre la miséricorde spirituelle dont la pauvreté a si souvent le plus grand besoin.

CHAPITRE V.

RÉPARTITION DE LA RICHESSE.

73. C'est dans le partage des produits entre ceux qui ont concouru à leur formation que réside l'idée capitale de la distribution des richesses. Or les producteurs, nous l'avons déjà vu, sont au nombre de trois : le propriétaire qui a fourni les agents naturels ; le capitaliste qui a fait l'avance des frais nécessaires ; l'ouvrier qui a apporté son travail matériel. C'est donc entre le propriétaire, le capitaliste et l'ouvrier que la richesse produite se répartit, de manière à rémunérer dans une juste proportion l'œuvre entière de sa production. La portion de la richesse qui revient au premier s'appelle *rente* ; celle qui revient au second s'appelle *profit* ; celle qui revient au troisième se nomme *salaire* ou *rétribution*. « Les produits de la terre, écrit Ricardo, c'est-à-dire tout ce que l'on retire de sa surface par les efforts combinés du travail, des machines et des capitaux, se partage entre les trois classes suivantes de la communauté, savoir : les propriétaires fonciers, les possesseurs des fonds ou des capitaux nécessaires pour la culture de la terre, les travailleurs qui la cultivent (1). »

Ces trois classes peuvent parfois se réduire à deux, comme lorsque le propriétaire sert aussi de capitaliste, ou le capitaliste d'ouvrier ; elles peuvent même se réduire à une seule,

_____

(1) *Principes d'économie politique*, préface.

comme dans le cas, par exemple, où une personne cultive
le champ qui lui appartient et fournit aux dépenses que
cette culture exige. Mais cela n'empêche pas que les trois
fonctions ci-dessus mentionnées ne soient en elles-mêmes différentes, et que cette différence n'entraîne une différence cor-
rélative dans le mode de rétribution : rente, profit et salaire.
Nous parlerons donc des trois divisément.

ARTICLE I.

La rente.

74. Bien que, dans l'usage habituel et le langage vulgaire,
le mot *rente* signifie toute espèce de revenu annuel provenant
des biens d'un propriétaire, les économistes l'emploient dans
un sens restreint pour désigner le revenu net de la terre.
Sous ce point de vue, Ricardo définit ainsi la rente : « La rente
est cette portion de produit de la terre que l'on paie au propriétaire pour avoir le droit d'exploiter les facultés productives
et impérissables du sol (1). » Puis, après avoir établi qu'ainsi
entendue il ne faut pas la confondre, comme on le fait souvent dans le langage vulgaire, avec tout ce que le fermier paie
annuellement au propriétaire et dont une partie représente le
profit du capital engagé, il conclut : « C'est pourquoi, quand
je parlerai de rente dans la suite de cet ouvrage, je ne dési-
gnerai sous ce mot que ce que le fermier paie au propriétaire
pour le droit d'exploiter les facultés primitives et indestructi-
bles du sol (2). »

Cette définition, quant au concept, et parfois dans ses
termes mêmes, est répétée par la plupart des économistes,
notamment par les économistes anglais. Pour en citer un,
Mac Cullock dit : « Dans cet examen, je considérerai la rente
comme placée dans cette partie de la somme brute payée pour

(1) Même ouvrage, chap. II.
(2) Même ouvrage, même chap.

la terre qui représente l'usage des qualités naturelles qui lui sont inhérentes, et qui serait payée même en la supposant dans l'état de nature, et sans qu'il y fût fait aucune amélioration. Tout ce que les propriétaires du sol en retirent de plus, est un profit et non une rente (1). » Et Stuart Mill : « La terre est le principal agent naturel susceptible d'appropriation, et le prix payé pour obtenir la faculté de s'en servir porte le nom de rente (2). »

75. Quant à la vérité même du concept, Ricardo invoque, à l'appui de ses théories, l'origine même de la rente. Il la fait dériver de la supériorité qu'une terre a sur les autres par sa fécondité ou par sa situation, parce qu'elle est plus productive ou plus voisine du marché, et que l'on peut en conséquence en tirer plus de profit. « Lorsque des hommes, dit-il, font un premier établissement dans une contrée riche et fertile, dont il suffit de cultiver une très petite étendue pour nourrir la population, ou dont la culture n'exige pas plus de capital que n'en possèdent les colons, il n'y a point de rente; car qui songerait à acheter le droit de cultiver un terrain, alors que tant de terres restent sans maître, et sont par conséquent à la disposition de quiconque voudrait les cultiver ?... Si la terre jouissait partout des mêmes propriétés, si son étendue était sans bornes, et sa fécondité uniforme, on ne pourrait rien exiger pour le droit de la cultiver, à moins que ce ne fût là où elle devrait à sa situation quelques avantages particuliers. C'est donc uniquement parce que la terre varie dans sa valeur productive, et parce que, dans le progrès de la population, les terrains d'une qualité inférieure, ou moins bien situés, sont défrichés, qu'on en vient à payer une rente pour avoir la faculté de les exploiter. Dès que par suite des progrès de la société on se livre à la culture des terrains de fertilité secondaire, la rente commence pour ceux des premiers, et le taux de cette rente dépend de la différence

---

(1) *Principes d'économie politique,* chap. v.
(2) *Principes d'économie politique,* livre II, cap. xvi.

dans la qualité des deux espèces de terre (1). » Cela est clair.
Le propriétaire d'un terrain moins fertile, devant faire plus
de dépense pour obtenir le même produit que le propriétaire
d'un terrain plus fertile, devra, pour se récupérer, en tirer
un prix plus élevé, que l'accroissement de la population ne
peut manquer de lui assurer. Mais alors les possesseurs des
premiers terrains en hausseront à leur tour le prix jusqu'au
même taux, et de l'application du prix nouveau il résultera à
leur profit quelque chose en sus de leurs dépenses. C'est ce
quelque chose de plus qui constitue la rente.

Ricardo ajoute que, pour atteindre ce résultat, il n'est pas
besoin de recourir à la culture des terrains de qualité inférieure, mais qu'il suffit de l'emploi de nouveaux capitaux sur
les terres déjà cultivées, afin d'en obtenir un produit plus
abondant. Le produit nouveau, ne pouvant égaler en quantité
le précédent, devra se vendre à un prix plus élevé et fera
accroître encore ainsi le prix du premier. Cet accroissement
de prix constituera la rente. « Il arrive, dit-il, assez souvent
qu'avant de défricher les terrains de qualité inférieure (*il les
désigne sous les numéros* 2, 3, 4 *et* 5), on peut employer les
capitaux d'une manière plus productive dans les terres déjà
cultivées. Il peut arriver qu'en doublant le capital primitif
employé dans le n° 1 (*terrain de première qualité*), le produit,
quoiqu'il ne soit pas doublé ou augmenté de cent mesures
(*quarters*), augmente cependant de quatre-vingts, quantité qui
surpasse ce que pourrait rendre ce capital additionnel, si on
le consacrait à la culture du terrain n° 3 (*c'est-à-dire de troisième qualité*). Dans ce cas, le capital sera employé de préférence sur le vieux terrain, et constituera également une
rente, la rente étant toujours la différence entre les produits
de deux quantités égales de capital et de travail... Dans ce
cas, comme dans le précédent (*celui du recours à la culture
de terrains de qualité inférieure*), le dernier capital employé
ne donne pas de rente (1). »

(1) Même ouvrage, même chapitre.

76. Cette théorie fut saluée par les applaudissements de la plupart des économistes, comme une découverte du plus haut prix pour la science économique (1). Quant à nous, il nous semble que, bien qu'elle puisse être considérée comme une spéculation ingénieuse, elle est loin d'être vraie ou du moins plausible. D'abord, elle est fondée sur une hypothèse. Elle

---

(1) Mac Cullock croit qu'elle donne la vraie explication de l'origine de la rente, bien qu'il en attribue l'invention, non à Ricardo, mais au docteur Anderson. « La vraie théorie de la rente, dit-il, a été pour la première fois révélée, d'une manière satisfaisante, peu après la publication de la *Richesse des nations*, par le docteur Jacques Anderson. Il a montré, par une docte et perspicace analyse, que la rente n'était pas la rémunération de l'œuvre de la nature, ni une conséquence de ce que le sol était entré dans la propriété privée, mais qu'elle était due à ce que la terre était de fertilité variable et à cette circonstance qu'il était impossible d'y appliquer indéfiniment des capitaux, sans en obtenir, généralement parlant, un produit toujours moindre. » A la vérité, l'extrait qu'il cite d'Anderson exprime en termes peu différents, mais avec plus de clarté, la même chose que les passages que nous avons cités de Ricardo. Voici les paroles d'Anderson : « Dans tout pays il existe des terres douées de fertilité différente. La conséquence est que le cultivateur des terres plus fertiles peut vendre son grain au marché à un prix plus bas que le prix demandé par ceux qui cultivent des terres plus ingrates. Mais si le grain qui germe dans des terres plus fertiles ne suffit pas à satisfaire les demandes du marché, le prix haussera naturellement de manière à indemniser de leurs dépenses ceux qui cultivent des terres plus pauvres. C'est pourquoi le cultivateur des terres plus fertiles pourra vendre son grain au même prix que celui que demandent du leur ceux qui occupent des champs moins féconds et recevoir par suite un peu plus que la valeur intrinsèque du grain qu'il récolte. Beaucoup désireront alors posséder ces terres fertiles, satisfaits de donner une certaine prime pour avoir le privilège exclusif de les cultiver. Cette prime varie naturellement selon la fertilité plus ou moins grande du sol ; et c'est elle qui constitue ce que nous appelons maintenant la *rente*. » (*Principes d'économie politique*, troisième partie, chapitre v.) Aussi un assez grand nombre d'économistes disent-ils que la rente, en fin de compte, se réduit à un *monopole*, bien que naturel.

suppose qu'un grand nombre d'hommes viendra s'établir en même temps dans un lieu donné ; que ce lieu abondera en terres également fertiles ; que c'est auprès de ces terres que s'installeront les nouveaux venus, et non dans un autre site, plus élevé et plus éloigné ; que c'est par ces mêmes terres qu'ils entreprendront la culture, et non par d'autres terres, moins favorisées, mais plus voisines des lieux habités ; que tous seront munis d'un capital ; que tous ou presque tous seront disposés à se livrer à l'industrie agricole, plutôt qu'à l'industrie manufacturière ou à l'industrie commerciale, etc. Nous ne savons si toutes ces suppositi s sont d'une réalisation facile, ni si elles sont applicables à tout le genre humain (*).

77. En second lieu, cette théorie pou ait expliquer la provenance de la rente, elle n'en expliquerait pas la provenance légitime ; en un mot, elle expliquerait l'origine historique, non l'origine en droit. Celle-ci même serait mise en péril. Car un socialiste pourrait venir dire que, si la rente a été le résultat de l'accroissement de la population, lequel a rendu nécessaire la culture des terres moins fertiles, cette rente devrait tourner au bénéfice, non du possesseur du sol, mais de la population dont l'accroissement l'a fait naître. L'origine en droit de la rente (c'est-à-dire celle qui importe proprement à la science) ne peut se trouver autre part que dans le droit de propriété, dont la rente est la conséquence. Si véritablement les forces d'une terre déterminée concourent,

(*) « Si la qualité du sol peut constituer un mobile important pour déterminer les établissements primitifs, elle n'exerce point une influence absolue et exclusive. La position de la contrée, le voisinage de lieux habités, et la sécurité plus grande qui en résulte, la proximité d'une chapelle, d'un marché, le choix plus ou moins heureux qui résulte d'une première appréciation des circonstances locales, ont souvent fait donner la préférence à des terrains médiocres. Fréquemment, la distance du village ou des bâtiments d'exportation a fait négliger la culture du sol le plus riche, etc. » (WOLOWSKI, *Journal des Economistes*, 15 janvier et 15 avril 1866.) (*Note du traducteur.*)

comme elles concourent en effet principalement, bien que
conjointement avec le capital et avec le travail, à la production, une partie des produits est, de sa nature, due au propriétaire légitime de la terre. A qui appartient la cause,
appartient l'effet. *Res fructificat domino.*

78. De plus, une terre, à moins qu'elle ne soit une lande
de sable, est pour son propriétaire une source de profits importants par ses seuls fruits spontanés. Ricardo, dans sa
théorie, suppose que les terres dont on prend d'abord possession sont riches et fertiles. Si elles le sont en effet, elles porte-
ront des arbres qui donneront des fruits et serviront d'asile
aux oiseaux ; elles seront recouvertes de prairies qui donneront du foin pour nourrir les bestiaux ; elles seront ombra-
gées de forêts qui donneront du bois et du gibier ; elles con-
tiendront des mines ou des carrières qui donneront du
charbon, de l'huile ou des pierres de construction. Or tout
ce bien qui vient de Dieu, et qui est antérieur à tout capital
et à tout travail, n'est-il pas déjà par lui-même une rente ?
Ce sera plus ici, moins là ; mais il en sera ainsi partout, à un
degré quelconque. Et là où, aux agents qui opèrent naturellement, viennent se joindre les deux autres éléments de production, le capital et le travail, la terre dont il s'agit commencera
à donner du blé, du vin, des légumes, de l'orge, du chanvre,
et mille autres produits qu'il est impossible d'énumérer, en
abondance. Certainement une part de ces produits formera la
rémunération du travailleur, une autre celle du capitaliste ;
mais, après ces prélèvements, il restera toujours une part
nette de produits pour le propriétaire ; et cette part doit lui
rester parce qu'il a fourni le producteur principal, à savoir les
forces naturelles inhérentes au sol qui lui appartenait.

79. On objectera que cette part nette qui reste n'est pas
une rente ; que la rente est la rétribution qui se paie au
propriétaire par l'usage consenti par lui de sa terre.

Je réponds : Mais d'où tirez-vous que ce soit là ce qui constitue la rente ? Est-ce de la définition qu'en donnent Ricardo,
Mac Cullock, Stuart Mill et ceux qui suivent leur opinion ?

Mais c'est précisément le principal défaut de leur théorie, que de se fonder sur une définition non seulement arbitraire, mais fausse. Elle confond la *rente*, ou ce que la terre *rend*, avec le *loyer*, c'est-à-dire avec le prix que le propriétaire reçoit d'un autre pour la location qu'il lui a consentie de sa terre. Cette confusion a d'ailleurs des racines plus profondes. Elle vient de l'erreur qui consiste à croire que la valeur réside dans la *valeur d'échange* et non dans la *valeur en usage*, pour parler le langage de Smith, ou, en d'autres termes, qu'elle consiste dans la permutabilité et non dans l'utilité des choses. Or c'est une opinion que nous avons réfutée dès le début de ce traité.

80. La conséquence de tout le raisonnement qui précède est que la définition si vantée de Ricardo doit être rejetée, et qu'il y a lieu d'y substituer celle qui suit, ou tout autre semblable : La rente est cette richesse, ou portion de richesse, qui, correspondant à l'action des forces naturelles inhérentes au sol, appartient au propriétaire. Cette définition s'appuie, nous le concédons, sur deux présuppositions, à savoir que la richesse consiste dans la somme des choses utiles, et que les forces naturelles, en tant qu'elles sont incorporées dans une matière déterminée, sont susceptibles d'appropriation et faciles à reconnaître. Mais nous avons déjà démontré que ce sont là deux vérités. Par cette définition, nous écartons toute cette phraséologie, véritable offense pour le sens commun, suivant laquelle les terres, quelque riches et fertiles qu'elles soient, ne produisent pour le propriétaire aucune rente que si elles viennent en parallèle avec des terres moins fertiles, et suivant laquelle la rente est l'effet d'un monopole, mot détestable qui fournit aux socialistes une arme contre la propriété et que l'on cherche inutilement à adoucir par l'épithète de *naturel*.

La terre, quelle qu'elle soit, donne toujours une rente, c'est-à-dire qu'elle *rend* beaucoup si elle est très fertile, peu si elle l'est moins. Personne ne voudrait s'approprier une terre qui serait absolument stérile et inutile. On peut, si l'on

veut, convertir cette rente en *loyer*, en affermant la terre
d'où elle provient ; et le loyer lui-même d'habitude reçoit le
nom de rente par *métonymie*, de même qu'on appelle richesse
l'argent, non parce qu'il est en lui-même une richesse, mais
parce qu'en vertu de l'échange il équivaut à une richesse.

Donc, à notre avis, la théorie de Ricardo ne se soutient pas,
et elle est une source de confusion et d'erreur.

ARTICLE II.

Le profit.

81. Le profit est la partie des produits qui appartient au
capitaliste, c'est-à-dire à celui qui a fourni les moyens nécessaires pour l'exécution du travail, tels que les instruments, les
machines, les avances pour la nourriture des ouvriers, etc. En
substance, le capitaliste pourrait même s'appeler propriétaire,
puisque ces choses sont à lui. Mais les économistes ont cru
devoir lui donner le premier et non le second de ces noms,
tant pour le distinguer du possessseur du sol, à qui il vient en
aide, que parce que les choses qu'il possède constituent ce que
l'on appelle le capital. « Le capital, dit Ricardo, est cette
partie de la richesse des nations qui est employée à la production. Il se compose des matières alimentaires, des vêtements,
des instruments et ustensiles, des machines, des matières premières, etc. (1) »

82. Quand il s'agit d'une entreprise agricole, manufacturière
ou commerciale qui, pour être bien conçue et bien conduite,
demande une intelligence, une adresse et une expérience particulière, il est une quatrième personne qui entre en scène,
l'entrepreneur. C'est lui qui en arrête le plan, coordonne
les moyens d'exécution et dirige l'entreprise jusqu'à ce
qu'elle soit parvenue à bonne fin. L'entrepreneur, à parler
rigoureusement, a une fonction à lui ; mais cette fonction a

---

(1) *Principes d'économie politique*, chap. v.

une extrême influence au point de vue des capitaux ; car, soit qu'il les apporte, en les prenant sur son propre avoir, soit qu'il se les procure d'autre part, c'est toujours lui qui, par son talent et son habileté, les fait valoir et fructifier. A lui aussi doit donc revenir une part du bénéfice (*). A cette part du bénéfice qui revient à l'entrepreneur, on a souvent coutume en économie politique de laisser le nom de *profit*, en donnant celui *d'intérêt* à la partie qui correspond aux capitaux engagés, en tant simplement, que capitaux. Quant à nous, nous prendrons toujours le mot dans le sens indiqué plus haut (81) (**).

(*) « L'entrepreneur est le premier des travailleurs par les qualités que son emploi exige et par la responsabilité qu'il assume..... Ce n'est ni un pur capitaliste, ni un simple ouvrier salarié. « Il lui faut, dit J.-B. Say, du jugement, de la constance, une certaine connaissance des hommes ; il doit pouvoir apprécier, avec quelque exactitude, l'importance de son produit, le besoin qu'on en aura, les moyens de production dont il pourra disposer. Il s'agit de mettre à l'œuvre un grand nombre d'individus ; il faut acheter ou faire acheter des matières premières, réunir des ouvriers, trouver des consommateurs ; il faut avoir une tête capable de calcul, capable d'estimer le prix de production, et de le comparer avec la valeur du produit terminé. Dans le cours de toutes ces opérations, il y a des obstacles à surmonter, qui demandent une certaine énergie ; il y a des inquiétudes à supporter, qui demandent de la fermeté ; des malheurs à réparer, pour lesquels il faut de l'esprit de ressource. Enfin, le métier de l'entrepreneur veut qu'on ait de l'invention, c'est-à-dire le talent d'imaginer tout à la fois les meilleures spéculations et les meilleurs moyens de les réaliser. » (*Cours complet d'économie politique*, ch. VIII).... Rien de plus naturel et de plus juste que de telles qualités et que les efforts qui les mettent en œuvre donnent droit à une rémunération exceptionnelle. » (H. BAUDRILLART, *Manuel d'économie politique*. Quatrième partie, chap. IV. *Des profits.* (*Note du traducteur.*)

(**) « Le *profit* ne se confond pas avec l'intérêt et le loyer du capital. Essayons de faire comprendre leur différence. Le profit représente la rémunération éventuelle du capital ; l'intérêt ou le loyer en représente la part assurée. Le premier s'applique à un capital engagé dans la production directement par son possesseur ; le second est perçu par le propriétaire d'un capital, uniquement comme rémunération de la pri-

83. S'il est juste que le propriétaire reçoive une rente pour les agents naturels qu'il fournit, il n'est pas moins juste que le capitaliste reçoive un profit pour les moyens d'exécution qu'il apporte. Il y a même des économistes qui n'admettent la légitimité de la *rente* que dans la mesure où elle est un pur *profit*, partageant ainsi l'opinion de Carey et de Bastiat, que l'utilité qui provient des agents naturels est toujours gratuite. Ils ne reconnaissent au propriétaire d'autre titre à une rétribution que le service qu'il rend en rendant la production possible à l'aide de ses capitaux. C'est, comme on le voit, réduire son rôle à celui d'un simple capitaliste. « Distribution de la richesse, dit Boccardo, signifie participation de tous les producteurs à la valeur du produit. Tous les producteurs, quelque innombrables qu'ils soient, se réduisent à deux catégories générales, celle des *capitalistes* et celle des *ouvriers*. Les *propriétaires* des agents naturels employés dans la production ne participent pas (en tant que propriétaires) à la distribution, les utilités étant gratuites. Ce n'est que dans de rares

vation et des risques. Le profit est la rémunération, variable comme toujours suivant le cours du marché, du risque particulier couru dans l'entreprise. Si l'entreprise est en perte, le dommage ne sera pas supporté par le propriétaire de l'usine ou du magasin auquel un loyer fixe est dû en tout cas, ni par le bailleur de fonds, ni par le salarié, mais par l'entrepreneur. Tout profit doit excéder le loyer ou l'intérêt du capital soit fixe, soit circulant; et l'expérience fait voir qu'il ne suffit pas qu'on perçoive un intérêt ou un loyer pour réaliser un profit. A l'idée de profit se joint ordinairement celle de *bénéfice*, quoiqu'elle n'en soit pas inséparable. On dit les profits du capitaliste et les bénéfices de l'entrepreneur. » (H. Baudrillart, même ouvrage, mêmes partie et chapitre.)

« En économie politique, on nomme *profit* la part du produit net qui revient au capital, et *bénéfice* la part qui revient à l'entrepreneur. Le profit du capital comprend l'intérêt courant, la prime d'assurance pour les risques, l'amortissement du capital... » (Bouillet, *Dictionnaire des sciences*, etc., au mot Profit.)

Pour établir la concordance entre ces deux extraits et la nomenclature adoptée par le P. Liberatore, il y a lieu de compléter ce qui est dit au n° 82 par ce qui est dit au n° 85 ci-après. (*Note du traducteur.*)

exceptions, dans le cas de monopole, que ces propriétaires prélèvent, comme tels, une portion de produit, qui alors s'appelle *rente*. La règle générale est que les propriétaires ne jouissent que du fruit du travail, présent ou accumulé, par lequel ils coopèrent à la production, en sollicitant et en utilisant les forces gratuites de la nature. Donc, étant donnée une richesse, le prix de vente se distribue en deux parts, dont l'une, le *salaire*, va rémunérer le *travail*, et dont l'autre, le *profit*, rétribue le *capital* (1). »

Cette opinion, qui en substance supprime le propriétaire et conséquemment la *rente*, est inacceptable. Elle repose sur une idée fausse, l'idée que les agents naturels ne sont pas *susceptibles d'appropriation* : ce qui équivaut, en fin de compte, à nier le droit de propriété. Le sophisme auquel recourent les économistes dont il s'agit, est que la nature donne *gratis* les choses utiles. Sans doute la nature les donne *gratis*, mais ce n'est pas une raison pour que celui qui s'en trouve en possession les donne *gratis*, à moins de supposer qu'il n'avait pas le droit de se les approprier, auquel cas ce sophisme retombe dans l'erreur dont nous venons de parler, qui consiste à nier le droit de propriété.

84. Mais laissons de côté ces étranges conceptions, et revenons au *profit*. Il est très distinct de la rente et du salaire. La rente, comme nous l'avons dit, correspond aux agents naturels appropriés ; le salaire est la rémunération du travail de l'ouvrier ; le profit tient le milieu entre les deux ; car il répond au capital avancé pour permettre au travailleur de mettre en œuvre les agents naturels et de leur faire donner le produit désiré. Si l'on en cherche l'origine primordiale, on ne pourra la trouver que dans la rente même. Le profit résulte en effet du capital, et le capital de l'épargne, qui suppose la rente ; car l'épargne elle-même ne peut provenir que de ce qui a été mis en réserve sur les produits dus dans le principe aux agents naturels, puis accrus par le travail.

(1) *Dictionnaire*, au mot PROFIT.

Les premiers qui ont occupé la terre et se sont asservi les animaux ont pu faire des épargnes sur la consommation journalière. A l'aide de ces épargnes, ils ont pu s'appliquer à la fabrication d'instruments ou s'en procurer par le travail, et donner subsistance ou salaire à ceux qui consentaient à les aider dans ce travail. Telles sont les origines du capital; et tel est le titre légitime qu'a celui qui le possède à en tirer un profit, comme fruit de sa chose, devenue sienne ou parce qu'il se l'est procurée ou parce qu'elle lui est parvenue par héritage de ses ancêtres. Tout le reste n'est que le développement progressif de ces origines par le génie de l'homme et la civilisation. Cette doctrine, relative à l'origine du capital, Minghetti nous semble l'insinuer là où il écrit : « Avec quel titre se présente le capitaliste ? Pour entendre ceci, il faut expliquer clairement la nature et l'origine du capital. La plupart des économistes le définissent un travail accumulé : ils retombent ainsi involontairement dans l'erreur que l'unique cause des produits est le travail. Mais nous qui admettons comme cause concomitante, connexe et durable, la nature avec ses forces et ses matériaux, nous devons en attribuer l'origine aussi à elle, et, par conséquent, dans notre opinion, le capital pourrait se définir une substance ou force naturelle transformée par l'action de l'homme et employée à la reproduction. Partant, le titre du droit du capitaliste se déduit en partie du droit du travailleur, en partie aussi du droit du propriétaire (1). » Par tout ceci, on voit de nouveau comment, sans le droit de propriété et d'hérédité, toute l'économie politique s'écroulerait.

85. Le profit se divise en profit brut et en profit net. Le profit brut est la part entière que le capitaliste reçoit sur le nouveau produit. Le net est ce qui reste après déduction des dépenses par lui faites pour avances concernant les ouvriers et pour usure des instruments employés. Cet excédent est proprement ce qui constitue le profit ; le reste n'est qu'un rem-

(1) *Des rapports de l'économie publique, etc.*, livre V.

boursement (*). Si le capitaliste ne tirait pas de l'emploi de ses capitaux un profit net, il les convertirait en billets ou en valeurs de banque, au lieu de les appliquer à l'industrie. Quant à la légitimité de ce profit, elle est évidente : car si le capital, à rigoureusement parler, n'est pas un agent de production (il n'y en a que deux, la nature et le travail), c'est toutefois un élément et un moyen de production, digne à ce titre de rétribution. Maintenant, quelle doit en être la mesure? C'est ce qu'il n'est pas facile de déterminer, le profit variant nécessairement suivant la diversité des lieux, des temps, des personnes et la plus ou moins grande quantité des produits obtenus. En droit, il semble qu'il devrait égaler le produit que l'on obtiendrait si l'on donnait aux capitaux un autre emploi également facile et sûr (1). En fait, il suit la loi de l'offre et de la demande (**). Il s'ensuit que l'accroissement des capitaux, d'une part, fait décroître le profit, non d'une manière extensive, mais d'une manière intensive, et, d'autre part, fait

---

(*) Voir la note à la page 242. Grâce à la distinction que le P. Liberatore établit ici entre le *profit brut* (représentant la *part entière* que le capitaliste reçoit sur le nouveau produit) et le *profit net* (qui seul constitue proprement le *profit*), son système aboutit à une formule équivalente à celle qui définit le profit : la *part* du *produit net* qui revient au capital, ou plutôt la *part* revenant au capital dans le *produit net*. (*Note du traducteur.*)

(1) Ceci est vrai des capitaux, précisément en tant que capitaux. Car, s'il s'agit d'un entrepreneur qui poursuit une entreprise totalement à ses risques et périls, celui-ci, après avoir payé tous ceux qui y ont concouru (ouvriers, capitalistes, employés), peut très bien s'attribuer le reste du produit tout entier. Si l'entreprise avait manqué, le dommage aurait été intégralement pour lui; il est donc juste que, cette entreprise ayant eu un heureux résultat, le gain tout entier tourne à son bénéfice.

(**) « On a démontré que les profits sont en raison inverse de la *quantité des capitaux* qui se présentent pour exploiter une industrie, et en raison directe des emplois que l'industrie leur offre ». (BOUILLET, *même Dictionnaire*, au même mot.)

croître le salaire, sinon d'une manière intensive, au moins certainement d'une manière extensive, en faisant croître la demande de travail pour que les capitaux ne restent pas inactifs. Puis, en faisant croître le travail, il accroît la production; d'où il résulte que, sous tous les rapports, cet accroissement profite à la prospérité nationale, et est essentiellement favorable au bien-être des ouvriers eux-mêmes.

ARTICLE III.

Le salaire.

86. L'immense majorité, les trois quarts au moins de la population ne vivent que de salaire. Le salaire, comme nous l'avons dit, est la part qui revient à l'ouvrier dans le résultat de la production, auquel il concourt par son travail. Cette part a reçu le nom de salaire, ou prix convenu pour payement de travail ou de services, parce qu'elle est généralement convertie en une rétribution journalière fixée par contrat. L'ouvrier, qui est généralement pauvre, ne pouvant attendre la vente des produits, ni rester soumis aux incertitudes du succès, convient, avec le propriétaire, le capitaliste ou l'entrepreneur (appelons-les du nom générique de *patron*), qu'il recevra, en échange du concours qu'il apporte à la production par son travail, une rémunération déterminée (ordinairement en argent). Cet arrangement est à l'avantage des deux parties contractantes: de l'une, par les motifs que nous venons d'indiquer; de l'autre, parce qu'elle la délivre de toute ingérence importune et lui fait espérer des bénéfices plus élevés, justifiés par les avances qu'elle supporte et par les dangers auxquels elle s'expose quant à la réussite finale.

Le salaire, comme on voit, résulte d'un contrat dans lequel, du consentement des deux parties, l'un, l'ouvrier, apporte son travail, l'autre, le patron, donne le salaire. Ce contrat, par conséquent, produit translation de propriété. L'ouvrier acquiert plein droit sur le salaire convenu, et le patron acquiert plein droit sur le travail dont il a payé le salaire.

87. Proudhon soutient que l'ouvrier, outre le salaire, conserve toujours un *droit naturel* sur les utilités que l'on retire ensuite du produit. Mais, si le salaire est donné précisément comme équivalent de la quote-part qui reviendrait à l'ouvrier dans ces utilités, comment peut-on prétendre qu'il conserve sur elles un droit ultérieur ? S'il en était ainsi, cette quote-part lui serait payée deux fois. Est-ce juste ?

Il serait vraiment curieux, si vous faisiez construire une maison, que les maçons, après avoir été payés de leur travail, voulussent en outre en occuper quelques chambres sous prétexte du droit naturel qu'ils ont sur les utilités du produit; que, par la même raison, le tailleur, après avoir été payé de l'habit qu'il vous a fait, prétendit l'endosser lui-même à certain jour de la semaine ! Si l'ouvrier vous a cédé son travail pour le salaire qu'il en a reçu, le fruit de ce travail doit vous appartenir: autrement, vous aussi, vous pourriez faire valoir un droit naturel sur les utilités du salaire. La prétention de Proudhon est donc non seulement injuste, mais ridicule.

88. Le point vraiment sérieux est celui qui regarde le taux du salaire dû à l'ouvrier; et c'est de ce point que nous allons parler ici brièvement, laissant de côté toutes les autres questions de moindre importance.

« Le travail, écrit Ricardo, comme toutes les choses que l'on peut acheter ou vendre, et dont la quantité peut augmenter ou diminuer, a un prix naturel et un prix courant. Le prix naturel du travail est celui qui fournit aux ouvriers, en général, les moyens de subsister et de perpétuer leur espèce sans accroissement ni diminution... Le prix courant du travail est le prix que reçoit réellement l'ouvrier, d'après les rapports de l'offre et de la demande, le travail étant cher quand les bras sont rares, et à bon marché lorsqu'ils abondent. » L'auteur ne se préoccupe pas de rechercher si, quand le prix courant descend au-dessous du prix naturel, la morale et la justice sont blessées ; mais il se contente d'ajouter: « Quelque grande que puisse être la déviation du prix courant relativement au prix naturel du travail, il tend, ainsi que toutes les denrées, à s'en rapprocher (1). »Ainsi, pour lui, le prix naturel n'est pas une règle du prix courant ; c'est seulement un point autour duquel celui-ci oscille, comme le pendule. Cette doctrine de Ricardo est plus ou moins généralement admise par les économistes qui sont venus après lui ; quant à nous, elle ne nous agrée sous aucun rapport, et nous croyons devoir par suite examiner la question à notre manière.

89. Nous dirons tout d'abord que regarder le travail comme une marchandise et le salaire comme le prix de cette marchandise, est une considération fausse et la source de graves erreurs (2), parmi lesquelles la plus grande est de faire perdre de vue la dignité d'homme de l'ouvrier. Que ces manières de parler soient quelquefois employées dans un sens figuré, à cause de l'analogie qui existe au point de vue de l'intervention de l'offre et de la demande, on peut le tolérer, et elles se rencontrent quelquefois même chez les économistes catholiques. Mais autre chose est l'*analogie,* autre chose est la *propriété* du langage. Au sens propre, on ne peut appeler le travail une marchandise ; pour se servir de termes exacts, on doit l'appeler *fourniture d'ouvrage (prestazione di opera),* et par suite on ne doit pas donner au salaire le nom de prix, mais celui de *rétribution.* Travail et salaire constituent un échange, mais un échange qu'il y a lieu d'exprimer, non par la formule : *Do ut des,* mais par la formule : *Facio ut des ; do ut facias.* La marchandise se considère purement en elle-même, selon son utilité et sa rareté, abstraction faite de son producteur. Quand on achète, par exemple, sur la place un poisson, on considère la bonté, l'utilité de ce poisson par rapport à soi, sans se préoccuper de la personne qui le vend ou qui l'a pêché (*). Il n'en est pas ainsi du travail. Le travail est

---

(1) Ouvrage et chapitre cités plus haut.

(2) C'est ce qui a été sagement démontré par l'éminent avocat Burri, dans un excellent opuscule intitulé : *Le Travail.*

(*) Il est évident, par ce qui suit, que le P. Liberatore exprime ici plutôt un sentiment qu'il ne pose une règle économique. L'exemple

une action humaine (*) ; et l'action ne peut être séparée de
l'agent et de la qualité de l'agent. Donc le travail ne peut être
séparé, ne peut être considéré abstraction faite de l'homme et
des égards dus à l'homme.

Il s'ensuit que, pour déterminer la rétribution due au travail, il ne faut jamais perdre de vue le rapport que l'ordre

même qu'il prend démontre la faiblesse de son raisonnement, et vient
confirme la loi économique dont un économiste vraiment philanthrope
et spiritualiste a cru pouvoir dire : « Telle est la formule de l'inflexible
loi qui régit le taux des salaires ». Quelle différence le P. Liberatore
fait-il d'ailleurs entre le travail du maçon et le produit de la pêche ?
Qu'un homme gâche du plâtre sous la direction d'un entrepreneur, ou
qu'un homme se livre à la pêche, c'est son travail que l'un ou l'autre
apporte sur la place ou sur le marché. Si le temps est favorable et que
la pêche abonde, le poisson se vendra bon marché, et la rétribution du
pêcheur sera moindre ; que le temps soit défavorable et la pêche rare, le
poisson se vendra plus cher, au profit de ceux qui en auront à vendre ;
les autres n'auront rien, leur temps et leur peine auront été dépensés
en pure perte. Ce raisonnement pourrait être poussé jusqu'au bout dans
tous ses détails. Le P. Liberatore ne peut empêcher que je ne considère
le travail, tout aussi bien que la marchandise (qui d'ailleurs comporte
toujours, quelque minime qu'elle soit, une portion de main-d'œuvre, ne
serait-ce que la peine de ramasser le *produit naturel*), par rapport à
moi, à l'utilité que j'en retire, et que je ne paie en conséquence, sans
me préoccuper du reste. C'est mon droit, pour le sac de plâtre comme
pour celui qui le met en œuvre, pour le service que le pêcheur me rend,
en apportant son poisson sur le marché, comme pour celui qu'il me
rendrait en pêchant pour mon compte. Tout le reste est du domaine de
la bienfaisance, dont le P. Liberatore a si éloquemment traité plus
haut, ou, si l'on veut, de l'humanité. Du reste, comme nous l'avons
dit dans la préface, le minimum de salaire auquel conclut l'augmentation
du P. Liberatore aurait, pour être efficace, un corollaire nécessaire
dans le *Droit au travail*. (*Note du traducteur.*)

(*) Est-ce que la pêche n'est pas un travail, n'est pas un acte humain?
Et puis, pourquoi distinguer le maçon, par exemple, qui travaille à ses
risques et périls, de celui qui travaille pour le compte d'un entrepreneur ? — Mais souvenons-nous que nous sommes traducteur et non
critique. Ce que nous avons dit dans cette note et dans la précédente

même de Dieu a créé entre le travail et l'homme. Quel est ce
rapport ? Celui qui fait que le travail est pour l'homme le
moyen de pourvoir à sa conservation suivant la loi de sa nature. *In sudore vultus tui vesceris pane* (1). O homme, a dit
Dieu, tu gagneras ton pain à la sueur de ton front. La sueur
de ton front, cela veut dire les efforts de l'homme, le travail;
le pain, c'est tout ce qui est nécessaire à la vie ici-bas, nourriture, vêtement, habitation ; l'homme, c'est le couple humain
(homme et femme), se propageant dans la famille : *Masculum et
feminam creavit eos ; benedixitque illis et ait : Crescite et multiplicamini* (2). Le travail, pour l'ouvrier, est donc virtuellement
ce qui est nécessaire pour son entretien et celui de sa famille.
Si donc de ce travail il fait profiter le patron, il faut que le
patron lui donne une rétribution équivalente, afin de maintenir l'égalité dans l'échange, c'est-à-dire la justice : *Justitia
æqualitatem importat* (3). Nous pouvons donc poser en principe que le prix naturel du travail est celui qui, calculé pour
l'homme et, en outre, pour le léger concours de la femme
(occupée presque entièrement par les soins domestiques), doit
suffire pour leur entretien à tous deux et pour celui de deux ou
trois enfants, nombre que l'on peut supposer *en moyenne*, l'expérience ayant démontré que des enfants qui naissent la moitié environ meurt avant d'avoir passé les limites de l'enfance.
Telle est la proportion qui doit être observée dans la fixation
du salaire courant. S'il la dépasse (et vraiment il devrait la
dépasser en dehors des métiers les plus humbles), tant mieux !
l'ouvrier aura ainsi le moyen de vivre avec quelque aisance
et de mettre quelque chose de côté pour les malheurs imprévus. Mais si au contraire le salaire reste au-dessous de cette

suffira pour mettre le lecteur en garde contre la valeur scientifique
de la théorie du P. Liberatore (Voir du reste ce qu'il dit plus loin à
propos de la Libre Concurrence, art. 11). (*Note du traducteur.*)

(1) *Genèse*, III, 19.
(2) *Ibid.*, I, 27, 28.
(3) S. THOMAS, *Somme théol.*, II, 2 ; q. LVII, art. 5, 3.

proportion, sans qu'il y ait de la faute de l'ouvrier, il ne respecte plus l'égalité exigée par la justice.

90. Ce sentiment a toujours été le nôtre même avant que nous ne nous fussions livré *ex professo* aux études économiques, et nous sommes heureux de nous rencontrer sur ce point avec Steccanella, qui, dans son très docte ouvrage sur le communisme, et après avoir discuté les opinions des principaux économistes sur le salaire, conclut en disant : « Voici la différence qui existe entre le sentiment des économistes modernes et le nôtre. Pour eux, le prix équivalent au nécessaire est le prix moyen du travail; pour nous, c'est le plus bas, et au-dessous règne l'injustice. Nous aussi, nous admettons avec eux que l'offre et la demande influent sur le prix du travail ; mais nous ne pouvons admettre que cette influence soit telle qu'elle rende juste ce que nous avons démontré être injuste. Or nous avons démontré l'injustice des théories modernes, soit que l'on considère la qualité du service personnel rendu par l'ouvrier, soit que l'on en juge par l'estimation des économistes eux-mêmes, soit qu'on l'estime d'après l'utilité intrinsèque du travail qui doit être rémunérée. D'où il suit que le principe régulateur du salaire, le seul conforme à la justice, est qu'en temps ordinaire le salaire doit équivaloir pour le moins à ce qui est nécessaire à l'ouvrier pour vivre (1).

L'illustre fondateur de l'économie politique lui-même, Adam Smith, semble enseigner cette doctrine ; il écrit en effet : « Il y a un certain taux au-dessous duquel il est impossible de réduire, pour un temps un peu considérable, les salaires ordinaires, même de la plus basse espèce de travail. Il faut de toute nécessité qu'un homme vive de son travail, et que son salaire suffise au moins à sa subsistance ; il faut même quelque chose de plus dans la plupart des circonstances; autrement il serait impossible au travailleur d'élever une fa-

_____

(1) *Du communisme*, etc., livre II, c. 15.

mille (1). » Et plus bas : « Il paraît certain que, pour élever une famille, même dans la plus basse classe des plus simples manœuvres, il faut nécessairement que le travail du mari et de la femme puisse leur rapporter quelque chose de plus que ce qui est précisément indispensable pour leur propre subsistance. »

Mais par malheur, dans la pratique, les choses se passent tout autrement. Les ouvriers, en grande majorité, tirent à peine de leur travail ce qui suffit pour ne pas mourir, plutôt que pour vivre : et c'est là une plaie purulente qui ronge et tue la société. Elle justifie les cris du pauvre et fournit aux socialistes une arme terrible, qu'ils manient avec succès. Les chefs d'industrie ne peuvent pourtant pas toujours être rendus responsables de cette situation, comme si, dans leur avidité d'accroître leurs profits, ils maintenaient les salaires au-dessous de taux normal. Cela peut arriver pour certains patrons avares et cruels. Mais d'ordinaire les patrons eux-mêmes sont victimes du système économique généralement en vigueur. La concurrence effrénée, dont nous aurons à parler dans le chapitre suivant, fait que le prix des marchandises s'abaisse sans cesse; et, pour être en mesure de vendre à bas prix et ne pas se faire écraser par leurs concurrents, les chefs d'industrie sont bien souvent forcés d'abaisser toujours de plus en plus le prix de revient de la marchandise. C'est un résultat auquel concourt aussi la production excessive, conséquence de l'emploi des machines, et le poids toujours croissant des charges publiques. Il s'ensuit que la condition des travailleurs va toujours s'empirant. C'est à guérir cette plaie que devraient principalement s'appliquer les soins prévoyants de ceux qui gouvernent, la charité chrétienne des particuliers et les études intelligentes des économistes. Si l'économie publique ne réussit pas à suggérer un remède pour un mal si grand, c'est une science vaine (*).

(1) *Recherches sur la nature et les causes de la richesse des nations*, livre I, chap. VIII.

(*) Voir la *Lettre Encyclique* de Notre Très Saint-Père Léon XIII, du 15 mai 1891, DE LA CONDITION DES OUVRIERS. (*Note du traducteur.*)

CHAPITRE VI.

LA LIBRE CONCURRENCE.

91. Par libre concurrence on entend la pleine liberté laissée aux simples citoyens dans l'industrie, le commerce, les contrats de toute sorte, dans tout, en un mot, ce qui regarde la production et la distribution de la richesse sociale. Elle pourrait se définir : l'exclusion absolue de toute intervention gouvernementale dans les fonctions de la vie économique du pays. Son concept est entièrement opposé au concept socialiste, qui voudrait au contraire placer le capital, le travail et la répartition des produits sous l'autorité et la direction du pouvoir public. L'absurdité de ce second système apparaît clairement par elle-même ; il aurait pour effet de transformer la société civile en un vaste monastère, et de faire absorber par l'État toutes les forces individuelles des citoyens. Il n'est pas un homme d'intelligence qui puisse prendre ce système au sérieux, et ce serait perdre son temps que d'en parler. Mais nous devons au contraire nous occuper de l'autre système, qui a séduit et séduit toujours l'esprit de beaucoup de personnes de sens.

ARTICLE I.

Avantages.

92. Dès les premières lueurs qui ont signalé l'apparition de la science économique, et sous l'impulsion de l'école dite des Physiocrates, on a commencé à proclamer en économie politique la libre concurrence. On connait la célèbre formule inventée par Gournay : *Laissez faire, laissez passer.* Laissez faire quant à l'industrie, laissez passer quant au commerce. Cet aphorisme, accueilli par Adam Smith, a été ensuite adopté comme un axiome par tous les économistes suivants.

Le gouvernement, a-t-on dit, doit se borner à protéger uniquement l'industrie contre la violence ; dans tout le reste, il n'a pas à intervenir. C'est de la nature même que nous tenons la faculté d'utiliser à notre gré les forces de la nature pour nous procurer la vie et l'aisance, d'échanger les marchandises, d'employer les capitaux, de traiter à des conditions acceptée de part et d'autre. L'entraver, c'est faire outrage aux droits de l'homme.

Les économistes se livrent sur ce sujet à des déclamations retentissantes. Ils représentent l'ingérence des gouvernements en économie politique comme un acte tyrannique. « Et après tout, s'écrie Bastiat, qu'est-ce que la concurrence ? Est-ce une chose existant et agissant par elle-même comme le choléra ? Non. Concurrence ce n'est qu'absence d'oppression. En ce qui m'intéresse, je veux choisir pour moi-même et ne veux pas qu'un autre choisisse pour moi, malgré moi : voilà tout. Et si quelqu'un prétend substituer son jugement au mien dans les affaires qui me regardent, je demanderai de substituer le mien au sien dans les transactions qui le concernent. Où est la garantie que les choses en iront mieux ? Il est évident que la concurrence, c'est la liberté. Détruire la liberté d'agir, c'est détruire la possibilité et par suite la faculté de choisir, de juger, de comparer ; c'est tuer l'intelligence, c'est tuer la pensée, c'est tuer l'homme (1). » Quelle chose épouvantable !

93. Bastiat se met ensuite à vanter les bienfaits qui résultent pour la société de la libre concurrence. « La concurrence, que nous pourrions bien nommer la Liberté, malgré les répulsions qu'elle soulève, en dépit des déclamations dont on la poursuit (*il fait allusion aux écrivains socialistes*), est la loi

(1) *Harmonies économiques,* chap. x. Concurrence.

démocratique par essence. C'est la plus progressive, la plus
égalitaire, la plus communautaire de toutes celles à qui la Providence a confié le progrès des sociétés humaines. C'est elle
qui fait successivement tomber dans le domaine commun la
jouissance des biens que la nature ne semblait avoir accordés
gratuitement qu'à certaines contrées. C'est elle qui fait encore
tomber dans le domaine commun toutes les conquêtes dont le
génie de chaque siècle accroît le trésor des générations qui le
suivent (1). »

A la libre concurrence il fait gloire de ramener dans les
valeurs un équilibre « sanctionné par la justice », de rendre
impossible les contrats léonins, les monopoles, les prétentions
exorbitantes, l'inégalité des services échangés, l'oisiveté des
capitaux, l'élévation des prix, et nous ne savons de quoi encore.

Ces mêmes théories sont plus ou moins répétées par la presque totalité des autres économistes ; il suffit de rappeler ce
que dit Boccardo : « Ce qu'est, dit-il, la loi de la gravitation
universelle dans la physique, le parallélogramme des forces
dans la mécanique, le libre arbitre en morale, c'est-à-dire le régulateur commun, le pivot sur lequel tournent toutes les doctrines comprises dans chaque science respective, c'est ce qu'est
la concurrence dans l'ordre des choses économiques (2). » Puis
il part de là pour affirmer l'influence bienfaisante exercée par
la concurrence dans chacune des trois branches de l'économie
politique : la production, la distribution, la consommation. Il
parle aussi de la lutte qui doit être soutenue par les défenseurs de cette liberté économique ; et, comme dans les œuvres
de certains écrivains on ne peut manquer de trouver (qu'il
porte ou non) quelque trait dirigé contre la religion ou les
prêtres, il ajoute : « Souvent la religion sert de masque ou
d'arme au privilège contre l'équivalence des services ; une

(1) Même ouvrage, même chapitre.
(2) *Traité théorico-pratique d'économie politique.* Vol. I. De la
libre concurrence.

caste (1) studieuse, rendue vénérable par les insignes sacer-
dotaux, a imposé aux nations courbées et stupides son précepte, comme une loi divine, fatale, nécessaire (2), et éteint
chez des millions et des millions d'êtres vivants le sens du
juste et de l'injuste, du vrai et du faux (3). » Mais heureusement pour le monde, la sagesse et la bonté de ces nouveaux
thesmophores ont fait revivre parmi nous la vérité et la justice. *S'io dico il ver, l'effetto nol nasconde* (*).

94. Comme le lecteur peut s'en apercevoir par lui-même,
parmi les bienfaits que les panégyristes de la libre concurrence lui attribuent, il y a du vrai, mais il y a aussi de l'exagération et du sophisme. C'est certainement un sophisme que
d'argumenter en opposant à la libre concurrence un protectionnisme outré, tel que par ses excès il enchaînerait témérai-
rement la liberté même. *La concurrence*, disait Bastiat, *n'est
que l'absence d'oppression*. Certes, la concurrence ainsi comprise ne peut qu'être désirable. Qui voulez-vous en effet qui
aime l'oppression ? Mais la question n'est pas là. La vraie
question est celle-ci : La concurrence, pour donner des résultats salutaires, doit-elle être entièrement abandonnée au bon
plaisir individuel, ou réclame-t-elle le tempérament et le
frein de sages lois ? De même, c'est certainement une exagération que d'attribuer à la libre concurrence l'échange des
produits d'un pays contre ceux d'un autre. L'inestimable bien-
fait qui rend la richesse d'un peuple accessible à tous les peuples ne saurait être trop célébré ; mais, à proprement parler,
c'est un effet, non de la libre concurrence, mais du commerce.

(1) Appeler caste le sacerdoce catholique est une vraie absurdité. La
caste est fermée ; le sacerdoce catholique est ouvert à qui veut ; la
caste se perpétue par les mariages, le sacerdoce catholique professe
le célibat.

(2) Nous croyons qu'il fait allusion à la défense de l'usure, contre
laquelle il se démène ailleurs avec non moins de vivacité.

(3) Même traité, même volume.

(*) *Si je dis vrai, l'effet le montre assez.*

La libre concurrence peut être une aide et une cause de développement. Mais autre chose est d'aider et de développer, autre chose est de constituer.

95. La vraie utilité que l'on peut en toute rigueur attribuer à la concurrence est l'élan qu'elle donne à la production et à l'échange dans tous les genres d'industrie et de transaction. Elle éveille et stimule l'intérêt individuel, aiguise les esprits, engendre l'émulation. L'agriculture, les arts, le trafic lui sont redevables en grande partie de leurs progrès. Les inventions de nouveaux instruments, de nouvelles machines, l'affluence sur les marchés, l'ouverture de nouveaux débouchés à l'exportation des marchandises, la découverte de nouveaux produits en ont reçu et en reçoivent encore une grande impulsion. Par cela même, l'abaissement des prix, l'augmentation du nombre des objets de bien-être et de luxe en est l'immanquable conséquence. De plus, elle sert aussi à déjouer les prétentions exorbitantes des travailleurs et des marchands, et rend généralement impossible toute création d'injustes privilèges.

Mais à ces avantages, et aux autres que l'on pourrait faire valoir, se mêlent des inconvénients si graves, qu'ils excusent l'antipathie que la concurrence rencontre chez beaucoup de personnes, et donnent raison à ceux qui pensent qu'au lieu de la liberté effrénée, il vaudrait mieux, dans l'intérêt d'une bonne économie politique, une liberté tempérée par des lois qui en arrêtent les excès pernicieux, et qui la dirigent vers la fin véritable de l'homme.

ARTICLE II.

Inconvénients.

96. « Quoique l'autorité d'Adam Smith, écrit Sismondi, n'ait pas réformé, à beaucoup près, toutes les parties de la législation économique, le dogme fondamental d'une concurrence libre et universelle a fait de très grands progrès dans toutes

les sociétés civilisées ; il en est résulté un développement
prodigieux dans les pouvoirs de l'industrie ; mais souvent
aussi il en est résulté une effroyable souffrance pour plusieurs
classes de la population (1) .»

La libre concurrence est, sans aucun doute, utile à la production abondante et rapide. Ses défenseurs, procédant d'une
manière abstraite, considèrent la richesse en elle-même, mais
perdent de vue l'homme, à qui elle doit servir. La libre concurrence tend à accroître la fortune du riche, mais elle tend
en même temps à diminuer la suffisance du pauvre. Son inévitable effet est l'abaissement des salaires.

Les économistes cherchent à démontrer que la véritable
cause de la baisse des salaires est l'accroissement de la population. Ils disent : Par la loi de l'offre et de la demande, les
salaires suivent la proportion qui existe entre la population
ouvrière et le capital, c'est-à-dire, les fonds destinés au
travail. Les salaires ne peuvent donc baisser que par l'altération que subit cette proportion au désavantage de la classe
laborieuse. Si celle-ci croit en nombre, le capital restant sta-
tionnaire, l'offre du travail s'accroît, sans accroissement correspondant de la demande. Donc la rétribution, qui se divisait
d'abord, par exemple, entre dix mille travailleurs, devra se
diviser entre douze mille, et il faut alors que la quote-part
de chacun diminue. Celle-ci ne peut revenir à son taux antérieur que si la population ouvrière décroît, ou si le capital s'accroît proportionnellement à l'accroissement de la population (2).

(1) *Nouveaux principes d'économie politique*. Livre I, chap. VII.

(2) « Les salaires dépendent donc du rapport qui existe entre le
chiffre de la population laborieuse et les capitaux quelconques affectés
à l'achat du travail, ou, pour abréger, le capital. Si les salaires sont
plus élevés dans un temps et dans un pays, que dans un autre temps
et dans un autre pays, c'est uniquement parce que le rapport est
changé par un accroissement de capital relativement à la population.
Ce n'est pas le chiffre absolu des accumulations ou de la production
qui importe aux classes laborieuses, ce n'est pas même le chiffre des

D'où l'on pourrait inférer que la perturbation de l'équilibre entre le capital et la masse des ouvriers ne peut être que passagère. Car, le nombre des travailleurs croissant, la production s'accroît et par suite le profit, pourvu seulement que de nouveaux débouchés s'ouvrent aux produits, ce qui arrive au moyen du commerce. Puis, les profits croissants, les capitaux s'accroissent, et ainsi se rétablit l'harmonie entre eux et la population.

97. Ce raisonnement serait parfait, mais à condition que l'on suppose le capital et la population agissant comme deux forces physiques réglées par des lois dynamiques. Le fait est que ce sont deux forces agissant à la façon des forces morales, en ce sens qu'elles sont mues et dirigées par la libre volonté, qui échappe à tout calcul et obéit souvent à des passions et à des intérêts bien peu en harmonie entre eux. Par l'effet de cette volonté, l'accroissement des capitaux peut très bien ne pas se tourner vers la rémunération des ouvriers dont le nombre s'est accru, et la population diminuée peut très bien rester avec l'exiguïté des salaires antérieurement réduits. La loi de l'offre et de la demande est souvent troublée par la nécessité où se trouve celui qui vit à la journée d'accepter des conditions même fort dures, pour ne pas mourir de faim. L'avantage même de la diminution des prix dans la vente des marchandises, qui résulte de la libre concurrence, tourne au détriment de l'ouvrier ; car l'émulation des marchands à vendre moins cher, pour l'emporter sur leurs compétiteurs, entraîne une émulation correspondante à obtenir les produits avec moins de dépense ; et l'émulation à obtenir les produits avec moins de dépense entraîne, comme conséquence, l'émulation à moins payer les producteurs. D'où l'horrible

fonds destinés à être distribués entre les travailleurs; c'est la proportion qui existe entre ces fonds et le nombre des personnes qui sont appelées à se les partager. » STUART MILL, *Principes d'économie politique.* Livre II, chap. XI.

maxime : Obtenir le plus de travail possible, avec les salaires
les plus bas possible.

98. On dira : Ce que l'ouvrier perd en salaire, il le retrouve
dans la baisse des denrées.

Cela est faux. D'abord les deux choses sont rarement en
proportion l'une de l'autre. En second lieu, c'est rarement
encore que la baisse .. produit précisément sur les objets qui
répondent aux besoins de l'ouvrier. En troisième lieu, cette
baisse même des denrées est flottante et incertaine à cause
des manèges et des fraudes auxquelles est exposé le marché
avec la pleine liberté de la concurrence. L'erreur principale
des économistes réside dans ce qu'ils croient qu'en économie
tout procède suivant des règles mathématiques. Ils pensent
que, comme il y a une mécanique céleste, il doit y avoir une
mécanique économique. Mais il n'en est pas ainsi, parce que
dans les faits économiques entre la volonté de l'homme, avec
tout le cortège des passions humaines.

99. Bastiat ne cherche pas à dissimuler cette grave difficulté de la diminution des salaires. Il écrit : « On dit : la situation des hommes de cette dernière classe (*celle des
hommes qui n'ont que leurs bras*) est essentiellement précaire (*). Comme ils reçoivent leur salaire au jour le jour, ils
vivent aussi au jour le jour. Dans le débat, qui, sous un régime
libre, précède toute stipulation, ils ne peuvent pas attendre :
il faut qu'ils trouvent du travail pour demain, à quelque condition que ce soit, sous peine de mort; si ce n'est pas rigoureusement vrai de tous, c'est vrai pour beaucoup d'entre eux, et

---

(*) « Parce que, par ce mot *travailleur*, on n'entend pas la grande
communauté laborieuse, mais une classe particulière. On divise la
communauté en deux. On met d'un côté tous ceux qui ont des capitaux, qui vivent en tout ou en partie sur des travaux antérieurs, ou
sur des travaux intellectuels, ou sur l'impôt ; de l'autre, on place les
hommes *qui n'ont que leurs bras*, les salariés, et, pour me servir de
l'expression consacrée, les prolétaires. » Il a semblé plus clair de
citer le passage en entier. (*Note du traducteur.*)

cela suffit pour abaisser la classe entière, car ce sont les plus
pressés, les plus misérables qui capitulent les premiers et
font le taux général des salaires. Il en résulte que le salaire
tend à se mettre au niveau de ce qui est rigoureusement nécessaire pour vivre ; et, dans cet état de choses, l'intervention du moindre surcroît de concurrence entre les travailleurs est une véritable calamité, car il ne s'agit pas pour eux
d'un bien-être diminué, mais de la vie rendue impossible (1). »

L'éminent écrivain entreprend de résoudre cette difficulté;
mais, dans l'exécution de son entreprise, il a l'air empêché
comme une poule qui n'a qu'un poussin, tant il se montre
embarrassé ! Il commence par reconnaître le fait, et comment
pourrait-il ne pas le reconnaître ? « Certes, il y a beaucoup
de vrai, beaucoup trop de vrai en *fait*, dans cette allégation.
Nier les souffrances et l'abaissement de cette classe d'hommes
qui accomplit la partie matérielle dans l'œuvre de la production, ce serait fermer les yeux à la lumière. » Puis il ajoute
qu'il ne peut en un seul chapitre résoudre une aussi grave
question (*). « Et puisque c'est là surtout que réside le pro-
blème social, le lecteur comprendra que je ne puis l'aborder
ici. » Il en parle toutefois : « Il expose, dit-il, les lois générales qu'il croit harmoniques ; mais il n'a jamais nié que
l'action de ces lois fût profondément troublée par des causes
perturbatrices. » Au nombre de ces causes il met la conduite coupable de beaucoup de travailleurs et les institutions
vicieuses de la société moderne. Puis il simplifie le débat :
« La question que nous aurions à nous poser serait celle-ci :
abstraction faite des maux que les prolétaires peuvent encourir par leur faute, quel est à leur égard l'effet de la con-

_____

(1) *Harmonies économiques*, chap. X : Concurrence.
(*) « Plût à Dieu que la solution sortît du livre tout entier; mais
évidemment elle ne peut sortir d'un chapitre ! » Cette phrase termine
la période dont l'auteur cite la première partie : « Et puisque.....
je ne puis l'aborder ici. » (*Note du traducteur.*)

currence (1)? » — C'est ainsi précisément que nous nous sommes posé la question, et nous avons vu que l'abaissement des salaires était un effet inévitable de la concurrence. — Mais, répond-il alors, ce n'est qu'un côté de la question. — Oui, mais un côté tellement laid, qu'il ne peut y avoir de compensation de l'autre côté, quelque beau qu'il soit. — Le beau côté qu'il fait valoir, c'est celui de la consommation, à laquelle profite, selon lui, la libre concurrence. — Mais que voulez-vous que consomme le misérable ouvrier, quand l'exiguïté de son salaire ne lui permet pas de se procurer ce que l'on peut consommer ? Après quoi Bastiat se perd dans les nues ! Il distingue la *concurrence centrifuge* de la *concurrence centripète* ; il revient à son idée de prédilection, l'*utilité gratuite* des échanges, qui, agrandissant sans cesse le cercle de la production, profite à tous sans nuire à personne ; il représente la société comme composée de deux couches superposées, dans l'une desquelles domine une force d'*attraction* et dans l'autre une force d'*aspiration*, qui concourent à leur fusion, et ainsi du reste. Tout cela peut être magnifique et excellent pour exercer l'imagination des écrivains ; mais nous n'y voyons rien qui soit de force à détruire le fait, avoué par Bastiat lui-même, de l'avilissement et de la misère dans lesquels la classe ouvrière est plongée par le fait même de la libre concurrence, lorsqu'elle n'est pas corrigée par la loi.

ARTICLE III.

Le monopole.

100. Un des effets bienfaisants de la libre concurrence est, dit-on, l'exclusion des monopoles. Cela est vrai de ceux qui étaient concédés par les gouvernements ; mais cela est faux de ceux qui sont usurpés par des particuliers. Mais, avant

---

(1) *Harmonies économiques*, chap. X : Concurrence.

d'entreprendre la démonstration de cette proposition, disons brièvement ce que c'est qu'un monopole.

Ce mot, d'après son origine grecque, signifierait vente faite par un seul. Mais dans l'usage il a une signification un peu plus ample, en ce qu'il s'applique à toute fonction économique réservée à quelque individu, à l'exclusion de tout autre, mais toujours, bien entendu, avec relation à la vente. Les économistes étendent généralement ce mot à la valeur physique et morale de l'homme et aux qualités particulières d'une possession ou jouissance quelconque. En conséquence ils divisent le monopole en *naturel* et *artificiel*. Le premier, suivant eux, est celui qui est donné par la nature, le second celui qui a été institué par l'homme. Le monopole naturel peut être *personnel* ou *réel*, selon qu'il réside dans la valeur particulière d'une personne, comme, par exemple, dans les capacités extraordinaires d'un savant, d'un artiste, d'un industriel, ou dans la propriété que possède un fonds de terre de donner ce que d'autres ne peuvent donner, par exemple les vignobles de Bordeaux ou de la Champagne.

Les monopoles que l'on appelle artificiels procèdent des règles établies par le gouvernement, qui peut se les attribuer à lui-même, comme cela a lieu pour la fabrication des tabacs, ou les concéder à des particuliers, pris individuellement ou réunis en société, pour l'exportation, par exemple, ou pour l'importation d'un genre de marchandises donné.

101. Pour nous, nous n'aimons pas cette division, dont le premier membre nous semble un abus de mots. Le nom de monopole est pris généralement dans un sens odieux : on l'applique d'ordinaire à des choses qui, étant par elles-mêmes communes à tous, sont soustraites, le plus souvent arbitrairement, à la concurrence d'autrui. Ce n'est pas le cas des talents naturels d'une personne, ou d'une chose qu'elle possède ou dont elle jouit légitimement. Ne ferait-on pas rire un enfant si l'on venait soutenir que, par exemple, Dante a été un monopoleur, parce que lui seul a eu le génie de composer la *Divine Comédie*, et qu'un écrivain s'arroge un monopole parce

qu'il ne veut pas que l'on imprime un livre de lui sans sa permission ?

Selon nous, le nom de monopole ne convient qu'à cette classe de privilèges que les économistes désignent sous le titre de monopoles artificiels. Le monopole pourrait être, en conséquence, défini : une faculté ou un droit exclusif, concernant la production, le transport, ou la vente soit à l'intérieur, soit à l'extérieur, d'une marchandise quelconque. Il peut être, ou *gouvernemental*, si le gouvernement se le réserve à lui-même, ou *privé*, s'il le concède à des personnes ou à des associations privées.

102. Outre ces monopoles, que l'on pourrait appeler *légaux* et qui sont justes dans certains cas, c'est-à-dire quand ils sont fondés sur de justes raisons et ont en vue le bien public (*), il y a des monopoles que l'on pourrait appeler *illégaux* ou *abusifs* : ce sont ceux que les particuliers s'attribuent par eux-mêmes, sans autorisation de l'Etat. C'est à ceux-là que ne disconviendrait pas le nom d'*artificiels*, parce qu'on ne peut se les procurer que par pur artifice (**) ; ils sont toujours injustes, parce qu'on ne peut les usurper qu'au détriment de la liberté d'autrui.

Or, cette dernière classe de monopoles peut être facilement, selon nous, le produit de la libre concurrence. La concurrence, dégagée de tout frein légal, laisse les opérations économiques à la discrétion des tendances individuelles, en d'autres termes, les abandonne à la lutte des égoïsmes. Elle produit

(*) MONOPOLE, privilège que possède un individu, une compagnie de vendre ou d'exploiter seul, à l'exclusion de tous les autres, une chose déterminée. Le monopole exercé par un individu, sans l'autorisation du pouvoir, est un crime. Le monopole devient légal lorsqu'il est exercé dans l'intérêt commun et en vertu d'une loi, soit par l'Etat, soit par des particuliers. (BOUILLET, *Dictionnaire des sciences, etc.*) (*Note du traducteur.*)

(**) Le jeu de mots n'est pas beaucoup meilleur en italien qu'en français. En italien, *artificiale* est opposé à *naturale*, comme en français *artificiel* à *naturel*; *artificieux* se dit *artificioso*. (*Note du traducteur.*)

en quelque sorte pour la richesse ce que les darwinistes disent de la lutte pour l'existence, dans laquelle les plus forts l'emportent et les plus faibles sont vaincus et périssent. Après la mêlée, dans cette lutte comme dans l'autre, les plus puissants restent maîtres du champ de bataille. Les grands propriétaires, les grands fermiers, les grands entrepreneurs, les grands capitalistes, c'est-à-dire ceux qui ont le moyen d'améliorer en grand l'agriculture, d'ouvrir d'immenses usines, d'employer des machines dispendieuses, d'entreprendre des trafics colossaux, attireront entièrement à eux la production, les échanges, le commerce, et dicteront la loi à toutes les classes inférieures. Ainsi viendra se concentrer dans la main d'un petit nombre la distribution des marchandises, que l'ouvrier ne pourra plus se procurer que dans une mesure toujours décroissante et au prix de fatigues intolérables. Les contrats léonins que l'on disait éliminés rentreront dans la maison par la porte de derrière.

103. De cette lutte, non seulement les ouvriers sortiront écrasés, mais aussi les petits propriétaires, les petits commerçants, les agriculteurs et les entrepreneurs moyens. Ne pouvant soutenir longtemps la lutte, il faudra bien qu'après s'être épuisés dans la résistance, ils déposent finalement les armes et se rendent à la discrétion du vainqueur. On répond : Mais c'est à cela que remédie l'association. Il n'en est rien. Que l'on transporte à l'association ce que nous disons de l'individu, et l'effet sera le même. Nous nous rappelons qu'une puissante compagnie de bateaux à vapeur, pour contraindre les compagnies rivales à la faillite, comme elle les y contraignit en effet, entama avec elles une lutte de rabais, dans laquelle elle en vint jusqu'à offrir de transporter gratuitement les marchandises et les personnes. La libre concurrence est une arme terrible, excellente pour abattre les faibles et les moins forts, et pour réduire les populations entières à la servitude économique, sous la verge de fer des maîtres tout-puissants de la richesse sociale. C'est un monopole à éclipser tous les anciens monopoles pris en faisceau.

Aussi ne faut-il pas croire que les clameurs des socialistes, contre la libre concurrence entièrement abandonnée aux fluctuations arbitraires de l'offre et de la demande, soient à dédaigner à la légère. Il y a dans leurs revendications beaucoup de vrai, et il faut que de ce côté justice soit faite, si l'on ne veut pas les voir triompher.

ARTICLE IV.

Les grèves.

104. Un autre effet de la libre concurrence, c'est la justification des *grèves*. La grève consiste dans la cessation simultanée du travail par une classe au moins d'ouvriers, dans le but d'obtenir des patrons de meilleures conditions, surtout sous le rapport des salaires. C'est un phénomène qui, sans être inconnu aux anciens, peut néanmoins, dans la forme qu'il a prise aujourd'hui, et surtout par son extension et sa fréquence, être considéré comme exclusivement propre à notre siècle. Il n'y a pas d'ailleurs lieu de s'en étonner, puisque la libre concurrence, dont la grève est un rejeton, est également propre à notre siècle.

Tout le monde sait les funestes excès, tumulte, violence, attentats à la propriété ainsi qu'à la sécurité publique et privée, dont les grèves sont habituellement accompagnées. En cela, sans aucun doute, les ouvriers sont coupables et méritent d'être réprimés et sévèrement punis. Ce qu'il y a surtout d'inique et de brutal, c'est l'acte par lequel ils essaient de contraindre malgré eux leurs camarades à les imiter dans leur révolte. Si quelques ouvriers croient plus conforme à leurs intérêts de continuer le travail et de se tenir pour satisfaits des heures de travail et du salaire convenus, de quel droit venez-vous leur imposer votre volonté et les obliger, par des menaces, des insultes, de mauvais traitements, à vous suivre ? Ne sont-ils pas les maîtres de leurs actes ? Cette injuste exigence, cette atteinte à la liberté des citoyens, cette perturbation de la paix publique, mérite toute la rigueur des lois.

105. Mais abstraction faite de ces excès, et si l'on considère les grèves en elles-mêmes, nous disons qu'étant donnée la libre concurrence, elles constituent un droit pour l'ouvrier, et ne sauraient être justement condamnées ou réprimées. Elles sont une sorte de représaille permise en temps de guerre (et l'on peut donner le nom de guerre à la libre concurrence aujourd'hui) ; elles sont le seul moyen qui reste à l'ouvrier opprimé, sans tribunal légitime auquel il puisse recourir.

Il y a, pourrait-on répliquer, l'*arbitrage*. Oui ; et nous croyons que, même dans les conditions présentes, l'emploi de cet expédient tournerait à l'avantage de l'ouvrier lui-même, qui ne peut longtemps se maintenir en grève, vu le besoin qu'il a de son salaire pour se garantir lui et les siens contre la faim. Mais, si le patron refuse de se soumettre à la sentence des arbitres, comment faire pour vider le différend (*)?

106. On objectera : Les grèves, même lorsqu'elles ne sont pas accompagnées de violences, sont un grave préjudice pour la société. Elles suspendent la production, entravent le commerce, arrêtent les profits et le développement des capitaux, jettent la perturbation dans l'ordre économique et vont parfois jusqu'à faire manquer les citoyens des objets nécessaires à la vie. La société a donc le droit de les interdire, même sous la sanction de graves pénalités.

Sans doute, la société aurait ce droit, si elle remplissait envers l'ouvrier son devoir de le protéger contre les abus d'un patron avide. Or, la société, étant donnée la fantaisie *libéralesque* de la concurrence sans frein, se borne à un rôle purement négatif, qui consiste à ne pas permettre la violence matérielle. L'ouvrier se bornera donc, lui aussi, à l'accomplissement d'un devoir purement négatif, qui est de ne commettre aucune

(*) Nous avons vu récemment, non les patrons, mais les ouvriers repousser l'arbitrage, ou refuser de se soumettre à la décision des arbitres. (*Note du traducteur.*)

offense contre les lois ou contre les personnes ; en tout le reste il ne fera qu'user de sa liberté. Si on laisse au capitaliste le pouvoir d'obliger par ses refus les ouvriers à rivaliser de rabais dans l'offre du travail, on doit laisser aussi aux ouvriers le pouvoir de contraindre, en se retirant, les patrons à rivaliser de hausse dans la demande. C'est l'unique arme de défense qui leur reste. Anciennement l'ouvrier trouvait, dans les corporations d'arts et de métiers, un défenseur et un vengeur ; mais depuis que la Révolution lui a rendu l'inestimable service de le délivrer de ces liens, il est demeuré isolé et à la merci de quiconque achète sa sueur au plus bas prix possible. La liberté qui lui a été donnée s'est convertie pour lui en une amère ironie ; elle est devenue la liberté de l'indigence.

Comprenons bien que les capitalistes ou les patrons ne sont pas toujours dignes de blâme, attendu qu'ils sont contraints eux-mêmes par la concurrence effrénée à agir avec parcimonie dans la rémunération de l'ouvrier. Pour montrer plus de largesse, il leur faudrait renoncer à tout profit, ce que l'on ne peut justement exiger d'eux. Mais cela ne prouve pas que les grèves soient injustes ; cela prouve seulement que le système économique lui-même est erroné. De prémisses absurdes il ne peut découler que des conséquences absurdes.

ARTICLE V.

Action des pouvoirs publics.

107. Jusqu'ici, pour nous conformer au langage communément adopté par les économistes, nous avons appelé *libre* la concurrence qui est en dehors de toute action des lois et de toute influence gouvernementale. Mais, en vérité, nous aurions dû la qualifier de *licencieuse*. Ce nom de *libre* lui est venu des fausses idées de liberté qui ont commencé à se propager sur le déclin du siècle dernier. La vraie liberté réside dans la faculté d'user sans obstacle de *ses droits* ; tandis qu'on a voulu la faire résider dans la faculté d'user, sans obstacle, de *ses*

forces. A l'idée de *droit*, qui tire son origine de la raison, on a substitué l'idée de *force*, qui tire son origine de l'être purement physique ; et cela en vertu de ce principe *libéralesque* : l'homme est sa loi à lui-même. Transporté dans le champ économique, ce principe ne peut signifier que le choc des égoïsmes (libre concurrence), et par suite la victoire des plus forts. Et comme, en économie, les plus forts sont ceux qui ont le plus d'argent, c'est nécessairement sous le joug de ces derniers que tombent tous les autres. Le despotisme financier ; la tyrannie de l'argent.

Sans aucun doute, une certaine liberté de concurrence est indispensable dans les fonctions économiques. Sans elle, l'émulation, le progrès, les nouvelles inventions ne trouveraient plus d'aliment ni de vie, il n'y aurait plus de stimulant à l'activité, plus de prime offerte à l'esprit d'entreprise ; mais cette liberté ne doit pas être illimitée. Les faits économiques sont à la fois individuels et sociaux. Sous le premier aspect, ils exigent la liberté ; sous le second, ils réclament la direction des pouvoirs publics. C'est, dit Sismondi, par l'expérience que nous avons senti le besoin de cette autorité protectrice que nous invoquons ; elle est nécessaire pour empêcher que des hommes ne soient sacrifiés aux progrès d'une richesse dont ils ne profiteront point. Elle seule peut s'élever au-dessus du calcul matériel de l'augmentation des produits, qui suffit à déterminer les individus, et lui comparer le calcul de l'augmentation des jouissances et de l'aisance de tous, qui doit être le but vers lequel tendent les nations (1) ».

108. L'action du gouvernement en économie politique peut se réduire à deux chefs principaux : défense des faibles, direction des forts.

Quant au premier, c'est-à-dire la défense des faibles, dans lequel réside le devoir principal de l'autorité publique, voici les points sur lesquels devrait spécialement s'exercer sa vigilance, en ce qui concerne le travail des fabriques et des usines.

(1) *Nouveaux principes d'économie politique*, livre I, chap. VII.

I. *Le père de famille.* Comme nous l'avons dit ailleurs, le travail de l'ouvrier hors de sa maison ne devrait pas dépasser neuf ou dix heures au plus. Si l'on veut des ouvriers honnêtes, il ne faut pas les tenir longtemps loin de leur famille. Qu'on leur laisse le temps de cultiver les affections domestiques, d'avoir soin de leurs propres affaires, et d'exercer sur leur femme et sur leurs enfants l'autorité dont la nature ou, pour mieux dire, Dieu les a investis. Surtout, qu'on ne les prive pas du repos du dimanche, afin qu'ils puissent vaquer à leurs devoirs religieux et rétablir leurs forces affaiblies par le travail de la semaine.

II. *La femme.* La délicatesse de la femme ne lui permet pas d'entreprendre des travaux durs et pénibles ; on doit lui éviter surtout ceux qui se font en commun par des ouvriers des deux sexes. Le gouvernement devrait absolument interdire ces travaux, là où ils ne peuvent pas être convenablement réglés. Les égards dus à la femme sont d'une extrême importance dans la société civile. Mais plus encore que la qualité du travail, il faut considérer la mission providentielle de la femme. C'est un fait universellement reconnu que c'est elle qui forme la famille et la garde comme un ange tutélaire. On ne devrait donc jamais permettre que son travail hors de la maison la tienne tellement occupée, qu'elle soit obligée de manquer le moins du monde à ses devoirs d'épouse, si elle est mariée, et de mère, si elle a des enfants. Nous avons vu avec plaisir, dans un cours d'économie politique tout récent, émettre l'avis que les jeunes mères devraient entièrement renoncer au travail des fabriques; l'ouvrière d'usine ne serait plus alors que la jeune fille adulte avant son mariage, ou la femme ayant des enfants déjà grands, pourvu qu'il n'en résulte aucun empêchement pour ses autres devoirs domestiques (1).

(1) « Les jeunes mères devraient, autant que possible, renoncer au travail des fabriques ; l'ouvrière d'usine ne serait plus alors que la jeune fille adulte avant son mariage, venant en aide à sa famille et s'amassant une petite dot, ou la femme ayant des enfants déjà grands

III. *Les enfants.* Un autre objet très important de la protection que le gouvernement doit à la faiblesse, est l'enfance. Le gouvernement ne doit à aucun degré tolérer que les apprentis soient assujettis au travail dans un âge trop tendre, ni qu'on leur impose des travaux au-dessus de leurs forces. L'âge, à mon avis, ne devrait pas être de moins de douze ans révolus (*). Mais il faut surtout veiller à ce que l'atelier ou l'usine, par la durée du travail, n'enlève pas trop longtemps l'enfant aux soins de ses parents, qui doivent lui former l'esprit, et, par les exemples et la conversation, ne tourne pas à la perte de son innocence. A l'enfance est dû un respect presque religieux ; et c'est dans le jeune âge que l'ouvrier futur recueille les germes bons ou mauvais qui doivent plus tard se développer et porter fruit. Que l'on n'espère pas suppléer à la vie de famille par l'enseignement public. Aucune école ne supplée la famille ; aucun maître ne supplée les lèvres maternelles.

IV. *Les précautions à prendre dans les travaux dangereux et insalubres.* On ne saurait trop insister sur les devoirs qui incombent au gouvernement sur ce point. Il s'agit de la santé et de la vie d'un grand nombre de nos frères, qui travaillent, en courant les plus grands risques, pour le bien-être et l'aisance des autres. On ne saurait entendre sans horreur le récit des accidents terribles et fréquents qui arrivent, trop souvent, par l'incurie et l'avarice de ceux qui président au travail. La sévérité du gouvernement dans ce cas ne sera jamais trop grande.

V. *Le salaire.* Nous croyons qu'étant donnée la misérable condition à laquelle est aujourd'hui réduite la classe ouvrière

et sans détriment grave pour les siens.» *Précis d'économie politique*, par Leroy-Beaulieu, membre de l'Institut, professeur d'économie politique au Collège de France. Paris 1888. Première partie, chap. VIII. Cette citation est en français dans l'original.

(*) Loi du 19 mai 1874, sur le travail des enfants dans les manufactures. (*Note du traducteur.*)

qui exécute la partie la plus matérielle du travail, le gouvernement a le droit d'établir un *minimum* de salaire, au-dessous duquel il ne soit pas permis de descendre, et d'en exiger rigoureusement l'observation. Si, comme on l'a démontré plus haut (1), une rétribution du travail insuffisante pour fournir à la substance de l'ouvrier est une violation des lois de la justice, nous ne voyons pas pourquoi le pouvoir public, dont la principale attribution est précisément de faire observer la justice entre les citoyens, ne pourrait intervenir. La liberté dans les conventions ne serait maintenue qu'*au-dessous* du minimum (*).

109. Quant au second point, c'est-à-dire à la direction des forts dans le champ économique, nous ne pouvons comprendre comment des personnes sérieuses peuvent croire que c'est

---

(1) Chapitre V, art. III, n° 89.

(*) « ... Que le patron et l'ouvrier fassent donc tant et de telles conventions qu'il leur plaira, qu'ils tombent d'accord notamment sur le chiffre du salaire, au-dessus de leur libre volonté il est une loi de justice naturelle plus élevée et plus ancienne, à savoir que le salaire ne doit pas être insuffisant à faire subsister l'ouvrier sobre et honnête. Que si, contraint par la nécessité, ou poussé par la crainte d'un mal plus grand, il accepte des conditions dures que d'ailleurs il ne lui était pas loisible de refuser, parce qu'elles lui sont imposées par le patron ou par celui qui fait l'offre du travail (*il faut évidemment supposer ici que l'un ou l'autre pourrait en imposer de moins dures, et que celui qui fait l'offre du travail ne la fait pas par pitié, pouvant à la rigueur se passer de services qu'il rétribue de son mieux*), c'est là subir une violence contre laquelle la justice proteste. — Mais, de peur que dans ces cas et d'autres analogues, comme en ce qui concerne la journée de travail et les soins de la santé des ouvriers dans les usines, les pouvoirs publics n'interviennent importunément, vu surtout la variété des circonstances, des temps et des lieux, *il sera préférable qu'en principe la solution de ces questions soit réservée aux corporations ou syndicats* dont nous parlerons plus loin, ou que l'on recoure à quelque autre moyen de sauvegarder les intérêts des ouvriers, même, si la cause le réclamait, avec le secours et l'appui de l'Etat. » (*Lettre Encyclique précitée, du 15 mai 1891*, p. 45.) (*Note du traducteur.*)

une bonne méthode que de tout abandonner à l'action individuelle : *Laissez faire, laissez passer*. C'est vouloir un effet
sans cause, l'ordre dans la multitude sans un esprit ordonna-
teur. Mais si du choc des seuls intérêts privés peut naître l'ordre
en économie, on ne voit pas pourquoi l'on ne pourrait en dire
autant des autres branches de l'activité sociale ; le meilleur
des régimes politiques serait ainsi l'*Anarchie*. Les défenseurs de la liberté illimitée en matière d'économie rappellent
avec de grandes lamentations les inconvénients qui résultaient
de l'intervention des gouvernements, alors qu'ils entravaient
et arrêtaient toutes les fonctions économiques par des barrières,
des prohibitions, des privilèges innombrables. Mais c'est un
procédé des plus sophistiques que d'arguer de l'abus pour détruire l'usage. Si l'économie sociale doit tendre au bien commun, elle ne peut s'affranchir de la direction de l'autorité qui
a mission de veiller et de pourvoir au bien commun. Le tout
est que l'autorité use de son droit en faisant des règles sages
et justes, mais il faut qu'elle en use.

110. Le lecteur comprendra de lui-même que les principes
généraux que nous venons de poser s'appliquent même au
libre-échange international, pour ce qui regarde l'exportation
et l'importation des marchandises. Nous assistons actuellement
à un phénomène singulier. Après les cris qui se sont élevés
depuis plus d'un siècle contre le *protectionnisme* et en faveur
de la liberté absolue du commerce, nous voyons les Etats
européens, même les plus libéraux, prendre, en ce qui concerne les céréales, des mesures extrêmement graves contre la
concurrence de l'Asie et de l'Amérique. Cela veut dire que
l'on s'est finalement aperçu que le fameux *Laissez faire, laissez
passer*, pris dans un sens absolu, était un axiome absurde.
L'obligation de tout Etat est d'assurer à l'industrie intérieure
une protection modérée, suffisante pour qu'elle n'éprouve
aucun préjudice de la concurrence étrangère ; surtout, l'Etat
doit surveiller l'introduction des denrées qui intéressent l'hygiène et la morale publique. Le petit détriment qui peut résulter de cette protection pour la bourse des consommateurs

est une objection sans valeur ; car tout le monde comprendra
que le citoyen ne peut avoir à ce point les yeux fixés sur ses
propres intérêts, qu'il perde de vue les sacrifices parfois nécessaires au bien commun, qui, en fin de compte, tourne même
à son propre intérêt.

J'ai réuni ici bien des questions, dont chacune exigerait un
livre ; mais le lecteur avisé comprendra qu'il ne rentre pas
dans ma tâche de traiter les questions économiques avec l'ampleur qu'elles mériteraient: je dois me contenter de les effleu-
rer, pour recueillir, par points principaux, les notions nécessaires, c'est-à-dire ce qui doit suffire à l'instruction de la jeunesse.

ARTICLE VI.

Nécessité d'un commun accord entre les divers États.

111. La protection que le pouvoir public doit aux faibles
entraîne pour lui, comme nous l'avons vu, l'obligation de les
défendre contre la concurrence effrénée, en intervenant pour
limiter et régler le travail dans les fabriques, notamment
celui des femmes et des enfants, et pour arrêter un minimum
de salaire au-dessous duquel on ne puisse descendre. Mais si
ces dispositions étaient prises dans un seul État, sans que les
autres l'imitassent, on y tomberait dans un grand embarras.
L'inégalité dans le coût de production, en faisant hausser le
prix des marchandises, mettrait les producteurs indigènes
hors d'état de soutenir la concurrence étrangère. Il faudrait
donc que les mêmes dispositions fussent prises par la généralité des peuples civilisés, dont les gouvernements devraient
s'entendre pour établir sur ce point des règles d'une application commune. Il n'y a là rien d'impossible, si l'on considère
que la question sociale ou ouvrière, comme on voudra l'appeler, touche tous les États, qui sont tenus de trouver le moyen
de satisfaire aux justes plaintes et de venir en aide, d'une
manière convenable, à la partie la plus nombreuse de la

société. Cette dernière raison, à la fois morale et politique, est d'une si grande importance qu'elle l'emporte de beaucoup sur la raison économique que nous avons indiquée plus haut.

112. Il semble que cette idée soit à la veille de recevoir un commencement d'exécution. Au parlement helvétique, en effet, le député Descourtins, savant économiste et éloquent orateur, a proposé au gouvernement, avec l'appui du député Favon, d'entamer des négociations sur ce sujet avec les divers Etats de l'Europe. Cette proposition a été approuvée à l'unanimité par l'Assemblée fédérale ; et déjà le gouvernement suisse a fait répandre dans les diverses cours l'invitation à une conférence qui devra se tenir à Berne, afin de s'entendre sur les points suivants : 1º prohibition du travail du dimanche ; 2º fixation d'un *minimum* d'âge pour l'admission dans les fabriques ; 3º fixation d'une durée *maxima* pour le travail journalier des jeunes ouvriers ; 4º prohibition d'employer les enfants et les femmes dans les travaux dangereux et nuisibles à la santé ; 5° limitation du travail de nuit pour les femmes et les ouvriers non adultes. M. Descourtins, dans un magnifique discours, a soutenu le projet qu'il avait présenté, et développé les motifs de chacun des articles de sa proposition (1). Vu l'importance du sujet et l'appui considérable que l'autorité d'un tel homme peut apporter aux idées que nous avons exposées plus haut, nous croyons devoir donner une sorte d'abrégé de ce discours, au risque de nous répéter nous-même sur bien des points.

113. L'industrialisme, dans sa dernière forme, qui est l'œuvre d'un demi-siècle en arrière, offre à nos yeux le résultat d'une lutte terrible entre le capital d'une part et le travail de l'autre. Cette lutte a pris partout les mêmes proportions, et causé partout les mêmes perturbations. « La statistique nous montre d'une manière incontestable que l'accroissement du

---

(1) Ce discours a été depuis imprimé par la typographie catholique de Fribourg sous ce titre : *Une législation internationale en faveur des ouvriers.*

nombre des machines porte avec lui la diminution de l'élément ouvrier, et en particulier la décadence des métiers
libres et indépendants. Jusque dans les plus petits villages
pénètrent les produits des grandes fabriques, qui font ainsi
concurrence au forgeron, au tailleur, au serrurier, au cor-
donnier, les réduisant à l'office de simples raccommodeurs.
L'agriculteur lui-même voit surgir un ennemi dans les nombreuses machines rurales, que le grand propriétaire peut se
procurer à bon marché dans les fabriques du pays ou dans
les fabriques étrangères. L'emploi des machines exige un capital ; et seul celui qui le possède peut entrer dans l'arène des
luttes économiques. Le petit travailleur est écrasé par le fabricant ; le fabricant à son tour est dominé par le grand industriel,
qui devient lui-même la proie des sociétés par actions, où la
coalition des capitaux s'effectue dans des proportions colossales, en mettant des centaines de milliers d'ouvriers au service
d'une seule et même affaire. A mesure que le capital et l'industrie s'assurent la domination, on voit s'accroître l'armée des
ouvriers sans état : le prolétariat. Plus la machine devient
parfaite, plus on peut se passer de l'ouvrier doué de forces
physiques et intellectuelles, plus grand devient le nombre des
femmes et des enfants dans les usines. »

114. Or l'enfant admis à travailler dans les grands ateliers
a besoin de beaucoup de protection au point de vue physique
ou moral. Dans l'enfance, le système musculaire offre beaucoup
moins de résistance que dans l'âge adulte ; il s'ensuit qu'une
fatigue de longue durée use plus rapidement l'organisme. Le
corps de l'enfant est très sensible aux impressions des causes
extérieures, qui, si elles sont malfaisantes, en altèrent nota-
blement la santé. On a observé que, précisément chez les enfants occupés dans les fabriques, prédominent les affections
scrofuleuses, les maladies de poitrine et des articulations, les
déviations de la colonne vertébrale, etc. Les rapports des
commissions parlementaires d'enquête, faits en Angleterre
sur ce point, sont effrayants. C'est à cela que l'on doit en
grande partie la dégénérescence physique dont se plaignent

beaucoup de populations, la fréquence des morts dans l'âge tendre et la vieillesse précoce.

Mais, encore plus que l'intérêt physique, il faut considérer l'intérêt moral. On ne saurait croire quel préjudice cause à l'éducation de l'enfant d'être admis trop jeune dans les fabriques, alors que son esprit et son cœur ne sont pas encore suffisamment formés, et d'y être retenu presque toute la journée, loin des soins vigilants et affectueux de ses parents. L'enfance exige de grands égards ; et elle ne peut certainement les trouver au milieu d'une foule d'ouvriers de mœurs au moins douteuses et souvent privés de tout sentiment chrétien. Puis, nous ne disons rien des affections domestiques, qui n'ont pas non plus le temps de se développer et qui, si elles se sont développées, s'éteignent ; ni de la piété envers Dieu, dont le premier âge a spécialement le plus pressant besoin. A un si grand mal l'État doit indispensablement remédier ; l'enfance a un droit absolu à sa protection. Pour ce qui m'en semble, aucun enfant ne devrait être admis à travailler dans les fabriques avant d'avoir atteint sa treizième année, ni ne devrait y travailler plus de six heures par jour jusqu'à sa dix-huitième année révolue. En outre, les travaux de nuit ou sous terre devraient lui être tout à fait interdits.

115. Si l'admission des enfants dans le travail des fabriques est nuisible, immensément plus encore l'est celle des femmes. L'industrie en grand et l'accroissement qu'a pris l'usage des machines a entraîné loin du foyer domestique la jeune fille, la femme adulte et jusqu'à la mère de famille. Cela est d'un préjudice incalculable. La constitution physique de la femme ne peut longtemps supporter les fatigues de la fabrique, sans en éprouver un grave détriment. L'âge dans lequel elle serait le plus apte au travail coïncide avec celui de la maternité. Les pernicieuses conséquences qui résultent pour elle d'être tenue tout ce temps appliquée au travail se manifestent principalement par la grande mortalité des enfants qui naissent de semblables mères. Dans aucune classe sociale il n'arrive, comme dans celle-là, que le plus grand nombre des enfants

cessent de vivre dans les premières années de leur existence.

Mais le dommage physique n'est presque rien en comparaison du dommage moral. Les nations anciennes ont péri par la destruction de la famille. L'industrialisme moderne, en rompant les liens domestiques, menace aussi notre siècle d'un semblable désastre. L'écroulement de ce principe divin de la vie sociale, c'est-à-dire du foyer domestique, mine les fondements mêmes de l'Etat. Il ne faut pas se faire illusion sur un point si délicat. Moins les gouvernements se préoccuperont de rendre la mère à la famille, et moins nous devrons nous étonner de voir certaines tendances subversives se propager chaque jour de plus en plus sous les toits populaires. La famille est la première nécessité de la vie sociale ; ceux qui s'appliquent à l'amoindrir nous préparent les plus grands maux, dont nous ne pourrons nous défendre. C'est la femme qui forme l'esprit des enfants ; devenue l'esclave des fabriques, elle ne peut vaquer à ses devoirs d'épouse ni de mère.

Et pourtant, qui le croirait? aucun Etat n'a encore de dispositions législatives suffisantes pour la protection de la femme. A peine, dans certains pays, y a-t-il quelque loi en sa faveur pour le temps des couches. Ainsi, la loi suisse sur les fabriques défend d'occuper la femme dans ces fabriques huit semaines avant et huit semaines après l'accouchement. L'Autriche a fait la même défense, en la restreignant à quatre semaines. Ces deux nations interdisent aussi le travail des femmes dans les fabriques pendant la nuit. Disposition des plus justes ; car le travail de nuit, s'il est préjudiciable à l'organisme de l'homme, quoique plus fort, a pour les femmes des conséquences bien autrement funestes. Et cela, même abstraction faite de raisons plus élevées concernant les mœurs.

116. L'orateur passe ensuite à la question du repos du dimanche. « C'est un phénomène déplorable, dit-il, que dans les Etats chrétiens on ait en vain jusqu'ici revendiqué la sanctification du dimanche. Pourtant l'homme sent profondément dans sa nature le besoin d'élever de temps en temps son âme

Dieu. Tous les peuples ont obéi à cette impulsion. Comme ils ont toujours eu un culte pour la divinité, ils ont toujours consacré des jours spéciaux et des temps déterminés à l'exercice de ce culte. C'est donc un commandement répondant à un besoin de la nature humaine que celui par lequel Dieu a réservé un jour, le sabbat, que la loi évangélique a depuis remplacé par le dimanche. Ainsi la société, si elle veut encore prétendre au titre de chrétienne, a le devoir de sanctifier le dimanche d'une manière particulière et comme corps moral constitué, afin d'attester ainsi sa publique adoration de Dieu. »

On ne peut trouver de mots suffisants pour faire comprendre combien le repos du dimanche exerce une influence bienfaisante sur l'âme et sur le corps de l'homme. La famille, cette société primordiale, colonne et base de la vie civile, prend un air de prospérité et de consistance, quand son chef et ses membres fêtent ensemble le jour du Seigneur. La solidité et le bien-être moral de la famille raffermissent et cimentent l'état social tout entier. Il n'est pas jusqu'à la santé du corps à laquelle ne vienne puissamment en aide un jour de repos après six jours de fatigue.

117. A la question du repos du dimanche se lie celle de la durée du travail journalier, qui doit être modérée, de manière à ne pas absorber en entier et à ne pas détruire les forces de l'ouvrier. Sur ce point les magnifiques paroles d'une lettre pastorale du Pape Léon XIII, écrite par lui quand il était évêque de Pérouse, sont dignes d'être rappelées. Le grand Pontife s'exprimait ainsi : « Les écoles modernes d'économie politique, infectées de matérialisme, considèrent le travail comme la fin suprême de l'homme et abaissent l'homme lui-même à l'état de machine, machine plus ou moins précieuse, selon qu'elle est plus ou moins apte à la production. Il en résulte que l'on perd entièrement de vue la valeur morale de l'homme; il en résulte l'immense épuisement des pauvres et des petits par ceux qui veulent profiter de leurs fatigues. Ces plaintes amères et bruyantes, nous ne sommes pas étonnés de les entendre s'élever même de pays qui se

croient parvenus au comble de la civilisation, plaintes causées par le nombre excessif des heures de travail imposées aux ouvriers, qui doivent gagner leur pain à la sueur de leur front ! »

L'ouvrier, outre le temps du sommeil et des repas, a besoin pendant le jour de quelques heures de récréation et de concentration en lui-même. Le travail constant et ininterrompu aux machines, qui exigent qu'un mouvemement continu leur soit imprimé, use bien vite la vigueur physique de l'homme, quand il y est employé la journée entière. Ainsi l'ouvrier devient vieux avant le temps, et sur son visage pâle et exsangue s'aperçoit la faiblesse produite par l'excès de la fatigue. Son activité elle-même, soit intellectuelle, soit morale, s'énerve. Puis, s'il est père de famille, il n'a pas le loisir d'exercer à la maison l'autorité paternelle et de vaquer aux affaires domestiques, ainsi qu'à l'éducation de ses enfants. Sa condition ne s'éloigne pas beaucoup ainsi de celle de l'esclave. Avec le système moderne, la société tend à se diviser, à l'exemple des anciennes nations païennes, en deux classes séparées entre elles par un abime, celle des jouisseurs oisifs et celle des travailleurs affligés de l'avilissement moral et de l'indigence économique. Aussi n'y aurait-il pas lieu de s'étonner que dans un temps plus ou moins éloigné, cette multitude appauvrie et inculte, malgré nos milliers de baïonnettes, ne réduise en cendres notre civilisation moderne, comme les barbares ont fait de l'ancienne civilisation romaine. Les barbares aujourd'hui nous les avons chez nous; il n'est pas nécessaire qu'ils viennent du dehors.

118. L'orateur parle aussi des funestes effets de la liberté absolue laissée en matière de contrat regardant les salaires, conformément aux maximes de l'économie prétendue libérale. L'erreur de celle-ci provient d'une parité complète établie à tort entre le travail de l'homme et une marchandise quelconque, même la plus vile. « Ce n'est pas une certaine quantité de travail, dit-il, qui est la matière d'un tel contrat, mais l'activité même de l'ouvrier ; c'est donc sa personne même qui en

devient l'objet. L'ouvrier met au service de la machine ses forces, et par conséquent lui consacre en quelque sorte son existence et celle de sa famille. Est-il vraiment libre dans l'offre de ses services au fabricant ? Peut-on appeler liberté l'alternative, ou de travailler au prix qu'accorde le patron, ou de mourir de faim ? Et n'intervenir à aucun degré dans ces contrats, les abandonner à la pure volonté de l'une des deux parties, proclamer libre le marché des forces humaines et des existences domestiques, comme celui des choux et des raves, est-ce là la mission de l'Etat ? »

119. L'orateur, après avoir démontré la nécessité de l'inter-vention du pouvoir public dans la protection du travail, en arrive au point capital de sa proposition, c'est-à-dire à la nécessité d'une entente internationale à l'effet d'établir des lois pareilles, destinées à empêcher que la diversité de législation ne nuise aux intérêts particuliers de chaque pays. Autrement les Etats qui auraient accompli la réforme dont il vient d'être parlé, seraient hors d'état de soutenir dans le vaste marché du monde la concurrence de ceux qui persisteraient dans les abus. Pour se défendre dans une certaine mesure contre cette situation, au moins à l'intérieur, ils seraient obligés de tenir très élevés les droits de douane, et de prohiber l'importation d'un grand nombre de marchandises, non sans une très grande perturbation de l'industrie et du commerce international. Vu la facilité des communications aujourd'hui et la presque abolition des barrières entre les Etats, spécialement les Etats voisins, la production de l'un influe beaucoup sur le marché de l'autre ; et celle-là dépend grandement de la mesure du salaire et de la durée du travail quotidien. En outre, la surabondance de production, par rapport à la consommation, qui se manifeste déjà et ira toujours en croissant, par suite de l'invention de nouvelles machines et de méthodes plus expéditives et par suite de l'augmentation des capitaux fournis par le crédit, ôte et ôtera toujours de plus en plus au travail un grand nombre de bras. Que sera-ce quand l'industrie des peuples jusqu'ici peu avancés dans l'industrie se trouvera en

mesure, grâce aux progrès rapides de la civilisation, de concourir, au moins en partie, avec celle des peuples plus anciens?
Déjà l'Orient commence à fournir son marché de ses propres
denrées et tente de disputer aux produits d'Occident leurs anciens débouchés.

120. Ces considérations et d'autres encore conseillent aux
gouvernements européens d'entreprendre l'œuvre salutaire
qui consiste à régler d'un commun accord le travail, par des
lois opportunes, et d'empêcher ainsi qu'il ne se produise, dans
l'économie sociale des peuples, de funestes catastrophes qui
viendront par ricochet frapper l'ordre politique lui-même.
L'orateur démontre l'opportunité de cette mesure eu égard à
la situation même des divers Etats. « Les peuples européens
modernes ne sont plus aussi loin les uns des autres qu'ils
l'étaient au moyen âge et dans l'antiquité. Unis par une
même civilisation, par une législation commerciale presque
identique, ils ont assumé des devoirs communs. Beaucoup
d'eux se sont déjà mis d'accord pour résoudre quelques questions. Nous rappellerons, par exemple, les conventions postales
et monétaires, l'acceptation de l'unité de mesure métrique, la
protection des brevets d'invention et des marques de fabrique,
la protection de la propriété littéraire et artistique. Pourquoi
ne serait-il pas possible d'arriver à un semblable accord relativement au droit ouvrier? C'est d'autant plus facile aujourd'hui
que la majeure partie des pays d'Europe ont déjà introduit
dans leur législation les principes fondamentaux de ce droit,
de sorte que les divergences sont désormais diminuées de
beaucoup. L'idée d'une législation internationale pour la protection de l'ouvrier s'est beaucoup propagée dans ce dernier
quart de siècle, et l'étude de ce droit a engendré une littérature
spéciale, très abondante. De sorte qu'il n'y a pas à s'étonner
que cette idée, devenant toujours plus puissante, se soit ouvert
un accès dans les divers parlements: en Autriche par les soins
de MM. Ritter et Schœnerer, en Allemagne par les soins du
docteur Lieber, en France par les soins du comte de Mun. Ces
manifestations ne sont-elles pas la meilleure preuve que le

besoin d'une législation commune sur la protection de l'ouvrier est sentie de plus en plus profondément par l'universalité des peuples ? »

ARTICLE VII.

Objections.

121. L'idée d'un accord international en vue de lois communes, régulatrices du travail dans les grandes usines, bien que très répandue parmi les catholiques et les non-catholiques, est néanmoins combattue par beaucoup comme d'une réalisation impossible et comme périlleuse. Ils la considèrent comme une concession faite aux socialistes, qui parfois l'ont invoquée dans leurs livres et dans leurs congrès. Jannet, dans son excellent ouvrage, *Le Socialisme d'Etat*, écrit : « De bons esprits sont aujourd'hui séduits par l'idée d'une entente internationale pour régler les conditions du travail... Il y a là une chimère et un danger. » Qu'il y ait là une chimère, il le démontre par les exigences des différents peuples, selon les pays, les climats, la diversité de l'alimentation, des industries auxquelles ils se consacrent, industries qui ne souffrent pas de règlements identiques, communs à tous les peuples. Pour parler seulement de la durée journalière du travail, elle n'est pas l'unique facteur de la production. Il y concourt beaucoup d'autres éléments : les machines, les capitaux, le prix des matières premières, etc., qui empêcheraient l'égalité d'exister dans les produits. Et puis, qui assurera l'observation de la convention de la part des Etats qui la signeront ? Il faudra établir des inspecteurs internationaux pour y veiller. Quant au danger, il dit: « Ce serait une préparation à l'accomplissement des projets de Karl Marx. *L'association internationale des ouvriers* a pu disparaître dans sa *forme primitive;* mais la pensée qui l'inspirait est toujours vivante. Des associations secrètes, encore plus révolutionnaires, ont pris la direction du mouvement ouvrier. Il ne faut pas oublier que nous nous trouvons en face d'organisations socialistes qui se manifestent audacieusement en public, mais obéissent à une direction occulte, bien continuée. Or, sans abandonner en rien leurs principes, ils cherchent à obtenir des conservateurs, des catholiques, des libéraux, sans distinction, l'accomplissement de certaines modifications législatives dans le régime présent du travail, propres à désorganiser l'ordre économique naturel et à préparer la réalisation de leurs desseins (1). » A ces objections, qui sont loin d'être méprisables, il convient de faire quelque réponse.

122. Commençant donc par la seconde, nous dirons que l'ouvrage de Jannet est très louable et digne d'être étudié par tous ceux qui s'occupent de ces matières. Il est écrit dans un esprit parfaitement catholique ; il est plein d'érudition pratique et contient de très graves avertissements sur le socialisme d'Etat. Toutefois, il nous semble ne pas être assez libre de l'influence du libéralisme économique, en honneur jusqu'ici, et être par suite trop contraire à l'intervention gouvernementale dans l'ordre industriel. Certainement le socialisme d'Etat par lequel le gouvernement se rendrait maître arbitraire de la production et de la distribution de la richesse nationale, est abominable. Si la société souffre tant de l'absorption bureaucratique dans l'ordre administratif, que serait-ce si l'ordre économique lui-même tombait dans ses mains? Mais, pour fuir un excès, il ne faut pas tomber dans un autre. Le travail est sans aucun doute une fonction individuelle et non sociale ; car il est le moyen donné par Dieu à l'homme pour se procurer les choses nécessaires à sa subsistance : *In sudore vultus tui vesceris pane*. Toutefois il s'effectue par le citoyen au milieu de la société et se trouve lié à des devoirs sociaux et de moralité publique. Sous ce point de vue, l'Etat a le droit de le régler, de l'harmoniser, et aussi de le limiter quand le bien commun l'exige. Puis, il ne faut pas considérer comme faux *a priori* et comme injuste tout ce qui est dit ou proposé par

(1) *Le Socialisme d'Etat*, I. L'Etat et le régime du travail, x.

les socialistes. Tout faux système, pour se faire route, a besoin
de l'appui de quelque vérité, qui fasse illusion aux moins
clairvoyants. L'erreur pure ne trouverait pas accès dans
l'esprit humain. La manière certaine de vaincre l'erreur est
précisément de lui arracher cette arme des mains.

Or les inconvénients dont les socialistes se plaignent, comme
provenant pour la classe ouvrière de la concurrence sans
frein, sont incontestables ; et la nécessité d'y trouver un
remède est évident ; c'est à cela que tend la proposition d'un
accord international sur les points indiqués dans l'article précédent. Ou ces points doivent être considérés en eux-mêmes,
ou ils doivent être considérés quant à la convention à intervenir entre les divers Etats. Considérés en eux-mêmes,
M. Jannet les admet, lui aussi, en substance. Il dit : « Nous
approuvons à l'égal de M. de Mun les dispositions protectrices
de la femme, de l'enfant, et même de l'ouvrier adulte, pourvu
qu'elles ne dépassent pas une juste mesure (1). » Et au paragraphe xvi, parlant du devoir qu'a l'Etat de faire observer la
loi morale, il parle de l'obligation de s'abstenir de travail les
jours de fête (2) ; de la nécessité de régler le travail des
femmes et des enfants dans les ateliers (3) ; d'un *maximum* de

---

(1) A l'endroit cité, paragraphe viii.

(2) « Aussi plaçons-nous au premier rang de nos revendications une loi
qui fasse observer le repos du dimanche et des grandes fêtes de l'Eglise
dans tous les ateliers de travail. » C'est d'ailleurs justement qu'il réclame aussi ce repos pour les employés des services publics et des
grandes administrations placées sous la surveillance du gouvernement,
comme les chemins de fer. « Nous réclamons encore plus, s'il est
possible, le repos pour les employés des services publics et des grandes
industries placées sous le régime de l'Etat, comme les chemins de fer.
C'est là un droit pour tout homme, et ceux qui font travailler le jour
du Seigneur commettent une faute qui justifie l'action énergique du
législateur. »

(3) « Le travail excessif des femmes et des enfants dans les ateliers
doit être réglementé. »

durée par jour à fixer pour le travail des adultes, en cas
d'abus énorme (1) ; et enfin, *théoriquement* parlant, il concède
à l'Etat (ce qui est le point le plus ardu) la faculté de pouvoir
déterminer un *minimum* de salaire, comme il fixe un *maximum* d'intérêt (2) ».

123. Si de tels règlements sont bons et doivent être faits
par chacun des Etats, pourquoi ne pourraient-ils être l'objet
d'un commun accord entre eux ? Cet accord serait, pour chacun, un grand encouragement et un grand stimulant à en
assurer l'exécution. Qu'est-ce donc qui l'empêche ? La différence, dit-on, des conditions dans lesquelles se trouvent les
divers peuples. Mais, à considérer les choses attentivement,
ces règlements dépendent bien peu de cette différence ; car
ils répondent à des besoins universels et identiques. N'en est-il
pas ainsi de l'abstention du travail le dimanche, qui est une
loi religieuse commune à tous les peuples chrétiens, et qui
vient du besoin que chaque homme a d'élever son âme vers
Dieu et de se reposer de la fatigue des six autres jours ? Puis
la femme et l'enfant sont, partout, à peu près dans les mêmes
conditions. La première, en quelque lieu qu'elle soit, a besoin
des mêmes égards spéciaux ; et le second, en quelque endroit
qu'il se trouve, a des forces débiles et a besoin de l'éducation
domestique. On peut dire la même chose du père de famille,
qui ne doit pas arriver jusqu'à l'épuisement par un trop long
travail, ni être retenu presque toute la journée loin de sa

---

(1) « Le législateur doit-il fixer pour les hommes adultes un *maximum* à la durée du travail ? Son intervention ne nous paraît légitime
qu'au cas d'abus énorme. » Il est vrai que, sauf ce cas, il n'approuve
pas cette intervention. Mais c'est déjà beaucoup que de l'avoir
reconnue *en principe*.

(2) « Théoriquement le législateur, qui est le gardien de la justice
dans les contrats, pourrait fixer un salaire *minimum*, par la même
raison qu'il fixe un intérêt *maximum*. » *Ibid.*, § IX.

Ces dernières citations sont en français dans l'original. (*Note du
traducteur.*)

femme et de ses enfants. Et puis, que l'on fasse attention qu'il
s'agit, non de limiter absolument le travail, même celui qui se
fait à la maison, mais seulement de l[...]ter celui qui se fait
dans les fabriques, qui éloigne de la famille, exige l'emploi de
beaucoup de force, et place l'ouvrier dans une sorte de servitude ou présente un excès de monotonie.

124. Il n'est pas vrai, non plus, qu'il soit inutile de chercher
à introduire l'égalité dans le travail, du moment qu'on ne peut
faire disparaître les inégalités qui existent dans les autres
éléments qui concourent à la production. Bien que le travail
ne soit pas le seul facteur de la production, il en est toutefois
le principal. Sans lui, les autres éléments restent inertes. En
outre, il ne nous semble pas que ce soit bien raisonner que
de dire : Ne pouvant obtenir entièrement quelque chose, nous
ne nous inquiétons pas de l'obtenir même en partie. Du
reste, que dans les autres éléments de production on n'obtienne pas l'égalité, il n'y a pas à s'en plaindre. C'est le moyen
de maintenir l'émulation entre les divers peuples, et pour
chacun un stimulant au progrès. Quant à l'observation des
conventions, la loyauté des gouvernements est une garantie
suffisante.

125. Plus difficile à résoudre est la question du *minimum* de
salaire à fixer. M. Jannet dit que, si ces projets recevaient un
commencement d'exécution, le résultat immédiat serait la
disparition d'une foule d'industries qui donnent des produits
insuffisants, et l'élimination des ateliers de tous les ouvriers
âgés ou à demi invalides. *Cette fixation, écrit-il, devrait laisser*
en dehors : 1° toutes les entreprises qui ne donnent pas de pro-
duits suffisants pour payer le salaire minimum ; 2° tous les
ouvriers qui, n'ayant pas la plénitude de leurs forces physi-
ques, ne rendent pas le travail normal. Si les projets des socia-
listes de diverses couleurs, qui, en Allemagne, réclament la
fixation d'un minimum légal des salaires, recevaient un com-
mencement d'exécution, le résultat serait : 1° la destruction
d'une foule d'industries qui végètent, qui donnent des produits
insuffisants, mais qui contribuent encore à maintenir en acti-

vilé la population ; 2° l'élimination immédiate des ateliers de tous les ouvriers âgés ou à demi invalides (1).

Mais une industrie qui ne donne pas de quoi payer un *minimum* de salaire ne mérite pas d'exister. L'activité de la population fera mieux de se porter sur d'autres industries plus fructueuses. Celui qui par son âge ou par défaut de forces n'est pas en état de gagner le minimum, n'est pas vieux, mais décrépit ; il n'est pas invalide à demi, mais tout à fait. C'est la charité qui doit subvenir à son existence, et non le travail (*).

126. Du reste, il faut observer que ce n'est pas tant la raison économique, que la raison morale et politique que nous avons invoquée comme réclamant cet accord. Les divers États ont la stricte obligation de pourvoir, par toutes les mesures nécessaires, à ce que l'ouvrier ne demeure pas opprimé et à ce que la société domestique, fondement de la société civile, ne se dissolve pas. Puis donc qu'ils ne pourraient y parvenir séparément qu'avec difficulté et lenteur, il est extrêmement désirable qu'ils s'entendent et s'apportent une assistance mutuelle, et que, là où il y a des obstacles, ils s'efforcent, par la discussion, de trouver le moyen de les écarter. Le danger que fait courir à l'ordre public et à l'autorité civile la question ouvrière est très grave. Si elle n'était résolue par la sagesse des gouvernements, elle pourrait arriver à l'être par la violence populaire. M. Jannet dit que la convention à faire entre les divers États, pour l'organisation du travail, serait une préparation à l'association internationale des ouvriers. Nous pensons au contraire qu'un semblable accord, au lieu d'ouvrir la voie à cette association, la lui fermerait pour toujours; car il transporterait la question de la place publique dans les cabinets nationaux, et ôterait tout prétexte à conspirer. De quoi la classe ouvrière pourra-t-elle encore se plaindre

_____

(1) *Le Socialisme d'État*, I, IX. (*En français dans l'original*).

(*) Voir la note ci-dessus, page 248. Le remède à la liberté ou à 'abus de la liberté n'est-il pas pire que le mal ? (*Note du traducteur.*)

quand on verra les gouvernements prendre eux-mêmes l'engagement de chercher en commun les moyens de satisfaire
à leurs justes exigences ? Tout donc bien examiné, la proposition d'un accord international, pour le règlement des questions relatives au travail, n'est pas à dédaigner; elle doit être
accueillie et encouragée.

TROISIÈME PARTIE

LA CONSOMMATION.

1. Nous voici arrivé à la dernière des trois parties que nous avons fait entrer dans la division de l'économie politique. Cette division, Pellegrino Rossi, nous l'avons noté dès le début, ne l'admet pas : l'intégralité de la science économique lui paraît pouvoir rentrer dans les deux divisions précédentes, la production et la distribution. Stuart Mill semble avoir partagé cet avis ; car c'est à peine si dans son livre il fait quelques rares mentions, et toujours incidemment, de la consommation. Nous avons préféré, quant à nous, nous conformer à l'usage de la presque totalité des économistes, qui font, comme nous, de la consommation un des trois membres de leur division, ou, tout au moins, un chapitre de leurs traités. Ce mode de procéder nous a paru plus rationnel ; il est plus conforme à l'idée de richesse, et apporte plus de clarté dans l'ordre de l'enseignement.

CHAPITRE I.

2. Le but dernier des fonctions économiques est la consommation. L'homme recherche les richesses, mais afin d'en jouir ; il amasse de l'argent, mais pour le dépenser. « La consommation, dit Adam Smith, est l'unique but, l'unique terme de toute production ; et on ne devrait jamais s'occuper de l'intérêt du producteur qu'autant seulement qu'il le faut pour favoriser l'intérêt du consommateur (1). » Procéder autrement, ce serait s'occuper des moyens, sans considérer la fin.

ARTICLE I.

Fausses opinions des économistes, concernant la consommation.

3. Dans cette partie de la science économique, les auteurs, si notre jugement ne nous trompe, n'ont pas laissé que d'apporter beaucoup d'obscurité, soit par la définition qu'ils donnent de la consommation, soit par la division qu'ils tirent de cette définition même en consommation productive et consommation improductive. Ils définissent la consommation : l'usage d'un objet ou la destruction d'une valeur. Mac Culloch dit : « Consommation, dans le sens où le mot est employé dans notre

(1) *Recherches sur la nature et les causes de la richesse des nations,* livre IV, chap. VIII.

science, est synonyme d'usage (1) ». Joseph Garnier dit : « Nous faisons une consommation quand nous détruisons de la valeur, de la richesse (2) ». Say s'écarte peu ou point de cette opinion en écrivant : « Produire de la valeur était produire de la richesse. Consommer de la valeur, c'est détruire de la richesse. La production était un gain ; la consommation est une perte (3) ». De cette idée de la consommation découlait tout naturellement la division en productive et improductive, selon que l'usage et la destruction d'un produit ont lieu dans le but d'en obtenir un autre, comme quand on emploie le combustible à la distillation d'une liqueur, ou qu'ils ont lieu uniquement pour satisfaire un besoin, comme quand on revêt un habit pour se garantir de froid. « Comme toute consommation, dit Jean-Baptiste Say, entraine une perte, un sacrifice égal à la valeur consommée, c'est folie que de consommer sans en recueillir un avantage qui puisse être considéré comme un dédommagement de ce sacrifice. Vous savez, messieurs, qu'on peut être dédommagé de deux manières : soit par le bien-être qui résulte d'un besoin satisfait, soit par une production de richesse égale ou supérieure à la valeur consommée. De là les *consommations improductives* ou *stériles*, et les *consommations reproductives* (4) ».

4. Mais, à dire vrai, cette idée est inexacte, parce qu'elle ne répond pas à ce que l'on entend proprement en économie par consommation. « La consommation, dit Mac Culloch, est le but et la fin du travail de l'homme (5). » Et Garnier : « En dernière analyse, la consommation est le dernier but de la pro-

(1) *Principes d'économie politique*, quatrième partie *Consommation de la richesse.*

(2) *Eléments d'économie politique*, seconde partie, seconde section, chap. XIX.

(3) *Cours complet, etc.*, septième partie, 1re division, chap. I.

(4) *Cours complet, etc.*, septième partie, ch. II.

(5) Même ouvrage, même partie.

duction (1). » Ce langage est commun à tous les économistes. Or, quand vous consommez une portion de richesse pour en obtenir une autre (par exemple, quand vous consommez du combustible pour obtenir une liqueur distillée), pouvez-vous dire que la consommation est la mesure de votre travail, le dernier but de cette production? Certainement non. De quel droit considérez-vous donc cette consommation comme une des deux espèces dont se compose, selon vous, la consommation, considérée comme troisième fonction économique? L'idée du genre ne doit-elle pas se vérifier dans chacune de ses espèces? En somme, la consommation, considérée comme troisième fonction économique, doit être le terme extrême de la production. Telle n'est pas la consommation qui se fait pour obtenir une reproduction. Celle-ci n'appartient donc pas à la consommation considérée comme troisième fonction économique.

5. On dira : Mais en faisant cette division, nous avons adjoint l'épithète de productive. Nous répondons : Cette adjonction est absurde, car elle nous reporte à l'idée du capital, qui n'est pas une consommation, mais un élément de production. Et, réellement, en quoi consiste, selon les économistes, la consommation productive? Dans les matières employées pour obtenir un produit, dans les instruments nécessaires à l'exercice du travail, dans les avances faites pour la subsistance des ouvriers. Or tout cela n'est que l'emploi des capitaux, c'est-à-dire un moyen de production ; et le moyen par lequel on obtient une chose ne peut se dire la fin et le dernier terme de cette chose.

Le défaut principal des économistes de notre temps est de manquer trop souvent de notions philosophiques claires et précises. Aussi se trouvent-ils fréquemment dans l'impossibilité de maintenir le sens des mots par eux d'abord mal définis. C'est ce qui arrive dans le cas présent. « Nous sommes les

---

(1) Même ouvrage, à l'endroit cité plus haut.

interprètes de beaucoup d'économistes, écrit Garnier, en disant que le mot consommation n'est pas heureux. » Ce n'est
pas le mot consommation qui n'est pas heureux, c'est l'usage
que vous en faites.

6. Remettant les idées à leur place, nous disons que les
fonctions, les *périodes* ou les *phénomènes*, comme on voudra,
de l'économie politique sont au nombre de trois : la production, la distribution, la consommation. De ces trois fonctions,
aucune, quelle qu'elle soit, ne doit rentrer dans les deux autres, suivant les lois d'une bonne division. Pas plus que la distribution, la consommation ne peut donc devenir une production
ou un moyen de production. Elle cause la destruction d'un
objet, mais ce n'est pas afin d'en produire un autre, c'est
uniquement afin de subvenir à quelqu'un de nos besoins ou de
nos désirs. D'où l'on peut la définir : l'usage destructif d'un
produit pour la satisfaction d'un besoin de l'homme. Nous
disons *usage destructif,* et non simplement *usage*, parce que
l'idée d'usage est plus générale et exprime le simple emploi
d'une chose, bien que non susceptible de consommation. On
fait usage de l'intelligence pour contempler une vérité, mais
on ne la consomme pas pour cela ; au contraire, on consomme
l'habit que l'on revêt, et qui, après un certain temps, devient
inutile, ou dont l'utilité, s'il en conserve, n'est plus celle qu'il
avait dans le principe, mais une utilité de beaucoup diminuée. Puis nous avons dit *d'un produit*, et non *d'une valeur*,
parce qu'à notre avis, c'est une autre erreur des économistes
d'aujourd'hui, que de soutenir que dans la consommation
c'est proprement la valeur que l'on détruit. En réalité, ce n'est
pas la valeur que l'on détruit, c'est la chose même. Quand on
veut dîner, on ne dit pas : *Apportez-moi des valeurs*, mais
apportez-moi des *mets* ; et ce que l'on consomme, au sens propre du mot, ce sont les mets. La destruction de la valeur est
une conséquence de la destruction de la chose, en tant que la
chose détruite avait une valeur. Cette opinion des économistes, que nous combattons, provient de la croyance qu'ils
ont que la richesse consiste dans la valeur et non dans l'utilité

des choses. Mais c'est là une autre erreur, que nous avons réfutée dès les premières pages de notre traité. Enfin nous mettons, *pour la satisfaction d'un besoin de l'homme*, parce que c'est en cela que consiste la différence spécifique qui détermine la notion de la consommation considérée comme troisième fonction économique.

C'est-là, disons-nous, la seule consommation qui mérite véritablement ce nom, pris dans un sens absolu, parce que seule elle détruit véritablement. L'autre, qui a lieu dans la production, est plutôt une *transformation* qu'une *destruction*, car les avantages de la chose détruite restent *virtuellement* dans la chose produite. On consomme la semence pour obtenir la récolte ; on consomme le lin pour obtenir la toile ; on consomme le fer pour obtenir l'acier. Mais, dans la récolte, dans la toile, dans l'acier, sont comme enveloppées les qualités de la semence, du lin, du fer. Au contraire, si l'on consomme du bois pour se chauffer, on obtient certainement la satisfaction d'un besoin ; mais, bien que l'on puisse tirer quelque léger avantage de la cendre laissée par la combustion, le surplus, qui constituait le bois en tant que bois, est détruit sous ce dernier rapport. Voilà une véritable consommation, c'est-à-dire la vraie destruction d'une chose, pour l'accomplissement de la fin en vue de laquelle elle a été produite.

7. L'idée de consommation étant ainsi dépouillée de toutes les équivoques dont les économistes l'avaient enveloppée, nous disons que c'est à tort que l'épithète d'*improductive* a été appliquée par ces mêmes économistes à la consommation. La consommation est éminemment productive, parce qu'elle produit ce qui est le but de toutes les richesses, c'est-à-dire la satisfaction des besoins de l'homme. Cet abus de mots a été confessé par Say, qui écrit : « A considérer le fond des choses, ces dénominations sont loin d'être parfaites. Une consommation qui satisfait un de nos besoins, n'est ni improductive ni stérile, puisqu'elle produit une satisfaction qui est un bien réel. D'un autre côté, ce n'est pas la consommation reproductive qui produit, puisqu'en réalité les services productifs,

c'est-à-dire l'action de l'industrie, des fonds de terre et des
capitaux, sont les seuls moyens de production ». Néanmoins
il ajoute : « On est forcé d'employer la langue reçue, car il
faut être entendu ; et le lecteur doit chercher à pénétrer la
manière dont se passe le phénomène, sans chicaner sur les
mots dont l'auteur est obligé de se servir (1) ». Mais qui vous
y contraint ? L'usage et l'obligation de se faire entendre. Mais
si l'usage est reconnu erroné, il faut le corriger, non l'imiter ;
et vous serez également entendu si vous exposez avec clarté
les motifs de votre correction ; raisonner, en pareil cas, n'est
pas sophistiquer ; c'est rendre service à la science, que l'on
délivre d'un langage défectueux. Du reste, il ne s'agit pas ici
de mots, mais bien d'idées (2).

8. Toutes les consommations ne sont pas également lentes ou
rapides. Un repas somptueux est consommé en peu de temps ;
pour une voiture, la consommation ne s'accomplit qu'après
plusieurs années ; pour une maison, elle exige beaucoup plus
de temps encore. Il y a même des objets dont la consommation
est si lente et si imperceptible, que c'est à peine si le mot de
consommation peut être appliqué proprement en ce qui les
concerne. Un diamant, par exemple, peut servir d'ornement
pendant une nombreuse succession de générations, sans présenter aucun signe de détérioration. Néanmoins il est certain
que le diamant lui-même s'use, bien qu'insensiblement, dans
une certaine mesure, aucune chose ici-bas n'échappant à
l'action du temps. Du reste, il ne faut jamais perdre de vue ce
que nous avons dit dans la définition de la consommation,

---

(1) Même ouvrage, même partie, chap. II (en note).

(2) Que l'on fasse attention qu'en rejetant l'expression de consommation inproductive, nous n'excluons pas en même temps celle de
consommateurs improductifs, pourvu que l'épithète tombe non sur la
consommation, mais sur la personne, en tant qu'elle qualifie ceux qui
jouissent de leurs richesses dans des conditions telles qu'ils ne s'adonnent à aucun travail de corps ou d'esprit, mais mènent une vie totalement oisive et désœuvrée.

qu'elle est toujours relative à la satisfaction d'un besoin ; et
dès lors peu importe que l'objet subsiste ou ne subsiste pas.
Si l'usage qui en est fait diminue la propriété qu'il a de
servir à cet usage, c'est dans cette diminution qu'a lieu la
consommation.

ARTICLE II.

La dépense.

9. Ce que l'on donne pour obtenir un objet de consommation s'appelle *dépense*. Ainsi, lorsque l'on donne cent francs
au tailleur pour la fourniture d'un habit, ces cent francs
représentent la dépense de l'habit. De plus, il n'est pas besoin
que la dépense ait lieu en argent, elle peut se faire au moyen
de quelque marchandise. Si, pour avoir l'habit dont nous parlons, on donnait au tailleur, au lieu de cent francs, un veau,
ce serait le veau qui en représenterait la dépense. Mais, depuis
l'introduction de la monnaie, les échanges ne se font plus
d'ordinaire qu'avec elle, grâce aux opérations successives
de vente et d'achat. Si l'on a, par exemple, du grain et
que l'on veuille acheter du drap, on n'ira pas, en échange du
drap, offrir son grain au fabricant ; on vendra son grain sur
le marché, et avec le prix qu'on en aura reçu on achètera le
drap. D'où il suit que la dépense, se faisant communément en
argent, se confond communément aussi avec l'achat ; les deux
mots se prennent souvent l'un pour l'autre ; dépenser et
acheter s'emploient indifféremment dans la plupart des cas.

Enfin, de ce que les objets destinés à la consommation
s'acquièrent ordinairement au moyen d'une dépense, il en résulte que dans le langage commun on substitue au mot *consommation* le mot *dépense*, et réciproquement. Ainsi l'on dira
de celui qui pour sa nourriture dépense dix francs par jour,
qu'il consomme pour sa nourriture dix francs par jour. A
proprement parler, il ne consomme pas les dix francs, mais
les mets qu'il se procure avec les dix francs ; néanmoins, par

métonymie, le nom qui signifie la fin se transporte au moyen. « (Presque) toutes nos consommations, dit Jean-Baptiste Say, ont lieu à la suite d'un achat, et ce sont ces achats qui font nos dépenses. Voilà pourquoi le mot *dépense* est devenu synonyme de *consommation* (1). »

Nous avons voulu noter cet emploi de deux mots l'un pour l'autre, afin d'obvier à tout danger de confusion dans les idées. Souvent en effet, dans le cours de notre discussion, il nous arrivera d'employer l'un pour l'autre. En cela, nous avons imité Say, qui a fait la même déclaration que nous.

Maintenant nous avons à parler, en touchant seulement aux points principaux, des règles de prudence qui doivent présider à la consommation, ou, si l'on veut, à la dépense, soit dans l'ordre privé, soit dans l'ordre public; mais auparavant il nous semble utile de dire quelques mots de la prodigalité et de l'avarice, qui sont les deux vices extrêmes à éviter.

ARTICLE III.

Prodigalité et avarice.

10. La richesse, ou l'abondance des choses extérieures, n'est qu'un moyen; car elle est destinée à l'entretien et à la conservation de la vie humaine suivant la condition de chacun. C'est pourquoi le bon usage qu'on en peut faire consiste dans l'observation d'une certaine mesure, c'est-à-dire dans le maintien d'une juste proportion avec la fin même que nous venons d'indiquer. « La bonté des moyens (enseigne saint Thomas) consiste dans une certaine mesure. Car les choses qui ont pour but d'atteindre une fin doivent s'y rapporter dans une juste proportion... Les biens extérieurs ne sont que des biens utiles en vue de la fin. Il suit de là nécessairement que le bien réel de l'homme à cet égard consiste dans une certaine mesure: c'est-à-dire que l'homme ne doit dé-

(1) Même ouvrage, etc., chap. III.

sirer posséder de ces richesses que ce qu'il en faut pour l'entretien de sa vie, dans la condition où il se trouve placé (1). » Or la bonté d'une chose, qui réside dans l'observation d'une certaine mesure, c'est-à-dire, dans le maintien d'une juste proportion avec la fin qu'elle a pour but d'atteindre, peut être altérée de deux manières, par défaut ou par excès. De là, en ce qui concerne la richesse, deux vices opposés entre eux, dont le nom est prodigalité et avarice.

11. L'avarice peut se définir : *l'amour immodéré des richesses* (*immoderatus amor habendi*), et en particulier de l'argent qui équivaut à toutes les richesses. Elle se pratique de deux manières, en acquérant ou en gardant. Dans le premier cas, l'avare cherche à accumuler l'argent entre ses mains sans jamais en trouver assez ; dans le second, il le tient renfermé dans des coffres, en se privant du nécessaire et de ce qu'exigerait la décence, par une soif immodérée d'épargne. Ce vice produit dans l'âme une grande souillure. Car plus le bien que l'on aime désordonnément est bas, plus la honte morale qui résulte de cet attachement est grande ; et les biens matériels, par rapport à l'homme, sont les plus bas. Aussi est-ce justement que Cicéron a dit : *Nihil est tam angusti animi, tamque parvi, quam amare pecuniam* (2).

Nombreux sont les vices que l'avarice entraîne à sa suite ; mais surtout elle fait entrer dans le cœur une certaine dureté, et éteint tout sentiment de bienfaisance. Aussi l'avare est-il à juste titre haï de tous et méprisé.

12. Moins honteuse, bien que vicieuse aussi, est la prodigalité. Quant à l'effet (*effetto*), elle pèche par excès, en se

---

(1) *In omnibus quæ sunt propter finem, bonum consistit in quadam mensura ; nam ea, quæ sunt ad finem, necesse est commensurari fini .. Bona autem exteriora habent rationem utilium ad finem. Unde necesse est quod bonum hominis circa ea, consistat in quadam mensura, dum scilicet homo secundum aliquam mensuram quærat habere exteriores divitias, prout sunt necessariæ ad vitam ejus, secundum suam conditionem. Somme théol.,* II, 2 ; q. CXVIII, art. 1er.

(2) *De Officiis,* livre I.

livrant, au contraire de l'avarice, à une profusion sans
limite; mais quant à l'affection (*affetto*), on doit tenir le langage opposé : c'est l'avarice qui pèche par excès, en aimant
les richesses au delà de toute mesure, tandis que la prodigalité pèche par défaut, en n'ayant pas pour elles le degré de
sollicitude et de soin que la raison conseille. « L'avarice et la
prodigalité diffèrent entre elles, sous divers rapports, et par
excès et par défaut : en ce qui regarde l'amour des richesses,
l'avare tombe dans l'excès, les aimant plus qu'il ne devrait,
et le prodigue est en défaut, puisqu'il n'en a pas même le soin
qu'il devrait en avoir. Concernant les biens extérieurs, la
prodigalité donne avec excès, et se trouve par là même en
défaut pour le soin de garder ou d'acquérir ; et l'avarice, au
contraire, est en défaut quand il s'agit de donner, et tombe
dans l'excès quand il s'agit d'acquérir ou de garder (1). »

13. Il ne faut pas confondre la prodigalité avec la libéralité:
celle-ci n'est pas un vice, mais une vertu, et une des plus
belles. Car le vice de la prodigalité n'est pas de donner
ou de dépenser beaucoup, mais de donner et de dépenser
contre les conseils de la raison, d'une manière extravagante
et sans but louable, ou en faveur de personnes indignes. Souvent, l'homme libéral donne et dépense beaucoup plus que
le prodigue ; et néanmoins il mérite, non le blâme, mais
l'éloge, parce que non seulement il ne tombe pas dans les
folies du prodigue, mais qu'il agit ainsi par noblesse d'âme,
dans un but de sainteté, sans léser les droits de personne,
mais en disposant de ce qu'il possède en maître absolu.

---

(1) *Differunt avaritia et prodigalitas secundum superabundantiam
et defectum diversimodo. Nam in affectionibus divitiarum avarus superabundat, plus debito eas diligens ; prodigus autem deficit, minus
debito earum sollicitudinem gerens. Circa exteriora vero, ad prodi-
galitatem pertinet excedere quidem in dando, deficere autem in
retinendo et acquirendo, ad avaritiam autem pertinet e contrario deficere quidem in dando, superabundare autem in accipiendo et retinendo.* S. Thomas, *Somme théol.*, II, 2 ; q. CXIX, art. 1er.

Aussi serait-ce une folie que d'accuser de prodigalité, alors qu'il mérite au contraire d'être loué au plus haut degré de sa libéralité, celui qui, pour suivre Jésus-Christ, se dépouille de tout ce qu'il possède, en le donnant à des parents dans le besoin ou, à leur défaut, à des pauvres étrangers. Et ici Jean-Baptiste Say nous permettra de lui adresser une sorte de remontrance pour ce qu'il dit de la pauvreté chrétienne, en parlant de choses qu'il n'est pas en état de juger. *Sutor, ne ultra crepidam.* Au chapitre premier de la quatrième partie de son Cours d'économie politique, il cite *en note* une belle sentence de Socrate, dans laquelle celui-ci dit : « Il n'est pas vrai que le bonheur consiste, comme le commun des hommes semble le croire, à multiplier indéfiniment nos besoins et les jouissances de toute sorte que l'on peut satisfaire. Le bonheur consiste à restreindre le plus possible le cercle de nos besoins.» Puis il ajoute : « Les anciens n'avaient aucune idée de la nature des richesses et des moyens de les multiplier. Ils croyaient qu'on ne les obtenait jamais que par la fraude et par la rapine. N'ayant pas su réduire en précepte l'art de les créer, le plus sublime effort de la vertu pour eux consistait à s'en priver. De là, la doctrine des premiers chrétiens sur les mérites de la pauvreté. » La doctrine des premiers chrétiens, comme celle des chrétiens qui les ont suivis (elle est la même, parce qu'elle est celle de leur commun Maître), sur les mérites de la pauvreté, leur est venue non des enseignements des philosophes païens, mais des enseignements du Christ. Les philosophes païens ont loué la pauvreté à cause de la paix qu'elle assure dans la vie présente : *O vitæ tuta facultas pauperis* (1) ; mais Jésus-Christ l'a louée à cause de la félicité qu'elle assure dans la vie à venir : *Beati pauperes, quoniam ipsorum est regnum cœlorum.* De là, la multitude de ceux qui, sans être pauvres, se font pauvres de leur propre volonté. En quoi il faut observer que cette pauvreté spontanée, qui a tant de mérite près des chrétiens, appartient à la vie par-

(1) Lucain, *La Pharsale.*

faite. Car il y a deux sortes de vies vertueuses enseignées par le Chist, l'une *commune*, l'autre de *perfection*. La vie commune consiste dans l'observation des divins préceptes : *Si vis ad vitam ingredi, serva mandata* ; la vie de perfection consiste dans l'abandon de toutes les choses temporelles, pour suivre le Christ : *Si vis perfectus esse, vende quæ habes, da pauperibus, et veni sequere me* (1). Celui qui recherche la seconde, doit certainement faire profession de pauvreté ; et cette vie, outre qu'elle assure à celui qui la suit d'immenses richesses dans le ciel pour sa propre personne, est même ici-bas, pour la société, la source d'avantages immenses, comme nous le démontrerions facilement, si c'était ici le lieu. Mais celui qui se contente de la première peut très bien acquérir la richesse, pourvu qu'il le fasse sans offenser Dieu ni le prochain. Il fera même bien de l'acquérir, s'il le peut honnêtement ; car, outre qu'elle lui procurera l'aisance, ce qui n'est certainement défendu par aucun précepte divin, et qu'elle lui permettra de remplir le devoir de prévoyance envers ses enfants, elle lui fournira l'instrument nécessaire pour l'exercice de beaucoup de vertus, notamment en vue du bien du prochain. Celui qui est pauvre ne se suffit même pas à lui-même ; mais celui qui est riche, s'il est vertueux, peut devenir l'aide et le soutien de beaucoup d'autres.

ARTICLE IV.

Consommation privée.

14. Bien que tous les hommes ne soient pas producteurs, tous sont consommateurs. Tous sont consommateurs, parce que toute créature humaine, tant qu'elle vit ici-bas, a besoin de nourriture, de vêtement, de logement, pour ne parler que des besoins essentiels. Mais tous ne sont pas producteurs dans le sens économique, parce que tous ne se livrent pas à la cul-

(1) S. MATTHIEU, XIX, 11.

ture des champs, aux travaux des manufactures, au commerce. S'il en était autrement, où seraient les magistrats, les militaires, les savants, les ministres de la religion ? La société, qui ne peut se maintenir que par la diversité des offices et des conditions, serait dissoute ou au moins réduite au plus bas degré de civilisation.

15. Par cela même que la consommation est commune à tous les hommes, il faut qu'elle s'effectue avec prévoyance et circonspection. Les économistes donnent généralement, sur ce point, de sages préceptes et des règles dignes d'approbation (1). Pour nous, qui n'écrivons qu'en abrégé, il nous suffira de dire que dans la consommation il faut fuir les deux vices dont nous avons parlé plus haut, l'avarice et la prodigalité. La mesure régulatrice de la consommation, pour une personne et pour une famille en général, consiste dans la proportion qui existe entre les besoins vrais et les moyens que l'on a d'y subvenir. Pour tous les exigences réelles ne sont pas les mêmes, et tous ne jouissent pas des mêmes revenus. Appliquer les seconds aux premières, de telle façon que celles-ci reçoivent une satisfaction suffisante, et que les autres ne soient pas excédés par les dépenses, c'est un art que chacun devrait acquérir ; non seulement il ne faut pas que les revenus soient dépassés, mais il faudrait autant que possible sur les revenus réaliser des épargnes, tant pour faire face aux éventualités à venir, que pour améliorer la condition présente. Celui qui dépense tout ce qu'il reçoit reste toujours dans la même posi-

---

(1) Say dit : « Les consommations les mieux entendues seront : 1º celles qui satisfont des besoins réels..... 2º les consommations lentes plutôt que les consommations rapides, et celles qui choisissent de préférence les produits de la meilleure qualité..... 3º les consommations faites en commun..... 4º enfin, par des considérations d'un autre ordre, les consommations bien entendues sont celles qu'avoue la saine morale. Celles au contraire qui l'outragent, finissent ordinairement par tourner à mal pour les nations comme pour les particuliers. » *Traité d'économie politique*, livre III, chap. IV.

tion ; celui qui dépense plus qu'il ne reçoit s'appauvrit, jusqu'au point d'être réduit à une extrême misère ; seul celui qui dépense moins peut avec le surplus constituer des capitaux, qui lui permettent, par leur emploi, d'accroître ses revenus.

16. Encore faut-il bien se garder de tomber dans l'avarice, en pratiquant l'épargne avec excès, aux dépens du nécessaire et de la bienséance. Deux actes, comme nous l'avons dit plus haut, constituent l'avarice : acquérir et garder. Il y a donc deux manières de devenir avare par excès d'épargne : l'une consiste dans l'avidité que l'on met à se procurer de nouvelles richesses ; l'autre dans la passion que l'on apporte à garder ses épargnes accumulées, sans emploi. Il y a des gens qui vivent misérablement, et font vivre misérablement toute leur famille, par leur ardeur coupable à poursuivre des entreprises hasardeuses dont ils espèrent d'énormes bénéfices. L'amour immodéré des richesses est contraire à l'esprit chrétien. L'apôtre saint Paul écrit à Timothée : *Qui volunt divites fieri, incidunt in tentationem et in laqueum diaboli, et desideria multa inutilia et nociva, quæ mergunt hominem in interitum. Radix enim omnium malorum est cupiditas ; quam quidam appetentes, erraverunt a fide et inseruerunt se doloribus multis. Tunc autem, o homo Dei, hæc fuge* (1). Pour nous, nous croyons que les richesses illimitées renferment une sorte d'injustice envers le reste des hommes, en mettant ceux-ci dans la presque impossibilité de rien posséder eux-mêmes. Les biens matériels étant limités, plus il s'en accumule dans les mains de quelques-uns, moins il en reste pour la totalité des autres. C'est pourquoi la réunion dans les mêmes mains de vastes propriétés, de domaines sans limites, de possessions immenses est immorale, à moins que ceux qui détiennent ces biens n'exercent la bienfaisance avec une profusion telle qu'ils semblent plutôt en être les administrateurs que les propriétaires.

Plus réprouvable encore est le genre d'avarice qui consiste à pratiquer l'épargne en dehors de toute mesure, non

(1) Première épître à Timothée, vi, 9, 10, 11.

pour en employer le produit à l'acquisition de nouvelles richesses, mais pour la simple satisfaction de voir ses caisses pleines d'or et d'argent. Ici, il n'y a même plus l'avantage social qui résulte de l'accroissement des richesses; il n'y a plus qu'une honteuse lésine, engendrée par une vaine cupidité.

17. Le vice opposé à l'avarice est, comme nous l'avons dit également, la prodigalité. Elle consiste dans la dissipation que l'on fait de ses biens par des dépenses et des dons excessifs. Elle mène à une ruine certaine. Celui qui achète trop aujourd'hui, vendra demain, dit Franklin. De même nous pourrions dire : Celui qui donne aujourd'hui démésurément, mendiera demain.

Aristote a écrit que le prodigue était plutôt vain que méchant : *Prodigus magis dicitur vanus, quam malus* (1). Cela est vrai, quand la prodigalité est contenue dans de certaines limites et ne touche pas aux fonds et aux capitaux. Mais quand elle s'étend jusqu'à ceux-ci, elle n'échappe plus au reproche de perversité, surtout s'il s'agit d'une personne ayant une famille aux besoins de laquelle elle est tenue de pourvoir, non seulement dans le présent, mais encore dans l'avenir. En pareil cas, le prodigue est doublement coupable : envers lui-même, en dissipant les biens dont il aurait besoin pour vivre, et envers les siens, en se mettant dans l'impossibilité de pourvoir à leurs besoins présents et à venir. *Prodigus peccat in seipsum, dum bona sua consumit, unde vivere deberet; peccat etiam in alterum, consumendo bona ex quibus aliis debet providere* (2). L'iniquité est à son comble si c'est au jeu, si c'est en débauches, en divertissements ou autres honteuses folies qu'il gaspille sa fortune.

Si l'on désire, d'ailleurs, avoir sur ce point des préceptes plus particuliers, que l'on consulte Ange Pandolfini, dans son célèbre *Traité du gouvernement de la famille.*

(1) *Ethique*, livre IV, chap. ɪ.
(2) S. THOMAS, *Somme théol.*, II, 2 : q. CXIX, art 3.

ARTICLE V.

Consommation publique.

18. On appelle consommation publique les dépenses qui sont faites par l'Etat pour le bien de la communauté. La société civile forme un véritable être collectif, un corps moral, qui a une existence propre et une fin particulière, des devoirs à remplir et des droits à sauvegarder. et par conséquent des besoins à satisfaire. Elle a besoin d'armées, qui la défendent des attaques extérieures et la garantissent des troubles intérieurs. Elle a besoin de magistrats, qui maintiennent la justice et la paix entre les citoyens, de fonctionnaires de toute classe, qui s'occupent des autres branches de l'administration publique. Elle a besoin d'encouragements à l'industrie nationale, de protection pour les arts et les sciences, d'écoles pour le peuple, de manifestations extérieures du culte, etc. A toutes ces nécessités diverses elle ne peut certainement faire face sans dépense, autrement dit sans consommation de produits ; et c'est à lui procurer les moyens nécessaires à cet effet que sont destinés les impôts, dont nous parlerons à leur place.

19. Say fait observer que les règles applicables en matière de consommations privées, le sont de même en matière de consommations publiques. « Les consommations, dit-il, ou, si vous voulez, les dépenses qui ont pour objet de satisfaire aux besoins du public, sont précisément de même nature que celle des particuliers. La nature des richesses, les lois qui président à leur formation et à leur consommation, ne diffèrent pas en vertu de l'usage qu'on en fait : semblables en cela aux lois de l'hydrostatique qui ne changent pas, qu'on les applique à construire des machines pour les individus ou pour l'État. C'est un des derniers progrès de l'économie politique d'avoir mis cette vérité hors de doute (1). »

(1) *Cours complet*, etc., septième partie, chap. III.

Bien que cela soit vrai en ce qui concerne l'objet, on ne peut nier qu'il ne se produise de grandes différences si l'on considère le sujet, ainsi que la fin et les moyens de l'une et l'autre consommation. Dans l'ordre privé, il s'agit des intérêts d'un individu et d'une simple famille considérée dans le cercle étroit de la vie domestique. Dans l'ordre public, il s'agit de l'intérêt commun de la nation tout entière, c'est-à-dire de tous les individus et de toutes les familles, considérées, non plus en elles-mêmes, mais comme réunies pour former un seul tout social. Dans l'ordre privé, celui qui décide de la dépense est celui-là même qui sent le besoin et qui, en la décidant, dispose de son bien. Dans l'ordre public, c'est le peuple qui ressent les besoins ; et c'est au gouvernement, qui ne les ressent pas, qui n'en a qu'une connaissance indirecte qu'il appartient d'apprécier les moyens d'y pourvoir, à l'aide de deniers qui ne sont pas les siens, mais qui sont tirés de la bourse des citoyens. D'où il résulte que la tâche est ici beaucoup plus scabreuse et beaucoup plus difficile, et qu'elle exige beaucoup plus de bon sens, de vertu et de sincère amour du bien public. Réduire cet art en préceptes est l'affaire d'autres sciences, plutôt que de l'économie politique, surtout si celle-ci doit se renfermer dans les principes généraux, considérés d'une manière abstraite. Nous avouons que descendre ici à l'application pratique, même sous le seul point de vue économique, surpasse nos forces Pour traiter convenablement ce sujet, il faudrait un financier expérimenté.

20. Toutefois, pour ne pas nous dispenser tout à fait d'en parler, nous dirons que l'on pourrait appliquer à la consommation publique, et toute proportion gardée, ce qui a été dit de la consommation privée relativement à la nécessité de fuir l'avarice ainsi que la prodigalité On devrait certainement tenir pour avare le gouvernement qui, par un désir immodéré d'épargne, rétribuerait insuffisamment ses employés, on n'en aurait pas le nombre voulu pour le service public, qui négligerait les besoins réels et parfois urgents de la population, ou qui, par une centralisation administrative

qui serait plus encore un acte d'injustice que d'avarice, ferait
tourner au bénéfice de la seule métropole et de ses alentours
la plus grande et la meilleure partie des ressources publiques,
en traitant le reste de la nation comme un pays conquis et
tributaire, tremblant sous le fouet de proconsuls sans pitié (1).

Au contraire, un gouvernement est prodigue, s'il entretient
une armée énorme de fonctionnaires publics, dont presque la
moitié est souvent superflue (2); si, pour favoriser ses partisans,
il concède des emplois ou des entreprises au préjudice du trésor public, s'il dissipe la richesse nationale en dépenses inutiles ou de pur embellissement, auxquelles il donne la préférence sur des œuvres d'utilité commune, telles que les routes,
les ponts, les canaux, les voies ferrées, les ports, les établissements industriels et artistiques, etc. Ce qui est avant tout
réprouvable, ce sont les prodigalités, de sommes souvent
considérables, destinées à provoquer et à exciter des enthou-
siasmes que bien peu sentent et que personne ne regrette de
ne pas sentir. L'effet qui en résulte est fréquemment contraire
à celui que le gouvernement s'en promet, parce que les peuples s'indignent avec raison de voir ainsi vraiment gaspiller
la fortune publique, que l'on aurait pu beaucoup mieux employer
au soulagement de tant de gens qui languissent dans l'indigence.

(1) Cette centralisation administrative est un des funestes présents
de la révolution de 1789, dont la France s'apprête à célébrer 'a mémoire révérée. Lamentable exemple d'une glorieuse nation en démence ! A proprement parler, ceux qui sont vraiment en démence, ce
sont ceux qui la gouvernent, sectaires de la pire espèce.

Les autres États du continent européen se sont depuis modelés sur
le type français. Tous se déchaînent aujourd'hui contre ce système de
centralisation, mais personne ne tente de le réformer.

(2) Nous avons lu dans Boccardo qu'en France « l'Assemblée nationale de 1850 n'avait pas osé décréter l'impression d'une statistique du
personnel bureaucratique, demandée par le représentant Raudet, parce
que l'impression aurait coûté 572,000 fr. et aurait formé plus de vingt-
cinq volumes in-quarto. » *Traité théorico-pratique d'économie poli-*
tique, vol. III.

Quelques économistes, à l'imitation de Say, entrent ici dans l'examen des questions relatives à la défense nationale par terre et par mer, à l'administration de la justice, au pouvoir législatif, à l'instruction publique, à la forme du gouvernement, et de nous ne savons quelles autres questions. C'est le résultat de la confusion qu'ils font entre l'économie politique et la science sociale entendue d'une manière générale : conception bizarre, déjà rejetée par nous dès le début de ce traité.

Le chapitre suivant, dans lequel nous traitons du luxe, complète celui-ci.

CHAPITRE II

LE LUXE.

19 *bis*(*). A l'idée de consommation est étroitement liée celle de luxe, qui, de quelque manière qu'on l'explique, ne peut jamais se disjoindre entièrement de la conception d'une consommation excessive. Voilà pourquoi nous avons terminé le chapitre précédent en disant qu'il trouverait son complément dans ce que nous écririons ensuite sur le luxe.

Notre tâche, en ce qui concerne le luxe, est triple. Nous devons d'abord établir en quoi il consiste proprement, la manière de l'entendre variant non seulement dans l'idée qu'on s'en fait communément, même chez les économistes ; puis déterminer s'il est une chose bonne, comme quelques-uns le veulent, ou mauvaise, comme d'autres le soutiennent plus justement ; enfin chercher si les lois peuvent y apporter quelque remède. Concept, qualité morale, lois somptuaires, voilà les trois points que nous devons toucher.

ARTICLE 1.

Concept du luxe.

20 *bis* (*). James Stewart a défini le luxe « l'*usage* du *superflu.* Say repousse cette définition ; il en donne pour raison

(*) Les nᵒˢ 19 et 20 se trouvent répétés deux fois dans l'original (*Note du traducteur.*)

qu'on ne peut aisément voir la ligne qui sépare le superflu du nécessaire. « On a défini le luxe l'usage du superflu. J'avoue que je ne sais pas distinguer le *superflu* du *nécessaire*. De même que les couleurs de l'arc-en-ciel, ils se lient et se fondent l'un dans l'autre par des nuances imperceptibles (1). » Nous rejetons à la fois la définition de Stewart et la raison donnée par Say pour la repousser.

Luxe dit plus que prodigalité. Comment donc peut-on re-courir à l'idée de l'usage pour définir le luxe, lorsque cette idée ne suffit même pas à définir la prodigalité, qui certes n'est pas l'usage mais la dissipation de la richesse. Pour nous, loin que le terme d'*usage* puisse nous satisfaire, nous ne l'au-rions pas trouvé suffisamment remplacé par celui d'*abus*. Le luxe emporte toujours l'idée d'un excès considérable ; et il n'y a pas toujours d'excès considérable dans l'abus, c'est-à-dire dans la consommation qui sort des limites de la convenance rigou-reuse. Diriez-vous, par exemple, que l'on s'abandonne au luxe, parce que l'on dépenserait quelques écus de plus qu'il ne faudrait pour les meubles de sa maison, pour son vêtement ou pour sa table ? Le luxe est le gaspillage du superflu, mais le gaspillage à un haut degré et en dehors de toute mesure.

La raison de Say ne vaut rien, parce que, pour distinguer une chose d'une autre, il n'est pas nécessaire de discerner le terme précis qui les sépare. Ainsi, pour nous servir de l'exem-ple même qu'il prend, on distingue bien dans l'arc-en-ciel le vert du bleu, bien que l'on ne puisse indiquer où finit exac-tement le premier et où commence le second. De même, dans l'avoir d'un homme riche, on ne peut assigner le point où cet avoir cesse pour lui d'être le nécessaire et devient le superflu ; mais tout le monde peut facilement reconnaître la différence qui existe entre l'un et l'autre, en les considérant dans leur importance relative.

21. Mais, en dehors de cette considération placée ici inci-

_____

(1) *Traité d'Économie politique*, livre III, chap. v.

demment, c'est justement que Say rejette, comme nous le faisons
nous-même, la définition de Stewart, à cause de l'équivoque
qu'elle contient. Il lui en substitue une autre tirée de l'importance de la dépense : « On peut dire en général que le luxe
est l'usage des choses chères (1). » Cette définition est meilleure, parce qu'elle est moins indéterminée. Elle ne nous
satisfait pourtant pas ; car, si l'usage des choses d'un prix
élevé correspond à la grandeur de l'objet ou à la condition
sociale de la personne, il n'y a plus luxe mais magnificence;
et la magnificence est rangée parmi les vertus : *Magnificentia
nominat virtutem* (2). Ainsi nous voyons le prince faire louablement usage de meubles précieux ; plus louablement encore,
nous voyons l'or et l'argent répandus à profusion dans les
temples et dans les vêtements des prêtres. Dans un cas, c'est
la nation, dans l'autre, c'est Dieu que l'on honore. Aussi faut-
il, dans la définition du luxe, faire entrer quelque élément
qui le sépare de l'idée de magnificence, en le considérant
exclusivement au point de vue de la personne privée et de la
fin privée ; car, ainsi que le remarque Aristote, l'homme
magnifique ne fait pas beaucoup de dépenses pour lui-même :
Magnificus non est sompluosus in seipsum (3).

(1) Même ouvrage, etc.
(2) S. Thomas, *Somme théol.*, II, 2 ; q. cxxxiv, art. 1ᵉʳ.
(3) *Éthique*, livre IV, chap. ii. Saint Thomas en donne la raison :
*Ad magnificentiam pertinet facere aliquid magnum. Quod autem per-
tinet ad personam uniuscujusque, est aliquid parvum in comparatione
ad id quod convenit rebus divinis vel rebus communibus. Et ideo
magnificus non principaliter intendit sumptus facere in his quæ pertinent ad personam propriam, non quia bonum suum non quæra',
sed quia non est magnum.* Il peut y avoir toutefois quelque grandeur,
même en ce qui regarde les particuliers, dans certaines circonstances
données, celles, par exemple, qui ne se présentent qu'une fois, comme
les noces, ou qui ont un certain caractère de perpétuité, comme la
construction d'une habitation. En vue de tels objets, la somptuosité
dans la dépense, pourvu qu'elle n'excède pas les facultés de la personne privée, n'est pas du luxe mais de la magnificence. C'est ce que

Enfin Say pense que dans l'idée du luxe entre à proprement parler le désir de paraître et l'amour du faste, plutôt que la recherche d'une vie molle et sensuelle : « Le mot *luxe* en français réveille en même temps plutôt l'idée de l'ostentation que celle de la sensualité. Le luxe des habits n'indique pas que les habits soient plus commodes pour ceux qui les portent, mais qu'ils sont faits pour frapper les yeux de ceux qui les regardent. Le luxe de la table rappelle plutôt la somptuosité d'un grand repas que les mets délicats d'un épicurien (1). » Bien qu'il en soit ainsi le plus ordinairement, nous croyons toutefois que le luxe peut aussi prendre sa source dans l'amour des jouissances. L'homme riche de l'Évangile (l'Épulon), qui s'habillait de pourpre et de bysse (2) et faisait tous les jours de splendides repas : *Induebatur purpura, bysso et epulabatur quotidie splendide,* recherchait évidemment plus la volupté que le faste. C'est ce qui résulte de la réponse qu'il reçut d'Abraham, lorsqu'ayant l'enfer ur tombeau, il priait le patriarche d'envoyer le mendiant Lazare pour le soulager dans ses tourments : *Fili, recordare quia recepisti bona in vita tua, Lazarus similiter mala* ; NUNC AUTEM CONSOLATUR, TU VERO CRUCIARIS (3). Le mot *cruciaris* est l'opposé, non de la pompe, mais de la volupté. C'est donc évidemment en cela que consistait le péché de l'homme riche, lorsqu'il vivait dans le luxe. Et en réalité n'est-ce pas justement que l'on appellerait luxueuse une vie embellie par toutes les jouissances que peuvent procurer de gracieuses villas, de splendides palais,

---

remarque saint Thomas : *Si quid tamen in his quæ ad ipsum pertinent, magnitudinem habeat, hoc etiam magnifice magnificus prosequitur ; sicut ea quæ semel fiunt, ut nuptiæ, vel aliquid aliud hujusmodi, vel etiam ea quæ permanentia sunt, sicut ad magnificum pertinet præparare convenientem habitationem. Somme théol.,* II, 2 ; q. CXXXIV, art. 1er, 3.

(1) Même ouvrage, livre et chapitre.
(2) Saint Luc, XVI, 19.
(3) *Ibid.* 25.

l'usage de mots délicats, de lits moelleux, de riches vêtements, de suaves parfums ?

Pour toutes les raisons qui viennent d'être exposées, il nous
semble que le luxe pourrait se définir : l'usage des choses
rares et d'un haut prix pour un objet purement privé et dans
un but d'ostentation ou de volupté. Cette définition comprend
tous les éléments constitutifs de l'idée du luxe. L'excès, c'est-
à-dire ce qui dépasse le nécessaire ou les exigences de la condition, est exprimé par les mots *choses rares* et *d'un haut
prix*; le luxe est distingué de la magnificence par ce membre
de phrase : *pour un objet purement privé*, qui est mis là par
opposition avec les objets *grands et nobles*, tels que le culte
divin et la splendeur nationale ; enfin, le double mobile du
luxe, la vanité fastueuse et la sensualité intempérante, est
indiqué par les mots *ostentation* et *volupté*.

ARTICLE II.

Condamnation du luxe.

22. Il ne manque pas d'économistes qui approuvent le luxe;
il y en a davantage qui le réprouvent. Nous nous rangeons
à l'avis des seconds par un double motif : à cause des effets
pernicieux qu'il engendre et à cause de sa perversité intrinsèque. Le luxe, de sa nature, tend à la ruine des familles
par la dissipation de leur patrimoine, quelque considérable et
quelque florissant qu'il soit. Dire luxe, c'est dire consommation et consommation en grand, consommation toujours croissante, parce qu'elle n'a pas de limite fixe, mais s'efforce toujours
de surpasser les compétiteurs et d'attirer les regards et l'admiration des autres. Or qui dit consommation, dit destruction.

En outre, tandis qu'il ruine les riches, le luxe ne vient pas
en aide aux pauvres, dont il accroît au contraire toujours de
plus en plus la misère. Montesquieu dit : « Si les riches ne
dépensent pas beaucoup, les pauvres mourront de faim ». C'est
le contraire qu'il faut dire quand on parle du luxe. Les pau-

vres mourront de faim, si les riches vivent dans le luxe. Et
en effet les ressources des pauvres sont de deux sortes : leur
travail et la bienfaisance d'autrui. Or l'un et l'autre diminuent, à mesure que le luxe du riche s'accroît. Le luxe n'est
pas de la bienveillance, c'est de l'égoïsme. Il tarit donc la
source même de la bienfaisance. De plus, le luxe, absorbant
l'avoir du riche, ne lui laisse pas de quoi subvenir à l'indigence d'autrui. Puis, comme il diminue les capitaux, il diminue
peu à peu le travail, dont le capital est l'aliment. « La misère, dit éloquemment Say, marche toujours à la suite du
luxe. Un riche fastueux emploie en bijoux de prix, en repas
somptueux, en hôtels magnifiques, en chiens, en chevaux, en
maîtresses, des valeurs qui, placées productivement, auraient
acheté des vêtements chauds, des mets nourrissants, des meubles commodes, à une foule de gens laborieux, condamnés par
lui à demeurer oisifs et misérables. Alors le riche a des bou-
cles d'or, et le pauvre manque de souliers; le riche est habillé
de velours, et le pauvre n'a pas de chemise (1). » De là la
haine profonde que les classes misérables nourrissent contre
ceux qui jouissent : le faste des uns est une insulte pour les
autres. Que les riches vivent dans une certaine splendeur,
conforme à leur condition, c'est une chose qui est raisonnable
aux yeux de tout le monde et qui n'excite aucune irritation,
au moins dans la partie sensée de la population. Mais le faste
immodéré et scandaleux, les jouissances excessives, n'ayant
d'autre raison d'être que la vanité et la mollesse, voilà ce qui
aigrit l'esprit de ceux qui n'ont pas et ce qui les pousse au
mépris, à l'envie, à la colère, aux desseins désespérés et sub-
versifs. Le luxe, par son éclat, attire à lui les yeux, séduit les
cœurs, inspire l'amour des plaisirs, engendre un ardent désir
de jouissances ; et une société dans laquelle tous veulent jouir
et où peu le peuvent, ne peut que devenir un champ de bataille ou, plus exactement, un enfer.

23. Un autre effet détestable, et qui n'est que trop fréquent,

_____

(1) *Traité, etc.*, même livre et chapitre.

du luxe est d'inciter les hommes à se procurer la richesse par tous les moyens, même les plus malhonnêtes et les plus vils. « Quand l'amour du faste (observe non moins éloquemment J.-B. Say) inspire le désir de gagner, les ressources lentes et bornées de la production véritable suffisent-elles à l'avidité de ses besoins ? Ne compte-t-il pas plutôt sur les profits rapides et honteux de l'intrigue, industrie ruineuse pour les nations, en ce qu'elle ne produit pas, mais seulement entre en partage des produits des autres ? Dès lors, le fripon développe toutes les ressources de son méprisable génie ; le chic eur spécule sur l'obscurité des lois, l'homme en pouvoir vend à la sottise et à l'improbité la protection qu'il doit gratuitement au mérite et au bon droit. « J'ai vu dans un souper, « dit Pline, Paulina couverte d'un tissu de perles et d'éme- « raudes qui valait quarante millions de sesterces, ce qu'elle « pouvait prouver, disait-elle, par ses registres : elle le « devait aux rapines de ses ancêtres. C'était, ajoute l'auteur « romain, pour que sa petite-fille parût dans un festin chargée « de pierreries, que Lollius consentit à répandre la désola- « tion dans plusieurs provinces, à être diffamé dans tout « l'Orient, à perdre l'amitié du fils d'Auguste, et finalement à « mourir par le poison (1). »

24. Aussi bien n'est-il pas nécessaire de recourir aux tristes effets du luxe, quand il se montre par lui-même intrinsèque- ment mauvais. Le luxe est une perversion de l'ordre en ma- tière de mœurs, parce qu'il est en contradiction avec la fin pour laquelle l'usage de la richesse nous est donné par la na- ture. Le luxe emploie les biens extérieurs, non à satisfaire les besoins véritables de l'homme, mais à satisfaire la sensualité ou l'ostentation. Il dissipe follement le superflu, qui est des- tiné par la nature au soulagement des pauvres. Il pervertit donc à un double titre l'ordre de la nature ; et il est par suite, à un double titre, opposé à la moralité des actions humaines. Saint Thomas enseigne que le superflu des uns revient de droit

(1) *Traité d'Economie politique*, livre III, chap. 1.

naturel, est *dû*, à ceux qui sont dans l'indigence : *Res quas
aliqui superabundanter habent, ex naturali jure debentur
pauperum sustentationi* (1). La raison en est, comme nous
l'avons déjà dit, que l'appropriation des choses extérieures, qui est de droit naturel *secondaire*, ne peut annihiler
ce qui est pour tout homme de droit naturel *primaire*, c'est-
à-dire le droit de tirer de ces choses extérieures ce qui est
nécessaire pour la conservation de la vie. La propriété est
une loi de la nature, parce qu'elle est nécessaire pour assurer d'une manière durable la subsistance de l'individu et de la
famille. Mais elle a pour condition essentielle que le propriétaire, devenu riche, donnera aux pauvres ce qui excède le
nécessaire ou les exigences de sa position. Or cette condition
est réduite à néant par le luxe, qui dissipe le superflu pour
satisfaire aux caprices du possesseur. Il y a donc dans le luxe
une véritable violation des desseins de la nature, et sous ce
point de vue l'accusation de Proudhon se justifie : « La propriété, c'est le vol. » Formule blasphématrice, si on l'entend
de la propriété honnête et bien entendue, qui procède de
Dieu, puisqu'elle procède de la nature ; mais formule vraie
en partie, si on l'entend de la propriété luxueuse et fastueuse,
qui garde et dissipe le superflu dû aux pauvres.

ARTICLE III.

Défense du luxe.

25. Pour soutenir la cause du luxe, nous inviterons Mac-
Culloch à descendre dans l'arène, à cause de la célébrité de son
nom, et nous lui opposerons Jean-Baptiste Say, digne certainement de lui tenir tête.

Le premier parle ainsi : « C'est au désir de s'élever, d'améliorer sa condition, d'avoir en plus grande abondance les choses
commodes et de *luxe*, que la société est redevable de tout son

_____

(1) *Somme théol.*, II, 2 ; q. LXVI, art. 7.

perfectionnement... L'abondance des produits non seulement
nécessaires, mais utiles et agréables, s'accroît considérablement par l'amour du luxe, et non seulement la population est
mieux pourvue, mais elle s'augmente rapidement (1). »

Avant tout il est bon d'observer qu'ici Mac-Culloch tombe
dans la confusion, en mêlant des choses différentes : le désir
d'améliorer sa condition (qui par lui-même n'a rien de blâ-
mable), l'abondance des produits nécessaires et utiles (qu'il
est légitime et parfois même vertueux de rechercher), et
l'amour du luxe, qui est digne de réprobation et que l'on doit
fuir pour les raisons données plus haut. Il est d'ailleurs curieux
de lui entendre dire que, par suite de l'amour du luxe, la
population est mieux pourvue. De quoi est-elle mieux pourvue ? Des objets de luxe ? Mais est-ce de ces objets que la population se nourrit ?

Mac-Culloch croit peut-être que le luxe donne quelque
impulsion à la production des autres objets dont la population a besoin. Mais Say observe justement le contraire :
« Quand cela serait, dit-il,... on ne pourrait encore augmenter
la production qu'au moyen d'une augmentation de capitaux...
Or, les capitaux ne peuvent s'accroître que par l'épargne ; et
quelle épargne peut-on attendre de ceux qui ne sont excités
à produire que par l'envie de jouir ? On n'épargne qu'en modé-
rant la dépense ; et la modération de la dépense est la négation du luxe. Produire beaucoup et consommer peu, telle est
la manière de s'enrichir. Or le luxe fait le contraire : il consomme beaucoup et produit peu. Il tend donc à l'appauvris-
sement des personnes. En appauvrissant les personnes, il
appauvrit la société entière, dont la richesse n'est que la somme
des richesses individuelles (2).

26. Mais, si l'amour du luxe fait défaut, la production des
objets qui servent au luxe fera défaut. Je réponds. Si les objets

---

(1) *Principes d'économie politique*, quatrième partie.
(2) *Traité*, etc., même livre et chapitre.

ont un mérite véritable, la production n'en fera pas défaut, parce qu'ils resteront, sinon comme objets de luxe, du moins comme objets de magnificence. Le luxe ordinairement se porte sur des objets dispendieux mais frivoles, et sans valeur réelle. Or que la production de tels objets diminue, ou vienne même à cesser, c'est un bien ; car cette diminution tournera au profit d'autres productions plus utiles, et répondant à des besoins moins fantaisistes et plus réels. Écoutons Jean-Baptiste Say, très expert en cette matière : « La dépense qui ne se fait pas pour de vaines consommations, se fait toujours ; car l'argent qu'on refuse de répandre pour des objets de luxe, on ne le jette pas dans la rivière. Il s'emploie, soit à des consommations mieux entendues, soit à la reproduction. De toutes manières, à moins de l'enfouir, on consomme ou l'on fait consommer tout son revenu ; de toutes manières, l'encouragement donné aux producteurs par la consommation est égal à la somme des revenus. D'où il suit : 1° que l'encouragement donné à un genre de production par les dépenses fastueuses, est nécessairement ravi à un autre genre de productions ; 2° que l'encouragement qui résulte de cette dépense ne peut s'accroître que dans le cas seulement où le revenu des consommateurs s'augmente ; or, on sait qu'il ne s'augmente pas par des dépenses de luxe, mais par des dépenses reproductives (1). »

27. Tout cela est bien, répond Mac-Culloch, mais nous devons prendre l'homme tel qu'il est, non tel qu'il devrait être ; et l'homme, pris tel qu'il est, n'est entraîné à dépenser beaucoup que par l'amour des jouissances, soit raffinées, soit d'ostentation, autrement dit par l'amour du luxe. « Je n'ai pas entendu, dit-il, inférer des principes exposés plus haut que le stimulant donné à l'industrie et à l'esprit d'invention par le désir de se livrer aux plaisirs du luxe fût le meilleur des stimulants. Certainement il serait beaucoup mieux que les sommes immenses, prodiguées bien souvent dans les plus ridi-

_____

(1) Même ouvrage et même endroit.

cules frivolités, fussent réservées au développement de quelque art utile, de quelque science ou de quelque entreprise industrielle, ou fussent employées au soulagement de ceux que le hasard ou le malheur ont enveloppés dans des disgrâces imméritées... Mais, en de telles matières, il est inutile de dire ce qui devrait être ou ne pas être. Nous avons affaire à l'homme tel qu'il est, et non tel que nous pourrions désirer qu'il fût (1). »

Maxime condamnable, en vertu de laquelle, le genre humain se précipiterait à corps perdu sur la pente des appétits déréglés et des inclinations vicieuses ! Tout au contraire, plus les habitudes sont mauvaises et les mœurs déréglées, plus les écrivains doivent élever la voix pour les reprendre hautement, en sorte qu'il n'en résulte au moins aucun opprobre pour ceux qui n'en sont pas souillés. Malheur au monde, si les apôtres avaient suivi une semblable méthode d'enseignement ! Nous serions encore dans la fange de la corruption païenne.

Plus sage que Mac-Culloch se montre Jean-Baptiste Say. Il flagelle comme elle le mérite cette honteuse coutume à laquelle tant de gens sacrifient. « Il est fâcheux que les mœurs, que les habitudes funestes du pays auquel on est attaché par la naissance, par la fortune, par les affections, soumettent à leur influence jusqu'aux personnes les plus sages, les mieux en état d'apprécier le danger et d'en prévoir les tristes conséquences. Il n'y a qu'un bien petit nombre d'hommes d'un esprit assez ferme et d'une fortune assez indépendante, pour pouvoir n'agir que d'après leurs principes, et n'avoir de modèles qu'eux-mêmes. La plupart suivent, malgré eux, la foule insensée qui, faute de réflexion, ne s'aperçoit pas qu'une fois que les besoins ordinaires de la vie sont satisfaits, le bonheur ne se rencontre pas dans les vaines jouissances du luxe, mais dans l'exercice modéré de nos facultés physiques et mo-

(1) *Principes d'économie politique*, quatrième partie.

rales. Les personnes qui, par un grand pouvoir ou de grands talents, cherchent à répandre le goût du luxe, conspirent donc contre le bonheur des nations (1). »

28. Mac-Culloch, voulant donner à cette proposition de Montesquieu : *Si les riches ne dépensent pas beaucoup, les pauvres mourront de faim*, un sens acceptable, dit : « La vérité de cette proposition a été contestée ; et il n'y a pas à s'en étonner, puisqu'elle peut être fausse ou vraie selon la manière dont on l'entend. Si l'on veut lui donner cette signification qu'un riche peut employer *directement* un nombre plus grand de serviteurs ou d'ouvriers, s'il dépense tout son revenu en meubles somptueux, au lieu d'en appliquer une partie à améliorer ses fonds ou ses capitaux, ou à mettre de côté pour ses enfants, la proposition est manifestement erronée. La demande de travail ne peut s'accroître sensiblement sans un accroissement de capital ; et il est tout à fait impossible que ceux qui dépensent tout leur revenu en plaisirs immédiats accumulent aucun capital et, par conséquent, emploient un ouvrier de plus. Mais la proposition avancée par Montesquieu doit s'interpréter non en ce sens restreint, ou comme se rapportant à l'influence des dépenses des riches sur la quantité de travail qu'ils demandent pour leur *propre* compte, mais comme étant relative à l'influence de ces dépenses sur la demande du travail dans la société. Et si nous l'entendons ainsi, si nous supposons qu'elle veut dire que ces dépenses excessives et le luxe des grands et des riches servent grandement aux pauvres, en excitant l'émulation de ceux qui ne peuvent espérer dépenser autant que par un redoublement d'économie et d'activité, on reconnaîtra, je crois, que la proposition est très exacte (2). » L'argumentation du célèbre économiste se réduit à ceci. Le luxe excite l'émulation de ceux qui ne peuvent en jouir avec les moyens qu'ils possèdent. Ils s'appliqueront donc à économiser et à redoubler d'efforts, afin d'acquérir ainsi l'opulence nécessaire

(1) Même ouvrage, même endroit.
(2) Même endroit.

pour vivre dans le luxe. Le luxe sert donc au travail et à l'industrie, au moins par ricochet et indirectement.

En vérité nous n'avons aucune confiance dans cette espèce d'antipéristase que Mac-Culloch attribue au luxe. Nous croyons plutôt que l'émulation qu'il excite, au lieu de pousser à l'économie et au travail pour pouvoir jouir ensuite, pousse au contraire à entrer immédiatement en concurrence avec ceux qui sont plongés dans le plaisir et le faste. Vous figurez-vous que, le mauvais exemple allumant dans l'âme d'un homme une soif ardente de jouissance et de faste, cet homme, au lieu de chercher à l'apaiser sur-le-champ, va s'appliquer à l'épargne et au travail, qui sont juste l'opposé de ce qu'il désire ? — Mais il le fera pour se procurer les moyens de satisfaire son désir. — Les moyens, il les cherchera d'abord dans la dissipation de tout le superflu, puis dans des emprunts onéreux, enfin dans la vente de ses biens, en vouant ainsi toute sa fortune à la ruine. L'expérience ne nous montre que trop que c'est ainsi que les choses se passent fréquemment. C'est ce que Say a encore observé: « Il me serait facile de prouver, dit-il, que la profusion des gens riches entraîne celle des classes mitoyennes et des classes pauvres ; et que ce sont elles qui ont plus promptement atteint les bornes de leur revenu : de telle sorte que la profusion générale augmente plutôt qu'elle ne réduit l'inégalité des fortunes. De plus, la prodigalité des riches est toujours précédée ou suivie de celle des gouvernements, et celle des gouvernements ne sait puiser que dans les impôts, toujours plus pesants pour les petits revenus que pour les gros (1). »

ARTICLE IV.

Lois somptuaires.

29. Plusieurs fois, dans les temps anciens et modernes, l'autorité publique a tenté de réprimer le luxe par des lois. Ces lois ont

(1) Même endroit.

été appelés *somptuaires*, parce qu'elles concernaient les dépenses, *sumptus*, qu'elles avaient pour but de contenir. Les économistes, aussi bien les adversaires du luxe que ses défenseurs,
les raillent généralement, comme insensées, injustes, impuis-
santes. Mac-Culloch, parlant d'elles, dit : « Ces lois furent
pendant longtemps populaires à Rome ; on en a édicté dans
notre pays et dans beaucoup d'autres contrées de l'Europe ;
mais on peut dire en toute certitude qu'elles n'ont jamais
produit de bon effet. En réalité, elles sont une violation manifeste du droit de propriété (1) ». Suivant Boccardo, elles sont
en outre absurdes et immorales : « Les lois somptuaires, outre
qu'elles sont erronées et absurdes, sont aussi injustes et immorales. La première base de la société civile est le droit de
propriété, c'est-à-dire le droit en vertu duquel tout individu
dispose librement de soi-même et de ses biens (2). » Minghetti
s'applique principalement à en montrer l'inefficacité : « La
loi des Douze Tables restreignait les dépenses des funérailles,
fixait le nombre des pleureuses et des musiciens. La loi Oppia
interdisait aux matrones les vêtements où il entrait différentes couleur, la profusion d'ornements d'or, l'usage des litières
dans la cité. La loi Oppia allait jusqu'à régler les dépenses du
banquet, le nombre des conviés, la qualité des mets. Cependant, ni la rigueur des lois, ni la sévérité des censeurs, ne
continrent le luxe, qui, avec les richesses que procurait la spo-
liation, vint à s'accroître jusqu'à ce raffinement extrême, et
cette corruption qui, dans les temps de l'empire, excite un
frissonnement d'indignation. Les lois somptuaires dans les
temps modernes eurent un but plutôt politique qu'économique : on voulait surtout obvier à la confusion des classes
et à une ostentation de moyens de la part des hommes
en dehors de la noblesse (3). Cependant, même dans ces

---

(1) Même endroit.

(2) *Traité théorico-pratique d'économie politique*, vol. I, livre III,
chap. II.

(3) Ludovic Bianchini, dans son livre intitulé : *De reali che nuoc-*

limites, elles n'eurent point de véritable efficacité. (1) »

30. Voulant, à notre tour, exprimer notre opinion sur ce point, nous dirons d'abord que les lois somptuaires sont certainement d'une exécution très difficile, mais que les appeler absurdes est indubitablement une hyperbole. Assurément, c'est une chose extrêmement ardue que d'établir des règles générales sur une matière qui varie à l'infini, attendu qu'elle est par elle-même subordonnée à la condition différente de chaque famille et de chaque individu. Pourtant il ne nous paraît pas impossible, même en cette matière, de reconnaître certains abus ou certains excès, en général répréhensibles et comme tels susceptibles d'être réprimés par les lois, lorsqu'ils commencent à se répandre par trop dans la société civile, au grave détriment

ciono all'industria et alla circolazione delle richesse, parlant du régime économique du royaume de Naples sous la domination espagnole, écrit : « Un autre mal qui n'est pas indifférent à nos manufactures a été le résultat des lois, dites somptuaires, qui, ont été promulguées à diverses époques depuis 1859, (elles forment vingt-neuf pragmatiques sous le titre de Lex sompluaria) et par lesquelles le législateur se proposait de régler la manière de se vêtir des différentes classes de personnes suivant les temps et les circonstances; la manière de faire les funérailles et les réjouissances des noces ; d'orner les maisons et les voitures ; de tenir et de vêtir les valets, cochers et autres employés domestiques. On croyait le luxe nuisible ; on professait en principe la nécessité d'encourager les manufactures nationales, et cependant on prohibait (ce sont les termes mêmes des pragmatiques) toute sorte de brocard, de brocatelle, de toiles et toiles fines d'or et d'argent, de velours plus ou moins ras, et de tous autres étoffes ou vêtements dans lesquels il entre de l'or ou de l'argent tissé, en broderies et en franges, cordons, cordonnets, et tout autre objet d'or et d'argent filé, vrai ou faux ; et que personne de quelque rang et condition que ce soit, homme ou femme, ne les puisse porter ni revêtir. Et de même (portent les pragmatiques) sont prohibées toutes broderies de soie, crépines, petites crépines, chaînettes, cordons et franges de soie ; que l'on ne puisse faire de manteaux, robes et corsages de velours ou autre espèce de soie, etc.

(1) Des rapports de l'économie publique, etc., livre III.

de l'économie et des mœurs. En outre, il y a une manière indirecte de faire des lois somptuaires, qui consiste à frapper de lourdes taxes les objets de luxe, de telle façon que ceux qui les recherchent, ne pouvant soutenir longtemps le poids de ces taxes, soient obligés ou d'y renoncer, ou tout au moins de modérer l'excès de leur luxe. Si malgré tout ils persévèrent (ce qui ne sera certainement pas très commun), ils en subiront les conséquences, et trouveront dans l'énormité de l'impôt la juste peine de leur coupable frénésie.

31. C'est un autre hyperbole que d'affirmer qu'en elles-mêmes les lois somptuaires sont une violation du droit de propriété. Elles n'en sont, à dire vrai, que la simple restriction. Les droits naturels ne peuvent être détruits ou entamés par l'autorité humaine quant à la substance ; mais ils peuvent très légitimement être coordonnés, modifiés et parfois restreints selon l'exigence du bien commun. C'est ce qui a lieu, pour le droit d'association, par exemple, ou pour le droit d'impression. Il doit en être de même pour le droit de propriété, qui ne peut lui-même, dans l'état social, échapper à la règle qui régit tous les autres droits, spécialement quant aux trois fonctions, qui concernent la richesse. C'est ainsi que, lorsque l'intérêt commun l'exige, l'autorité publique peut intervenir dans la production, en obligeant le propriétaire à cultiver en blé une terre qu'il laissait inculte ou cultivait, par exemple, en avoine ; qu'elle peut intervenir dans la distribution, en déterminant la quotité au-dessous de laquelle ne peuvent descendre les salaires, et qu'elle peut en conséquence intervenir également dans la consommation, en interdisant certains excès de luxe qui tournent au grave préjudice de la nation. En tout cela, il n'y a pas violation, mais seulement modération d'un droit en vertu d'un droit plus élevé. Le économistes qui déclament contre cette intervention, ont l'esprit égaré par les erreurs du libéralisme, sous les auspices duquel a pris naissance et s'est développée jusqu'à nos jours l'économie politique. Ils exagèrent la liberté, comme sur tous les autres points de la vie sociale, en ce qui concerne le droit de

disposer de ses biens. Mais ce droit, plus peut-être qu'aucun autre, a besoin d'être coordonné, et même, s'il le faut, tempéré, pour être mis en équilibre avec un autre droit plus universel et plus étroitement lié aux premiers principes de la loi naturelle, le droit qui appartient à tout homme de trouver dans les fruits de la terre le moyen de vivre.

32. Beaucoup plus forte nous semble l'objection tirée de l'impuissance des lois à triompher des artifices auxquels la sensualité et la vanité savent recourir pour en éluder l'effet. Aussi cette observation de Minghetti est-elle fort juste que, pour refréner le luxe, le sentiment moral est plus puissant que les lois. On doit ajouter que, pour faire naître ce sentiment, le seul moyen efficace est la religion, sans laquelle il n'y a pas de vraie morale. Taparelli dit sagement à ce sujet : « Que si le luxe est un excès de dépense, contraire à la *fin* et à la *proportion des moyens*, considéré au point de vue de la *société* et de l'*individu*, il constitue évidemment un désordre social contre lequel la société a le droit et le devoir de se défendre, par tous les moyens que la prudence suggère et que la justice approuve. Or, de tous ces moyens, il n'en est pas de plus puissant et de plus doux à la fois, que le frein de la religion, contre laquelle on a tant déclamé, précisément parce qu'elle est l'adversaire déclaré du luxe : en imprimant profondément dans les âmes l'horreur de la volupté, le mépris du faste et l'inviolabilité des devoirs, elle extirpe le luxe dans sa racine ; elle établit au foyer domestique le règne d'une sage économie, qui enrichit le présent et prévoit l'avenir (1). »

(1) *Essai théorique de droit naturel*, livre IV, chap. III, n° 757.

CHAPITRE III.

LES IMPÔTS.

33. Seul parmi les économistes, Henri Storch a nié que l'impôt fût une matière appartenant à la science économique. Il a écrit : « L'analyse des effets de l'impôt sur le prix des marchandises, et conséquemment sur leur production et leur consommation, n'entre pas dans la sphère de l'économie politique ; elle appartient à la législation financière, dont elle forme un des objets les plus importants (1) ».

Mais cette proposition a été très justement contredite par Jean-Baptiste Say. Celui-ci fait observer qu'il est impossible de passer l'impôt sous silence dans l'étude des phénomènes économiques, à raison du lien très étroit qui l'unit à la production, à la distribution et à la consommation de la richesse. « Une législation financière, dit-il, qui ne serait pas éclairée par les lumières de l'économie politique serait digne des Arabes Bédouins (2). »

Ceux qui ont écrit sur l'économie politique se sont même en général assez étendus sur ce sujet ; et nous, bien que nous ne fassions de cette science qu'un exposé succinct, nous ne croyons pas pouvoir nous abstenir d'en dire, au moins brièvement, quelques mots.

(1) *Cours d'économie politique, etc.*, avec note de Jean-Baptiste Say; première partie, chap. III.

(2) *En note*, à l'endroit qui vient d'être cité.

ARTICLE I.

Légitimité de l'impôt.

34. L'impôt est cette portion de richesse que l'Etat reçoit des citoyens pour subvenir aux dépenses publiques. On lui donne aussi dans l'usage le nom de contribution, de taxe, de tribut, de droit, de subside, etc. Mais quel qu'en soit le nom, la chose est toujours la même : c'est une prestation payée par les sujets pour les besoins économiques de l'Etat.

Cette simple définition de l'impôt suffit pour en faire comprendre la légitimité. Celui qui a un devoir à remplir a droit aux moyens sans lesquels il lui serait impossible de le remplir. Or l'Etat a le devoir d'assurer l'ordre public, et le maintien de l'ordre public exige des dépenses. A elle seule, la machine gouvernementale a besoin pour fonctionner de sommes d'argent considérables, et d'autant plus considérables que la société se trouve plus avancée dans la voie de la civilisation. A quelle source ces sommes devront-elles être puisées ? L'Etat, comme Etat, n'est pas producteur. Il n'est ni agriculteur, ni manufacturier, ni négociant. En tant qu'Etat, il n'est pas non plus propriétaire. Les biens que l'on appelle domaniaux sont, pour la plupart, improductifs ; et, là où ils donnent un produit, ce produit n'atteint pas le millième des besoins. L'Etat n'a d'autres fonds que la bourse des citoyens. C'est donc à elle qu'il doit nécessairement recourir. Voilà ce qu'est l'impôt. Donc il est juste et comme tel, l'apôtre ordonne aux fidèles de le payer : *Reddite omnibus debita ; cui tributum, tributum; cui vectigal, vectigal ; cui timorem, timorem ; cui honorem, honorem* (1).

35. Ce recours est d'autant plus juste que la contribution que l'Etat exige des citoyens forme comme une compensation des grands avantages qu'il leur procure: L'apôtre saint Paul,

(1) Epître aux Romains, XIII, 7.

pour faire comprendre aux fidèles de Corinthe combien il
était juste de la part des ministres de Dieu de demander aux
fidèles ce qui était nécessaire à leur propre subsistance, leur
écrivait : Si nous semons parmi vous les biens spirituels, est-
il excessif que nous recueillions de notre côté une part quelconque de vos biens temporels ? *Si spiritualia vobis seminavi-
mus, magnum est si nos carnalia vestra metamus* (1) ? L'Etat
ne pourrait-il pas, dans une certaine mesure, tenir aux contri-
buables le même langage : Si je vous procure la sécurité pour
vos personnes, vos biens, l'exercice de vos droits, si je vous
protège contre les invasions étrangères, si je vous rends la
justice pour terminer vos différends, si je vous fournis l'instruction pour vos fils, si je vous donne des facilités pour votre
commerce, etc., n'est-il pas juste que, de votre côté, vous
me concédiez une parcelle de vos biens pour me permettre
de subsister et de continuer à vous rendre les mêmes services ? Sans doute, c'est un sacrifice que je vous demande,
mais un sacrifice largement compensé ?

36. Aussi, plutôt que de nous arrêter vainement à démontrer une vérité par elle-même si évidente, nous allons tâcher
d'indiquer ici les limites dans lesquelles l'impôt doit se renfermer pour être considéré réellement comme légitime.

Ces limites résultent d'une double considération concernant
le sujet auquel on demande l'impôt et la fin pour laquelle
on le demande. En ce qui concerne le sujet, il faut que l'impôt soit proportionné à ses facultés économiques. L'impôt est
un fardeau ; ce qui fait que dans l'usage il reçoit aussi le
nom de charge. S'il est un fardeau, il ne faut pas qu'il excède
les forces de ceux qui doivent le supporter ; autrement ils en
seraient écrasés. C'est un point qui, d'ordinaire, préoccupe
peu les gouvernements, qui s'évertuent au contraire à sur-
charger toujours de plus en plus les peuples d'impôts, jusqu'à
en exprimer pour ainsi dire le sang. On regarde comme le
meilleur ministre des finances celui qui est le plus adroit à

_____

(1) Première aux Corinthiens, IX, 11.

trouver les moyens de faire passer l'argent de la poche des particuliers dans les caisses de l'Etat. Il en résulte que le paiement de l'impôt n'est plus généralement considéré comme un devoir qui lie la conscience, mais comme une injuste oppression, à laquelle il est licite à chacun de se soustraire de son mieux.

37. Comme il n'est pas au monde d'idée étrange qui n'ait trouvé un défenseur, il s'est rencontré des gens pour soutenir que l'énormité des impôts ne pouvait jamais tourner au préjudice des citoyens, puisque l'Etat rend d'une main ce qu'il prend de l'autre. Mais les économistes répondent justement que l'Etat ne donne pas gratuitement l'argent qu'on lui a versé, qu'il reçoit quelque chose en échange. Il paie les ouvriers, mais en échange de leur travail; il paie les marchands, mais en échange de leurs marchandises ; il paie les employés, mais en échange de leurs services. Si c'est là une restitution, on pourrait dire au même titre que le voleur rend à un marchand, par exemple, l'argent qu'il lui a dérobé, parce qu'il le lui remet en tout ou en partie en échange des objets qu'il lui achète.

38. L'autre point à considérer, c'est que, pour être réputé légitime, un impôt qui frappe sur tous indifféremment, doit répondre à des besoins réels de l'Etat, et non à des besoins artificiels, et tourner sérieusement, au moins d'une manière indirecte, à l'avantage de tous, des pauvres comme des riches. C'est une pratique déplorable que celle qui consiste à multiplier les impôts pour en dépenser le produit, non pas en œuvres d'utilité commune, mais en constructions somptueuses, en théâtres, en riantes promenades, en monuments splendides, qui dévorent des millions tandis que la majeure partie de la population souffre de la faim ! *Qui osera soutenir*, dit Jean-Baptiste Say, *qu'un père doit retrancher un morceau de pain, un vêtement chaud à ses enfants, pour fournir son contingent au luxe des monuments publics (1) ?*

(1) *Traité d'économie politique,* livre III, chap. IX. *En français dans l'original.*

« Si le *droit* d'établir des impôts, ajoute très justement Taparelli, résulte pour le gouvernement de *l'obligation* qu'ont les sujets, de contribuer, chacun pour sa part, au bien commun, il s'ensuit que, quand il n'y a pas d'*obligation* pour les sujets, il n'y aura aucun *droit* pour le gouvernement ; or il n'y a pour eux d'*obligation* que dans le cas où l'impôt est *nécessaire ;* quand il ne s'agit que d'une convenance et de procurer le mieux-être ou la splendeur de la société, l'impôt sera *licite* lorsqu'il n'y aura pas de devoirs plus urgents à remplir, mais il ne pourra être *obligatoire.* Ainsi, en cas de *nécessité,* le souverain pourra de lui-même établir des *impôts* ; dans les autres cas, le souverain ne peut les établir qu'avec le *consentement* des individus et des corps qui désirent obtenir par là quelque avantage social. Il est clair qu'il faut entendre ici par *nécessaires,* non seulement les choses sans lesquelles la société ne peut exister, mais encore les choses sans lesquelles elle existerait misérablement (1). » Que l'on fasse aux divers cas l'application de cette théorie si juste, et l'on verra quel degré d'injustice recèlent certaines dépenses faites par les gouvernements à l'aide de ressources prélevées sur la nourriture et le logis de la classe pauvre.

ARTICLE II.

Impôts directs et indirects.

39. L'impôt doit frapper le revenu, c'est-à-dire la recette annuelle de chaque citoyen, qu'il provienne de rentes sur la terre, de profits sur le capital, ou de salaires dus au travail. Mais comment faire pour connaître exactement ce revenu, afin de l'imposer dans une juste proportion ? « Si l'on pouvait compter sur la bonne foi du contribuable, observe Say, un seul moyen suffirait : ce serait de lui demander quels sont ses produits annuels, quel est son revenu. Il ne

(1) *Essai de droit naturel.* Livre V, chap. VI, n° 1178.

faudrait pas d'autre base pour la fixation de son contingent ;
il n'y aurait qu'un seul impôt, et jamais impôt n'aurait été
plus équitable et n'aurait moins coûté de perception. C'est
ce qui se pratiquait à Hambourg avant les malheurs que cette
ville a éprouvés ; c'est ce qui ne peut avoir lieu que dans un
état républicain, de peu d'étendue, où les citoyens se connaissent mutuellement, et où les contributions sont modérées (1). »

40. Si l'on exclut ce moyen, impraticable dans les grands
États, et d'autant plus impraticable que ces États sont plus
avancés dans la corruption moderne, la tâche de proportionner
exactement l'impôt à la richesse de chacun devient extrêmement difficile, et disons même impossible. Pour vaincre au
moins en partie la difficulté, on a eu recours à divers expédients, qui peuvent se réduire à deux classes, celles des contributions *directes*, et celle des contributions *indirectes*. La
première se compose des impôts qui se recouvrent directement
sur les personnes, soit qu'ils portent sur la richesse *immo-*
bilière, soit qu'ils portent sur la richesse *mobilière*. Le second
se compose des impôts établis sur les marchandises de consommation, qu'il s'agisse d'objets de première nécessité ou d'objets de luxe : l'impôt, en élevant proportionnellement le prix
de la marchandise, retombe sur l'acheteur, qui se trouve
ainsi l'acquitter d'une manière indirecte. « Les impôts, écrit
Stuart Mill, sont directs ou indirects. L'impôt direct est
celui qu'on demande à celui auquel le législateur désire ou se
propose de le faire payer. Les impôts indirects sont ceux que
l'on demande à une personne dans l'espoir qu'elle s'indemni-
sera aux dépens d'une autre, comme l'*excise* (*) que le marchand se fait rembourser par sa clientèle. Celui qui fabrique
ou qui importe une marchandise paie un impôt sur cette

(1) *Traité*, etc., livre III, chap. x.
( ) Le P. Liberatore, dans la traduction qu'il a faite de ce passage,
a remplacé l'exemple de l'*excise* par celui de l'octroi et de la douane
(*le tasse del dazio et della dojana*). (*Note du traducteur.*)

marchandise sans que le législateur ait l'intention de l'imposer spécialement, mais pour imposer, par un intermédiaire, ceux qui consomment la marchandise, auxquels on suppose qu'il fera rembourser le montant de l'impôt en la leur vendant plus cher (1). »

41. Quant au premier de ces deux modes d'imposition, il semble à première vue qu'il doit aisément se prêter à une égale répartition, surtout en ce qui concerne les biens immeubles, qu'il est facile au gouvernement de connaître et d'évaluer. Il n'en est pourtant pas ainsi, même pour ces derniers, à cause des variations qu'ils subissent constamment dans leur valeur, par suite des améliorations ou des détériorations dont ils sont l'objet et des vicissitudes auxquelles sont sujettes la production et la valeur même des produits. Que dire des revenus qui constituent la richesse à laquelle on donne le nom de mobilière ? Formés d'éléments essentiellement variables, comme les profits résultant de l'emploi des capitaux, les gains réalisés dans le commerce ou dans l'exercice de professions ou de métiers divers, ils excluent toute application d'une mesure commune présentant quelque certitude ; aussi l'impôt sur ces revenus équivaut-il à un véritable impôt de capitation (2).

---

(1) *Principes d'économie politique*, livre V, chap. III.

(2) On appelait impôt de *capitation* celui qui taxait les citoyens *per capita*, d'après leur richesse présumée ou leur rang dans la société. On l'a abandonné, comme étant un mode d'impôt très défectueux ; mais aujourd'hui on semble y revenir au moyen de l'impôt sur la richesse mobilière. Adam Smith s'exprime ainsi sur cet impôt : « Les impôts de capitation deviennent entièrement arbitraires si on essaye de les proportionner à la fortune ou au revenu de chaque contribuable. L'état de la fortune d'un particulier varie d'un jour à l'autre, et, à moins d'une inquisition plus insupportable que quelque impôt que ce puisse être, et renouvelée au moins une fois chaque année, il n'est pas possible de faire autre chose que de l'apprécier par conjecture. Ainsi l'assiette d'un tel impôt doit donc le plus souvent dépendre des dispositions bonnes ou mauvaises de ceux qui le font, et par con-

42. Encore moins est-il possible d'arriver à la péréquation de l'impôt indirect, bien qu'il soit d'une application plus facile pour le gouvernement. L'impôt indirect est proportionnel à la consommation ; mais la consommation n'est pas proportionnelle à la richesse. Plus on consomme d'une denrée, plus grande est la proportion dans laquelle on paie l'impôt dont elle est frappée ; mais de ce qu'on est plus riche, il ne s'en suit pas que l'on en consomme proportionnellement davantage. C'est ce qu'une espèce concrète fera ressortir avec évidence. Prenons l'exemple du vin considéré par rapport à un ouvrier qui gagne mille francs par an et à un homme riche qui jouit de cent mille livres de rente. Supposons que le premier consomme un litre de vin par jour ; le second, lors même qu'il s'enivrerait tous les jours et permettrait à toute sa famille d'en faire autant, n'arriverait certainement pas à en consommer cent litres dans une journée. Et pourtant il faudrait qu'il en fût ainsi pour que la richesse du premier fût frappée dans la même proportion que le revenu de l'ouvrier. On peut en dire autant des autres denrées dont la consommation est commune au riche et au pauvre, telles que la farine, le sel, l'huile et les autres choses semblables. C'est un grave inconvénient et un inconvénient irrémédiable de l'impôt indirect, que d'être, non pas proportionnel, mais progressif en raison inverse de la richesse : moins on est riche, plus on paie. Un autre vice de l'impôt indirect est d'être très lourd, par cela même qu'il pèse sur tous les objets

séquent il doit être totalement arbitraire et incertain. Si l'impôt de capitation est assis, non dans la proportion de la fortune présumée, mais dans celle du rang du contribuable, alors il devient entièrement inégal, les degrés de la fortune étant souvent inégaux à égalité de rang. Ainsi un pareil impôt, quand on veut essayer de le rendre égal, devient totalement incertain et arbitraire ; et quand on veut essayer de le rendre certain et hors de l'arbitraire, il devient tout à fait inégal.» *Recherches sur la nature et les causes de la richesse des nations*, livre V, chap. II, section II, art. IV.

dont on fait usage et absorbe ainsi une partie très importante
des revenus. Il passe toutefois plus inaperçu que les autres,
parce qu'il se confond avec le prix même des marchandises.
D'où il résulte qu'en établissant de semblables impôts le gouvernement trompe dans une certaine mesure les citoyens, en
déguisant la charge qu'il leur impose. C'est une sorte de fraude,
de *gabegie* (*gabbo*) ; et c'est de ce mot qu'un certain nombre
d'auteurs (cela peut passer comme plaisanterie) font dériver
le nom de *Gabelle*.

43. C'est un des objets des recherches des économistes que
de savoir sur qui retombe en définitive l'impôt, quel qu'il
soit. Pour nous, il nous semble évident qu'en fin de compte il
arrive à frapper le consommateur, bien que ce ne soit pas
toujours de suite, mais souvent après de nombreux détours.
Le producteur peut, d'une manière ou d'une autre, se rembourser de l'impôt, en le faisant entrer dans le calcul du
prix de location ou de vente ; mais le consommateur, comme
tel, n'a d'autre ressource, pour se défendre de l'impôt, que
de diminuer sa consommation même. Si par l'effet des impôts
les loyers et le prix des subsistances s'élèvent, il faudra qu'il
se contente d'une maison de quatre pièces au lieu de six, et
réduise le service de sa table à deux plats au lieu de trois.
D'où l'on peut conclure que plus mange l'Etat, moins mange
le peuple.

ARTICLE III.

Règles à observer.

44. Tous les économistes, plus ou moins, ont, en traitant de
l'impôt, déterminé les lois à observer pour éviter qu'il ne
devienne intolérable pour les citoyens et moins profitable à
l'Etat lui-même. Mais aucun, à notre avis, n'a recueilli ces lois
avec autant de concision et de clarté que ne l'a fait Sismondi
dans de brèves formules. Nous nous bornerons donc ici
à reproduire ses formules, qui nous paraissent suffisantes.
Les voici :

« 1° Tout impôt doit porter sur le revenu et non sur le capital. Dans le premier cas, l'Etat ne dépense que ce que les particuliers devaient dépenser ; dans le second, il détruit ce qui devait faire vivre les particuliers et l'Etat (1).

« 2° Dans l'assiette de l'impôt, il ne faut point confondre le produit brut annuel avec le revenu ; car le premier comprend, outre le second, tout le capital circulant ; et une partie de ce produit doit demeurer pour maintenir ou renouveler tous les capitaux fixes, tous les travaux accumulés, et la vie de tous les ouvriers productifs (2).

« 3° L'impôt étant le prix que le citoyen paie pour des jouissances (sociales), on ne saurait le demander à celui qui ne jouit de rien ; il ne doit donc jamais atteindre la partie du revenu qui est nécessaire à la vie du contribuable (3).

« 4° L'impôt ne doit jamais mettre en fuite la richesse qu'il frappe ; il doit donc être d'autant plus modéré que cette richesse est d'une nature plus fugitive. Il ne doit jamais atteindre la partie du revenu qui est nécessaire pour que ce revenu se conserve (4). »

A ces règles l'auteur ajoute dans le chapitre suivant les prescriptions données par Adam Smith, en les résumant comme il suit :

« Tout impôt est d'autant plus mauvais, qu'il coûte plus au peuple par delà le revenu qu'il rapporte au fisc ; d'autant meilleur que sa perception est plus économique. Il est d'autant plus mauvais, que l'époque de son paiement cause plus

---

(1) Si les capitaux diminuent ou viennent à manquer, la production diminue ou cesse parallèlement.

(2) Seul le produit net est proprement un produit ; dans le produit brut, une partie n'est pas la compensation des dépenses faites.

(3) On doit donc considérer comme injustes les taxes qui pèsent principalement sur le menu peuple et sur la classe la plus misérable de la société.

(4) Cette règle concerne notamment les profits qui proviennent des capitaux en circulation.

de gêne au contribuable ; d'autant meilleur, qu'on a mieux combiné, pour le faire payer, le moment où le contribuable aura la commodité de le faire.

« Il est d'autant plus mauvais, que sa perception exige une inspection plus vexatoire, une plus grande violation de la liberté du citoyen ; il est d'autant meilleur, qu'il exige moins de surveillance et que son acquittement paraît plus volontaire (1). »

45. Quant à nous, nous insisterons seulement sur deux préceptes.

Le premier est que les impôts doivent être en général aussi légers que possible. On avait cru que ce résultat serait plus aisément obtenu par l'institution des gouvernements représentatifs. L'expérience a montré le contraire. Sous aucun gouvernement absolu les taxes ne sont devenues aussi oppressives que sous cette forme nouvelle de gouvernement. Elles se sont élevées à un tel taux et elles se sont étendues si universellement à toutes les parties de la vie, que désormais on peut les nommer un véritable pillage des revenus privés. Et ce qu'il y a de pire, c'est qu'il n'y a plus personne à qui s'en prendre, le gouvernement représentatif étant, comme on dit, impersonnel. Le Parlement qui fait la loi n'est qu'une abstraction ; les ministres qui l'ont fait exécuter se retirent ; et bonsoir, il n'y a plus personne.

L'augmentation des taxes a fait hausser démesurément le prix des denrées et le loyer des maisons, de sorte que les pauvres gens ne savent plus comment faire pour vivre. Et ce ne sont pas seulement les pauvres gens qui languissent dans la misère ; mais les personnes de très modeste fortune ne savent plus comment se maintenir dans leur condition, quelque médiocre qu'elle soit, et sont contraints de descendre au niveau du bas peuple et de s'appliquer à quelque métier. La classe moyenne tend à disparaître. La conséquence est que, si la souveraine providence de Dieu ne vient à nôtre aide, la so-

---

(1) *Nouveaux principes d'Economie politique*, livre VI, chap. II et III.

ciété ne se divisera plus qu'en deux classes, celle des gens démesurément riches et celle des gens n'ayant rien, la plèbe réduite à la misère et l'aristocratie d'argent.

46. D'où résulte le second précepte que l'impôt, quel qu'il soit, ne doit jamais frapper ce qui est absolument nécessaire à l'existence des citoyens ; c'est ce qui a déjà été indiqué plus haut dans les règles posées par Sismondi. Les petites propriétés devraient donc être exemptées de l'impôt *direct*, puisqu'elles suffisent à peine, et le plus souvent ne suffisent même pas, à satisfaire les premiers et les plus indispensables besoins de leurs possesseurs. Il est horrible de constater combien est fréquente l'obligation où se trouvent les petits propriétaires de vendre leur petit champ ou leur maisonnette, parce qu'ils n'ont pas le moyen de payer l'impôt qui les grève.

Quant aux impôts indirects, ils doivent épargner le plus possible les denrées alimentaires de première nécessité, telles que les farines, les légumes, l'huile, le sel, le bois, le vin de qualité ordinaire, etc. Les taxes qui frappent ces denrées privent fréquemment une grande partie de la population des aliments les plus nécessaires. C'est la raison qui a fait considérer comme la plus inique de toutes la taxe sur la mouture, qui atteint surtout les plus pauvres, c'est-à-dire ceux qui vivent presque exclusivement de pain.

Mais puisque les énormes dépenses auxquelles sont assujettis les États modernes ne permettent pas d'exempter complètement d'impôts les objets dont nous venons de parler, à cause de la nécessité même et de la généralité de leur consommation (les taxes sur les choses dont on peut facilement se passer sont peu productives), on devrait au moins chercher un correctif à l'excès de la charge qui en résulte pour le bas peuple. Ce correctif pourrait être le suivant : En supposant l'établissement, pour les ouvriers, d'un minimum de salaire au-dessous duquel, comme nous l'avons dit autre part, il ne serait pas permis de descendre (1), on devrait relever ce minimum

(1) Voir la deuxième partie, chapitre VI.

à mesure qu'un nouvel impôt viendrait frapper les matières nécessaires à l'existence. De cette façon, en ayant soin que le taux des salaires laisse à l'ouvrier la possibilité de se procurer les choses dont il a besoin pour vivre honnêtement, on lui rendra plus supportable les impôts dont elles seront frappées.

ARTICLE IV.

L'impôt doit-il être proportionnel ou progressif?

47. L'impôt s'appelle *proportionnel*, lorsque le droit fixé par le Gouvernement conserve une proportion constante avec la richesse, quelle que soit l'accroissement de cette dernière ; par exemple, comme lorsque *cent* francs de revenu en paient *dix* à l'État, *mille* francs en paient *cent*, *dix mille* francs en paient *mille*, c'est-à-dire toujours le dixième du revenu. On nomme, au contraire, *progressif* l'impôt dont la proportion varie en augmentant à mesure que la richesse s'accroit, de telle sorte, par exemple, que jusqu'à mille francs de revenu la taxe soit de dix pour cent, tandis qu'elle est de douze pour cent sur un revenu de mille à dix mille francs, de quatorze pour cent sur un revenu de dix mille à cent mille fr., et ainsi de suite. On voit par là que l'un comme l'autre système ne peut s'appliquer qu'à l'impôt direct, à moins que le Gouvernement ne fixe à la fabrication de certains objets une limite, que le fabricant peut, s'il le veut, dépasser, mais en payant une taxe plus élevée. L'impôt indirect présenterait lui-même, en ce cas, une sorte de progression, bien que *sui generis*.

48. Les économistes ne sont pas d'accord sur le point de savoir lequel des deux systèmes doit être préféré. Adam Smith semble pencher pour le second. Faisant en effet remarquer que, si la taxe sur les maisons était payée par le locataire au lieu de l'être par le propriétaire, cette taxe pèserait plus sur les riches que sur les pauvres (1), il ajoute : « Il n'est pas

(1) On aurait aussi l'avantage de supprimer l'énorme injustice

très déraisonnable que les riches contribuent aux dépenses de l'Etat non seulement en proportion de leur revenu, mais encore de quelque chose au delà de cette proportion (1) ». J.- B. Say est bien plus explicite et dit résolument : « Je ne craindrai pas de prononcer que l'impôt progressif est le seul équitable (2) ». Cette opinion est acceptée par un éminent philosophe, Taparelli, lorsqu'il écrit: « Une autre observation importante qui découle du principe établi ici, c'est l'injustice de la simple *proportionnalité des charges et des forces;* car la société devant procurer à chacun son bien en proportion de l'importance de ses droits, le droit du pauvre à l'existence prime celui du riche à l'excès d'aisance. Donc l'impôt *progressif* est juste (3) ». .

49. Boccardo nie que Smith approuve l'impôt progressif et qualifie de *légers* ceux qui s'appuient sur la citation que nous venons de faire. « Pour être franc, dit-il, j'aurais préféré qu'Adam Smith n'eût pas laissé échapper ces imprudentes paroles qui ont permis aux hommes *légers* de s'appuyer d'une si grande autorité (4). » Nous voulons croire qu'il n'a pas compris parmi ces hommes légers J.-B. Say qui, sans hésitation, attribue à Adam Smith cette opinion, lorsqu'il écrit: « Montesquieu l'adopte complètement comme le seul équitable; et Adam Smith, qui avait des idées bien plus justes encore sur les véritables intérêts des sociétés, *l'approuve* également (5) ». Mais un grand nombre d'économistes rejettent l'impôt progressif comme injuste et nuisible. Stuart Mill dit : « En Angleterre et sur le continent, on a soutenu le principe de

commise par certains gouvernements qui veulent recouvrer l'impôt foncier, même sur les maisons qui ne sont pas louées.

(1) *Recherches sur la nature et les causes de la richesse des nations,* livre v, chap. II, 2e partie, art. 1er.

(2) *Traité, etc.* Liv. III, chap. IX.

(3) *Essai de Droit naturel.* Dissertation V, chap. VI.

(4) *Traité théorique et pratique d'Economie politique,* vol. III, section III, chap. III.

(5) *Cours complet, etc.* Partie VIII, chap. IV.

l'impôt progressif en disant que l'Etat devait se servir de l'impôt pour diminuer les inégalités de fortune. Je désirerais autant que tout autre qu'on prît des moyens de diminuer ces inégalités, mais non pas de manière à dégrever les prodigues aux dépens des hommes prudents (*). Imposer les gros revenus plus que les petits, c'est imposer l'activité et l'économie; c'est frapper d'une amende ceux qui ont plus travaillé et plus économisé que leurs voisins(**)... Quant aux grandes fortunes provenant de dons ou de successions, le pouvoir de tester est un des privilèges de la propriété (***) (1). D'autres écrivains dont l'autorité n'est pas moindre disent la même chose en d'autres termes.

50. Nous n'osons pas nous prononcer définitivement sur une question si délicate et si controversée. Néanmoins nous nous permettons de déclarer que les raisons apportées par les adversaires de l'impôt progressif ne nous paraissent pas suffisantes. Stuart Mill l'appelle, comme nous l'avons vu, une espèce de vol. Pourquoi? L'auteur n'en donne pas d'autre preuve, si ce n'est qu'il est une sorte d'amende dont sont frappées l'épargne et l'activité qui ont produit, pour le riche, sa richesse. En réalité, les richesses exagérées de quelques personnes surtout s'il s'agit de Juifs, ne sont pas toujours le produit d'une honnête activité et de l'épargne. Quoi qu'il en

---

(*) Le P. Liberatore traduit ainsi ce passage : *manon in modo che faccia cessare il lavoro e l'accumulazione de capitali* (mais non pas de manière à faire cesser le travail et l'accumulation des capitaux). (*Note du traducteur*).

(**) Le texte italien ajoute ces mots pris sans doute dans une autre édition : *La è una tassa parziale, una specie di furto* (c'est un impôt partial, une espèce de vol). (*Id.*)

(***) Il y a en outre dans le texte italien (même observation) : *come il potere di usarle ; non vi è proprietà vera, se che la possede non è libero di dar'a ad altri* (comme le pouvoir d'en user ; il n'y a pas de vraie propriété, si celui qui possède n'a pas le droit de transmettre ce qu'il possède à autrui). (*Id.*)

(1) *Principes d'Economie politique.* Livre V, chap. II.

soit, il est certain que si cette raison était plausible, elle aurait
autant de force contre l'impôt proportionnel, puisque, pour
lui aussi, on pourrait dire à l'Etat : Pourquoi exigez-vous de
moi dix mille francs d'impôt tandis que vous n'en demandez
que mille à un autre ? — La raison de cette différence est que
cet autre n'a que dix mille francs de rente, tandis que vous
en avez cent mille, c'est-à-dire dix fois plus. — Si ma richesse
est dix fois plus grande, c'est le résultat de ma plus grande
activité, de ma plus grande économie ou de celle de mes ancêtres. Vous me punissez donc pour avoir plus travaillé et
moins dépensé, ou bien vous punissez en moi le travail et
l'épargne de mes parents. C'est une espèce de vol.

51. Que vous semble, lecteur, de ce raisonnement? Ne le
considérez-vous pas comme un non-sens? L'impôt s'applique
à la richesse des citoyens, non pas en raison de son origine,
mais en raison de l'obligation que ceux-ci ont de concourir
aux dépenses publiques. Sous ce point de vue, l'impôt progressif
apparaît non plus comme un vol, mais comme un acte de
justice distributive. Comme nous l'avons déjà dit, l'impôt est
une charge et une compensation. En tant que charge, il est
très juste qu'il pèse plus lourdement sur les épaules des forts
que sur celles des faibles. En tant que compensation, il doit
augmenter ou diminuer suivant qu'augmentent ou diminuent
les avantages qu'en reçoit le contribuable. Or, que l'on considère maintenant tous les avantages que l'Etat procure aux
citoyens, et l'on verra que le riche y participe dans une
mesure incommensurablement plus grande que le pauvre ou
celui qui est presque pauvre. Les universités, les musées,
les cabinets scientifiques, les bibliothèques servent beaucoup
aux riches, mais le pauvre n'en a que faire ; l'instruction
élémentaire suffit à ses enfants, et, cette instruction même,
pour les meilleurs raisons, il va la chercher non dans les écoles
du gouvernement, mais dans celles de l'Eglise ou dans les
fondations privées. La grandeur, la splendeur nationale
émeuvent puissamment l'âme du riche et captivent son attention ; mais le pauvre n'y porte qu'un intérêt médiocre, absorbé

qu'il est par l'obligation de se procurer la nourriture quoti-
dienne. Le pauvre n'a même pas grand besoin de l'action
protectrice de l'Etat sur les personnes et sur les choses ; sa
pauvreté l'en affranchit : *Cantabit vacuus coram latrone viator.*
Qui pourrait chercher à lui ravir des biens qu'il n'a pas, ou
lui disputer une vie passée dans les privations et dans les
fatigues ? De plus, l'impôt *indirect*, que le pauvre acquitte sur
les denrées, est *progressif* en ce qui le touche, ainsi que
nous l'avons vu plus haut (1). Ne semblerait-il donc pas juste
qu'en revanche l'impôt *direct* fût progressif pour le riche ?

52. On fait d'ordinaire une autre objection, qui est que
l'impôt progressif, par son accroissement continu, arrive à
ce résultat absurde d'absorber l'intégralité du revenu. Mais il
est facile de répondre que, pour éviter un résultat aussi inadmissible, il suffirait de ne frapper d'un nouvel accroissement
de taxe que la portion de richesse qui excède celle qui était
antérieurement imposée, et de s'arrêter à une limite déterminée. Que l'on établisse, par exemple, que le droit sera de
dix pour cent jusqu'à un revenu de dix mille francs, de douze
pour cent au delà, mais seulement sur toute augmentation
jusqu'à vingt mille francs ; de quatorze pour cent sur une
nouvelle augmentation au delà de vingt mille jusqu'à trente
mille francs, et ainsi de suite, jusqu'à ce que la taxe, ayant
atteint le taux de soixante pour cent sur les derniers dix mille
francs, cesse de s'élever et reste la même pour tous les autres
accroissements de richesse. Ce dernier taux de soixante pour
cent ne frapperait que les derniers dix mille francs d'un

_____

(1) Article II, § 42. En remarquant combien les charges indirecte-
sont plus mal réparties que les autres, Joseph Garnier dit : « Citons
un exemple : trente francs sur un tonneau de vin de trois cents francs
ne représentent que le dix pour cent ; ils constituent au contraire un
droit de cent pour cent sur le vin du pauvre. » *Éléments d'économie
politique*, seconde partie, chap. XXII. C'est peut-être exagéré, mais il
est certain que les taxes de consommation sont plus lourdes pour le
pauvre et s'aggravent en raison directe de son indigence.

revenu qui serait arrivé au chiffre respectable de trois cent dix mille francs par an.

53. On ferait ainsi disparaître en outre une autre objection, à savoir que les propriétaires seraient découragés d'appliquer leurs capitaux à l'acquisition de nouvelles richesses. Non; du moment que l'impôt n'absorbera pas l'intégralité du revenu et en laissera une bonne partie au possesseur, celui-ci sera toujours stimulé à augmenter sa fortune et, par conséquent, à appliquer ses capitaux à l'industrie.

54. On objecte enfin que, pour éviter l'impôt progressif, les grands propriétaires chercheraient à dissimuler leurs rentes et peut-être démembreraient leurs propriétés. Mais J.-B. Say observe justement que le contribuable est porté à cacher son patrimoine, même lorsque l'impôt est simplement proportionnel; si donc la progression des droits est une cause de dispersion de la propriété, d'autres motifs plus puissants incitent à la conserver réunie. Seuls les biens-fonds d'une grande étendue permettent d'avoir des fermiers solides, n'exigent pas des bâtiments multipliés, et facilitent les méthodes de culture plus expéditives, ainsi que l'élevage de grands troupeaux.

Il faut, du reste, observer que, quel que soit le système adopté, on ne peut jamais éviter tous les inconvénients de l'impôt et que le plus grand d'entre eux est encore le défaut d'équité au préjudice du pauvre. Or ce défaut semble être inhérent à l'impôt proportionnel. Établir une égalité de charges entre le nécessaire et le superflu, c'est plus qu'une injustice, c'est une absurdité; et c'est à la fois une injustice et une absurdité d'admettre au préjudice du pauvre la progression dans les taxes indirectes pour ne pas nuire au riche et de la repousser dans les impôts directs.

CHAPITRE IV.

LA DETTE PUBLIQUE.

55. Le Trésor a partout, aujourd'hui, trois plaies saignantes : le nombre immense des fonctionnaires, les armées démesurées, l'énormité de la dette publique. La troisième est peut-être la plus dangereuse, puisqu'elle absorbe à elle seule la plus forte partie des revenus de l'Etat et menace de la faillite les nations les plus riches. En tout cas, nous avons à traiter ici de la dette publique, comme d'un sujet qui se rattache à la consommation, et notre premier soin sera d'en établir clairement la nature.

ARTICLE Ier

Nature de la dette publique.

56. Il y a des cas extraordinaires (une guerre, par exemple, une disette, l'exécution de travaux urgents) dans lesquels l'Etat a des besoins pressants d'argent et ne peut toutefois en demander aux impôts, parce qu'ils ne fourniraient pas une ressource suffisante, qu'ils sont trop longs à percevoir ou ne pourraient subir une augmentation considérable. Dans ces circonstances difficiles, il ne lui reste pas d'autre parti à prendre que de recourir à un emprunt.

On faisait face autrefois à ces nécessités extraordinaires par des trésors amassés pendant les temps prospères. Cet usage a duré presque jusqu'à nos jours ; l'on se souvient des quatre

cent millions de francs que Napoléon Iᵉʳ gardait enterrés aux
Tuileries et dont il s'est servi pendant la campagne de 1813
et 1814 Mais on a reconnu plus tard que ce système était défectueux, parce qu'il permettait au gouvernement de dissiper
souvent en libéralités ou en dépenses inutiles les richesses
accumulées; et qu'en tout cas, il gardait ainsi longtemps
improductifs d'énormes capitaux dont la mise en œuvre
aurait donné d'immenses profits. On a considéré comme plus
sûr et plus avantageux de ne conserver aucune richesse
oisive dans les caisses de l'Etat et d'emprunter plutôt les
sommes nécessaires dans les occasions imprévues. On est
d'ailleurs convenu que l'Etat, pour faciliter ces emprunts, s'o-
bligerait à payer aux prêteurs un intérêt annuel tant que
durerait leur créance, quatre ou cinq francs, par exemple,
pour cent francs. L'ensemble de ces obligations souscrites par
l'Etat constitue la dette publique, que l'on peut, en conséquence, définir: l'ensemble des obligations pécuniaires contractées par l'Etat pour les prêts qu'il a reçus.

57. Il y a deux espèces de dettes publiques: l'une qui
comporte une promesse de remboursement, l'autre qui ne
comporte pas cette promesse. Celle-là est temporaire, celle-ci
est par essence perpétuelle de la part du prêteur. Dans la
première, l'Etat prend à sa charge, outre le paiement d'un
intérêt, l'obligation de rembourser le capital dans un délai
déterminé, soit intégralement et à tous les prêteurs en une
seule fois, soit à chacun d'eux successivement et au moyen de
tirages au sort périodiques. C'est le système le plus rationnel,
et c'est celui que l'on pratique dans les Etats-Unis d'Amérique. Dans la seconde espèce de dette publique, l'Etat restreint son obligation au seul paiement d'une rente annuelle,
sans prendre l'engagement de restituer le capital, bien qu'il
se réserve le droit de le rembourser au moment qui lui
conviendra. Cette seconde espèce, qui est universellement
adoptée, a moins l'apparence d'un prêt que d'un achat de la
part des prêteurs et d'une vente de la part de l'Etat. L'Etat
offre une rente annuelle de cinq pour cent, par exemple,

du capital nominal. Les amateurs accourent ; mais, au lieu de cent francs, ils ne proposent de donner que quatre-vingts ou quatre-vingt dix francs, cherchant à faire à leur profit le meilleur marché possible, d'après la loi de l'offre et de la demande, ce qui est le propre des achats et des ventes. Et tel est, en effet, le langage qu'on a l'habitude d'employer communément : J'ai acheté une rente de mille, deux mille francs, etc. Toutefois, la faculté que se réserve l'Etat de restituer le capital s'il le veut, et quand il le voudra, empêche que le contrat ne soit une véritable vente et un véritable achat, et lui laisse la nature d'un prêt avec bénéfice.

58. Les deux espèces d'emprunts dont nous venons de parler peuvent se réaliser de deux manières : par *souscription* ou par *adjudication*. Dans l'une, l'État émet des obligations dont il fait lui-même la remise aux particuliers qui viennent les lui acheter. Dans l'autre, il s'adresse à une société de capitalistes ou à quelque banque, qui achète la totalité de la rente et se charge de la revendre en détail à ses risques et périls, absolument comme un marchand qui aurait acheté *en gros* et revendrait *au détail*. Cette seconde manière est celle que préfèrent généralement aujourd'hui les gouvernements, tant pour ne pas s'exposer au danger de ne pas voir couvrir complètement la somme dont ils ont besoin, que pour en encaisser immédiatement le montant. Mais elle est nuisible à cause de la perte importante qui en résulte pour l'Etat. La Société ou la banque, devant, en effet, faire un bénéfice sur cette opération, ne paie pas la rente d'après sa valeur nominale ou avec une diminution de peu d'importance, mais avec un rabais considérable de vingt, trente ou quarante pour cent, selon le crédit dont dispose le gouvernement, qui reste néanmoins obligé à payer la rente de ces rabais comme s'il en avait réellement profité.

59. Outre les deux espèces d'emprunt signalées plus haut, on a coutume d'en compter une troisième, celle de l'emprunt *forcé*, ainsi nommée parce qu'il est imposé aux citoyens par l'Etat et recouvré de force. Mais sa nature est plutôt celle d'une

extorsion violente que d'un prêt (le prêt semblant toujours impliquer l'idée d'un contrat volontaire). Il est absolument odieux, parce qu'il est contraire à la liberté; il nuit au travail, auquel il enlève les capitaux déjà employés ou qui allaient l'être, et il déshonore le gouvernement, comme une preuve évidente du défaut de confiance qu'il inspire et qui le force à recourir aux moyens d'extorsion pour obtenir des citoyens ce qu'il ne pouvait espérer en recevoir sur sa simple demande.

ARTICLE II.

Dette consolidée et dette flottante.

60. Les emprunts que l'Etat contracte moyennant une rente fixe de 4, 5, ou plus ou moins, pour cent, sont, en France ainsi qu'en Italie, inscrits sur un registre public appelé *Grand-Livre*, dont les extraits, destinés à être remis aux créanciers se nomment *titres ou inscriptions*. On les libellait autrefois au nom de personnes ou de communautés distinctement spécifiées; mais actuellement, pour en faciliter la circulation, on les libelle aussi simplement au porteur. La dette d'Etat qui correspond à cette nature d'emprunts s'appelle *consolidée*, à cause de sa stabilité et de sa fixité. « Quand on dit *dette consolidée*, écrit Pellegrino Rossi, on veut dire dette régulièrement inscrite sur les registres de l'Etat, connue, déterminée, inaltérable, si ce n'est en vertu d'une loi (1). » En d'autres termes, la dette consolidée est la dette d'Etat à rente fixe, qui n'est pas remboursable ou n'est remboursable que par amortissements successifs à longue échéance.

61. En face de la dette *consolidée* il y a la dette *flottante* (*), ainsi nommée parce qu'elle n'a rien de fixe, mais est au con-

(1) *Cours d'Economie politique*. Fragments. Deuxième fragment. Première leçon.

(*) L'italien porte : *galleggiante* ou plus proprement *flottuante*; cette nuance ne peut se traduire en français. (*Note du traducteur.*)

traire passagère et essentiellement variable. Il peut aisément se produire des nécessités extraordinaires, non prévues au budget et impossibles à prévoir, pour lesquelles le gouvernement ait momentanément besoin de capitaux qu'il n'est pas autorisé à se procurer, et qu'il ne serait même pas opportun de se procurer, en se chargeant d'une dette permanente. Pour y faire face, le gouvernement s'adresse alors à quelque banque ou à quelque capitaliste, en se mettant pour ainsi dire en compte courant avec lui-même ; il en reçoit les sommes qui lui sont nécessaires contre la remise de titres payables à courte échéance, nommés *bons ou traites du Trésor* ou émis sous d'autres désignations. Ce sont autant de lettres de change que l'Etat tire sur lui-même et qui doivent être acquittées au cours de l'exercice annuel. Cette dette ressemble moins à un prêt qu'à une avance sur les recettes de l'année, avance qui devra être remboursée pendant l'année même. Mais écoutons Pellegrino Rossi :

« Il est bien difficile que le Trésor ait toujours dans ses coffres tout juste la quantité de fonds, de numéraire nécessaire pour le service de chaque jour dans chaque localité ; on ne peut guère espérer que les revenus et les dépenses se combinent de manière à ce qu'il n'y ait jamais un moment d'arrêt, de stagnation, d'embarras. Il se peut très bien que le gouvernement ayant à dépenser deux millions à Bayonne, ces deux millions se trouvent, par exemple, dans les caisses de la douane au Havre ou à Marseille. Eh bien ! il s'agit de faire coordonner les dépenses avec les recettes dans des localités si diverses.

« De même les dépenses gouvernementales ne sont pas fixes. S'il n'y avait à payer que la solde des troupes et les émoluments des employés, dont on sait à l'avance le montant et l'échéance, il serait facile au ministre des finances de mettre ces dépenses en parfaite harmonie avec les recettes ; mais il y a des dépenses que l'on ne peut calculer ainsi à l'avance, et c'est pour cela qu'il y a dans le budget ce qu'on appelle des crédits extraordinaires et des crédits supplémentaires.

« Il peut même arriver telles circonstances qui fassent que les rentrées ne soient pas aussi abondantes qu'à l'ordinaire, ou du moins ne s'effectuent point aussi promptement.

« Pour toutes ces causes, on comprend qu'il peut être nécessaire au Trésor public d'avoir recours à un crédit temporaire ; il peut avoir besoin de trouver 2, 3, 4, 5, 10, 15 millions momentanément. Eh bien ! il ne fait pas pour cela un véritable emprunt, une addition à la dette inscrite sur le Grand-Livre, il ne crée pas pour cela une rente nouvelle ; il demande aux capitalistes de lui avancer momentanément certains fonds, certaines sommes. Il se fait emprunteur au mois, en émettant des billets, comme une maison de banque qui opère ce qu'on appelle, en termes de commerce, une *circulation*.

« Eh bien ! ces bons du Trésor, ces promesses, ces billets portant intérêt, qui ne sont pas inscrits au Grand-Livre, qui sont vendus sur place à des détenteurs d'argent qui les paient, en retenant comme escompte l'intérêt de leur argent, forment ce qu'on appelle la *Dette flottante*.

« Vous voyez donc que la dette flottante n'a pas les caractères de la dette consolidée. Elle n'est pas inscrite sur le Grand-Livre, elle n'est pas constituée en rente, elle n'est pas déterminée d'une manière absolue ; et voilà pourquoi on l'appelle flottante, parce que le montant en est tantôt plus, tantôt moins élevé. Nous avons en ce moment près de 400 millions de dette flottante, et puis il y a eu des instants où le Trésor, au contraire, s'est trouvé embarrassé des sommes énormes qu'il avait encaissées (1). »

Il peut certainement arriver parfois que la dette flottante s'accroisse démesurément et que le gouvernement n'ait pas la possibilité de l'éteindre. Alors il n'y a pas d'autre moyen que de recourir à une loi qui autorise un emprunt pour en effectuer le remboursement ; ce qui revient à transformer la dette flottante en dette consolidée.

(1) *Cours d'Économie politique.* Fragments. Deuxième fragments. Première leçon.

ARTICLE III.

Amortissement et conversion.

62. De même que toute personne réelle, la personne morale de l'État doit s'appliquer de son mieux à éteindre les dettes qu'elle peut avoir. Cette obligation est inhérente à l'idée même de la dette, car il serait immoral de demander à l'emprunt ce que l'on saurait ne pouvoir jamais rembourser ou ce qu'on ne chercherait pas à rembourser. Telle est l'origine de ce que l'on nomme la *Caisse d'amortissement*, qui a pour objet de permettre au gouvernement d'amasser les fonds nécessaires pour éteindre une dette qu'il a contractée. La manière d'arriver à ce résultat consiste, pour l'Etat, à distraire de l'usage auquel il le destinait une petite portion de l'emprunt, qui, placée à intérêt, s'accroîtra de façon à devenir, dans un temps donné, suffisante pour éteindre la totalité de la dette. On sait, en effet, grâce au calcul qui en a été fait pour la première fois par le docteur Price, que le centième d'un capital placé à intérêts le recompose en totalité dans un laps de 35 ans, si l'on emploie de la même manière les intérêts annuels qu'on en retire. Un gouvernement peut donc, au moyen d'une opération de cette nature, se trouver, au bout de la période que nous venons d'indiquer, en mesure de rembourser les sommes qui lui ont été prêtées.

63. Toutefois, les économistes font remarquer que, bien qu'en théorie l'effet d'une telle opération soit incontestable, puisqu'il est basé sur un calcul mathématique, il n'a jamais été en fait réalisé. Les besoins de la société, en se multipliant sans cesse, ont conduit l'Etat à recourir à la Caisse d'amortissement et à lui reprendre, pour des usages autres que celui en vue duquel elle avait été créée, les fonds qu'il lui avait confiés. Par suite, beaucoup d'économistes, et à leur tête J.-B. Say, ont proposé d'abolir cette caisse, comme une institution qui n'est propre qu'à accroître les dépenses d'administration.

Ils suggèrent qu'il vaudrait mieux, par des économies (les économies seules pouvant en fin de compte éteindre les dettes), faire en sorte que les revenus de l'Etat laissent sur les dépenses un boni, que l'on appliquerait immédiatement à l'extinction de la dette en achetant pour le compte du gouvernement des inscriptions de la dette publique. Ainsi, au bout d'un certain temps, tous les titres seraient rentrés dans les mains de l'Etat, et il serait libéré de l'obligation d'en payer la rente. « Pour un Etat, comme pour un particulier (écrit Say), il n'y a pas deux moyens de s'affranchir de ses dettes. Cet unique moyen est d'y consacrer l'excédent de ses revenus sur ses dépenses. Les dépenses atteignent-elles le revenu ? la dette n'est pas diminuée, quoi qu'on fasse ; elle est même augmentée s'il y a un excédent du côté de la dépense. Les revenus excédent-ils la dépense ? le procédé le plus expéditif et le moins coûteux est d'employer immédiatement cet excédent au rachat d'une partie des obligations de l'Etat. La manœuvre des intérêts composés n'est qu'un pur charlatanisme. Quand l'Etat est assez heureux pour avoir cette année un excédent de vingt millions sur ses recettes, et qu'il rachète en conséquence un million de ses rentes, n'a-t-il pas ce million à payer de moins l'année prochaine ? Et si ses recettes et ses dépenses sont encore dans la même situation, son excédent de l'année prochaine ne sera-t-il pas de vingt et un millions, qui rachèteront un million et cinquante mille francs ? N'est-ce pas là tout l'effet qu'on peut attendre de l'intérêt composé ? On voit bien le point essentiel pour éteindre une dette, c'est, tout bonnement, de réduire les dépenses et d'y employer les recettes excédentes(1). »

64. Un autre moyen auquel les Etats modernes ont souvent recours, non pour éteindre leur dette, mais pour en alléger le poids, est ce qu'on appelle la *conversion*. Ce moyen consiste en ce que le gouvernement, tirant parti de la baisse qui peut se produire sur l'intérêt des capitaux, propose aux

(1) *Traité d'Economie politique*, livre III, chap. XI.

10***

détenteurs de fonds publics, soit de reprendre le *capital* de leur prêt, d'après sa valeur nominale de *cent* francs pour chaque *cinq* francs de rente ou pour tout autre taux de rente déterminé, soit de consentir à une diminution des intérêts, de manière, par exemple, à ne plus recevoir que quatre pour cent au lieu de cinq. La baisse du loyer de l'argent devant nécessairement empêcher les détenteurs de rentes publiques d'employer à de meilleures conditions le capital qu'ils recevraient, il est assez probable qu'ils accepteront, sinon en totalité, au moins en majorité, la réduction proposée, surtout si le gouvernement s'engage à ne pas faire de nouvelle conversion pendant un certain nombre d'années. Le Trésor serait ainsi allégé tout au moins d'une partie des intérêts qu'il doit servir.

Cette opération financière, toute désagréable qu'elle peut être pour les particuliers, qui y perdent une partie du revenu dont ils jouissaient paisiblement, n'a cependant rien d'injuste en elle-même. Tout débiteur a le droit de rembourser, lorsqu'il le veut, sa dette à son créancier. Ce droit appartient d'autant plus au gouvernement qu'il représente les intérêts de la société tout entière, sur laquelle porte le poids d'une dette, peut-être si considérablement accrue qu'elle n'est plus supportable. D'un autre côté, le détenteur des inscriptions de rente bénéficie de leur escompte, puisque le gouvernement les lui paie d'après leur valeur nominale de cent francs par chaque quotité de rente, tandis qu'il les avait peut-être réellement achetées au prix de 80 fr., de 70 fr., ou même moins encore.

Pour se procurer enfin l'argent nécessaire au remboursement, le gouvernement a recours à un emprunt fait à un taux d'intérêt inférieur à celui qu'il servait antérieurement, emprunt qui, en raison de la baisse du loyer de l'argent dont nous avons parlé plus haut, doit être facilement couvert. Avec le produit de cet emprunt, on indemnise ceux qui veulent être remboursés de leurs capitaux, et le surplus s'emploie à racheter les inscriptions de l'ancienne dette.

Au moyen de cette opération financière plusieurs fois répétée, les Etats-Unis d'Amérique sont parvenus à réduire toute leur dette à trois pour cent, au lieu de six qu'ils payaient auparavent.

ARTICLE IV.

L'agiotage.

65. Le lieu, autorisé par le gouvernement, où se négocient, par l'intermédiaire d'officiers ministériels nommés agents de change, les titres de la dette publique, et où s'opèrent aussi la vente et l'achat des effets de commerce, des valeurs de banque et, sur une grande échelle, de tous les autres objets de commerce et d'industrie, s'appelle *Bourse*. On appelle également Bourse la réunion même, qui se fait en ce lieu, des capitalistes, négociants, armateurs et entremetteurs divers dans les opérations de finance et de commerce. C'est là qu'est la patrie de l'*agiotage* maudit.

On désigne par ce mot, en ce qui concerne les fonds publics, le honteux trafic qui se fait entre *spéculateurs* sur la hausse et sur la baisse de la rente, au moyen de l'achat ou de la vente fictive des titres de la dette publique, hausse et baisse qui ne sont parfois que le résultat de leurs manœuvres coupables (1). Nous expliquerons ce qui se passe au moyen d'un exemple. Un de ceux que nous avons appelés spéculateurs feint de vendre à Titius une rente de dix mille francs, au

---

(1) L'agiotage ne se pratique pas seulement sur les fonds publics, on agiote également sur le cours des denrées et sur celui des objets industriels et commerciaux. « Les rentes de l'Etat, écrit Say, ne sont pas la seule matière de l'agiotage. On agiote sur les eaux-de-vie, les huiles, les cafés, les savons ; c'est-à-dire qu'on s'engage à livrer ou à recevoir une certaine quantité de ces marchandises à une certaine époque. Ce n'est pas à dire que l'on veuille réellement en vendre ou en acheter ; mais le terme arrivé on résout le marché en payant, ou recevant, la différence qui se trouve entre le prix convenu et le prix courant » *Cours complet, etc.* Huitième partie, chap. xv.

cours du jour, en s'obligeant à la racheter, par exemple, à la fin du mois, c'est-à-dire à l'époque, ainsi nommée, de la *liquidation*, au prix que la rente vaudra à cette époque. Ce rachat n'est pas moins fictif que la vente, et l'opération se résout ainsi : si la rente a augmenté de valeur, l'acheteur fictif paie au vendeur fictif la différence, qu'il reçoit au contraire de celui-ci si la rente a baissé. Ce genre de contrat peut affecter des modes très divers, mais c'est à cela qu'il se réduit toujours en substance (¹). On voit donc que ce n'est pas en définitive autre chose qu'un jeu fondé sur le risque ou sur la fraude, équivalant à un pari sur les oscillations des valeurs de bourse.

66. On ne saurait croire combien ce jeu, si entré dans les mœurs aujourd'hui, tourne à la ruine des finances privées, et combien il est la source d'abus révoltants, même de la part des hommes de gouvernement. Voici ce que Droz écrit à ce sujet : « Les turpitudes (ce sont ses propres expressions) devaient naturellement pulluler sous le régime des Dettes. L'agiotage est fils de l'emprunt. Les titres de rentes haussent ou baissent de valeur, selon le degré de confiance qu'inspire la fortune publique (**). Il est donc avantageux de vendre ses titres dans certains moments, p   les racheter dans d'autres. Ce jeu a paru circonscrit dans des limites trop étroites. Un homme qui n'aura jamais de rentes propose à un autre, qui n'en veut point acheter, de lui en vendre à tel prix, à telle époque. C'est une gageure sur le taux de la rente à cette époque. Celui qui perd donne une somme égale à celle dont il s'est trompé. La bourse devient un tripot d'autant plus redoutable, que là il n'est pas besoin de mettre au jeu. Mais le comble de l'ignominie, c'est que les hommes du gouvernement pourront toujours être soupçonnés de se mêler clandestinement aux joueurs ; et comme ils ont les moyens d'être

(*) Voir la note du traducteur ci-après.

(**) *Sic* dans la 2ᵉ édition (1846), dont je me sers. Dans l'italien, y a : *onde gode il Governo* (le degré de confiance *dont jouit le Gouvernement*).

instruits les premiers des circonstances qui feront varier la
rente, s'ils jouent, c'est à coup sûr. Grâce à nos inventions
financières, les administrateurs de la fortune publique, ceux
qui doivent donner l'exemple de la délicatesse, peuvent devenir joueurs, fripons à leur profit, en attendant qu'ils soient
banqueroutiers pour le compte de l'Etat (1) (*). »

(1) *Economie politique, etc.*, livre IV, chap. III.

(*) La peinture est vive, et n'a malheureusement rien perdu de sa
vérité, ni de son à-propos. Il faut dire toutefois que ce sont les chose
vues d'un seul côté. Le P. Liberatore, comme Droz, fait la synthèse
de l'opération, telle qu'elle se résout en effet en spéculation pure.
Mais derrière la spéculation pure, il y a toujours une opération réelle,
qui détermine le cours des valeurs et en opère, comme on dit, le
classement. Prenons l'opération telle que la décrit le P. Liberatore.
J'achète, en dehors de toute pensée d'en prendre livraison (et mon
calcul peut être trompé), 15000 fr. de rente 3 0[0, à 90 fr. *fin courant*.
A la fin du mois, la rente vaut 91 fr. Je revends à ce prix, et je gagne
5000 fr. Mon vendeur, lui, qui n'a pas de titres, doit toutefois en
livrer, à moi ou à telle personne que les incidences du marché auront
pu me substituer. Il en achète donc, ou on en achète pour lui, *en
l'exécutant* (c'est le terme consacré), à 91 fr., et il perd les 5000 fr.
que je gagne. Voilà le résultat. Mais si nous avions affaire directement
l'un à l'autre, l'opération se liquiderait ainsi : mon vendeur, qui n'a-
vait pas de titres, qui doit m'en livrer et qui en a acheté, recevrait de
son propre vendeur 15,000 fr. de rente, qu'il lui paierait 455,000 fr. Il
me les livrerait à 450,000 fr., et je les transmettais à mon tour à mon
acheteur, qui les garderait, au prix de 455,000 fr., le prix même qu'ils
ont coûté à mon vendeur. Supprimez par la pensée, et par une simpli-
fication purement mathématique, les opérations intermédiaires, il reste,
d'un côté, moi et mon vendeur, dont l'un gagne et l'autre perd 5000 fr.,
et, de l'autre, un vendeur et un acheteur, au même prix de 91 fr.,
(cours de compensation), celui-là même qui, dans l'opération sim-
plifiée, constituait mon vendeur et moi, l'un en perte, l'autre en bénéfice de 5000 fr. Il en est ainsi dans la réalité, grâce à ce qu'aucun de
nous, vendeurs et acheteurs, ne se connait, ni ne se connaitra peut-
être jamais, et que nous avons procédé par l'entremise de mandataires
ou par le ministère d'agents de change, qui règlent les opérations

ARTICLE V.

Avantages et inconvénients des emprunts.

67. Après les éclaircissements que nous venons de donner
nous pouvons résoudre la question de savoir si la dette publique est un bien ou un mal. Pour quelques-uns, c'est un,
bien. Mais leurs raisonnements sont des sophismes si misérables que nous croirions perdre le temps et l'encre à les réfuter. Nous renvoyons au besoin le lecteur à la réfutation que Say
a pris la peine d'en faire. Pour les autres, c'est un mal ; car c'est
une charge qui grève non seulement le présent, mais l'avenir,
et encore plus l'avenir, qui reste chargé de l'acquitter. Sans
doute il en est ainsi, si l'on considère la dette sous son aspect
absolu. Avoir des dettes est un mal en soi-même, pour les

entre eux et les réduisent vis-à-vis de chacun de nous, par la liquidation, à leur plus simple expression. Ainsi, j'ai acheté à 450,000 fr., revendu
à 455,000 fr. ; mon agent de change me remet 5000 fr. et se charge des
opérations matérielles de titres. Mon vendeur est débiteur de 455,000 fr.
créditeur de 450.000 ; il verse 5000 fr. à son agent de change, qui
se charge de même de la réception ou de la livraison des titres. Que
reste-t-il ? Il reste en face l'un de l'autre, représentés par leurs agents
de change respectifs, un vendeur qui livre et un acheteur qui prend
livraison, au cours de compensation de 91 fr., celui-là même, je le répète,
qui sert à déterminer le taux réel des valeurs, et, par suite, la perte
ou le gain du vendeur et de l'acheteur que l'on considère comme
fictifs. Encore est-ce là un pur mirage. Non seulement, derrière la
spéculation, flétrie de l'épithète au moins trop générale de honteuse, il
reste une opération réelle, effective, survivant à la suppression des intermédiaires ; mais les intermédiaires eux-mêmes, les spéculateurs,
apportent un appoint très important pour le développement des échanges
et pour le placement des emprunts, sans lesquels notamment l'exécution des grands travaux publics, on l'a fait mille fois remarquer, eût
été impossible. Ils jouent dans une certaine mesure le rôle des intermédiaires qui, dans toute opération de commerce, s'entreposent entre
le producteur, le marchand en gros et le consommateur, avec un ris-

gouvernements comme pour les particuliers ; il n'y a pas de différence, à cet égard, entre les uns et les autres. Mais si l'on considère la dette publique sous son aspect relatif, elle peut revêtir, sous le rapport moral, des qualités opposées, selon la fin en vue de laquelle elle est contractée. Elle sera certainement, dans certains cas, un mal moindre, auquel la société devra se soumettre pour en éviter un plus grand.

68. Il nous semble que, d'une manière générale, on peut établir les règles suivantes :

Si la dette est contractée pour subvenir à des dépenses de pur embellissement de la cité ou concernant des améliorations qui ne sont pas nécessaires, elle est un mal, les dépenses de cette nature devant être faites avec les excédents que peuvent présenter les revenus publics, et non au moyen d'impôts qui retombent en fin de compte sur des citoyens dont beaucoup, ou languissent dans la misère, ou sont obligés de

que qui se traduit par un gain ou par une perte, et qui peut même se traduire par l'obligation de livrer ou de prendre livraison En tout cas, il n'y a rien là de comparable au jeu de hasard qui consiste à parier sur un événement purement contingent, tel que, pour prendre l'exemple donné au commencement de ce livre : Socrate courra-t-il ou ne courra-t-il pas ? ou bien : Le cheval *Imperator* remportera-t-il, ou non, le prix de la course ? ou bien encore : La bille qui bondit sur la roulette s'arrêtera-t-elle sur la rouge ou sur la noire ? Dans ce dernier contrat, il ne s'agit en définitive de la possession ou de la transmission, même simulée, ni de Socrate, ni du cheval *Imperator*, ni de la bille ; il s'agit d'un simple pari, d'une pure gageure (le mot ici est exact) se résolvant, sans nulle utilité pour le corps social, en un gain plus ou moins illicite ou en une perte sèche. Tout en proscrivant au fond ce que proscrivent Droz et le P. Liberatore, nous avons cru devoir signaler une exagération, que le lecteur eût peut-être d'ailleurs saisie par lui-même. Dans l'enseignement de la jeunesse, il ne faut montrer comme absolues que les vérités absolues. La jeunesse n'est que trop portée par elle-même à l'absolu, et quand plus tard, par l'effet de l'expérience, la réalité se fait jour, il peut s'établir une dangereuse confusion. (*Note du traducteur.*)

songer à tout autre chose qu'à ce qui est agréable et à ce qui est beau.

Si la dette est contractée pour une dépense d'utilité purement temporaire, mais pourtant de telle nature qu'elle tourne au bénéfice commun, l'emprunt pourra être regardé comme un acte licite et même louable, si l'Etat a la certitude de pouvoir éteindre sa dette en peu de temps, sans en rien transmettre à la postérité.

L'emprunt peut être un acte, non plus seulement louable, mais indispensable, s'il est contracté pour défendre l'indépendance nationale contre une injuste agression. Dans ce cas il s'agit de la vie ; car la vie des nations réside dans leur indépendance. Or, la vie étant la source de tous les biens, sa conservation l'emporte sur tout autre dommage d'ordre purement matériel. Mais le cas est fort rare.

On peut aussi considérer comme utile un emprunt contracté en vue de dépenses d'une grande utilité commune et durable, et dont l'avantage économique est supérieur au dommage résultant des intérêts à payer. La postérité, loin de s'en plaindre, ne pourra que s'en louer, puisqu'elle en retirera des avantages très supérieurs à l'obligation qui lui aura été transmise d'éteindre la dette ainsi contractée.

Mais on doit au contraire regarder comme absolument mauvais, comme souverainement détestables, les emprunts contractés pour des dépenses frivoles ou factieuses, pour des entreprises injustes ou hasardeuses, pour des armements inutiles et vaniteux faits dans le but ridicule de donner au pays l'apparence d'une grandeur militaire à laquelle il n'est pas encore en état de s'élever.

69. Quelques personnes considèrent aussi comme mauvais les emprunts faits à l'étranger, parce qu'ils portent au dehors le montant des intérêts payés pour ces emprunts. Mais les économistes font justement observer que c'est là une erreur. Car l'emprunt fait à l'étranger, s'il porte à l'extérieur les intérêts, laisse à l'intérieur les capitaux, qui autrement auraient été donnés au gouvernement, pour qu'il les consommât, et qui,

appliqués au contraire à l'industrie (pourvu qu'il y en ait et
qu'ils y soient appliqués réellement), peuvent donner à celle-
ci une grande impulsion et faire naître des profits beaucoup
plus considérables ; ce qui toutefois n'arrive pas toujours,
l'Italie en est la preuve. D'où il résulte qu'un emprunt
contracté à l'étranger peut être quelquefois plus utile ou
moins défavorable qu'un emprunt contracté à l'intérieur.

Comme conclusion nous dirons que, de quelque nature que
soient les dettes, on doit avoir toujours grand soin de ne pas
les multiplier au point de les rendre intolérables, et prendre
toutes les mesures nécessaires pour les éteindre graduellement. Aujourd'hui la dette publique des diverses nations a
atteint des proportions tellement colossales qu'une banque-
route prochaine paraît partout inévitable, et avec elle une
ruine de la société dont la seule pensée fait frémir. Comme
échantillons, citons quelques chiffres que nous avons empruntés
aux tables statistiques et géographiques de M. Otto Ubner's.
Dans le cours de la dernière année, la dette publique en
France était de 37 milliards 800 millions de francs, avec un
intérêt annuel de 1302 millions ; elle était en Angleterre, de
17 milliards 897 millions, avec un intérêt annuel de 699 millions ; en Russie, de 18 milliards 597 millions, avec un intérêt annuel de 1125 millions ; en l'Autriche-Hongrie, de
11 milliards 345 millions, avec un intérêt annuel de 530 millions ; et, dans notre propre Italie, de 11 milliards 515 millions, avec un intérêt annuel de 505 millions (1). Ces chiffres
diffèrent peu sensiblement des chiffres approximatifs donnés
par M. Leroy-Beaulieu, qui dit : « On ne peut guère évaluer
moins de 32 ou 33 milliards le capital de la dette publique
française... La dette publique de l'Angleterre, qui est après
nous la puissance la plus chargée, n'atteint que 18 milliards
de francs ; la dette de la Russie, pays de 100 millions d'âmes,
est également de 18 à 19 milliards de francs ; celle de l'Italie

(1) OTTO UBNER's, Geographisch-Statistische Tafeln aller Länder Erde
1888.

est de 11 milliards. L'empire d'Allemagne et la totalité des
Etats allemands n'ont guère que 9 milliards de dettes... La dette
de l'Autriche-Hongrie est d'une douzaine de milliards (1). »
Donc, six des Etats de l'Europe ont à eux seuls plus de cent
milliards de dette, avec un intérêt annuel par conséquent
de près de cinq milliards, et certainement de plus de quatre.
Cette énorme charge explique en grande partie l'énormité
des impôts sous lesquels les peuples gémissent aujourd'hui
et l'insuffisance de rémunération qui afflige partout le labeur
honnête.

(1) *Précis d'Economie politique,* cinquième partie, chap. III.

RÉCAPITULATION

---

1. Arrivé au terme de notre étude, nous croyons utile de reprendre brièvement et de replacer sous les yeux du lecteur les sujets que nous avons traités, afin qu'il puisse les contempler dans leur ensemble et en saisir l'enchaînement. Notre traité a été divisé en quatre parties, comprenant, outre une *Introduction*, les trois divisions principales généralement admises en économie politique : la *Production*, la *Distribution*, la *Consommation* de la richesse. Nous n'avons pas cru devoir ajouter, comme division séparée, la *Circulation*, parce que la circulation, fondée sur les échanges qui ont pour but et pour effet d'accroître la richesse, peut être considérée comme renfermée dans la production. Notre récapitulation sera divisée de même en quatre parties.

I ·

INTRODUCTION

2. L'homme n'est pas seulement composé d'un esprit vivant de vérité et de vertu ; il possède un corps qui ne peut se conserver que par des moyens matériels. Il a besoin de nourriture, de vêtement, d'habitation. A ces trois besoins, primitifs et essentiels, la vie en société et la civilisation en ont ajouté beaucoup d'autres. De même donc qu'il y a une spéculation relative aux biens de l'esprit, il y a aussi une spé-

culation relative aux biens du corps. Et comme ces biens s'appellent richesse, il y a conséquemment une spéculation de la richesse. Cette spéculation est désignée sous le nom d'Economie, auquel on ajoute l'épithète de politique, parce qu'elle considère la richesse, non sous un rapport individuel et pour ainsi dire domestique, mais sous un rapport public et national.

3. L'économie politique est une science dans toute la rigueur du terme ; car, bien qu'elle donne des préceptes pour produire une œuvre réalisable (la richesse est une œuvre réalisable), et que l'on puisse par conséquent lui appliquer aussi le nom d'art, elle raisonne ces préceptes en remontant à leurs causes, causes parfois des plus élevées et méritant le nom de suprêmes. Mais elle est une science pratique, parce qu'elle vise à l'action ; la production, la distribution et la consommation de la richesse sont incontestablement en effet des actions ; elle est subordonnée à la science politique, parce qu'elle embrasse une partie des fins de la politique ; et elle est subordonnée à la science morale, parce que celle-ci, ayant en vue la fin dernière de l'homme, a dans sa dépendance et sous sa domination toutes les sciences qui regardent des fins prochaines et particulières. Comme subordonnée à la science politique, elle est sujette aux lois de l'Etat ; comme subordonnée à la science morale, elle est sujette aux lois de l'Eglise.

De ce qui précède il résulte que l'économie politique pourrait être définie : la science de la richesse publique, quant à l'honnête direction dont elle est susceptible comme moyen de bien-être général.

II

LA PRODUCTION

4. Produire une chose signifie lui donner l'existence. Donc produire la richesse signifie donner l'existence à la richesse. Toutefois, avant de dire comment elle se produit et quels

sont les agents qui la produisent, il convient de s'arrêter un peu à éclaircir plus complètement le concept de la richesse.

Généralement les économistes, en se servant du mot richesse, le détournent du sens qu'il a dans l'usage commun. Dans l'usage commun, on entend par ce mot une certaine abondance de biens ; les économistes, par ce même mot, entendent tout objet dont on a la jouissance, serait-ce une épingle. Il nous a semblé, quant à nous, qu'il n'y avait pas lieu de s'écarter de l'usage commun ; et, réservant le mot de richesse pour exprimer une abondance de biens suffisante pour procurer l'aisance, nous avons donné aux éléments particuliers dont cette quantité de biens se compose le nom d'éléments de richesse, celui d'objets, de produits, ou tout simplement de biens. Il ne faut pas sans nécessité corriger le langage commun, et ici la nécessité n'apparait pas.

5. Dans les éléments de la richesse on peut considérer deux choses : l'*utilité* et la *valeur*.

L'utilité est la propriété qu'a un objet de satisfaire quelqu'un de nos besoins, par exemple la propriété qu'a le pain de nous nourrir. Il n'y a rien en ce monde qui ne soit utile ou ne puisse tout au moins devenir utile grâce à l'industrie de l'homme. Il faut toutefois distinguer. Parmi les choses utiles, les unes nous sont données par la nature seule et avec une telle profusion qu'elles sont à la portée de tous et ne s'épuisent pas, quelle que soit la quantité que chacun en prenne, comme l'air, la lumière, etc. Ces choses, n'étant pas susceptibles d'appropriation, ne constituent pas une richesse : personne ne peut se dire riche, parce qu'il a beaucoup d'air et beaucoup de lumière. Les autres, bien que nous étant données par la nature, sont toutefois limitées et ne peuvent être à la disposition de tous, comme la terre cultivable, les animaux, les usines et autres choses semblables. Ces choses sont susceptibles d'appropriation et constituent une richesse.

Les biens appropriés et leurs produits, par cela même qu'ils sont utiles, peuvent être échangés contre d'autres biens : autrement dit, ils sont susceptibles d'échange. On peut, par exemple, échanger une brebis contre un sac de grain. L'aptitude d'une chose à l'échange en constitue la *valeur*. La valeur est donc l'aptitude que les choses ont à être échangées contre d'autres choses ; autrement dit, elle réside dans la propriété qu'ont les produits d'être échangeables.

6. Or, demandera-t-on, dans laquelle de ces deux choses, l'utilité ou la valeur, consiste l'essence de la richesse ? Nous, nous répondons : dans la première, parce que la richesse consiste dans l'abondance des choses qui servent à rendre la vie commode et aisée. Or c'est par leur utilité, non par leur valeur, que les choses produisent cet effet. Par leur valeur elles ne le produisent qu'indirectement, en ce qu'elles nous servent par leur échange à nous procurer d'autres choses qui répondent à nos besoins et à nos désirs.

Bien que, dans le sens métaphorique, on donne le nom de richesse même aux biens immatériels, comme lorsque nous disons : un tel est riche de vertu, est riche de science, toutefois, dans son sens propre, ce mot ne s'applique qu'aux seuls biens matériels ; cela tient à la conception même de la science économique, qui autrement viendrait à se confondre avec d'autres sciences. La matérialité est un caractère essentiel de la richesse, en tant que celle-ci est l'objet de l'économie politique.

7. Du moment que la richesse consiste dans l'utilité des choses, produire de la richesse équivaut à produire de l'utilité. Cela peut se faire de deux manières : ou par la production de la chose même qui est utile, comme quand la terre produit le grain ; ou par la transformation que l'on fait subir à une chose pour lui donner ou pour en accroître l'utilité, comme quand avec le lin on tisse la toile. La première chose est le fait de la nature ; la seconde, celui du travail de l'homme. Les facteurs de la richesse sont donc au nombre de deux : la nature et le travail. Mais tous deux s'aident mutuellement, le travail se servant des agents naturels pour transformer les objets, et la nature pour les produire ayant besoin d'être mise par le travail dans des conditions favorables. Ainsi la terre, pour

produire le blé, a besoin d'être labourée et ensemencée par le labeur de l'homme.

Les économistes admettent généralement un troisième facteur : le capital, fruit de l'épargne, parce qu'il est formé d'une portion de richesse non consommée et mise en réserve pour être appliquée à la production. On ne peut néanmoins lui donner le nom de facteur, attendu qu'il est dépourvu par lui-même d'action à cet effet ; mais on peut certainement lui donner le nom d'auxiliaire, d'instrument ou de moyen.

8. Le travail humain appliqué à la production constitue l'industrie, qui peut être de trois espèces : *extractive*, si elle s'exerce à tirer de la nature même des denrées ou marchandises ; *manufacturière*, si elle s'exerce à modifier ou à transformer les matières brutes tirées de la nature ; *commerciale*, si elle s'exerce à transporter et à échanger les produits, soit naturels, soit artificiels.

9. La production trouve deux aides puissantes dans la division du travail et dans les machines. La première organise les forces de l'homme ; les secondes organisent les forces de la nature. Cette organisation produit des effets prodigieux. Toutefois les avantages qui en résultent sont accompagnés de graves inconvénients ; mais, comme il est impossible de les faire disparaître, il faut chercher à les atténuer ; nous indiquons donc les remèdes qui nous paraissent de nature à atteindre ce but.

10. La transmission des marchandises, qui a lieu de main en main, pour en accroître l'utilité et la valeur, jusqu'à ce qu'elles parviennent au consommateur, constitue la circulation. La circulation s'effectue au moyen des échanges ; et les échanges s'effectuent d'ordinaire au moyen de la monnaie, qui a été précisément instituée pour les faciliter. Dans les pays civilisés, la monnaie a généralement pour matière quelque métal précieux (l'or ou l'argent), et porte une empreinte publique qui en garantit la qualité et le poids. Les échanges auraient beaucoup de peine à s'effectuer, s'ils devaient avoir lieu entre deux objets directement. La monnaie

se substitue à chacun d'eux, et en mesure la valeur
comme étant son équivalent. Cette équivalence forme le prix
des marchandises, qui n'est en conséquence autre chose que
la valeur de chacune d'elles calculée en argent. Ce prix varie ;
il s'élève ou s'abaisse suivant l'augmentation ou la diminution de la demande et de l'offre dans les échanges. Le résultat
est ce qu'on appelle le prix *courant*, ou du *marché*, lequel
toutefois tend toujours à se rapprocher du prix *naturel*,
c'est-à-dire, de celui qui correspond aux frais de production.

11. A l'argent se substitue le papier, comme étant sa représentation. Cette substitution se produit par l'effet du
Crédit, qui est la confiance que nous inspire une autre personne pour l'accomplissement d'une obligation qu'elle a contractée. D'où les lettres de change, les billets à ordre, les
bons et autres effets. De là aussi la formation des établissements appelés Banques, notamment de ceux auxquels on
donne le nom de *Banques de circulation*, à cause des billets
qu'ils émettent afin de faciliter ainsi les opérations de
commerce.

12. De la circulation nous avons passé à l'examen de la
production par rapport à la population ; car il est clair que
la première doit croître en raison de l'accroissement de la
seconde, laquelle tire de la première les moyens nécessaires à
sa subsistance. Malthus déclare impossible l'accord entre l'un
et l'autre accroissement ; car tandis, selon lui, que la population augmente selon une progression *géométrique*, les
moyens de subsistance augmentent selon une progression
arithmétique. Il faut donc, pour que ces deux augmentations
correspondent entre elles, que des obstacles s'opposent à la
multiplication de la population. Ces obstacles peuvent être
préventifs ou *répressifs*. Les premiers sont ceux qui diminuent le nombre des naissances par l'abstention du mariage au
moins précoce, les seconds sont ceux qui accroissent le nombre des morts par la misère et les maux physiques et moraux
qui en sont la conséquence. Si donc on veut éviter l'intervention de ces seconds obstacles, il faut s'arrêter au premier,

qu'il nomme contrainte morale. Aussi se prononce-t-il éner-
giquement contre le mariage des pauvres, c'est-à-dire, de
ceux qui ne se trouvent pas en état de nourrir la famille à
laquelle ils donnent naissance, et réprouve-t-il toutes les institutions de bienfaisance qui ont pour effet d'encourager le
mariage chez ceux qui n'ont rien.

Nous, nous nions la progression imaginé par Malthus. La
reproduction, chez les plantes et chez les animaux inférieurs,
est plus féconde que chez l'homme. D'autre part, il y a dans
toutes les contrées de l'Europe une grande quantité de terres
incultes ; en outre, des espaces illimités, dans les deux
Amériques, en Asie, en Afrique, en Australie, dans la Nou-
velle-Zélande, dans la Nouvelle-Guinée, etc., attendent
encore la main de l'homme. La terre ne manquera jamais de
donner à l'homme sa nourriture, pourvu qu'il en cultive le sol avec soin et qu'il s'applique à bien élever le bétail.
Dire le contraire, c'est faire injure à Dieu, qui a ordonné à
l'homme de se multiplier et en même temps de subjuguer la
terre. Le *replete terram* et le *subjicite eam* sont deux termes
de la formule divine qui seront toujours en proportion l'un
avec l'autre.

Obliger le pauvre au célibat, c'est violer ouvertement un
aes premiers droits de l'homme. L'on doit certainement, avant
de se marier, se mettre en état de soutenir la charge de la
famille que l'on va fonder ; mais c'est là une règle de prudence, et non un précepte de la nature tellement absolu,
que l'on puisse imputer à crime au pauvre, mû par d'impé-
rieuses raisons, de ne pas l'avoir complètement observé. La
contrainte morale de Malthus est grosse de conséquences coupables. Elle s'est transformée entre les mains de ses sectateurs,
pour devenir ce que l'on a appelé la *prudence conjugale* et ce
qui n'est autre qu'un horrible péché puni par Dieu dans Onan
d'une mort subite.

13. Enfin, nous avons parlé des trois systèmes économiques
appelés *mercantile, agricole et industriel*. Le premier, dit
aussi Colbertisme, parce que Colbert l'a appliqué en France,

plaçait la richesse de la nation dans l'abondance de l'argent. Il encourageait en conséquence le commerce, mais à la condition que l'exportation fût supérieure à l'importation, l'excédent de la première sur la seconde devant ainsi se solder en argent. Il établissait qu'il fallait favoriser le développement des manufactures de préférence à l'agriculture, et l'importation des matières premières, qui, travaillées dans le pays, seraient ensuite exportées avec une grande augmentation de valeur. Ce système est justement raillé par les économistes. Son vice capital est de méconnaître le rôle de l'argent, qui est de servir de véhicule à l'échange des marchandises. La richesse consiste, non dans l'abondance de l'argent, mais dans l'abondance des choses propres à procurer l'aisance de la vie. Quand l'argent se trouve en excès dans un pays, on est obligé de l'exporter pour en éviter la dépréciation.

Le système agricole, dit aussi physiocratique, plaçait la richesse dans les produits de la terre, comme donnant un excédent sur les dépenses de production. Il établissait en conséquence que le véritable artisan de la richesse était l'agriculture, toute autre industrie étant stérile, parce qu'elle ne fait que rembourser les dépenses. Si le système mercantile méconnaissait le rôle de l'argent, le système agricole méconnait la nature du produit économique. Produire la richesse, en économie, est non seulement produire la chose utile, mais encore donner de l'utilité à une chose inutile ou accroître l'utilité dans une chose déjà utile. Ce second office est rempli par les industries manufacturières et commerciales, qui dès lors ne peuvent être appelées stériles, mais sont productrices de richesse.

Le troisième système n'accorde la prééminence ni au commerce, ni à l'agriculture, ni aux manufactures, mais institue comme source de la richesse le travail. Ce système, qui est dû à Adam Smith, est en grande partie vrai, parce que pour toute production de richesse il faut le travail de l'homme. Mais il tombe aussi dans l'erreur, en ce qu'il exalte le travail outre mesure, en laissant la nature dans l'oubli. C'est lui qui a fait dire à Sismondi : « Nous professons avec Adam Smith que

le travail est la *seule* origine de la richesse ». Non, le principal
facteur de la richesse est la nature, qui fournit au travail la
matière et les forces sur laquelle et à l'aide desquelles il
opère. En fin de compte, tout produit utile n'est que l'effet des
qualités actives et passives des corps, qui y ont été placées
par la nature pour être mises en œuvre par le génie et par la
main de l'homme.

III

LA DISTRIBUTION

14. La division des produits entre ceux qui concourent à
les former constitue l'idée de distribution. Mais avant de s'occuper de la distribution, il est nécessaire de parler de la propriété qui est le principe sur lequel elle repose.

Par propriété on entend la possession exclusive d'une
chose avec la faculté d'en disposer à son gré. Le droit à cette
possession est le droit de propriété. La propriété peut être mobilière ou immobilière, suivant que la chose possédée est
meuble ou immeuble. De plus, elle peut être privée ou publique, selon que la possession appartient aux personnes prises
individuellement ou à la société tout entière.

15. C'est contre la propriété immobilière ou foncière, que
sont dirigées les attaques des socialistes. Mais cette propriété est
de toute évidence conforme au vœu de la nature, car elle est
non seulement nécessaire pour assurer dans la société l'ordre,
la paix, l'abondante production; mais elle est la conséquence
naturelle du droit qu'a l'homme de pourvoir à son avenir et à
celui de ses enfants. Elle a néanmoins un tempérament nécessaire dans l'obligation imposée au propriétaire de donner son
superflu à ceux qui sont dans le besoin.

Il y a, dit saint Thomas, deux choses à distinguer dans la
propriété : la possession et l'usage. Quant à la possession, la
propriété peut exister à titre privé; il est même nécessaire
qu'il en soit ainsi, pour le bien de la vie humaine. Mais quant

à l'usage, la propriété doit rester commune, en ce sens que le possesseur doit faire part aux pauvres de ce qui excède ses propres besoins.

Selon les anciens docteurs, la propriété faisait partie, non du droit *naturel*, mais du droit *des gens*; cela tenait à ce qu'ils distinguaient le premier du second, comme formant, celui-là un ensemble de règles absolues et primaires dictées par la nature, celui-ci un ensemble de règles relatives et secondaires, procédant par suite du fait de la raison. Au droit de propriété est étroitement lié le droit d'hérédité, soit testamentaire, soit *ab intestat.*

16 L'obligation imposée au propriétaire de donner son superflu aux pauvres, c'est-à-dire à ceux qui ne se suffisent pas à eux-mêmes, constitue le devoir de la bienfaisance, qui lie gravement la conscience. L'accomplissement de ce devoir peut même, dans certaines circonstances données, réclamer l'action de ceux qui gouvernent. Si, en effet, le pouvoir public ne peut abolir la propriété privée, comme étant un droit antérieur à la société et indépendant d'elle, il peut toutefois le régler et le mettre en harmonie avec le droit qui appartient à tous de vivre des fruits de la terre. *Secundum naturalem ordinem, ex divina providentia institutum, res inferiores sunt ordinatæ ad hoc, quod ex his subveniatur hominum necessitati* (1).

17. Ceci posé, la richesse se répartit naturellement entre ceux qui ont concouru à la produire. Ceux-ci sont au nombre de trois : le propriétaire, qui a fourni les agents naturels ; le capitaliste, qui a fourni les instruments et fait les avances; l'ouvrier, qui a apporté son travail. La quote-part revenant au propriétaire s'appelle *rente*; celle qui revient au capitaliste, *profit* ; celle qui revient à l'ouvrier, *salaire.*

18. Quant à la rente, Ricardo, pour en expliquer l'origine, a inventé la théorie de la supériorité d'une terre sur l'autre par sa fertilité ou son emplacement. Il a dit : Tant qu'il y a eu

(1) S. Thomas, *Somme th.*, II, 2; q. LVI. art. 7.

abondance de terres très fertiles et également voisines du marché, il n'y a pas eu de rente. Mais quand, grâce à l'accroissement de la population, il est devenu nécessaire de cultiver des terres moins fertiles et plus éloignées, alors les propriétaires de celles-ci, pour se rembourser de leurs excédents de dépense, ont dû vendre leurs produits plus cher que les propriétaires des premières. Ils ont ainsi fait hausser le prix, même pour les produits de ceux-ci, et cette hausse a constitué la rente. Cette théorie, tout ingénieuse qu'elle est, n'a pas de consistance ; car le produit de la terre, indépendamment même du prix, est par lui-même une rente, étant une richesse, c'est-à-dire un ensemble de choses utiles. L'origine de la rente est la propriété. Qui a droit à la possession de la terre, a droit aux fruits de la terre : *Res fructificat domino*. Ricardo confond la rente avec le loyer ; et cette confusion vient de ce qu'il croit que la richesse consiste dans la *valeur*, non dans l'*utilité* des choses.

19. Quant au profit, s'il est juste que le propriétaire ait une rémunération pour avoir apporté à la production le concours des agents naturels incorporés dans le sol, il n'est pas moins juste que le capitaliste, qui a apporté les instruments et les autres adjuvants sans lesquels la production n'eût pas été possible, en ait une aussi. Le profit tient le milieu entre la rente et le salaire. Son origine remonte également à la propriété : il provient, en effet, du capital ; et le capital provient de la rente, car il est originairement formé des épargnes réalisées sur les produits de la terre, soit tels qu'elle les donnait d'abord spontanément, soit tels qu'ils se sont ensuite accrus grâce au travail.

20. On peut ne voir dans l'entrepreneur qu'une sorte de capitaliste. Son rôle consiste, à l'aide de capitaux prélevés sur sa propre fortune ou qu'il se procure autrement, à conduire une entreprise industrielle qu'il a conçue ou dont il a assumé la direction. Lui aussi a droit à une rémunération sur le montant du produit. Si même l'entreprise s'est faite entièrement à ses risques et périls, il a droit à l'intégra-

lité des bénéfices nets, c'est-à-dire, à la somme qui reste après le paiement de tous ceux qui ont apporté leur concours.

2I. Quant au salaire, ce n'est pas le prix du travail, le travail n'étant pas une marchandise mais un producteur de marchandises. C'est la rétribution d'un service rendu ; autrement dit, c'est la quote-part du produit qui revient à l'ouvrier, pour le concours qu'il a donné à la production en lui apportant l'usage de ses forces L'ouvrier, qui d'ordinaire est pauvre, ne pouvant attendre le terme de la production, ni courir les risques qu'elle comporte, passe d'ordinaire avec le capitaliste ou avec l'entrepreneur un contrat par lequel il s'oblige à un travail déterminé en échange d'une rémunération journalière déterminée. La détermination de cette rémunération dépend de l'arrangement conclu entre les deux parties. Toutefois, dans l'ordre réglé par la nature, il y a une limite au-dessous de laquelle le salaire ne peut licitement descendre. Cette limite consiste dans le taux correspondant à ce qui est nécessaire pour la conservation de la vie de l'ouvrier et de sa famille. La raison en est qu'en toute justice la vertu du salaire doit être proportionnée à la vertu du travail. Or, dans le dessein de la nature, le travail a été donné à l'homme comme le moyen de se procurer ce qui est nécessaire à la conservation de sa vie. Ce qu'on entend d'ailleurs ici par homme, c'est le couple humain se propageant dans la famille ; et, par conservation de la vie, tout ce qui est indispensable pour vivre, la nourriture, le vêtement, le logement. Donc le salaire doit virtuellement comprendre ces trois choses pour celui qui consacre entièrement son travail au service d'autrui. Il ne peut, dans le contrat conclu, descendre au-dessous de ce taux, sans blesser les principes de l'égalité, c'est-à-dire les règles de la justice.

22. Dès le début de la science économique, on a proclamé le principe de la libre concurrence. Le fameux *Laissez faire, laissez passer* des physiocrates est devenu un aphorisme commun. On n'a cessé d'élever jusqu'au ciel les avantages qu'elle apporte à l'industrie, l'élan qu'elle donne à l'esprit

d'entreprise. Mais, si elle produit en effet de certains biens, elle cause aussi de très grands maux. Elle aide à la production abondante et rapide ; mais elle nuit à l'égale distribution. C'est à elle notamment que sont dus l'abaissement des salaires et la condition misérable à laquelle l'ouvrier est réduit. Elle engendre les monopoles artificiels, et légitime les grèves.

23. Une certaine intervention de l'Etat dans les faits économiques qui intéressent la société est indispensable. Les abandonner au conflit des égoïsmes serait transporter dans l'industrie l'idée darwinienne de la lutte pour l'existence, lutte dans laquelle les plus forts triomphent.

Le devoir du gouvernement en cette matière peut se réduire à deux points : protection des faibles, direction des forts. En ce qui concerne le premier, le pouvoir public doit intervenir pour régler par des lois le travail dans les fabriques et dans les ateliers, sous le double rapport de la nature et de la durée, surtout au point de vue de la protection due aux femmes et aux enfants. Il peut même, si les circonstances l'exigent, déterminer un minimum au-dessous duquel les salaires ne doivent pas descendre. Quant au second point, on ne peut certainement laisser l'industrie, à défaut de règlement, en proie au choc des instincts privés. La science économique, comme nous l'avons dit dès le principe, est subordonnée à la science politique ; le mouvement industriel est sujet à la direction gouvernementale. Ceci s'étend même au commerce extérieur, pour ce qui regarde l'exportation et l'importation des marchandises. Partout où il y a diversité de tendances, il faut un principe régulateur. Vouloir l'ordre sans une raison ordonnatrice, c'est vouloir l'effet sans cause. Le libéralisme économique transporte dans le monde industriel le système cosmique d'Epicure.

24. Enfin, pour que les dispositions à prendre relativement à la protection du travail dans les fabriques ne nuisent pas à chaque pays en particulier dans la concurrence avec l'extérieur, il est désirable que les nations civilisées arrivent à un accord entre elles sur ce point, pour établir des règles com-

munes. La question ouvrière intéresse tous les Etats, et tous sentent la nécessité de la résoudre d'une manière juste et dans des conditions acceptables. Il a été objecté que cette mesure favoriserait le socialisme. Cette objection est fausse, et j'ai démontré pourquoi.

IV

LA CONSOMMATION

25. Le but extrême des fonctions économiques est la consommation. Si l'homme recherche la richesse, c'est pour en jouir ; s'il amasse de l'argent, c'est pour le dépenser. Il n'est donc pas possible, quoi qu'en dise Pellegrino Rossi, que l'économie politique ne s'en occupe pas d'une manière spéciale.

Les économistes ont généralement défini la consommation : l'usage d'un objet ou la destruction d'une valeur. De plus, ils l'ont divisée en productive et improductive. Ni cette définition, ni cette division ne peuvent être maintenues. L'idée d'usage est plus générale que celle de consommation ; et, si la consommation renferme en effet l'idée de destruction, la destruction dont il s'agit est celle d'un objet, non d'une valeur. La destruction de la valeur est la conséquence de la consommation, en tant que la chose consommée avait une valeur. La valeur se rapporte à l'échange. Or, même à défaut d'échange, il y aurait encore consommation, c'est-à-dire destruction de choses utiles.

Quant à la consommation dite productive, ce n'est pas, à proprement parler, une consommation ; c'est un emploi de capital, c'est-à-dire l'emploi d'un élément de production. La consommation proprement dite doit être *la destruction d'un produit pour la satisfaction d'un besoin.* Telle est sa vraie définition.

26. Le mot consommation se confond bien souvent avec

celui de dépense. Ce n'est pas qu'en réalité la dépense soit par elle-même une consommation ; elle représente *ce que l'on donne pour obtenir les choses à consommer.* Néanmoins ces deux mots, par métonymie, s'emploient l'un pour l'autre ; leur signification se transporte du moyen à la fin, et réciproquement. C'est ainsi que d'une personne qui a dépensé dix francs, par exemple, pour un dîner, on dit qu'elle les a consommés.

La consommation peut être privée ou publique, selon qu'elle est effectuée, ou par les citoyens, ou par l'État et pour une fin non privée, mais publique. Les règles modératrices de l'un et de l'autre nature de consommation sont à peu près les mêmes. En général, on peut dire que l'on doit fuir les deux excès de la prodigalité et de l'avarice, dont l'une pèche par excès dans les dépenses, l'autre par défaut.

27. A l'idée de la consommation est étroitement liée celle du luxe. Le luxe a été défini par James Stewart l'*usage du superflu.* Cette définition est évidemment fausse. Le luxe renferme l'idée, non de l'*usage,* mais de l'*abus,* et de l'abus à un degré excessif. Say le définit l'*usage des choses chères.* Cette définition n'est pas juste non plus ; car si l'usage des choses de haut prix a lieu en vue d'une fin noble et élevée, telle que le culte de Dieu et la splendeur nationale, il n'y a plus luxe, mais magnificence ; et la magnificence n'est pas un vice, mais une vertu. Le luxe ne s'entend jamais que des personnes sous le rapport privé ; son but est l'ostentation ou le désir de se procurer une vie molle et passée dans les délices. Aussi peut-on le définir : l'usage des choses rares et de haut prix, dans un ordre purement privé, et dans un but d'ostentation ou de volupté. Il est réprouvable parce qu'il est en opposition avec la fin de la richesse : il dissipe en vanités au premier chef ce qui pourrait être appliqué plus utilement à la production ; il ruine les familles, et gaspille le superflu, qui de droit naturel est dû aux pauvres : *Res quas aliqui superabundanter habent, ex naturali jure debentur pauperum sustentationi.* Il y a des économistes qui ont défendu le luxe ;

mais ils ont rencontré dans J.-B. Say un contradicteur avisé, qui a réfuté tous leurs arguments.

28. A plusieurs reprises, dans les temps anciens et modernes, l'autorité publique a voulu mettre un frein au luxe par des lois, qui, du mot *sumptus* (dépense), ont pris le nom de *somptuaires*. Mais ces lois n'ont pas atteint leur but. Un moyen plus sûr paraîtrait consister dans une contrainte indirecte résultant de la lourdeur des impôts dont seraient grevés les objets de luxe. Mais ce moyen lui-même a peu de chance de succès, si. même il ne sert pas à aiguiser encore plus la passion du luxe. On doit en conclure que le vrai remède contre les excès du luxe n'est autre que le sentiment religieux, qui inspire la tempérance, l'horreur de la vanité et des fausses jouissances, et l'amour de la bienfaisance.

29. C'est dans la consommation publique que rentrent les impôts et les dettes contractées par l'Etat.

L'impôt est la quote-part de richesse que l'Etat demande aux citoyens pour subvenir aux dépenses publiques. Pour que l'impôt soit juste, il faut qu'il soit en rapport, d'une part, avec les besoins réels de l Etat, de l'autre avec les moyens des particuliers. L'impôt se divise en impôt *direct* et en impôt *indirect*. Le premier est celui qui se perçoit directement sur les redevables, qu'il frappe leur richesse immobilière ou leur richesse mobilière. Le second est celui qui se perçoit sur les redevables indirectement, en ce qu'il est établi sur les marchandises ou denrées dont il accroît le prix, venant à la fin du compte retomber sur l'acheteur. Le premier devrait en toute justice épargner les fortunes modestes, qui suffisent à peine à la subsistance de l'individu et de sa famille ; le second devrait grever le moins possible les objets de première nécessité, d'autant plus que l'impôt indirect est progressif à l'égard du pauvre, et progressif en raison de sa pauvreté.

L'impôt indirect étant progressif à l'égard du pauvre, il semblerait raisonnable que l'impôt direct fût progressif à l'égard du riche, étant bien entendu que la progression commencera à partir d'un point donné pour s'arrêter à un autre point donné.

30. Les impôts ne suffisent pas toujours aux dépenses publiques Il y a des circonstances extraordinaires (une guerre par exemple) dans lesquelles l'État a des besoins extraordinaires d'argent. Il ne reste plus alors d'autre ressource que de recourir à un emprunt; et, pour en faciliter la réalisation, l'Etat s'oblige à payer annuellement une rente, cinq pour cent par exemple, jusqu'au remboursement des sommes versées. Souvent, le taux de cent francs auquel la rente correspond est nominal, c'est-à-dire qu'en réalité la rente se négocie à quatre-vingt-dix, quatre-vingts francs et au-dessous.

La somme de toutes ces obligations forme ce que l'on appelle la *Dette publique*. Elle est inscrite sur un registre public, nommé *Grand-Livre :* et la dette inscrite sur le Grand-Livre est dite *consolidée*.

Mais, outre cette nature de dette, l'Etat en contracte une autre que l'on appelle *flottante*, parce qu'au lieu d'être *fixe* elle est essentiellement *variable*. C'est celle dont le gouvernement se charge au moyen d'emprunts successifs et temporaires, pour faire face à des besoins imprévus pendant la durée de l'exercice annuel, et qui ne s'inscrit pas au Grand-Livre, mais donne lieu à l'émission de papiers de crédit, que l'on nomme *bons* ou *billets du tresor*, ou encore autrement.

31. Pour éteindre la dette, l'Etat a recours à une institution spéciale dite *Caisse d'amortissement ;* et, pour l'alléger, il fait parfois appel à la *Conversion*. La première consiste à réserver un petite partie de la somme empruntée pour la faire fructifier et la laisser s'accroître au moyen des intérêts jusqu'à la reconstitution intégrale du capital à rembourser. La seconde consiste à offrir aux créanciers l'alternative ou de recevoir le remboursement de la somme prêtée, ou de se contenter du taux nouveau de la rente, abaissé par exemple de cinq à quatre. La baisse même survenue dans l'intérêt des capitaux, qui aura motivé l'opération, engagera la plus grande partie des créanciers de l'Etat à accepter de bon gré la seconde partie de l'alternative.

32. On demandera si ces emprunts sont pour l'Etat un bien ou un mal. Faire des dettes, en matière de fortune publique comme en matière de fortune privée, est toujours un mal. Toutefois, dans certaines circonstances, contracter une dette peut être pour un gouvernement un mal moindre, qu'il ne peut éviter ; un emprunt peut encore être un bien, s'il est fait en vue d'une entreprise extrêmement utile, dans des proportions modérées, et avec la certitude d'un remboursement facile. Mais dans les dimensions excessives qu'a atteintes aujourd'hui dans presque tous les États la dette publique, elle est sans aucun doute un mal et un mal très grave, une plaie sanglante et gangréneuse, qui ronge les entrailles des gouvernements, et qui, s'il n'y est soigneusement et promptement remédié, conduira le corps social à sa ruine totale.

CONCLUSION

A combattre, en économie politique, les erreurs du libéralisme, on court le risque de tomber dans les erreurs opposées du socialisme. *Incidit in Scyllan cupiens vitare Charybdim* (1). Pour nous, si notre vue ne s'égare, il nous semble qu'avec l'aide de Dieu, nous avons navigué entre cet écueil et ce gouffre, de façon à les éviter avec soin tous deux. Le libéralisme se vantait d'avoir introduit dans le monde économique deux grandes idées: la liberté et la propriété. A dire la vérité, il les y a moins introduites qu'il ne les a faussées. Il a voulu la liberté sans frein et la propriété sans tempérament. Nous avons combattu l'une et l'autre de ces conceptions absurdes, en montrant les inconvénients de la concurrence illimitée et l'obligation qui s'impose au riche de donner son superflu aux pauvres.

Le socialisme s'appuie principalement sur trois idées : la richesse a pour source unique le travail ; la propriété individuelle, quant à son origine, dépend de l'Etat ; l'Etat a donc le droit d'en changer les bases et de la convertir, s'il le juge utile, de propriété individuelle en propriété collective. Nous, tout au contraire, nous avons établi ces trois points :

_____

(1) Il est impossible en tout cas d'exposer plus nettement et plus sincèrement la difficulté que ne le fait le P. Liberatore. (*Note du traducteur.*)

les facteurs principaux de la richesse sont les agents naturels, et ceux-ci, en tant qu'ils sont incorporés dans la nature, sont des objets d'appropriation ; c'est de la nature que l'homme tient la propriété individuelle, indépendamment de l'Etat ; l'Etat par conséquent ne peut toucher à la propriété dans son essence ; la propriété privée ne pourrait être abolie, lors même que tous les Etats se rencontreraient dans ce dernier dessein.

Nous nous sommes ainsi tenus à bonne distance et du libéralisme anarchique et du socialisme envahissant. C'est par cette réflexion que nous terminerons notre modeste ouvrage.

TABLE DES MATIÈRES.

INTRODUCTION.

POITIERS. — TYPOGRAPHIE OUDIN ET Cie,